中国法制史考证续编

第七册

杨一凡 主编

唐律与唐代法制考辨

钱大群 著

社会科学文献出版社
SOCIAL SCIENCES ACADEMIC PRESS (CHINA)

图书在版编目（CIP）数据

唐律与唐代法制考辨／钱大群著. —北京：社会科学文献出版社，2009.8

（中国法制史考证续编；第七册）

ISBN 978-7-5097-0821-7

Ⅰ. 唐… Ⅱ. 钱… Ⅲ.①唐律-研究②法制史-研究-中国-唐代 Ⅳ. D929.42

中国版本图书馆 CIP 数据核字（2009）第 104932 号

从"考证"说起

——代前言

"考证"是中华学人做学问的传统研究方法之一。这种方法，从研究实践上看，可以分为两种。

一种考证书是围绕某个空白或缺失的领域，把散布在书典金石中的知识信息收集、拣择、分类展示，让读者对某方面的认知，由无到有或由片面零星而到较系统完整。这种"考证"的典型代表就是我国中古时期开始产生的一批著名类书及所谓"十通"等学术工具书。这类考证书，有的直以"考"为书名，如对象范围较广的《文献通考》、《七国考》等以及专攻法律史的《历代刑法考》、《汉律考》、《九朝律考》等。也有实际上是典型的考证书却不以"考"为名的。如日本学者仁井田陞的《唐令拾遗》和池田温等对其作订补形成的《唐令拾遗补》，这是一部典型的"唐令考"，但其终不以"考"为其名。以上讲的这类考证书，其特点是着重于从无到有，从零星而到系统的开拓性收集，方法上是注重分门类，列史料，而并不注重述说自己对所集史料观点的阐发。如沈家本的《历代刑法考》及程树德的《九朝律考》，虽都有一定的提示及按语，但其主旨却总是类举自己的收集。

　　另一种考证书是观点性的考证。这种考证与上一类考证相同的根本点仍是凭材料说话，不同之点在于出发点不是要向读者展示某领域缺失的史料，而是引用新的或已发现的史料来阐述一种新的或与既有观点不同的观点与主张，其最终的追求是给读者展示学术上的观点与主张，而不是某领域的史料。这类考证书，其书可能名之曰"考"，也完全可不以"考"为名。如蔡枢衡先生的《中国刑法史》，我认为是该领域重要的考证书，因为其著作的基本方法是以充实而有力的史料作论证，而不是一般的泛论。其实，这一类考证书的书名，有时也以"论"或"研究"为其书名。陈寅恪先生的《隋唐制度渊源略论稿》、《唐代政治史述论稿》，虽都冠有"论"字，而只要观其书，就毫无疑问地会得出结论说，这是考证著作，是运用考证的方法来完成申述观点与主张为根本任务。《隋唐制度渊源略论稿》从书的目录上看，其所列是：叙论、礼仪、职官、刑律、音乐、兵制、财政、附论等八篇。但其书绝非隋唐这类史料的分类汇集，而是以阐述观点为主的考证专著。陈氏在其"叙论"中告诉我们，他有感于迄今鲜有对隋唐制度"通论其渊源流变之专书"，于是他"分析其因子，推论其源流，成此一书"。其写作的基本方法是考证："兹综合旧籍所载及新出遗文之有关隋唐两朝制度者"，"约略参酌隋唐史志及《通典》、《唐会要》诸书，而稍为增省分合"，结果是"庶几不致尽易旧籍之规模，亦可表见新知之创获"。王永兴先生考证唐代国家机关内部行政监察的专书也称为《唐勾检制研究》而未冠以"考"。

　　总之，我认为考证是传统文史研究中的一种重要方法，它可以表现为某学术领域资料开拓性的汇集，也可以表现为主要依靠史料的发掘或引用，来阐述自己的学术观点与主张。从方法运用上说，我国历史上的"会要"书及"订补"书也都是考证著作。更广泛地说，古文献研究中的雠校书及"集注"书，也都可以认为属于考证著作。

中国社会科学院法学研究所杨一凡研究员主持的大型国家课题"中国法制史考证"，分为甲、乙、丙编及续编四大部分，是新中国成立以来中国法制史考证成果的大汇总。其编写组织工作，开始于1997年。1997年参加本项目的北京论证会时，根据此丛书系汇总20世纪后50年法制史考证成果的编纂精神，我提供了我自己关于先秦及唐代的一批已发表的考证文章。之后，杨一凡先生主张我把已有的关于唐代的文章充实修改，加上将撰写的文章汇成一书，作为"续编"中的考证专著之一，并与我共同为此书拟名为《唐律与唐代法制考辨》。我为我这本书确立的任务，是为进一步发掘研究唐律的现代法文化价值作些铺路工作，对在唐律研究过程中已经碰到及今后还可能碰到的一些基础性问题，特别是针对20世纪最后20年间，我国大陆在唐律及唐代制度研究中的一些重大分歧问题，以史为据，求证以例，讲清问题，以使新世纪的唐律研究者在研究唐律时有个正确的性质定位。总之，我将运用考证的方法来表述我在唐律研究上自以为"心得"的观点。

因本书的内容是各自独立成篇，同时也想提前征求同仁们的意见，所以，从1999年起，我曾把本书的部分先期成果，在《历史研究》及《法律史论集》等刊物上先后发表。

在我接触和研究唐律的开始，我就看到了唐律与唐令的密切关系。后来在与史学界的同仁们进行唐律与《唐六典》的探讨时，更使我感到弄清唐律与唐令的密切关系，就是既要看到律与令正面的呼应配合关系，又要能区别律与令不同的任务与作用。

解决这个问题有效而简明的办法就是编制一张唐代律令内容的对应表。这个对应表，能明确地向关心唐律与唐代法律体系研究的学者无可争辩地说明以下几个问题：在唐代的法律体系中律与令虽都有作为法的共性，但各自担任的角色绝不相同；《律》到底是否是"正刑定罪"之法；《令》到底是否是"设范立制"的"尊卑贵贱之等数，国家之制度"；在《令》、《式》作为在行法典一直使用的过程中是否可能同时还存在一部以部分令、式为主要内容的"行政法典"《唐六典》；一方面有人说"律、令、格、式皆刑法"，同时又有人说来源于《令》、《式》的《唐六典》是"行政法典"，那么这二种不能共容的说法又该怎样相互协调统一起来。凡此种种问题，律令对应表可以为各方提供有益的思考材料。也正由于此，我把此表作为本考证书不可分割的部分附于全书之后。将来如有机会，我或者别人，还可以编制一个唐代律、令、格、式对应比照的全表。

关于《律疏》的书名，我在本书第三篇《〈唐律疏义〉与〈唐律疏议〉辨》中表明的主张是：《律疏》书中各卷开头及所有律条的〔疏〕文之下，应依敦煌《律疏》残卷注之以"议曰"；而《律疏》整部书的名称，则宜曰《唐律疏义》。1983年，刘俊文先生把唐律流传版本"三大系统"的代表性本子进行汇校，由中华书局以《唐律疏议》之名出版，使《律疏》内容进一步趋向统一而规范化，对唐律研究是一项重大贡献。刘先生据以校勘的本子，既有以《唐律疏义》为名者，也有以《唐律疏议》为名者，所以，现在有关于书名上的不同主张，基本只涉及书名，而对书的内容并无重大影响，诸读者可各依所执之书的书名注其引用出处。如拙著《唐律与唐代法制考辨》写作过程中，我参照的是刘校本，我就依刘校的《唐律疏议》注引文出处。

继 1988 年江苏古籍出版社出版我对《律疏》中之律文作译注的《唐律译注》之后，2007 年，南京师范大学出版社又出版了我对《律疏》全文的一个译注本。该书原文部分依《滂喜斋藏书记》所记宋刻本、元代江西儒学提举柳贯于泰定四年（1327 年）校刻的当时行省检校官王长卿所献善本《唐律疏义》为名，称之为《唐律疏义新注》。我这样做，一是想以此告诉读者，在《律疏》的流传史上，"唐律疏义"之名曾有其重要地位；二是想在有生之年，利用该次基本不能再有的机会，在书名上申述一下关于"唐律疏义"的观点，以显示这部重要法典研究领域中百家争鸣盛况之一斑。

感谢主编杨一凡先生及资深编辑周兴泉先生对此书的精心编修。

对在本书成书过程中曾给予各种帮助的前研究生、江苏省检察院检察官桂万先同志，江苏省广电厅徐京平同志及在深圳工作的王新同志，表示感谢。

钱大群

2009 年 3 月

目　录

一　唐代"刑书"与"文法"考

　　唐代的法律，根据其不同的法律形式及编写行用的情况，有律、令、格、式四种。律、令、格、式不但是法律种类与位阶的区别，同时它们的相互关系也形成了唐代法律的整个体系。

　　关于唐代四种法律的概括称谓，在唐、宋时代有不同的两种说法。我认为这两种说法不能都正确，都能行用，其中只有一种是正确的。

（一）《新唐书》中之"刑书"不能概括唐代法律

　　《新唐书·刑法志》上的说法，它把唐代四种法律统称之为"刑书"：

　　　　唐之刑书有四，曰：律、令、格、式。

我认为，宋代编写《新唐书》的宋祁、欧阳修等人的"刑书"说，是由于混淆概念分类而形成的一种错误。

1. "刑书"之传统意义是定罪判刑之法律
　　众所周知，"刑书"一词历代有其特殊的含义，那就是内容涉及"罪"与"刑"的法律才称之为"刑书"。《左传》上有较早的关于"刑书"的记载和解释。书中说鲁昭公六年三月，"郑人铸刑书"后，晋国的叔向给子产写信说：

> 先王议事以制，不为刑辟，惧民有争心也。犹不可禁御，是故闲之以义，纠之以政，行之以礼，守之以信，奉之以仁。制为禄位，以观其从。严断刑罚，以威其淫。……民知争端矣，将弃礼而争于书。锥刀之末，将尽争之，乱狱滋丰，贿赂并行。……

这里，"惧民有争心""犹不可禁御"的措施很多，其中的"严断刑罚，以威其淫"，是对"刑书"性质的解释。古代还有关于"刑书"是"刑事法律条文"的含义解释。《左传·昭公六年》说到"周有乱政而作九刑"，《春秋左传诂》引《周书·尝麦解》曰："大史筴刑书九篇以升，授大正。"周代的"刑书"做什么用？《尚书》上可找到更确切的解释：

> 哀敬折狱，明启刑书胥占，咸庶中正。其刑其罚，其审克之。①

"折狱"时，打开"刑书"看个清楚明白，仔细掂量才能审断"中正"，不偏不倚。而"折狱"的意思，基本是指与民事审判"讼"相对的刑事审判而言。《周礼·秋官·司寇》说："以两造禁民讼。……以两剂禁民狱。"郑玄对"讼"与"狱"解释说：

---

① 《尚书正义》，见《十三经注疏》，中华书局，1980，第250页。

讼，谓以财货相告者；狱，谓相告以罪名者。①

写《新唐书》的宋祁及欧阳修也曾完全遵从古义运用"刑书"的概念，如《新唐书·刑法志》一开头就说：

> 古之为国者，议事以制，不为刑辟，惧民之知争端也。后世作为刑书，惟恐不备，俾民之知所避也。其为法虽殊，而用心则一，盖皆欲民之无犯也。②

2. 唐代只有"律"属"刑书"

法律制度发展到唐代，"律"早已与令、格、式在性质上、形式上分离。在整个法律体系中可称为"刑书"的只有"律"（包括修正补充律的"刑部格"）。比宋祁、欧阳修离唐代更近的五代后晋天福时的宰相赵莹、刘昫等人，以唐人令狐德棻的武德、贞观两朝史稿及吴兢、柳芳、韦述等续辑的史稿为依据写唐史，在他们撰写的《旧唐书·刑法志》中就从不把唐代的律、令、格、式总称之为"刑书"，而是在立法史上以不同的性质对律、令、格、式一一分述之。

《新唐书·刑法志》作者把唐代四种法律统称"刑书"，首先与作者自己对唐代法律种类中令、格、式三类所下的定义完全矛盾：

> 令者，尊卑贵贱之等数，国家之制度也；

---

① 《周礼注疏》，见《十三经注疏》，中华书局，1980，第870页。
② 见《历代刑法志》，群众出版社，1988，第307页。

格者，百官有司之所常行之事也；①

式者，其所常守之法。

凡邦国之政，必从事于此三者。

前三句令、格、式各自的内容表述，与"刑书"的性质都不合；第四句对三者在国家生活中作用的概括，与"刑书"的作用也不合，"三者"只是国家一般政务实施的依据。唐代法律中与传统"刑书"性质相合的，依《新唐书》作者自己的定义也只是"律"而已：

其有所违及人之为恶而入于罪戾者，一断以律。

这里的"其"是指代紧连的上文中交待的令、格、式三者，违反令、格、式构成犯罪的，以及人们行凶作恶而构成犯罪的，都由"律"来处断。《新唐书》作者对唐代"律"性质的表述是基本正确的，也合乎唐代的实际。可惜的是，他们把唐代四种法律都名之为"刑书"，在概念上是以"律"的性质取代令、格、式，竟至完全违反了自己对令、格、式的正确分析。

3."刑书"偏指惩罚性法律

在唐代司法实践中，这种用法的例子出现在御史张鷟判书集《龙筋凤髓判》中。其缘起是扬州"贡"来的巨人鲁敬，"身长九尺，力敌十夫"，但却有"凶粗酗酒"的毛病。主管当局因此认定其"不堪宿卫"，罚其"退还本邑"。案子呈至御史台，张鷟认为鲁敬"才堪国用"，对有关当局的处置提出意见，并对案

① 唐格中唯《刑部格》是"正刑定罪"之法，详见本书第 2 篇《律令格式是否"皆刑法"辨》第 3 节之"3."。

子作决定说：

> 凶粗小失，可峻之以刑书；沉酗微愆，可惩之以清宪。
> 宜渐戒励，未可退还。①

这段判词的现代汉语表意是：态度凶粗是小缺点，酗酒是轻微过错，可依刑法处置甚至严惩。应该慢慢地劝导改正，不能作清退处理。这里"刑书"与"清宪"并举互训，其刑罚处置之义很明显。古代的"宪"可作"刑法"讲，《尔雅·释诂》的疏文解"宪"为"辟罪法也"。也可称之为"宪律"，《后汉书·杜林传》中就说："今宪律轻薄，故奸宄不胜。""峻"与"惩"的互训，正是"刑书"与"清宪"性质的直接说明。

总之，"刑书"在张鷟的这段判词中偏指"刑罚之法"。

（二）"刑书"也不能概括宋代的法律

即使是宋代自己法律体系中的各种法律形式，也不能统称之为"刑书"。

宋代时，唐代作为"刑书"的"律"照常使用，同时，统治者用"敕"的形式对"律"作大量补充，以致敕的地位与作用最终重于"律"。《宋史·刑法志》上说："神宗以律不足以周事情，凡律所不载者一断以敕，乃更其目曰敕、令、格、式，而律恒存乎敕之外。"唐代的"律"发展到宋代实际上是成了律与敕两种。唐代的"令"，到宋代后，实际化成为宋代的"令"与

---

① （唐）张鷟撰：《龙筋凤髓判》卷三"左右监门卫二条"之一，清嘉庆刊《全唐文》本，中国社会科学院法学所藏。

"格"两种。式到宋代虽在立法渊源上有变化，但其性质基本未变。《宋史·刑法志》上关于敕、令、格、式的性质，元丰神宗皇帝的定义是：

> 禁于已然之谓敕，禁于未然之谓令，设于此以待彼之谓格，使彼效之之谓式，修书者要当识此。

因为皇帝有这样的指示，分典立法时：

> 于是凡入笞、杖、徒、流、死，自名例以下至断狱，十有二门，而刑名轻重者，皆为敕。自品官以下至断狱三十五门，约束禁止者，皆为令。命官之等十有七，吏、庶人之赏等七十有七，又有倍、全、分、厘之级凡五等，有等级高下者，皆为格。表奏、账籍、关牒、符檄之类凡五卷有体制模楷者，皆为式。

很明显，宋朝除"律"及"禁于已然"、"丽刑名轻重者"的"敕"属于"刑书"外，其他的令、格、式都不属于"刑书"之列。虽然，元代人危素等人在《宋史·刑法志》的开头两段中也谈到了"刑书"，但那也是专指或偏指刑法条文而言的：

> 唐虞之治，固不能废刑也。惟礼以防之，有弗及，则刑以辅之而已。王道陵迟，礼制隳废，始专任法以罔其民，于是作为刑书，欲民无犯，而乱狱滋丰，由其本末无序，不足相成故也。

观夫重熙累洽之际，天下之民咸乐其生，重于犯法，而致治之盛几乎三代之懿。元丰以来，刑书益繁，已而憸邪并进，行政紊矣。国既南迁，威柄下逮，州郡之吏亦颇专行，而刑之宽猛系乎其人。

（三）唐代用“文法”概括法律是正确的

《新唐书》作者把唐代法律统称“刑书”之错误，莫过于与唐代人自己的称谓相比较而益彰。唐代人自己把律、令、格、式四种法律统称为“文法”而不是“刑书”。唐代开元时期的典章制度专家们说：

凡文法之名有四：一曰律，二曰令，三曰格，四曰式。①

1. “文法”之传统古义适用于唐代

唐代人自己把唐代的律、令、格、式统称之为“文法”，在概念上十分精确。所谓“文法”就是“法律条文”的意思，也可以说是“成文法律”的意思。《史记》上曾记载说：

程不识孝景时以数直谏为太中大夫，为人廉，谨于文法。②

其实，“文”本身也就有“法律条文”的意思。《史记》记载汉

① （唐）李林甫等撰：《唐六典》卷六《尚书省·刑部郎中》，中华书局，1992，第180页。
② 《史记》卷一〇九《李广传》，中华书局，1982，第2870页。

代酷吏廷尉张汤：

> 与赵禹共定诸律令，务在深文，拘守职之吏。①

2. "文法"之概括与其类解相符

唐代人使用"文法"来概括法律体系内的四种法律时，绝不如宋代《新唐书·刑法志》作者那样解释时犯种概念与类概念矛盾的错误。唐人说：

> 凡律以正刑定罪，令以设范立制，格以禁违正邪，式以轨物程事。②

唐代的"律"属于"正刑定罪"的刑书范畴。"令"全是关于"等数"及典章制度的正面"设范立制"的法律，与"刑书"无涉。"格"中除"刑部格"有与"律"性质相同的内容外，其他都不是"刑书"性质。"式"中只有"刑部式"是广义的刑法规范，但也不涉及"正刑定罪"，其他都不在"刑书"范畴。对这样情况复杂的四种法律，唐人以"文法——法律条文或成文法律"来概括，种概念及类概念在"法律"上统一起来，绝不像宋人在《新唐书·刑法志》中以偏概全地用"刑书"来统称不同性质的四种法律。

3. 宋人"刑书"使用的另一解

宋人在《新唐书·刑法志》中对唐代四种法律的性质与内容所作的具体解释，与唐代人在《唐六典》中的解释基本相符，

---

① 《史记》卷一二二《张汤传》，中华书局，1982，第3138页。
② 《唐六典》卷六《尚书省·刑部郎中》，中华书局，1992，第185页。

但其所用的概括词"刑书"是由缺乏概念区分而形成的讹错。这是我们看唐、宋"文法"与"刑书"相异的前提。在拙著《唐律与唐代法律体系研究》一书中，我曾主张对宋人"刑书"的措辞，不妨理解为"治书"也好。因为"刑"一词，除了有刑罚、刑律的通常含义外，在古代"刑"也训作为"治、治理"的意义。如在《周礼》一书中"刑"就有用为"治"的典型例子："乃立秋官司寇，命帅其属而掌邦禁，以佐王刑邦国。"① "一曰刑新国用轻典，二曰刑平国用中典，三曰刑乱国用重典。"② 这其中的"刑"都有"治"的意思。当然，我这样说，也不是一定要臆断宋人，而是揣测宋人使用"刑书"可能存在的种种原因罢了。

---

① 《周礼注疏》卷三四，见《十三经注疏》，中华书局，1980，第867页。
② 《周礼注疏》卷三四，见《十三经注疏》，中华书局，1980，第870页。

二 律令格式是否"皆刑法"辨

宋人在《新唐书·刑法志》中把唐代的律、令、格、式四种法律统称为"刑书"之后,对后代法律史研究带来的一个最大的影响就是有人把这一点作为主要根据,在唐代法律体系的研究上提出了"律、令、格、式皆刑法"的主张:因为既然唐代的"刑书"是律、令、格、式四种,那么作出"律、令、格、式皆刑法"的判断就似乎是顺理成章的了。其实,在唐代,除了"律"相当于近代的"刑法"外,令、格、式全都不是或基本不是"刑法"。

(一)《律》是"刑法"条文之证

唐制的研究各派对"律"相当于"刑法"没有分歧,因为《唐六典》上说"凡律以正刑定罪",《新唐书·刑法志》上说"其(指对令、格、式——引者注)有所违及人之为恶而入于罪戾者,一断以律",都正确地从"律"本身及其与另三者的关系上指明了律的作用与性质。其实,当我们说唐代的律相当于近代法律部门划分的"刑法"时,最容易忽视实际上又最不应忽视的一大方面是,唐代的律在立法技术上已有了现代刑法条文的特征。

在《唐律疏议》这一部唐代的刑法典中，除第一篇《名例》属于刑法总则的性质因而没有罪条外，其他相当于刑法分则的十一篇，几乎全都以刑法条文的格式特点订立，是各领域内违法犯罪条款的罗列。这些犯罪条款的分篇次序，是依镇压犯罪的需要及刑律维护的各种不同的社会关系来编排的。第一篇相当于刑法的总则，第二至第九篇是依涉及国家职能各方面的主次轻重地位来划分的违法犯罪篇章，第十篇是上述犯罪的补充条款的篇章，第十一、十二篇是对违法犯罪最后进行处置过程中的违法犯罪的规定。总之，唐律都是"正刑定罪"的条款，而不是要人们去积极作为的正面性的制度性条款。

从法律条款制订的形式来说，《律》条是惩罚性的罪条，而《令》、《格》、《式》的条款情况各异。这是唐代各种法律内容性质上的重大的差别之一。

已同现代刑法一样，唐代刑律的立法条文，其内容在表述上包括罪名、罪状与法定刑三个部分。也只有刑律条文有这种共同的基本特征。

以罪名来说，唐律中的罪名，在概括上已经实行总概罪名、分类罪名及具体罪名的三级概括制。如最严重的罪名，总概括为"十恶"，如其中的"大不敬"是分类罪名，其下的"指斥乘舆"则是具体罪名。一般"十恶"之外的罪名也大多有分类罪名与具体罪名的区分。

以罪状来说，唐律中的罪状，也已经有简单罪状、叙明罪状、引证罪状及空白罪状之区别。如"谋反"是简单罪状，而"口陈欲反之言，心无真实之计，而无状可寻者"是其叙述罪状之一。如《户婚律》（总177条）中"若欺妄而娶"中的"娶"

是引证前文"有妻而更娶妻"的罪名。如《职制律》（总 103 条）"造御膳，误犯食禁者，主食绞"。什么是"犯食禁"？疏文说："造御膳者，皆依《食经》，经有禁忌，不得辄造。"这里《食经》的禁忌便是其空白罪状。

以法定刑来说，唐律中各条款在罪名、罪状后都会规定五种（级）二十等刑罚，以及可能有的对刑罚作各种调整，或改变执行形式的规定内容。

现在所见的唐律律文共 502 条，除去属于总则性质的《名例》57 条外，其余 445 条中，只有《厩库律》中的一条（总 223 条）、《贼盗律》中的一条（总 300 条）和《断狱律》中的一条（总 502 条），对某一类情况的处置起说明作用外，其他各条都是具有罪名、罪状与法定刑的刑事条款。

（二）《令》全非"刑法"条文之证

就《唐六典》中列出的 27 种令文，及日人仁井田陞《唐令拾遗》中收录的 33 种令文看，其中都没有一种有刑法条款的特征。

1. 《令》全是正面的制度性法规

在这一点上我们以"律"与"令"中相同事物的有关条款来互校，最能显示"律"与"令"的性质差异。

如关于丈夫单方面休妻的条件"七出"，《令》规定：

> 诸弃妻须有七出之状，一无子，二淫，三不事舅姑，四口舌，五盗窃，六妒忌，七恶疾，皆夫手书弃之。男及父母伯姨舅，并女父母伯姨舅，东邻西邻，及见人皆署。若不解

书，画指为记。①

这是关于丈夫休弃妻子的条件及手续的规定。妻有七种情况之一，丈夫可休，也可以不休。但若要休弃，一定要依令办事。此令文不是"刑法"。违犯此令文的犯罪处置，必须要另由刑律来规定。对照之下，作为刑律的唐律中的相应条款则不同：

> 诸妻无七出及义绝之状，而出之者，徒一年半。②

这里，罪名是违令出妻，罪状是妻无七出及义绝之状而出妻，刑罚是一年半徒刑。

又如《户令》规定："无子者，听养同宗于昭穆相当者。"③其意是无子女的人，可以领养同宗中辈分相当的人为养子女。但领养与否，则听其自由。此处概无罪名、罪状与刑罚可言。但是有关的律文说："诸养子，所养父母无子而舍去者，徒二年。"在此，罪名是辄舍养子，罪状是养父母无子舍养子，刑罚是二年徒刑。

唐代《令》中的最重要内容之一是《官品令》。《官品令》正面规定官员在九品三十等中的秩级，如在"流内官"正一品项下列出"太师、太傅、太保、太尉、司徒、司空、王（爵）"等七种官职。这种《令》文怎么分析也不能判令其为"刑法"的性质。各种《职员令》是规定国家官吏其中包括"内外命妇"女官在内的编制与职司范围。如关于尚书省六部的设置，《武德

---

① 〔日〕仁井田陞著：《唐令拾遗》，长春出版社，1989，第162页。
② （唐）长孙无忌等撰：《唐律疏议》卷一四《户婚律》，中华书局，1983，第267页（以下引《唐律疏议》，不再标明出版单位和出版时间）。
③ 《唐律疏议》卷一二《户婚律》，第237页。

令》规定是"吏、礼、兵、民、刑、工"等部,《贞观令》规定是"吏、礼、民、兵、刑、工"等部。前后二令,"兵"、"民"二部次序有调动。① 这些内容不可能有"刑法"的性质。其他,《祠令》正面规定祭祀制度,如"在天称'祀',在地为'祭',宗庙名'享'"及"祠祭皆卜日"等,《户令》规定"户五千已上为上县,二千户已上为中县,一千户已上为中下县",及"诸以子孙继绝,应析户者,非年十八已上,不得析"等,《衣服令》规定服饰等级的式样等,《医疾令》规定宫廷的医疗制度等。总之,现见的 33 种《令》,都不是包含罪名、罪状及法定刑的"刑法"条文。

2. 即使《狱官令》也不是"刑法"

说唐代的《狱官令》不是"刑法",就如今天我们说诉讼法不是刑法一样。所不同的是,今天的诉讼法已各自成为独立的部门法,而唐时的诉讼法还包在整个"大行政法"中未独立出来。现略举《狱官令》的主要内容方面,藉以指出其不是"刑法"的道理。如:

> 诸有犯罪者,皆从所发州县推而断之。在京诸司,则徒以上送大理,杖以下当司断之。若金吾纠获,皆送大理。②

这是关于案件在地方及京都的受理权限划分的规定。又如,"诸决大辟罪在京者,行决之司五覆奏;在外者,刑部三覆奏。"③这是关于死刑执行时向皇帝的覆奏制度的规定。"诸决大辟罪,

---

① 见(唐)王溥撰:《唐会要》卷五七《尚书省分行次第》,上海古籍出版社,1991。

② 〔日〕仁井田陞著:《唐令拾遗》,长春出版社,1989,第 689 页。

③ 〔日〕仁井田陞著:《唐令拾遗》,长春出版社,1989,第 692 页。

皆于市。五品已上,犯非恶逆已上,听自尽于家。七品已上及皇族若妇人,犯非斩者,皆绞于隐处。"① 这是关于死刑执行形式等级差别的规定。

> 诸鞫狱官与被鞫人有五服内亲,及大功以上婚姻之家,并受业师,经为本部都督、刺史、县令,及有仇嫌者,皆须听换推。经为府佐、国官于府主亦同。②

这是关于审判官回避制度的规定。再如,"诸州府有疑狱不决者,谳大理寺,若大理仍疑,申尚书省。"③ 这是关于疑案逐级上报的制度规定。"诸赎死刑限八十日,流六十日,徒五十日,杖四十日,笞三十日。若无故过限不输者,会赦不免。"④ 这是关于在准赎的条件下,赎铜征纳的期限规定。"诸狱皆厚铺席荐,夏月置浆水,其囚每月一沐。其纸笔及酒、金刃、钱物、杵捧之类,并不得入。"⑤ 这是关于监狱管理制度的规定。"诸杖皆削去节目,长三尺五寸","其决笞者,腿、臀分受;决杖者,背、腿、臀分受,须数等;拷讯者亦同。"⑥ 这是关于刑杖制作规格及杖打部位的规定。

> 诸有赦之日,武库令设金鸡及鼓于宫城门外之右,勒集囚徒于阙前,挝鼓千声讫,宣诏而释之。其赦书颁诸州,用

---

① 〔日〕仁井田陞著:《唐令拾遗》,长春出版社,1989,第696页。
② 〔日〕仁井田陞著:《唐令拾遗》,长春出版社,1989,第720页。
③ 〔日〕仁井田陞著:《唐令拾遗》,长春出版社,1989,第720页。
④ 〔日〕仁井田陞著:《唐令拾遗》,长春出版社,1989,第721页。
⑤ 〔日〕仁井田陞著:《唐令拾遗》,长春出版社,1989,第724页。
⑥ 〔日〕仁井田陞著:《唐令拾遗》,长春出版社,1989,第727页。

绢写行下。①

这是关于赦令执行程式的规定。以上是《狱官令》各主要内容方面的代表性条文，这些条文的共同特点都是司法审判事务方面的正面制度性规定，而不是规定某种罪名、罪状及刑罚的定罪判刑的条文。以今天的角度衡量，《狱官令》是诉讼法及监狱法的制度性法规，而不是实体刑法。对唐代《狱官令》，从程序法与实体法的比较上去考察，最能证明唐代的《令》不是"刑法"。

（三）《格》绝大部分不是"刑法"之证

格的出现，既保证律令式的相对稳定，又可保证法律随时事的变易而变易。格可以随时涉及任何法律（律、令、式、礼）。格数量较多，为方便于查阅贯彻，在编制上格被区分为涉及某一专门机关掌握执行的"留司格"和颁下全国州县的"散颁格"。此外，还有适用于某一特定大事的单行格的汇编（如《选格》）。无论三类中的哪一类，都冠以二十四曹司的名称。"留司格"不用说，即使"散颁格"如与刑部有关的就命名为《散颁刑部格》，涉及武人考选的专门格条的汇编称《兵部选格》。基于隶属于《祠部格》中关于僧、道管理的专门格条，就常单独地称为《道格》及《道僧格》。又因为格事实上处于经常的补充与调整的势态下，旧的格又一定要被新的敕令所调整，于是又出现了所谓"格后敕"。

① 〔日〕仁井田陞著：《唐令拾遗》，长春出版社，1989，第732页。

1. 格绝大部分不是"刑法"

因为《格》是以二十四曹司为目，这就决定了格的绝大部分内容都不可能是刑法。

敦煌吐鲁番法制文书残卷中的《户部格》条文就不是"正刑定罪"之法。如：

> 敕：诸色应食实封家，封户一定已后，不得辄有移改。①

又如：

> 敕：岭南及全僻远小州，官人既少，欲令参军、县官替充朝集者听。②

现见之敦煌《开元户部格》残卷，实录唐各朝格十七条，内中并无一条是定罪处刑的内容。敦煌《垂拱后常行格》残卷，实录四条格的残片，都是关于口头奏请、宫卫门禁及官吏叙补的有关规定。

关于官吏考选事务的《选格》，纯粹是选考条件的规定，绝无刑事之可言。如：

> 准开元七年十月二十六日敕：上柱国及柱国子年二十一

① 敦煌文书《户部格》残卷：景龙三年九月二十日敕。本文所引敦煌文书残卷中的格、敕、式均录自中华书局1989年版，刘俊文《敦煌吐鲁番唐代法制文书考释》一书中誊录的北京大学图书馆馆藏的缩微胶片内容。（下同）

② 敦煌文书《户部格》残卷：圣历元年正月三日敕。

已上，每年征资一千五百文，准本色宿卫人，至八年满听简。①

格是整编公布的敕令，从部门法划分的角度上说，格条的性质，以其修改补充的法律的性质为性质。涉及吏部的可以说是官吏管理法，涉及户部的可以是户籍法、身份法、财税法，涉及礼部的可说是礼制，涉及兵部的可以说是军事法，涉及工部的可说是工程法、水利法等。

2. "禁违正邪"不等于"定罪判刑"

唐人关于《格》是"禁违正邪"的解释，是指"格"的目的而言，是指对"违"法及"邪"行的一种预防和制止，而不是说所有的格都与律一样"正刑定罪"。与"令"比较起来，令是正面性的作为性的规范，而且是"设范立制"性的行为规范。而格，基本是强调不得作为的防止"违失"与"邪行"的行为规范。即当社会生活中出现了统治者认为属于"违失"与"邪行"的一类行为时，立法者以格来预防或制止。

道士、女官、僧、尼，不合畜奴婢、田宅、资产。②

私家部曲奴婢等，不得入道。如别敕许出家后，犯还俗者，追归旧主，各依本色。③

----

① 敦煌文书《开元兵部选格》断片。
② 源自（唐）杜佑撰：《通典》卷——《食货·鬻爵》，收入《唐令拾遗补》，东京大学出版会，1997，第1004页。
③ 源自《白氏六帖》二六，收入《唐令拾遗补》，东京大学出版会，1997，第1009页。

敕：诸山隐逸人，非规避等色，不须禁断，仍令所由觉察，勿使广聚徒众。①

敕：如闻诸州百姓结构朋党，作"排山社"，宜令州县严加禁断。②

敕：诸州百姓乃有将男女质卖，托称庸力，无钱可赎，遂入财主。宜严加禁断。③

敕：畿内逃绝户宅地，王公百官等及外州人不得辄请射。④

因为是"禁违正邪"，所以有一些格条对某些违法邪恶的作为也规定了必要的行政处罚。如《名例》（总第23条）疏文引唐《格》说：

依格：道士等辄著俗服者，还俗。
依格：道士等有历门教化者，百日苦使。⑤

作音乐及博戏者，百日苦使，其相取财物者，还俗。道士、女官，棋、琴不在制限。⑥

---

① 敦煌文书残卷，源自长安二年七月二十八日敕。
② 敦煌文书残卷，源自景龙元年十月二十日敕。
③ 敦煌文书残卷，源自长安二年二月十二日敕。
④ 敦煌文书残卷，源自景龙二年三月二十日敕。
⑤ 《唐律疏议》卷三《名例》，第66页。
⑥ 《唐令拾遗补》"道僧格"，东京大学出版会，1997，第1001页。

"还俗"和"苦使"都是行政处罚的范围。还俗是指回复到度为僧、道前的普通百姓身份，收回告身及度牒，不再有免除赋役的优惠，这是行政处罚，而不是刑事处罚。如僧、道在犯有某些罪，会赦免除刑罚后，还特别规定仍给"还俗"的身份处罚：

《道僧格》：犯诈称得圣道等罪，狱成者，虽会赦，犹还俗。①

至于"苦使"，其行政处罚的特点更加清楚而不会再使人疑惑。因为格对"苦使"的实行与内容规定说：

有犯苦使者，三纲立案锁闭，放一空院内，令其写经，日课五纸，日满检纸数，足放出。若不解书者，遣执土木作，修营功德等使也。其老小临时量耳。不合赎也。②

3. 《格》中只有《刑部格》属于"正刑定罪"的法律规范

以尚书省二十四曹司之一的"刑部"为篇名的《刑部格》，以调整补充《律》为任务，故其有"刑法"的性质。如：

伪造官文书印若转将行用，并盗用官文书印及亡印而行用，并伪造前代官文书印若将行用，因得成官，假与人官，（知）情受假：各先决杖一百，头首配流岭南远恶处，从配缘边有军府小州。并不在会赦之限。其同情受用伪文书之

---

① 《唐令拾遗补》"道僧格"，东京大学出版会，1997，第996页。
② 《唐令拾遗补》"道僧格"，东京大学出版会，1997，第1003页。

人,亦准此。①

格条中先规定罪状、罪名,再规定刑罚及按首从区分处置,最后规定条文之效力及适用,是典型的刑法条文。

又如:

> 宿宵行道,男女交杂,因此聚会,并宜禁断。其邻保徒
> 一年,里正决杖一百。②

民间夜晚举行法事,所谓"宿宵行道",在这种情况下男女一起聚会被禁止。而且有此事,邻保及地方基层官要受罚,这完全是新的刑事立法。

> 于今后,仰放火之处约……述逗留,放火后续状递报,
> 勿稽事……意。致失权宜,辄……刻,捉官别追决三十,所
> 由知烽健儿决六十棒。③

关于"烽候不举"及"前烽不举,不即往告"之罪,《唐律疏议·卫禁律》(总第 90 条)原规定刑罚是"徒三年",而格在这中间又增加规定了决杖的处罚。

唐代修改补充《律》的格条,基本都在《刑部格》中,而《刑部格》只是格二十四篇中的一篇,因此,把所有的格都说成是"刑法",是典型的以偏概全的作法。

---

① 敦煌文书《神龙散颁刑部格》残卷。
② 敦煌文书《神龙散颁刑部格》残卷。
③ 此引文转抄于敦煌文书《开元职方格》残卷。

（四）《式》基本不是"刑法"之证

比起规定重大典章制度的《令》来，《式》的内容常表现为一些制度实施在时间、人数、物量等的细则内容。迄今为止，比起《令》的复原整理来，《式》的系统复原还差得很远。

1. "式"绝大部分不是"刑法"

在敦煌吐鲁番文书残卷及《唐律疏议》对式不多的引文中，可看出绝大部分的《式》是正面制度性立法，而不是定罪判刑的刑法条文。

吏部是官吏事务的管理机构，以其为名目的《式》文都是官吏管理法律中的细则内容。如残存的贞观《吏部式》规定说：

> 隋勋官、散官及镇将、副五品以上，并五等爵，在武德九年二月二日以前身亡者，子孙并不得用荫当，虽身在，其年十二月卅日以前不经参集，并不送告身勘校奏定者，亦准此。①

这是关于前朝隋代官员本人叙限，及子孙用荫官当审核时间的规定。唐代对隋朝官员也有品级待遇的优惠，因此发生了虚报隋代官员品级的情况，所以用《式》来在勘查审核上进行规定。

属于户部的曹司"度支郎中"，主管"支度国用、租赋少多之数"，以其为名目的《度支式》是关于赋税物之征输、折抵及调配等的内容。如残存的仪凤年间的《度支式》断片中之

---

① 敦煌文书《贞观吏部式》残卷。

一条说:

> 诸州庸调折纳米粟者,若当州应须官物给用,约准一年
> 须数,先以庸物支留,然后折纳米粟。无米粟处,任取当州
> 以堪久贮之物。①

这是关于庸调折合米粟或折合其他物品纳税之规定。

唐代工部的"水部郎中",其职责是"掌天下川渎、陂池之
政令。以导达沟恤,堰决河渠"。②以其为名目的《水部式》都是
关于水利工程管理法规的实施细则。在现存的唐代开元年间
《水部式》残卷中,有式文 30 条,基本全是水利管理中的细则。
如其中一条规定说:

> 若用水得所,田畴丰殖,及用水不平及虚弃水利者,年
> 终录为功过附考。

这是关于管理水利官员行政考核功过的处置规定。

从以上所举的《吏部式》、《度支式》及《水部式》的条文
看,这些《式》是正面的制度性的规定,而不是定罪判刑的
"刑法"。再从《律疏》中所引用《式》文来看,情形也如此。

《太仆式》:

> 在牧马,二岁即令调习。每一尉配调习马人十人,分为

---

① 敦煌文书《仪凤度支式》残卷。
② 《唐六典》卷七《工部·水部郎中》,中华书局,1992,第 225 页。

五番上下，每年三月一日上，四月三十日下。①

这是关于官有马匹训练及训练人员配备轮班的规定。

《职方式》：

放烽讫而前烽不举者，即差脚力往告之。②

这是关于边境防卫放烽烟报警制度的规定。

《监门式》：

皇城内诸街铺，各给木契。京城诸街铺，各给木鱼。③

这是关于皇城、京城各街铺有征调使用鱼符种类的规定。

《库部式》：

其甲非皮、铁者，依《库部式》，亦有听畜之处，其限
外剩畜及不应畜而有者，亦准禁兵器论。④

这是关于非以皮铁制作的甲的储存规定。

《户部式》：

灵、胜等五十九州为边州。⑤

---

① 《唐律疏议》卷一五《厩库律》，第282页。
② 《唐律疏议》卷八《卫禁律》，第179页。
③ 《唐律疏议》卷一六《擅兴律》，第302页。
④ 《唐律疏议》卷一六《擅兴律》，第316页。
⑤ 《唐律疏议》卷二八《捕亡律》，第537页。

这是关于边境州府确定的规定。总之,唐律所引的有名目的《式》文,也都不是正刑定罪性质的条款。

2.《刑部式》也不是"正刑定罪"之法

唐代的《式》,只有《刑部式》的内容是在广义的刑法范畴之内。所谓"广义的",是指可称为刑事法规,但不是定罪判刑的刑法内容,如《名例律》(总第17条)之疏文说:

> 先已去任,本罪不至解而奉敕解者,依《刑部式》,叙限同考解例。

这条说的是犯罪官吏解除职务后重新叙官的年限问题。《刑部式》规定,对于犯官之罪够不上解职而特别奉皇命解职的官吏,其重新复职的年限,与因考核不及格而解职的官吏相同。这里内容不涉及罪与非罪的问题,而只是某些犯官处刑除免后复职的年限问题。从数量上说,《刑部式》是《式》33篇中的一篇,在这种情况下,下结论说《式》皆"刑法",显然无视33:1的客观事实。何况《式》的位阶资格根本不是定罪判刑的规范。

(五)刑律有违反《令》《式》要处罚的规定
不足以证明《令》《式》"皆刑法"

律、令、格、式"皆刑法"说,其最便捷的一个持论根据是《唐律疏议·杂律》(总第449条)规定违反《令》、《式》要受笞打之刑罚。于是他们认为,既然违反《令》、《式》要处罚,则《令》、《式》就是刑法条款。这种看法是片面的,其逻辑是不正确的。

人们违反了非刑法的法律而受罚，那些非刑法的法律并不因此就具有"刑法"的性质，这是常识。在唐律规定违令、式受罚那一条中，疏文举了两个违反《令》、《式》要受罚的例子。一是《仪制令》中规定："行路，贱避贵，去避来。"一是《礼部式》中规定："五品以上服紫，六品以上服朱。"这两条《令》、《式》，其本身与许多《令》、《式》一样，从形式到内容，绝没有刑法的特征。它们遭到违反要受罚，不是因为它们自身有"刑法"的性质，而是另有刑法条款在起作用：

> 诸违《令》者笞五十；别《式》，减一等。

只有这条才是"刑法"，而不是那二条《令》、《式》的内容是刑法。如违反婚姻法到一定程度要受刑罚，并非婚姻法是刑法，而是有刑法在维护婚姻法。如今天违反母婴法至犯罪被处刑，也不能说母婴法有刑法的性质。在这一点上，唐代同今天是相通的。

三 《律疏》是否“诸法合体”辨

在对唐代法律体系的看法上，另有一种模糊的观点就是唐代法律的“合体”说，即唐代的《律疏》一书是唐代“诸法合体”的表现。这种说法虽然承认唐代有“诸法”，看起来比“皆刑法”说有进步，但认为“诸法”都“合体”于刑律或“合体”于刑典的观点，这在对唐代立法水平的认识上是一种倒退。其实，唐代是有“诸法”的，但“诸法”并未合体于《律疏》这部刑律之中。

（一）唐代的“诸法”未“合体”于刑律之证

唐律“诸法合体”说的要害，是把唐律中惩罚性的法律内容与大量存在于唐律之外的正面的制度性法律内容混为一谈，并以前者取代后者。

1. 唐律十二篇中第二至十二各篇并非是唐代的“诸法”

“诸法合体”说的形成，与人们对唐律各篇序言性疏文措词的误解有关系，这些疏文中关于解释篇目名称及次序安排的一些话很容易使人误解。如唐律的疏文关于《卫禁》的次序介绍说："但敬上防非，于事犹重，故次《名例》之下，居诸篇之首。"这里的篇名"卫禁"及疏文所说的"敬上防非"，是关于宫廷警卫及"敬上防非"方面的违法犯罪规定，而不是正面性制度。尤其是介绍第三篇《职制》的用词更不能误解。疏文说：

> 言职司法制，备在此篇。宫卫事了，设官为次，故在《卫禁》之下。

这里的"法制"不是指正面的法律制度，其意是涉及职司的犯罪制刑；这里的"设官"，是指有关"设官"的违法犯罪（如超编）。疏文在介绍第四篇《户婚》时说的"既论职司事讫，即户口、婚姻，故次《职制》之下"，这里的"户口、婚姻"，也是指在户口、婚姻方面的违法犯罪及处置，而不是指户口、婚姻方面的正面法律制度。同样，第五篇《厩库律》也不是畜牧及仓库管理方面的正面制度，而是畜牧饲养管理及仓库管理方面的违法犯罪。第十篇的《杂律》是不能入其他各篇的违法犯罪，而不是其他综合性的法律制度。第十一篇的《捕亡》是关于捕捉罪犯及逃亡方面的违法犯罪规定，而不是关于应该怎样捕亡的正面性制度规定。第十二篇《断狱》是关于监狱管理、司法审判及执行等方面的违法犯罪，而不是怎样依法审判的正面性立法。唐律中其他的篇目，名称本身就是个违法犯罪的贬义词，如"擅兴"是指擅自进行军事赋役征调及施建工程，"斗讼"是指非法的打斗杀伤及告发，"贼盗"及"诈伪"当然更没有误解为正面性立法的可能性。

2. 唐律第二至十二各篇不是现代的部门"诸法"

在思考方法上，因为我们从惩罚性的刑律中可以反观到一些

正面制度，不能就认为唐律具有规定各种正面制度的任务。如
《卫禁律》与《擅兴律》中违法犯罪的规定，虽然可以折射出唐
代军事法、赋税法及工程法等某些正面的制度内容，但绝不能由
此说，这两篇律文就是军事法、赋税法及工程法的"合体"。因
为唐代的军事法主要散布在属于《令》的《卫府职员令》、《镇
戍岳渎关津职员令》、《宫卫令》、《军防令》中；在属于《格》
的《兵部格》、《职方格》、《监门格》与《宿卫格》中；在属于
《式》的《兵部式》、《职方式》、《监门式》、《宿卫式》中；在
属于《礼》的《军礼》中间。唐代的工程法，在《令》的《营
缮令》，在《格》的《工部格》、《水部格》，在《式》的《工部
式》、《水部式》中。唐代的赋役法，主要由《赋役令》、《户
令》来规定。我们从《职制律》中可以反观到当时官吏编制、
职守、考核及邮驿等的制度，但不能说《职制律》是官吏管理
及驿站管理法的"合体"内容。唐代的官吏管理法分散在《令》
的"官品令"、"职员令"、"选举令"、"考课令"、"封爵令"、
"禄令"、"假宁令"中，在《格》的"吏部格"、"司封格"、
"司勋格"、"考功格"中。唐代的邮驿法规定在《令》的"公
式令"，《格》的"礼部格"及《式》的"驾部式"中。唐朝的
土地法规主要在《令》的"田令"、《格》的"户部格"及
《式》的"屯田式"中。唐朝的婚姻法规在《令》的"户令"、
《格》的"户部格"及《式》的"户部式"中。这些全面而丰
富的法规根本无法包容在唐律的《户婚律》中。唐代的经济法
规，分布在《令》的"户令"、"田令"、""赋役令"、"关市
令"、"仓库令"，《格》的"户部格"、"度支格"、"金部格"、
"比部格"及属于《式》的"户部式"、"度支式"、"金部式"、
"比部式"及"计帐式"中。唐律中的任何一篇都无法在形式上

或内容上与这些经济法规"合体"。唐代的畜牧管理及仓库管理法规主要分布在《令》的"监寺职员令"、"厩牧令"、"仓库令"中，在《格》的"仓部格"、"库部格"中，在《式》的"仓部式"、"库部式"及"太仆式"中，这些法律也绝不与《厩库律》"合体"。唐朝的诉讼法规，在《令》的"台省职员令"、"监寺职员令"、"公式令"及"狱官令"中，在《式》的"刑部式"中，而根本不同规定司法审判和监狱管理方面违法犯罪的《斗讼律》"合体"。所以，问题十分明显，依"诸法合体"论者看来，唐律不但"民刑不分"，而且是"经（经济）刑不分"、"行（行政）刑不分"、"诉（诉讼）实（实体）不分"。当然这些都是不正确的。总之，唐律中各篇规定的违法犯罪律条，与其相对应的正面的制度性法规，各有其体系，各有其典册，根本不相互"合体"与取代。之前，许多高等学校的中国法制史教材，在概括唐律各篇的内容时，都说某一篇是"关于……方面的法律制度"，其意为唐代关于某方面的制度性规定即在于此。这不仅是一个措词的问题，而是反映了很多学者对唐律各篇在法律分类性质认识上的不确定性。

（二）《律疏》非《律》《令》《格》《式》"合体"之证

1. 唐代的律、令、格、式都是各自单独起作用的法律

如《唐律疏议·卫禁律》（总90条）规定了"应放多烽而放少烽"，处徒三年；"应放少烽而放多烽"，处徒一年。而放烽多少的具体要求，不在刑律中规定，而在《令》的《军防令》中规定：

> 诸其放烽，有一炬二炬三炬四炬者，随贼多少而为差。①

发现的贼数与所放烽炬数到底怎样相符，其详情细则由《式》来规定，此系军事秘密不能公开，律条的疏文说："放烽多少，具有《式》文，其事隐秘，不可具引。"这情况使人清楚地看到，《令》、《式》在律之外单独存在，而不"合体"于律之中。

又如《唐律疏议·名例律》（总17条）之疏文说：

> 若犯罪未至官当，不追告身，叙法依考解例，期年听叙，不降其品。从现任解者，叙法在《狱官令》。先已去任，本罪不至解官，奉敕解者，依《刑部式》，叙限同考解例。

这里刑律引用了《狱官令》及《刑部式》的名称，说明官吏解现职后的"叙法"及"奉敕解"的具体规定，都应详查《令》、《式》，并依其规定内容执行。这又再一次表明，《令》、《式》内容根本不能全"合体"到律中，而是各自单独起作用的法律。其实，"诸法合体"那样的一部综合的、集大成的、取代所有不同形式法律的法典，唐代自始至终都不存在。唐代的整个法律体系就是律、令、格、式各自为典。把律、令、格、式拆散了，糅到其中的哪一部中去，体例都无法解决，目的性也不明，只有更不方便。所以律、令、格、式是有唐一代贯彻始终的立法体系。其中在某些时候也曾有过合修的事，但都保持了各自的独立性，没有把令、格、式并入于刑律的事。如开元六年，唐玄宗命黄门

---

① 〔日〕仁井田陞著：《唐令拾遗》，长春出版社，1989，第304页。

监卢怀慎等八人"删改格、式、令，至三年三月奏上，名为《开元格》"。开元六年，玄宗又使侍中宋璟等删定律、令、格、式，至七年三月奏上，

> 律、令、式仍旧名，格曰《开元后格》。①

从这些记载中可看出，开元三年的《开元格》，是"删改"的格、式、令的名称，律不在内。开元七年"删定"时，除格叫《开元后格》外，律、令、式仍用旧名，各自独立。到开元二十二年，李林甫等受命全面修订法律，结果是"总成《律》十二卷，《律疏》三十卷，《令》三十卷，《式》二十卷，《开元新格》十卷"。同时，为了各政务部门使用方便，"又撰《格式律令事类》四十卷，以类相从，便于省览"。开元二十五年的《格式律令事类》未得传于今世，但是有两点可以确定：一是撰写的目的是"以类相从，便于省览"，这是与官署职能有关的条文的分类编抄，并不是各法皆与刑律"合体"。二是这部"事类"是开元二十五年的事，而不是今传唐律——永徽四年的《律疏》。

2. 唐律中引用的令格式的数量根本不足以使唐律形成"诸法合体"

认唐律为"诸法合体"者另一个根据是唐律中不时地引用《令》、《格》、《式》。其实仅根据这一点就判定唐律是"诸法合体"，实在无充足理由。

从立法的法条数目说，唐代承袭隋朝的作法，《律》的数量

---

① 《旧唐书》卷五〇《刑法志》，中华书局，1975，第2150页。

最少，只有 500 条，而当时的令、格、式的条数则是律的几倍乃至十几倍。史载贞观年间房玄龄等奉命修订法律时，当时定《令》1590 条，《格》是"定留七百条"。到开元二十二年，"旧格、式、律、令及敕，总七千二十六条"，删修时其中"三千五百九十四条仍旧不改"。① 这数字减去律五百条后，令、格、式的总数应是 3094 条。但是令、格、式被唐律引用的是多少呢？不过是寥寥 130 条左右，这个数字只是开元《令》、《格》、《式》总数的 4% 左右。在唐代《令》、《格》、《式》巨大的数量与庞大的体系中，由于它的 4% 的条目中的部分内容被引用在刑律的解释中，于是就下结论说唐律是"诸法合体"，在这情况下，绝大部分未被唐律引用的大量的活生生的《令》、《格》、《式》岂不被抹煞！一些唐代制度的研究者，在唐律之外，用了很多的时间与精力去收集和复原被佚失的唐代的《令》、《格》、《式》法典，这个行动本身就是对"合体"论的一个否定。

3. 令、格、式被《律疏》引用并不因此使令、格、式改变性质与刑律"合体"

令、格、式被引用入《律疏》是从"义疏"才开始的。从唐初到永徽四年"律疏"制订公布前的 30 多年间，唐代的《令》、《格》、《式》本来就是各自单独存在起作用的。《永徽律》制订之后，为《律》制订《义疏》时，少数的《令》、《格》、《式》才被引入"疏"中用作法律解释。尽管"义疏"事实上也成了法律，但并不引起这些被引用的《令》、《格》、《式》在分类性质上发生变化。被唐律引用的《令》、《格》、《式》只是刑律解释的一部分材料，只有对刑律中的《律》文及

---

① 《旧唐书》卷五〇《刑法志》，中华书局，1975，第 2150 页。

《注》文规定的罪罚内容作增减、限制或扩大的那些内容才是刑律，而不是作为解释表述材料的令、格、式也都成了刑律本身。如"八议"条中，疏文引用《令》文对"职事官"与"散官"作解释，这对律文内容来说，既未增加，又未减少，只起提醒明确的作用，这种作用不能说对"刑法"起"补充"作用。而注文的情况就不同："议贵"的范围是什么？注文说："谓职事官三品以上，散官二品以上及爵一品。"这里其《注》文关于特定的"主体"界限规定，才是"刑法"本身。而其引用《令》文："有职掌者为职事官，无执掌者为散官"，只在解释法律时对有关正面制度作明确提示的作用，即使不引用，对律条中犯罪主体、罪与非罪、罪轻罪重无任何影响。又如《户婚律》（总第157条），被引用解释的"按《户令》：无子者听养同宗于昭穆相当者"，是正面的"民法"性质的法律，而律文"即养异姓男者，徒一年；与者，笞五十"才是"刑法"。《户婚律》（总第158条）"诸立嫡违法，徒一年"是"刑法"，而解释时引用的"依《令》"的立嫡的正面制度是"民法"内容。这些被律文引用的民法在律外单独起作用，与刑法根本不混同。

　　被刑法援用的非刑法法律，不会因为被刑法引用而成为刑法，唐代和今天都这样。如我国的刑法中可能会出现"公务员"这个词，而那时的刑法或刑法的有关解释中很可能会引用公务员条例中关于公务员范围规定的文段。在那种情况下，我们也不能说公务员条例中关于公务员范围规定的文段是"补充刑法"，并成了"刑法"了。刑法引文表述的材料与刑法本身的有效结论不是一回事。如唐律中除引用《令》、《格》、《式》外，也引用《礼》，不但引用《礼》，而且还引用《尚书》、《左传》、《孝经》，甚至还引用《食经》，我们不能贸然说它们对刑律起"补充"作用，更不能说它们成为"刑法"，除非它们影响刑律中罪与罚的内容。唐律中引用一些《令》、《式》，既不说明这些《令》、《式》成为"刑法"，当然也更不说明刑律与它们"合体"变成了别的什么。

（三）唐代在整个立法上并不是"民刑不分"

香港原最高法院杨铁梁按察司，在盛赞唐律的同时也谈到唐律的缺点。他说的缺点之一也是"民刑不分"。他所说的"民刑不分"，具体也是指"许多人民与人民之间的家庭或金钱纠纷，都以刑事处理"。① 他看到唐代法制中民事规范以刑罚手段处理的特点是对的。但是，即使如此，由此就判定唐律是"民刑不分"，在思维上是不周密的。因为在唐代，尽管许多民事法规被违犯后要处以刑罚，但刑法性质的唐律与其他民法性质的法律不是不分，而是有分的。在唐代，很多性质相当于后来"民法"的法规，并不合体于唐律中，而是存在于唐律之外。唐律没有民事立法的职能分工，唐律不是"民刑不分"的法典。

1. 以刑罚处置一些"民事关系"并不证明唐律是"民刑不分"

诚然，在唐代相当于现代的一些民事规范常常有刑事处置的特点。如"负债违契不偿"，唐律中除判"各令备偿"之外，还要根据"违约乖期"的时间及债务数量处以刑罚："一匹以上，违二十日笞二十，二十日加一等，罪止杖六十；三十匹，加二等；百匹，又加三等。"② 但是，唐律中这种民事关系加刑事处

---

① 杨铁梁著：《香港法律18讲》1986年序言，（香港）商务印书馆香港分馆，1987，正文前第3页。
② 《唐律疏议》卷二六《杂律》，第485页。

罚的作法，是表现了以刑罚形式处理部分民事关系的一个处置上的特点，而并不说明整个法律呈"民刑不分"的状态。一项关系在法律处置上，兼有民刑事二种处置，并不证明整个法律"民刑不分"。如现代很多刑事判决中既有刑事判决，又有民事判决，这情况并不说明现代法律是"民刑不分"的。

2. 刑律之外的法律都单独成典并起作用

从法律存在的独立性来说，最根本的是，大量的未被唐律引用的民事条款在唐律之外作为法律存在着。以"婚姻法"来说，结婚年龄肯定是其主要内容绝不会漏缺，但唐律《户婚律》中就偏偏无规定婚龄之内容，唐代规定婚龄之法律在《礼》及《令》中：

> 诸男年十五，女年十三以上，并听婚嫁。①

3. 其他法典在《律疏》制订前都已存在

从时间上说，唐代的很多民事法规在各自的典中起作用，并不受"律疏"的影响。如：

> 诸男女始生为黄，四岁为小，十六为中，二十一为丁，六十为老。②

这《户令》内容，《通典·食货七》及《旧唐书·食货志》在考引时，都说该令制订于"武德七年"，《册府元龟·邦计部·

---

① 《司马氏书仪》"婚仪上"注、《文公家礼》"婚礼第三"注，转引自仁井田陞著：《唐令拾遗》，长春出版社，1989，第158页。
② 唐代《户令》，见《唐令拾遗》，长春出版社，1989，第133页。

户籍》说制订于"武德六年三月"。后来《唐六典·户部》又引证，可见至《唐六典》成书的开元二十六年，这条令文仍单独存在于刑律之外。这条法律，《唐律疏议》制订前已有，制订后仍有，怎么能判断唐代是"民刑不分"呢！又如唐代有名的禁止官吏经商牟利的法律：

　　工商之家不得预于士，食禄之人不得夺下人之利。①

《旧唐书》卷二八《食货志》记载它始定于"武德七年"，而作为刑律的唐律则照应地规定：

　　（官吏）若卖买有剩利者，计利，以乞取监临财物论。
　强市者，笞五十；有剩利者，计利，准枉法论。②

后者作为刑律条文并未与前者"合体"而不分。至于二者之间存在照应关系，正说明同一件事情上唐代的"民"与"刑"或者"行（政）"与刑，立法上是区分的，不能得出"民刑不分"的结论。

　　总之，《律疏》只是刑法，它不包括刑法之外的"诸法"，《律疏》十二篇不是唐代的"诸法"，唐代的"诸法"并未"合体"于唐律中。唐代当时的"诸法"，都存在于刑律之外各自发挥其作用。唐代的"民法"虽无专典，但它与"刑法"不是"不分"，而是分得十分清楚，互不兼并干扰。

――――――――――

① 唐代《户令》，见《唐令拾遗》，长春出版社，1989，第 154 页。
② 《唐律疏议》卷一一《职制律》，第 223 页。

四 《唐律疏义》与《唐律疏议》辨

唐代的刑律在永徽四年（公元 653 年）之前，没有疏文，《武德律》、《贞观律》及《永徽律》都是这样。永徽四年开始，刑律才有了疏文。唐律的律文（含注文）同疏文一起，在当时称为《律疏》。《律疏》在宋代被称为《唐律疏义》，而到了清代及近代则趋向于称之为《唐律疏议》。对这种情况，有必要进行一些辨析及做适当的评论。

（一）"义疏"与"律疏"

所谓"疏"是在《永徽律》制订之后，组织以制订《永徽律》的主要人物为主的一批人，专门对律文包括注文进行逐条逐句的解释，解释的文字就插写在律文（包括注文）各条各句的中间或后面，同原律文注文一起抄写公布。由于"疏"下总先以"议"的文体作解释，并以"议曰"做解释的发语词，这种"疏议曰"的写法，到元代后，疏文部分开头所标的"疏"与"议曰"之间的句读关系被忽略，整个解释部分被直呼为"疏议"，于是就产生了所谓"唐律疏议"这样的书名。现在被称为《唐律疏议》的这部书，实际上有三部分内容：一是律文，二是注文，三是对律与注做解释的疏文。律与注可以离开疏文而作为典册存在，即使在有疏文之后，宋代还从律疏中抽出疏文后把律（及注）单独刊刻名为《律》的典册而传世。但是就独立的典册来说，离开了律与注，疏文则不能单独存在，甚至文义上也不能连贯成章。

1. "义疏"来之于当时经文阐述的文体习惯

唐代把对律文与注文同时做解释的书称为"义疏"，来之于汉魏以来对权威文献解释的文体习惯。汉魏以来为古圣人之"经"书写解释的书有的称为"注"，有的称为"传"。如《周礼》，汉代郑元曾为其作"注"。孔子的《春秋》，左丘明的解释称《左传》，公羊高（或说子夏）的解释称为《公羊传》，谷梁纥的解释称为《谷梁传》。为唐律的律文及注文作解释，当时的立法者把这件事看得很严肃庄重，认为这就相当于后人为古圣人的经文及注文作解释。不过按当时的文体习惯，这种性质的著作已不再称为"传"，而是称为"义疏"。所以同时解释唐律律文与注文含义的著作，也称为"义疏"：

> 昔者，圣人制作谓之为"经"，传师所说则谓之为"传"，此则丘明、子夏于《春秋》、《礼经》作《传》是也。近代以来，兼经注而明之则谓之"义疏"。①

"义疏"之"疏"是经义阐发之"记识"。《唐律疏议·名例》开头的疏文说：

---

① 《唐律疏议》卷一《名例》，第2页。

> 疏之为字，本以疏阔、疏远立名。又《广雅》云："疏者，识也。"案疏训识，则书疏记识之道存焉。《史记》云："前主所是著为律，后主所是疏为令。"《汉书》云："削牍为疏。"故云疏也。

按上文，疏的字义有四种：第一是疏阔、疏远之义，此处不取。第二是《广雅》上讲为识（zhì），通志，其义是记在心里的记；第三是在铭器上刻写文字，《汉书》中的"削牍为疏"，就是刻写之义；第四是由刻写及心记通转为一般的用笔写记的意义。《唐律疏议》中的疏，兼取上述第二、三、四种意义。所以，作者自己说，书"疏"的作用与意义是"记识"。

《唐律疏议·名例》卷首疏文中所说"近代以来兼经注而明之"，即把对经文与注文同时做解释的文字称为"义疏"的情况确实存在。从《旧唐书·经籍志》的记载看，在古代，对"经"、"注"等原著同时做解释的著作称为"义疏"的情况已十分普遍。如《易经》有《周易义疏》、《周易文句义疏》，《书经》有《尚书义疏》，《诗经》有《毛诗义疏》，《礼经》有《周礼义疏》，《礼记》有《礼记义疏》，《孝经》有《孝经义疏》等。

2. 律及其"义疏"合称为《律疏》

律及其"义疏"在唐代简称为《律疏》。这种方式最明显地首先在《旧唐书·刑法志》中反映出来："律学未有定疏"，"宜广召解律人条义疏奏闻"，"于是太尉赵国公无忌……等，参撰《律疏》，成三十卷。""解律人"的任务是修律之"义疏"，最后撰成《律疏》三十卷。把律及义疏简称为《律疏》的不只是写《唐书》的宋代人，唐代人自己也如此。《律疏》的作者在

《名例》卷首的疏文中就说："是以降纶言于台铉，挥折简于髦彦，爰造《律疏》，大明典式。"记唐代典籍的书也这样说："《律疏》三十卷，长孙无忌撰。"①

唐代及唐以前，许多实际是"义疏"的书，为避免重名也称为"疏"。如沈重有《周礼义疏》，贾公彦则著《周礼疏》；皇侃、沈重、熊安生各著《礼记义疏》，贾公彦则有《礼记疏》；皇侃著《孝经义疏》，贾公彦、元行冲则称所著为《孝经疏》。

"义疏"简称为"疏"的情况，直到元代仍是这样。元代江西儒学提举柳贯在元泰定四年（1327年）所作《唐律疏义》序文中说："长孙无忌等承诏制疏，勒成一代之典……今定次三十卷者，长孙制义疏时，固已增多。义疏出永徽初，去贞观应未远。"②"义疏"的作用是对律与注全面做解释。"义疏"用到唐律上，就是对处于"经文"地位的律与其注文做解释的文字，也就是"兼律注而明之"。这种法律解释，在律义内容上达到最大的深度与广度。《名例》卷首的疏文说："远则皇王妙旨，近则萧、贾遗文，沿波探源，自枝穷叶，甄表宽大，裁成简久。"长孙无忌的《进律疏表》中又说："摭金匮之故事，采石室之逸书，捐彼凝脂，敦兹简要，网罗训诰，研核丘坟。"

当然，总的目的是要解明律注之意义满足司法之需要。清雍正朝刑部尚书励廷仪评论"义疏"说："其疏文则条分缕别，句推字解，阐发详明，能补律文之所未备。"③清末任刑部侍郎的沈家本亦说："盖自有《疏议》，而律文之简质古奥者，始可得

① 《旧唐书》卷四六《经籍志》，中华书局，1975，第2010页。
② 文渊阁四库全书《唐律疏义》前附柳贯《唐律疏义序》，台湾商务印书馆影印文渊阁本，总672册。按：（清）薛允升在《唐明律合编》中对柳贯的《唐律疏议序》加按语说，柳贯之"贯"，"他本有作'賨'作'赟'者，皆以意改"。
③ 《唐律疏议》附：（清）励廷仪《唐律疏义序》，中华书局，1983。

而读焉。"①

（二）《律疏》在宋元时称《唐律疏义》

1. 宋代对"律"的称谓

从法源上说，宋代的《刑统》只是唐代的《律疏》加上了从唐开元到宋初与《律疏》相关的刑事法规的条款。从官方的法律语言上说，唐代的《律疏》到宋代仍称为《律》（指律及注的正文）或《律疏》（指律、注及义疏三者的合体），连"唐"字都不加。其原因：一是宋代的刑法称为"刑统"，与唐代的"律"及"律疏"在名称上并不冲突；二是唐代"律疏"的内容实际包括在宋的"刑统"之内，如单独地提"律"及《律疏》就一定是指唐典。这一点在宋人刻写唐律律文的过程中得到充分说明。北宋天圣年间，判国子监孙奭奉皇命为校正宋代刑书而订正唐律的律文（与注文），订正后刊刻为书时其名竟只一个《律》字，到南宋重刻此书时，仍只以"律"为名，而不冠"唐"字。结果清代人发现其传本时，很多人都误判为"宋律"。

2. 宋代对《律疏》的称谓

据刘俊文在《点校本唐律疏议序》中说，《唐律疏议》的版本，就目前所见，大致有三个系统：一是滂喜斋本系统，二是元代至正本系统，三是文化本系统。三个系统之中滂喜斋本时代最早，可能刻于南宋后期，而至正本系统和文化本系统共同的祖本，可能是元泰定本。现在可以肯定的是较早的滂喜斋藏的宋刻

---

① （清）沈家本撰：《重刻〈唐律疏议〉序》，见《寄簃文存》，中国书店，1982，影印本，下册卷六。

本，其名为《唐律疏义》。据"四部丛刊"本录《滂喜斋藏书记》说："宋刻《唐律疏义》三十卷，题太尉、扬州都督、监修国史、上柱国、赵国公长孙无忌等撰。""藏书记"据清兰陵孙氏所刻宋本对原《律疏》卷二中（总第18条）关于"除名"处罚疏文中"理务弘通"被改为"理务疏通"，以及孙所据底本原写作"理务宏通"，这是因宋本要避宋太祖之父"弘殷"之讳。海盐张元济在该书的《跋》中又补充说，卷一"四曰恶逆"条疏议"枭鸱其心，爱慕同尽"，元刊本上"枭鸱"复作"枭镜"，"爱慕"复作"爱敬"，说明是前代因避宋太祖祖父"敬"之名讳改易。所以，判断滂喜斋的《唐律疏义》为宋本，不会有错。同时由此判断宋人已称《律疏》为《唐律疏义》也不会有错。

另外，元代江西儒学提举柳贯于泰定四年（1327年）得《唐律疏义》，刊成书后并为其写《唐律疏义序》。清朝雍正十三年（1735年）刑部尚书励廷仪又曾说："今年春梢，有友人至京，出《唐律疏义》抄本示余""（余）爰欣然握管而为之序"。他写的序也名为《唐律疏义序》。柳贯在刊《唐律疏义》的序言中说："吾欲求《故唐律疏义》，稍为正讹缉漏，刊之于龙兴学官……而行省检校官王长卿，复以家藏善本及《释文》、《纂例》二书来相其役……逾月绪成。"① 这清楚地说明，柳贯当时听说的是《故唐律疏义》，王长卿提供的被柳贯称为"善本"的底本，不言而喻也应是宋元时期的《唐律疏义》。据沈家本介绍，《钞本唐律疏义》的校刊人卢弓父曾在乾隆年间所写的校语中说："宋本、元本，并作'疏义'。"② 可见宋元时期，《律疏》

① 见前引台湾商务印书馆四库全书《唐律疏义》附序。
② （清）沈家本撰：《钞本唐律疏义跋》，见《寄簃文存》，中国书店，1982年，影印本，下册卷七。

之书名称为《唐律疏义》。

（三）《律疏》在清朝的称谓统而不一

1. 清朝以国家版本的形式统称为《唐律疏义》

清朝统称《律疏》为《唐律疏义》主要表现在从清乾隆三十七年开始编纂《四库全书》时对《律疏》的收录过程中。首先，纪昀等经籍专家，在《律疏》版本上，是选取了柳贯于元泰定四年作序的江西行省检校官王长卿提供的"家藏善本"。《四库全书》在收录此书时，全书统称之名、各卷卷首书名，都遵照原著概作《唐律疏义》。同时，纪昀等在写该书的内容"提要"时，也称其为《唐律疏义》。①《四库全书》编纂者以《唐律疏义》为名，雍正年间的刑部尚书励廷仪早就这样做了。柳贯在序缘由时说的"予间请于廉访使师公"，"而行省检校官王君长卿，复以家藏善本及《释文》、《纂例》二书来相其役，公欣然命出公帑所储没入学租钱以供其费"等话，与励廷仪在序中所说的"余因翻阅数次，知督其事者，元江西儒学提举柳君贯也；发帑金以左其用者，廉访师公也；出善本以赞其成者，检校王君长卿也"，完全符合。可见，《四库全书》收录柳序并以《唐律疏义》为名，决非偶然。

2. 清代学人在书名称谓上各以所得本子为准

按理说，《四库全书》所收的《唐律疏义》应该成为一个可以依从的权威书名，但朝廷所编的《四库全书》本，在当时的印制及发行条件下不可能普遍流传。这种情形，沈家本说得很实

---

① 见台湾商务印务馆版《四库全书》总 672 册。

在。他说《唐律疏议》其书"国朝四库全书所收录，并附见于名家书目中。唯坊间传本甚稀，读律之士难得于购觅"。① 所以，包括沈家本在内的校刊及收藏的学者与司法官员，在研究、校刊、推荐时，并不能依难得一见的四库本为准。在书名称谓上，基本是见什么本子，就以那本子为准。如沈家本于"光绪十有六年十二月"，为重刻《唐律疏议》作序时，称"疏议"，而到"宣统建元仲冬二十二日"为《钞本唐律疏义》作跋时又照称"疏义"。不但如此，有的学者还以自己所见所想去揣摸《四库全书》收录本子的书名。之前山东督粮道孙星衍于嘉庆十三年（1808 年）元月，为据至正本重刻《故唐律疏议》作序时，不但自己称其书为"疏议"，而且说："国家辑四库全书，《唐律疏议》入于史部法令，秘府所藏，世人罕见。"② 沈家本在《重刻〈唐律疏议〉序》中也说："《唐律疏议》三十卷，唐长孙无忌等奉敕撰。国朝四库全书所收录，并附见于名家书目。"这客观上会致人误解四库全书本收录的书称为"唐律疏议"而不是《唐律疏义》。这种情况使得有清一代，民间传抄或传刻的《唐律疏议》的影响要大于官方四库全书的《唐律疏义》。

3. 沈家本提出"义"、"议"相殊之问题

《唐律疏义》与《唐律疏议》之不同，实际上是反映了对《律疏》结构分析上的分歧与矛盾。清代较早地注意并重视这一问题的人也是沈家本。他先为重刻《唐律疏议》作序，后又为《钞本唐律疏义》写跋。写跋时说："此本题曰《唐律疏义》，孙本则题曰《故唐律疏议》"，"'义'、'议'文殊，不独与孙本

---

① （清）沈家本撰：《重刻〈唐律疏议〉序》，见《寄簃文存》，中国书店，1982，影印本，下册卷六。
② （清）孙星衍撰：《重刻故唐律疏议序》，中华书局，1983《唐律疏议》附。

异，与诸本亦异矣。"① 从沈家本的话看来，当时流传所见，称
"疏议"的是"诸本"，系多数；称"疏义"的相对是少数，尽
管朝廷所编《四库全书》中称其名为《唐律疏义》。

（四）《律疏》的"疏"文包括"议"及
"问答"两种内容

评论《唐律疏义》与《唐律疏议》的书名，首要的是弄清
楚唐代《律疏》的内容结构。我以为，对律与注来说，"疏"
是对它们进行解释的一个整体，而疏文又有其自身的内容结
构。疏是由"议"和必要（而不是每条必备）的"问答"两
部分组成，其国家有权解释的任务，是通过"议"及"问答"
来实现的。

1."议"的作用

《律疏》的"疏"之下，首先列"议"。"议"是言论、意
见，就表达方式说是议论。所以，唐代的"议"也指一种议事
说理的文体。如驳议、奏议等。《旧唐书·经籍志》记载的书目
中就有许多以"……议"为名的。如《丧服要集议》、《礼议》、
《何氏春秋汉议》、《晋明帝谥议》、《晋明堂郊社议》、《杂议》、
《晋七庙议》等等。唐律疏文把对律及注的意义用议论的方式做
分析阐发的部分称为"议"，是名副其实。但是，虽然清朝《四
库全书》在收《律疏》时书名取"疏义"而不作"疏议"是完
全正确的，可整部书中"疏"下的"议曰"也都作"义曰"就
实无必要，反而是"矫枉过正"了。因为，此处编写者的本意

---

① （清）沈家本撰：《钞本唐律疏义跋》，见《寄簃文存》，1982，影印本，下册卷七。

就是"议"而非"义"。敦煌文书中发现的《律疏》残卷,在律条下都使用"议曰",既表明了唐代人的本意,也暴露了四库全书本于"疏"下一律使用"义曰"的缺陷。当然,这与其把整部《律疏》取书名曰《唐律疏义》的正确做法是两回事。

2. "问答"的作用

疏文在"议"之后,常常还有"问答"的部分。"问答"是中国古代法律解释的传统形式,法律问答最早在战国社会的法律生活中已经出现:

> 诸官吏及民有问法令之所谓也于主法令之吏,皆各以其故所欲问之法令明告之。各为尺六寸之符,明书年、月、日、时、所问法令之名,以告吏民。①

秦朝的"法律答问"已经成为正式的法律形式之一。湖北云梦秦墓出土之竹简中有当时的"法律答问"计183条之多。其内容上最大的一个特点,是下级都以具体的案例、案情相"问",而上级则以处置办法相"答"。这是典型的有权解释,其效力与秦律其他律文同等。唐代在经文解释中也用"答问"的体例写作。如王肃注《尚书答问》三卷,王俭撰《礼仪答问》十卷。《律疏》中的"问答"也是沿用古代经典及法律解释的传统方式的表现。其比较于"议"的一个最大特点,是都设举实例以做解释。

3. "议"和"问答"在对律的解释上是平行并立的关系

(1)内容性质上的平行关系。

问答是单独提出的对律文的例解,它不是"议"的附属内

---

① 《商君书·定分》,见高亨《商君书注译》,中华书局,1974,第186页。

容。如《户婚律》（总第 189 条）是关于"妻无七出及义绝之状而出之"的犯罪及处罚。其"疏"文的"议"先是讲此律在伦理纲常上的根据；接着依令及律的内容先后介绍"七出"、"义绝"、"三不去"的内容，最后，以"问答"提出与律文密切相关的一个实例的处置：问以"七出"中"无子出"的年龄，"答"以进行无正条之比附：依"妻年五十以上无子，听立庶以长"来推断应出之年龄亦应是 50。

从内容看，"议"与"问答"在同等地位上解释律文，前者以议论阐发之形式重于解释律的本义，而后者则重于以实例来解释法律运用中的问题。"问答"不是"议"可取代的。虽然大部分律条之疏文，在"议"之后并无"问答"，但不能因此否认"问答"与"议"的同等地位。

（2）表达与书写形式上的平行关系。

其实，"议"与"问答"的同等地位在《律疏》疏文的表述及书写形式上也有表现。从用词上看去，《疏》的"议"下都用"曰"，构成"议曰"；"问答"之下也各随"曰"，构成"问曰"与"答曰"。"议曰"与"问曰"、"答曰"都是"疏"的内容。从书写上看，原竖写的"诸"字下之律文，包括注文（括号内）都顶格依次序写。"疏"文比律文一律低格；"议"在"疏"之下；而"问答"在排行上也比"疏"低格，而与"议"的地位同。所以，从内容的结构关系以及用词与书写的形式上说，"议"与"问答"都是"疏"的组成部分，地位是并列、等同的。

如《贼盗律》（总第 294、295 条）的表述及书写形式是：

诸略卖期亲以下卑幼为奴婢者，并同斗殴杀法。（无服之卑幼亦同。）即和卖者，各减一等。其卖余亲者，各从凡人和略法。

《疏》议曰：期亲以下卑幼者，谓弟、妹、子、孙及兄弟之子孙、外孙、子孙之妇及从父弟、妹，并谓本条杀不至死者。……

　　问曰：卖妻为婢，得同期亲卑幼以否？

　　答曰：妻服虽是期亲，不可同之卑幼。故诸条之内，每别称夫。……

　　又问：《名例律》云："家人共犯，止坐尊长。"未知此文"和同相卖"，亦同家人共犯以否？

　　答曰：依《例》："本条别有制，与例不同，依本条。"此文卖期亲卑幼及兄弟、子孙、外孙之妇、卖子孙……

诸知略、和诱、和同相卖……

（五）从《疏》的结构评议今传《律疏》的名称

1. "疏义"是《律疏》性质最好的揭示

　　唐代的《律疏》到宋元被称为"疏义"是唐律社会价值在宋元时代的一种反映，也是词语发展变化的一种自然要求。宋代以后的民间藏书家，把作为前朝遗产的法典冠以"唐"以区别于当时的现行法典，是藏书研究的需要。同时，"疏"字虽然据"义疏"作者自己的解释，并不是"疏解、疏通"的意义，可是它作为前代遗留之典籍，词义发展的后代不可能不对"疏"赋予"疏解、疏通"的意义。既然当初可以是"律之义疏"，现在也可以理解是"律义疏解"或"疏解律义"。因为历史上经文之义疏，实际上就是与"正义"（正宗之义，或正其本义）通用的。如孔颖达在贞观年间撰写《五经义疏》，曾简称为《五经疏》，而最后皇帝命令称为《五经正义》。① 所以，唐代之《律疏》宋时被称为《唐律疏义》，是社会语言与法律自然发展中一种符合内在逻辑，反映事物本质的变化结果。《唐律疏义》是从最早的"义疏"演变而来，疏解律的含义，与原书本义最接近，最能反映其任务与书的本质特征。

2. "疏议"不是《律疏》内容本质的最好概括

后代所以有《唐律疏议》名，原因只是一个：把"疏"与其下的"议曰"简单地合成为"疏议曰"，又从而把它理解为"疏议"之书"曰"，于是就把这部书名之为"疏议"。首先，这种在书名上作"又疏又议"的理解，与唐代的"义疏"及"律疏"在修辞上的严谨毫无共同之处。近代学者王重民认为，"疏"与"议"虽然不得不写在一起，但应当用阴阳文分开：

> 长孙无忌与李勣等十九人所议，皆解释条文者，皆"疏"也。宋本阴文"疏"字下紧接"议曰"，正是其事。盖长孙氏等因古者律有驳议，故于所讨论之文，统冠"议曰"二字；"议曰"以下既是疏语，故又置于阴文"疏"字之下，其事甚明，其分别至易。

他最反对"疏"与"议"连读而形成"又疏又议"的做法：

> 元本将"疏议"并为阴文，则失原来本义矣。盖是书

---

① 《唐会要》卷七七《贡举下·论经义》，上海古籍出版社，1991。

原名《律疏》或《唐律疏》，唐亡以后加一"故"字，宋本又于（《唐律疏》）末加"议"一字，已不知"疏"与"议曰"原是一事。元人扬宋人之波，将卷内一切"疏议"字连读，遂成大误。但数百年来，竟无人觉其误也。[①]

同时，那样做在《疏》的内容上取"议"而舍去"问答"，在理解上也不周全。而有清一代一些治律的学者，在对《律疏》内容中"疏"与"议"的解释上，或多或少地暴露出对疏文的结构在理解上有顾此失彼的缺陷。其中最突出的问题是把"疏"和"议"的地位等同起来，在结构上陷入概念模糊：

"疏"、"议"同物，均为申明《律》及《注》。[②]

此书名"疏"者，申明《律》及《注》意；云《议》者申《律》之深义，及《律》所不周不达。[③]

名"疏"者，发明《律》及《注》意。云"议"者，申《律》之深义及律所不周不达，若董仲舒《春秋决狱》、应劭《决事比》及《集驳议》之类。[④]

这些学者（包括王重民在内）虽都讲清了"疏"与"议"的作

① 王重民著：《跋〈唐律疏议〉残卷》，见《敦煌古籍叙录》，商务印书馆，1979，第145页。
② 王重民著：《跋〈唐律疏议〉残卷》，见《敦煌古籍叙录》，商务印书馆，1979，第145页。
③ （清）俞正燮撰：《癸巳类稿·〈唐律疏议〉跋》，道光十三年求日益斋刻本，卷一二。
④ （清）沈家本撰：《重刻〈唐律疏议〉序》。

用，但在内容结构上都把"疏"与"议"等同，同时又都忽略了"问答"的存在。其实，律的"深义"及"不周不达"之处的申明，"问答"功劳不容忽视。当然，注意到"问答"的学者也有，如前文引励廷仪《唐律疏义序》，他在说"疏义"作用的同时也说：

> 其设为问答，互相辨难，精思妙意，层出不穷，剖析疑义，毫无遗剩。

只是，在结构上他未曾涉及"问答"与"议"共同构成"疏"的关系问题。总之，我认为唐代的《律疏》在宋元时期曾有一个好的书名——《唐律疏义》，而到后来在"义"和"议"并不通假的情况下却如王重民所言把它称为"唐律疏议"，这是一种误会。

因为前人中有人认为《疏》的部分下总有"议"相随，留"议曰"省去"疏"，或省去"议曰"留"疏"，都不会与律文相混。所以，王重民就认为有"疏"无"议曰"，或有"议曰"无"疏"都可以：

> 敦煌本无"疏"字仅作"议曰"，因将"议曰"所论置于"疏"之地位，可望而知为"疏"也。宋本之有阴文"疏"字，敦煌本之无阴文"疏"字，其义相同，均无差误。①

---

① 王重民著：《跋〈唐律疏议〉残卷》，见《敦煌古籍叙录》，商务印书馆，1979，第145页。

王重民认为敦煌本有"议曰"无"疏"，人们也知道"议曰"之处乃"疏"的部分。当然，同时也会出现有"疏"而省去"议曰"的作法，如法律出版社"中华传世法典"《唐律疏议》卷前所插影印"名例"卷一之彩页，就只有阴文的"疏"而不随"议曰"的情况。刘俊文先生为中华书局1983年版本作点校时，把书中所有的"疏"字都加方括号，并在其下，一律补上了"议曰"二字，这是尊重原作本义的科学态度。

　　总之，《唐律疏义》其"疏义"之名，从"义疏"制订的初衷来说，实是返朴归真。何时《唐律疏议》能正其名为《唐律疏义》，这就要看人们是否最终能冲出"既然《律疏》中'疏议曰'连称，又疏又议，那么其书名也当然是《疏议》"这种逻辑藩篱了。

五　唐律《注》文随《律》文
与生俱来考

正如我们已知的那样，唐代的《律疏》即后来被称为《唐律疏议》或《唐律疏义》的法典，是由律文、注文及疏文三部分组成的，它们的关系是注文说明律文，疏文（"义疏"）说明注文和律文。注文的特点是简明、必须、扼要、随时插入，对律文的解释特别是在"义疏"制订之前，处于无可替代的重要地位。注文在书写上用比律文小的字体，以双行并列的形式，插写在律文的句中、句末或条尾。其实，注文的形式在《义疏》制订前已经存在，而且是唐代律、令制订行文的一种共同形式，可以说，注文与律文是与生俱来的。为排印方便，本文中的注文一律用括号表示。

（一）注文的作用是解释律文

首先，注文对律文中罪名的罪状作说明。如《名例》（总第6条）"十恶"：

二曰谋大逆。（谓谋毁宗庙、山陵及宫阙。）

经注文解释，可明确"大逆"罪名是专指毁坏皇家宗庙、陵墓及宫殿等的一类犯罪。

其次，注文对律文的适用作解释。如《名例律》（总第30条）：

> 九十以上，七岁以下，虽有死罪，不加刑。（缘坐应配没者不用此律。）

其义谓，90 岁以上，7 岁以下，即使本人有死罪也不加刑罚。但是，如其亲属中有人犯了要对这些人实行缘坐、流放、没为奴婢的那些罪，就不实行这条"不加刑"的法律（而照样要因缘坐而受刑）。

最后，注文对律文作其他具体解释。如《名例律》（总第32条）：

> 诸彼此俱罪之赃（谓计赃为罪者。）及犯禁之物，则没官。（若盗人所盗之物，倍赃亦没官。）

文内注文都是对前律正文的具体解释，如"计赃为罪者"是对上文的限制性解释；"若盗人所盗之物"及"倍赃"是对"没官"的补充解释。

又如《职制律》（总第 135 条）：

> 诸有所请求者，笞五十；（谓从主司求曲法之事。即为人请者，与自请同。）主司许者，与同罪。（主司不许及请求者，皆不坐。）已施行，各杖一百。

文中前一注文是"请求"罪的概念及犯罪主体范围的说明。后一注文是对犯罪构成与否的必须说明。

（二）注文在《义疏》制订前就存在于《律》中

唐代的刑律，永徽二年在《贞观律》的基础上制订公布《永徽律》，《永徽律》于永徽二年颁布后为对《永徽律》作解释而又于永徽三年制订《永徽律疏》，于永徽四年颁布施行。但唐律中的注文并不是在编写"义疏"时才产生，而是在"义疏"——《律疏》制订前的刑律中就已使用。

1. 《永徽律》中有注文

唐代《律疏》制订前的《武德律》、《贞观律》及《永徽律》的完整典册皆不传存，只是在 20 世纪初发现的敦煌文书中有残存的可被认为是《永徽律》及《贞观律》的片断。在这些残存的片断中，可清楚地看到《律疏》制订前的《永徽律》及《贞观律》中都已使用注文。

（1）《永徽律·名例》有注文。

《永徽律·名例》"十恶"的律文下已有注文。如"四曰恶逆"下之注文说：

> 谓殴及谋煞祖父母、父母，煞伯叔父母、姑、兄姊、外祖父母、夫、夫之祖父母、父母。①

"十恶"中"六曰大不敬"下之注文说：

---

① 引刘俊文著《敦煌吐鲁番唐代法制文书考释》，中华书局，1989，第 23 页。本篇所引敦煌文书残卷内容，均参照此书之誊录资料。

　　　　谓盗大礼神御叔父母之物，乘舆服御物，盗及伪造御
玺，和御药误不如本方及封题误，若造御膳误犯食禁，御幸
舟船误不牢固，指斥乘舆情理……①

注文中"盗大礼神御叔父母之物"，与今传《律疏》中"盗大祀
神御之物"相比，差异甚大，排除错抄的可能性之外，证明
《永徽律疏》之前的《永徽律》已有注文。同页"七口不孝"
下有注文：

　　　　谓告言诅骂祖父母、父母，及祖父母、父母在，别
籍……

注文"诅骂"与今传中之"诅詈"异；"别籍"乃"别籍"之
误抄。
　　《永徽律》"八议"下有注文。残片中"二曰议故"下之注
文说：

　　　　谓故旧。②

同页"三曰议贤"下之注文说：

　　　　谓有大德行。

《永徽律》残片中在相当于今传《律疏》（总第47条）律文

①　引刘俊文著《敦煌吐鲁番唐代法制文书考释》，中华书局，1989，第24页誊录资料。
②　引刘俊文著《敦煌吐鲁番唐代法制文书考释》，中华书局，1989，第30页誊录资料。

"诸官户、部曲、官私奴婢有犯，本条无正文者，各准良人"
中，其"官户、部曲"下的注文说：

> 称部曲者，部曲妻及客女亦同。①

同条"即同主奴婢自相杀，主求免者，听减死一等"下之注
文是：

> 亲属自相杀者，依常律。②

(2)《永徽律·职制律》有注文。

敦煌文书残片《职制律》中，相当于今传《律疏》（总第
129 条）"诸乘驿马赍私物，一斤杖六十，十斤加一等，罪至徒
一年。驿驴减二等"之后的注文曰：

> 余条驿驴准此。③

(3)《永徽律·擅兴律》有注文。

《永徽律》律文片断相当于今传《律疏》（总第 235 条）之
"若放人多者，一人准一日；（放日）多者，一日准一人"句下
有残存之注文曰：

> 谓放三人各五日，放五人各三日，累成十五日之类，并

---

① 引刘俊文著《敦煌吐鲁番唐代法制文书考释》，中华书局，1989，第 32 页誊录资料。
② 引刘俊文著《敦煌吐鲁番唐代法制文书考释》，中华书局，1989，第 33 页誊录资料。
③ 引刘俊文著《敦煌吐鲁番唐代法制文书考释》，中华书局，1989，第 39 页誊录资料。

经宿乃坐。①

（4）《永徽律·贼盗律》有注文。

《永徽律·贼盗律》片断中相当于今传《律疏》（总第295条）"诸知略、和诱、和同相卖"下，也有如今之注文曰：

> 展转知情而买，各与初买者同。虽买时不知，买后知而不言者，亦以知情论。②

2.《贞观律》中有注文

其实，不但时间上最近于《律疏》的《永徽律》中有注文，较《永徽律》早的《贞观律》中也就有了注文。

敦煌发现的贞观年间的《捕亡律》的片断上，各律条之中就已有注文。如其中相当于今《律疏》（总第466条）"主守不觉失囚"条下，在"未断决间，能自捕得及他人捕得，若囚已死，及自首，各减一等"的律文下，就已有近于如今之注文：

> 主司各准此。此篇监临主司应坐，当条不立捕访限，不觉故纵者，并准此。③

在相当于今传《律疏》（总第467条）"部内容止他界逃亡浮浪者，一人里正笞四十"下，已有近于如今之注文：

---

① 引刘俊文著《敦煌吐鲁番唐代法制文书考释》，中华书局，1989，第89页誊录资料。
② 引刘俊文著《敦煌吐鲁番唐代法制文书考释》，中华书局，1989，第94页誊录资料。
③ 引刘俊文著《敦煌吐鲁番唐代法制文书考释》，中华书局，1989，第99页誊录资料。

谓经十五日以上。坊正同里正之罪。^①

在相当于今传《律疏》（总第468条）应是"知情藏匿罪人，若过致资给"之律文下已有如今之注文：

　　谓事发被追及亡叛之类。^②

在相当于今传《律疏》（总第468条）律文"诸知情藏匿罪人"条"令得隐避者，各得罪人罪一等"下也有残缺的近似如今之注文曰：

　　……给亦同。若卑幼藏隐匿，状已……坐卑幼。部曲奴婢首匿，主后知……匿者减五等。尊长死后，虽经匿……之治；并不坐。小功以下，亦同减例。若……不知人有罪，容寄之后知而匿者……情者皆坐，不知情勿论。^③

这是唐律中最长的注文之一，如补足其残缺的文句后，与今传《律疏》中的注文基本一般无二。

（三）注文是唐代法条行文的共同形式

　　法条使用注文对主文进行解释说明，是唐代法律制订行文的一种共同的形式。不但唐律中用注文，唐令中也用注文。从历史

---

① 引刘俊文著《敦煌吐鲁番唐代法制文书考释》，中华书局，1989，第99页誊录资料。
② 引刘俊文著《敦煌吐鲁番唐代法制文书考释》，中华书局，1989，第100页誊录资料。
③ 引刘俊文著《敦煌吐鲁番唐代法制文书考释》，中华书局，1989，第100页誊录资料。

的记载看，唐代在制订《律》时也同时制订《令》。就唐代而言，高祖李渊"及受禅，诏纳言刘文静与当朝通识之士，因开皇律令而损益之"，"寻又敕尚书左仆射裴寂……等，撰定律令，大略以开皇为准。""及太宗即位，又命长孙无忌、房玄龄与学士法官，更加厘改。""玄龄等遂与法司定律五百条，分为十二卷。""又定令一千五百九十条，为三十卷。贞观十一年颁下之。""永徽初，敕太尉长孙无忌……等，共撰定律令格式。""景云初，睿宗又敕户部尚书岑羲……凡十人，删定格式律令。"唐玄宗开元六年"又敕吏部侍郎兼侍中宋璟……等九人，删定律令格式，至七年三月奏上"。① 这些记载都说明，律与令的制订与修改基本都同时进行。而且，其制订的行文格式，与法条正文注文相配合，已形成常规。

1. 与《律疏》同时代的《永徽令》中有注文

敦煌文书残卷《永徽职员令》的片断中就有注文，其中关于记载"亲王府"编制的部分《令》文中就有注文：

师一人，（掌以师范辅导，参议可不。）咨议参军事一人，（掌匡正幕府，咨谋庶事。友一人，（掌陪随左右，拾遗补阙。）文学二人，（掌修撰文章，雠校经史。）东阁祭酒一人，（掌接引宾客。）西阁祭酒一人，（掌同东阁。）长史一人，（掌通判府事。）司马一人，（掌同长史。）掾一人，（掌通判功曹、仓曹、户曹，若属无，兼判右曹事。）属一人，（掌通判兵曹、骑曹、法曹。若掾无，兼判左曹事。）主簿一人，（掌覆审教命。）史二人，（掌钦写教命。记室史

---

① 《旧唐书》卷五〇《刑法志》，中华书局，1975，第2133～2150页。

准此。……）

下文中关于"法曹参军事"的编制与职责也以注文的形式规定说：

> 法曹参军事一人，（掌律、令、格、式及罪罚、工匠营造及公廨舍宇之事。）①

残卷后写有：《令卷第六（东宫诸府职员）》，"永徽二年闰九月十四日朝散大夫守刑部郎中上柱国判删定"及"臣贾敏行上"等文字，可见此令制作于《律疏》还未制成颁行之际。

2. 永徽《律疏》制订前之令文中就有注文

（1）武德年间之令文中有注文。

史书记载，唐代第一朝武德年间的《祀令》中已使用注文：

> 大唐武德初定令，每岁冬至，祀昊天上帝于圆丘（坛于京城明德门外道东二里。四城，城各高八尺一寸，下城广二十丈，再城广十五丈，三城广十丈，四城广五丈），以景帝配，五方上帝天文皆从祀（日月内官中官外官，及众星皆从祀……）上帝及配帝，用苍犊各一；五方帝及日月，用方式犊各一；内官以下，加羊豕各九。②

又如武德七年的《官品令》中也有注文：

---

① 引刘俊文《敦煌吐鲁番唐代法制文书考释》，中华书局，1989，第187～188页誊录资料。
② 《通典》卷四三《礼三·吉二·郊天下》记"武德令"，中华书局，1984，第247页。

　　武德七年定令……又以开府仪同三司（从一品）、特进（正二品）、左光禄大夫（从一品）、右光禄大夫（正二品）、散骑常侍（从三品）、太中大夫（正四品）、通直散骑常侍（正四品）、中大夫（从四品上）、员外散骑常侍（从四品下）……①

（2）贞观年间的令文中有注文。
史书记载，应是贞观十一年的《官品令》中说：

　　又置昭武、振威、致果、翊麾、宣节、御武、仁勇、陪戎八校尉副尉，（自正六品至从九品，上阶为校尉，下阶为副尉。）为六品已下武散官。②

3.《律疏》制订后的《开元令》中有注文

《唐六典》编成于开元二十六年，在永徽之后，其摘录之法令内容皆为至开元时仍认可之制度。如其中属于《公式令》的令文中仍用注文说明主文：

　　凡上之所以逮下，其制有六，曰制、敕、册、令、教、符。（天子曰制，曰敕，曰册。皇太子曰令。亲王、公主曰教。尚书省下于州，州下县，县下乡，皆曰符也。）凡下之所以达上，其制亦有六，曰表、状、笺、启、辞、牒。（表上于天子。其近臣亦为状。笺、启于皇太子，然于其长亦为之。非公文所施。九品已上公文，皆曰牒。庶人言曰辞。）

① 《旧唐书》卷四二《职官一》，中华书局，1975，第1783页。
② 《旧唐书》卷四二《职官一》，中华书局，1975，第1785页。

诸司自相质问，其义有三：关、刺、移。（关，谓关通其
事；刺，谓刺举之；移，谓移其事于他司。移则通判之官皆
连署。）①

又开元《公式令》中关于《制授告身式》的公文程式的令文，
也用注文说明主文：

《制授告身式》

门下具官封姓名。（应不称姓者，依别制。册书亦准
此。）德行庸勋云云。

可某官。（若有勋官、封及别兼带者，云某官及勋官、
封如故。其非贬责，漏不言勋、封者，同衔授法。）主者施
行。（若制授人数多者，并于制书之前，名历名件授。）年
月日……②

以上中书门下所签发官凭文书之内容及格式以《令》的形式统
一规定，其中也以注文形式说明详细写法。

从以上诸多律、令的例文中可以看出，《律疏》中的注文，
不是在制订《律疏》时才有，而是《律疏》制订前就存在于前
代的刑律中和令文中，而且还延续使用于以后的令文中。可以
说，就唐代之溯源说，注文是随律文与生俱来的。并且，注文不
但与律文与生俱来，而且也是唐代《令》文行文的形式。

---

① 《唐六典》卷一《三师三公尚书都省》，中华书局，1992，第10～11页。又可见于《旧
唐书》卷四三《职官二》，中华书局，1975，1817页。
② 引刘俊文著《敦煌吐鲁番唐代法制文书考释》，中华书局，1992，第224页誊录资料。

六 "刑名"考辨

　　"刑名"主要是用指古代封建刑律中相当于总则篇目的名称。它作为刑律中的篇目名称来说，起始于魏朝，到北齐基本为"名例"取代。《律疏·名例》之篇疏中说："爰至北齐，并《刑名》、《法例》为《名例》。后周复为《刑名》。隋因北齐，更为《名例》。唐因于隋，相承不改。"虽然从篇目名称来说，《律疏》已以《名例》取代《刑名》，但是《律疏》中还不时地使用着"刑名"的术语。这些术语其意义虽不再是指刑律的篇目，然而其使用意义与其初期意义仍有相通之处。对《律疏》中"刑名"的意义作辨析，既是阅读唐律的需要，也是深刻了解《名例》来由的需要。

（一）汉时的"刑名"与"形名"

1. "刑名"与"形名"相通用

　　"刑名"，按《辞源》之解，是指古代思想家讨论事物概念时辨明一般与特殊、名称与实体关系的学问。《辞源》引《韩非子·扬权》："不知其名，复脩其形。形名参同，用其所生。二者诚信，下乃贡情"；引《庄子·天道》："古之语大道者，五变而形名可举，九变而赏罚可言也"。《辞海》（词语分册）于"刑名"下解曰："'刑'同'形'。刑名就是名实，指名和实的关系。亦即循名责实、明赏罚的统治法术。"其实解决一般概念与特殊对象之间关系的循名责实的方法，晋朝刑法学家张斐认为也是刑法中依律定罪判刑所需要的。他在《进律注表》中曾于列举"知而犯之谓之故"、"取非其物谓之盗"等20个刑法学的定义后总结说："凡二十者，律义之较名也。"在谈"名例"与具体犯罪的关系时说："皆随事轻重取法，以例求其名也。"①

2. "刑名"指法家的学说主张并与"法术"密切联系

因法家主张严格执法及强化监督，所以法家的主张及学说常被称之为"刑名法术"。《史记·老子韩非列传》说中不害"学术以干韩昭侯"，"学本于黄老而主刑名"；谓韩非"喜刑名法术之学"。其司马贞之《索隐》解申不害之"术"谓"即刑名法术也"。其裴骃之《集解》引刘向《新序》说：

> 申子之书言人主当执术无刑，因循以督责臣下，其责深刻，故号曰"术"。商鞅所为书号曰"法"。皆曰"刑名"，故号曰"刑名法术之书"。②

3. "刑名"泛指刑法制度与刑律

"刑名"用指刑法制度与刑律，是"刑"之本义的反映。《康熙字典》解"刑"引《说文》："刭也，从刀，开声"；引《玉篇》："罚总名也"；引《易经·丰卦》："君子以折狱致刑"。同时，"形"与"刑"相通，《荀子·成相》："众人贰之，谗夫

---

① 见《历代刑法志》，群众出版社，1988，第51、53页。
② 《史记》卷六三《老子韩非列传》，中华书局，1959，第2146～2147页。

弃之, 形是诘。"[①] 注曰: "'形'为'刑', 无德化, 唯刑戮是诘。"同时《荀子·正名》中说:

> 刑名从商, 爵名从周, 文名从《礼》。[②]

文中"刑名"与"爵名"、"文名"并举, 盖指刑法制度。《史记·秦始皇本纪》录始皇三十七年十一月刻石文曰: "秦圣临国, 始定刑名, 显陈旧章。"此处之"刑名"指在从前商鞅"六律"与其他法令的基础上制定统一的新的《秦律》。

(二) 魏时的"刑名"

从曹魏开始, "刑名"由较笼统的"刑法"概念转变为具体地指封建刑律中类似后代刑法总则的篇目名称。这也有其变化发展的过程。

1. 《刑名》的历史渊源是《法经》中的《具法》

封建刑律中性质相当于后代刑法总则的篇目, 最早有记载说明的是战国时魏国《法经》中的《具法》。《七国考订补》引汉代桓谭《新书》说《法经》"六法"(商鞅改法为律之后称"六律")在《盗》、《贼》、《囚》、《捕》、《杂》律之后"又以《具律》具其加减, 所著六篇而已。"其《具律》因规定刑罚加减制度的内容也被称作"加法"或"减法"。该书说: "其《减律》略曰: 罪人年十五以下, 罪高三减, 罪卑一减。年六十以上, 小

---

① 章诗同注:《荀子简注》, 上海人民出版社, 1974, 第276页。
② 章诗同注:《荀子简注》, 上海人民出版社, 1974, 第244页。

罪情减，大罪理减。"① 从《具律》中减刑的内容介绍看，制约全律轻重调整的制度正是后来历代刑律中总则性篇目中的重要内容。具，此处之义为详细完备的说明。《荀子·王制》："具具而王，具具而霸，具具而存，具具而亡。"注曰： "言具其所具也。"

2. "刑名"是魏《新律》中"五刑"与"罪例"的总则性篇目名

汉朝萧何制订《九章》时，其立法体例上最大的特点是在秦《六律》的基础上，依原次序续上了三篇成九篇之律。《晋书·刑法志》引《魏律序》② 记载说：

> 汉承秦制，萧何定律，除参夷连坐之罪，增部主见知之条，益事律《兴》、《厩》、《户》三篇，合为《九章》。

萧何把刑律中"具其加减"即在制度上制约全律刑罚加减的篇目置于九篇中的第六篇的做法，在立法体例上留下了亟待改正的重大缺陷。曹魏在制订《新律》时果断地"集罪例以为《刑名》，冠于律首。"《魏律序》的记载，一是揭示了《具律》与《刑名》内容性质的承继关系；二是宣告了《新律》置总则性篇目《刑名》于首篇；三是——也是最重要的是直接指出了《刑名》是"集罪例"也即是包括了"罪条例"的内容。魏《新律》中制约其他十七篇的源于《具律》的对刑罚作加减调整的

---

① 缪文远订补：《七国考订补》，上海古籍出版社，1987，第 699 ~ 700 页。
② 见诸多作者引此文句时皆注 "《魏律序略》"，余窃谓《晋志》上 "其序略曰"，其意为 "其《序》大概的内容说"， "略"是《晋志》作者的介绍语，而非其《序》名为"序略"。

原则性制度内容都集中在第一篇的《刑名》之中。当然关于刑罚种类等级的制度内容又位于《刑名》之首,《晋书·刑法志》介绍该篇的部分内容说:

> 改汉律不行于魏者皆除之,更依古义制为五刑。其死刑有三,髡刑有四,完刑、作刑各三,赎刑十一,罚金六,杂抵罪七,凡三十七名,以为律首。①

(三) 晋代"刑名"概念发展的趋向

1. 《泰始律》的总则性内容分为《刑名》、《法例》两篇

因为在魏《新律》中的《刑名》篇中既有五刑"三十七名",又有涉及调整全律轻重的原则 与制度。所以晋朝在命令贾充等14人制订《泰始律》20篇时,就把总则性的篇目分成《刑名》、《法例》两篇。《晋书·刑法志》记载说:

> 就汉《九章》增十一篇,仍其族类正其体号,改旧律为《刑名》、《法例》。②

"改旧律为《刑名》、《法例》",是就把《新律》中的《刑名》第一,改为《刑名》、《法例》第一、二篇,其中"刑名"是以刑罚种类、等级之内容为代表的概括词,"法例"则是刑法中原则及制度性内容的概括词。

---

① 见《历代刑法志》,群众出版社,1988,第48页。
② 见《历代刑法志》,群众出版社,1988,第50页。

2.《刑名》与《法例》分篇后"刑名"逐渐偏指刑罚

晋《泰始律》把曹魏《新律》的《刑名》剖分为《刑名》、《法例》两篇后，"刑名"摆脱了从前始于"具其加减"及笼统地作"刑名法术"解释的状态，而逐渐偏重于指刑罚的种类与等级的内容。

（1）晋人使用"刑名"指刑罚制度。

注《晋律》的张斐在其《进注律表》中称"刑名"是"定罪制"的制度：

> 律始于《刑名》者，所以定罪制也；终于《诸侯》者，所以毕其政也。①

（2）晋人以"刑名"兼指《刑名》与《法例》。

下面所引《进注律表》句中的"刑名"，应概是兼指《刑名》与《法例》二者的性质与作用：

> 《刑名》所以经略罪法之轻重，正加减之等差，明发众篇之多义，补其条章之不足，较举上下纲领。②

（四）《刑名》在《北齐律》中与《法例》并为《名例》

1.《刑名》、《法例》合并为《名例》的内容基础

北齐河清三年所制的《北齐律》中，把晋以来"刑名"、

---

① 见《历代刑法志》，群众出版社，1988，第213页。
② 见《历代刑法志》，群众出版社，1988，第51页。

"法例"两篇合并为《名例》一篇。《隋书·刑法志》记载说："河清三年，尚书令、赵郡王睿等，奏上《齐律》十二篇：曰名例，二曰禁卫，三曰婚户，四曰擅兴，五曰违制，六曰诈伪，七曰斗讼，八曰贼盗，九曰捕断，十曰毁损，十一曰厩牧，十二曰杂。"《北齐律》中的"名例"，无论名称与内容都是从前"刑名"与"法例"的并合。之前，曹魏《新律》把旧律总则性的《具律》从中间第六改为《刑名》置于律首，使统领作用的篇章站到了首领之位，是其功绩。《北齐律》把晋以来分成两篇的总则性篇章合一称为《名例》，内容集中融为一体，亦是其功绩。事实上"刑名"与"法例"从其性质与作用来说，都对全律起制约作用，也可以说都具有"法例"的性质，只不过两篇各有侧重而已。如前所述，张斐曾用"刑名"来概称"刑名"与"法例"就说明了这种共性。

2. "刑名"、"法例"合为"名例"的语义基础

《北齐律》合"刑名"、"法例"成一篇命名为《名例》，其语义上的原因与条件在晋朝就逐渐具备了。从晋史文献的记载看，在北齐的《名例》出现之前，"名例"作为"刑名"、"法例"的简略语，早就大行其道了。在张斐的《进注律表》中就两次使用"名例"之词汇。其在谈到"刑名"与具体犯罪关系时说：

名例齐其制"；"律之名例，非正文而分明也。①

这两处的"名例"当是"刑名"、"法例"的简称。曾担任过

---

① 见《历代刑法志》，群众出版社，1988，第51、53页。

司法行政长官的三公尚书刘颂，曾就"法渐多门，令甚不一"的时弊，专门上疏皇帝，其中一段不长的文字中也两次出现"名例"：

> 又立法断罪，皆当以法律令正文，若无正文，依附名例断之，其正文名例所不及，皆勿论。法吏以上，所执不同，得为异议。如律之文，守法之官，唯当奉用律令。至于法律之内，所见不同，乃得为异议也。①

这段文字中的"名例"也当是"刑名"、"法例"的简称词。唐《名例律》篇疏中说"名例"是"命诸篇之刑名，比诸篇之法例"，可看作是这种简称构成词素的剖析与归纳。

3. 齐、隋时"刑名"更加清晰地指刑罚种级

即使《北齐律》把"刑名"、"法例"合成"名例"后，"刑名"仍主要指刑罚的种类与等级。《隋书·刑法志》记载《北齐律》中的刑罚种类与等级时说：

> 其制，刑名五：一曰死……凡四等。二曰流刑……未有道里之差。三曰刑罪……凡五等。四曰鞭……凡五等。五曰杖……凡三等。②

同书记载《开皇律》之刑制时说：

> 其刑名有五：一曰死刑二……二曰流刑三……三曰徒刑

① 见《历代刑法志》，群众出版社，1988，第59页。
② 见《历代刑法志》，群众出版社，1988，第233~234页。

五……四曰杖刑五……五曰笞刑五，自十至于五十。[①]

（五）唐律中"刑名"之义承齐隋而更具体

在整部《律疏》中，"刑名"出现于《名例》及其他篇中约计二十多处，其指代总的特征是承前代之义而又更具体，大概可分为以下几种：

1. "刑名"承历史渊源指刑律中总则性的篇名

《律疏·名例》篇首之序言性的疏文，曾专门叙述《名例》从魏《新律》到《北齐律》的变化形成的过程，其文中之"刑名"皆为各该朝代刑律中总则性的篇目名称：

> 魏因汉律为一十八篇，改汉具律为刑名第一。晋命贾充等增损汉、魏律为二十篇，于魏刑名律中分为法例律。宋、齐、梁及后魏，因而不改。爰至北齐，并刑名、法例为名例。后周复为刑名。

2. "刑名"用指通常意义上的刑罚

此种使用意义的特点是强调与其他经济、行政处置相对的刑罚，而且并不偏重于分清或指明此"刑名"的具体轻重。如《名例》卷第六（总第55条）中之"问答"说：

> 问曰"依户令：'疑有奸欺，随状貌定。'若犯罪者年

---

① 见《历代刑法志》，群众出版社，1988，第238页。

貌悬异，得依令貌定科罪以否？

答曰：令为课役生文，律以定刑立制。惟刑是恤，貌即奸生。课役稍轻，故得临时貌定；刑名事重，止可依据籍书。律、令义殊，不可破律从令。

《名例》卷第六（总第48条）之疏文中说：

"化外人"，谓蕃夷之国，别立君长者，各有风俗，制法不同。其有同类自相犯者，须问本国之制，依其俗法断之。异类相犯者，若高丽之与百济相犯之类，皆以国家法律，论定刑名。

《卫禁律》卷第九（总第94条）之"答"文中说：

八品以下，频点不到，便是已发更犯，合重其事，累点科之。如非流内之人，自须当日决放。初虽累点罪重，点多不至徒刑；计日不上初轻，日多即至徒坐。所以日别上者据点，全不来者计日。以此处断，实允刑名。

3. "刑名"泛指与一定罪名联系的刑罚

"刑名"在这种意义上的使用较多，其特点是"刑名"虽然仍有一般的刑罚意义，但是概指《律疏》中"五刑"中的刑罚，可并不强调刑罚的具体等级。如《名例》篇首序疏中说：

名者，五刑之罪名；例者，五刑之体例。名训为命，例训为比，命诸篇之刑名，比诸篇之法例。

《捕亡律》卷第二十八的篇前序疏中说：

> 《捕亡律》者，魏文侯之时，里悝制《法经》六篇，
> 《捕法》第四。至后魏，名《捕亡律》，北齐名《捕断律》，
> 后周名《逃捕律》，隋复名《捕亡律》。然此篇以上，质定
> 刑名，若有逃亡，恐其滋蔓，故须捕系，以置疏网，故次
> 《杂律》之下。

《贼盗律》卷第十九（总第277条）中之"问答"中说：

> 五刑之属，条有三千，犯状既多，故通比附。然尊卑贵
> 贱，等数不同，刑名轻重，粲然有别。

《断狱律》卷第三十（总第488条）关于纠正"赦前断罪不当"
之疏文所说之"刑名"也一般地指刑罚，而无等级之具体指代：

> 处断刑名，或有出入不当本罪，其事又在恩前，恐判官
> 执非不移，故明从轻坐之法。

《职制律》卷第十（总第122条）疏文中所言未确定之"刑名"
指除"斩刑"之外的刑罚：

> 指斥，谓言议乘舆，原情及理，俱有切害者，斩。注云
> "言议政事乖失而涉乘舆者，上请"，谓论国家法式，言议
> 是非，而因涉乘舆者，与"指斥乘舆"情理稍异，故律不
> 定刑名，临时上请。

《诈伪律》卷第二十五（总第387条）疏文解释，证人及翻译人分别以所出入之罪"减二等"及"与同罪"处置。故其"刑名"要以所出入之刑罚为根据，此文中之"刑名"为不定等级之刑罚：

证人不吐情实，遂令罪有增减；及传译番人之语，令其罪有出入者。

律称"致罪有出入"，即明据证及译以定刑名。若刑名未定而知证、译不实者，止当"不应为"法：证、译徒罪以上从重，杖罪以下从轻。

《名例》卷第五（总第38条）之"答"文说，官户犯"徒三年"或"流刑"都执行"加杖二百"之法。《捕亡律》卷二八（总第468条）规定对罪犯"过致资给"是"减罪人罪一等"。所以资给犯流之官户，减一等是徒三年，文中比附之"刑名"是指比附"资给"犯流之官户之惩罚：

问曰：官户等犯流，加杖二百，过致者应减几等而科？
答曰：犯徒应加杖者，一等加二十，加至二百，当徒三年。乃至流刑，杖亦二百。即加杖之流应减，在律殊无节文，比附刑名，止依徒减一等，加杖一百八十。

（1）有时"刑名"可指"五刑"中不同的刑种。

"刑名"在这种意义上使用的特点，是在五刑中笞、杖、徒、流、死五个种类中指其一种或数种。如《断狱律》卷第三十（总第490条）关于"呼囚及其家属"取服辩的制度，只适用于徒刑以上的犯罪。疏文中把徒、流、死三种刑罚称为"徒以上刑名"：

> "狱结竟"，谓徒以上刑名，长官同断案已判讫，徒、流及死罪，各呼囚及其家属，具告所断之罪名，仍取囚服辩。其家人、亲属，唯止告示罪名，不须问其服否。

（2）有时"刑名"可指五刑之等差。

《断狱律》卷第三十（总第487条）之律文与疏文都说，笞、杖、徒、流、死五种刑罚的互错都属"刑名"易者的情况：

> 刑名易者：从笞入杖、从徒入流亦以所剩论，从笞杖入徒流、从徒流入死罪亦以全罪论。其出罪者，各如之。

已知，《名例》卷第一（总第1~5条）规定称为"五刑"的五种刑罚，五种刑罚又构成统一的二十等：笞刑五等、杖刑五等、徒刑五等、流刑三等及死刑二等。第5条规定"死刑"说："死刑二：绞。斩。"死刑中"绞"与"斩"，既是等级之差也是"刑名之易"。《名例》卷第二（总第9条）律文规定，属于有"请"权的对象"犯死罪者，上请"，注文说："请，谓条其所犯及应请之状，正其刑名，别奏请。"疏文的解释实际是指区分死刑的绞、斩二等：

> 正其刑名者，谓录请人所犯，准律合绞、合斩。

"绞"、"斩"两等属刑名之改易，《断狱律》卷第三十（总第
499 条）也有明确的显示。其疏文说：

> 犯罪应绞而斩，应斩而绞，"徒一年"，以其刑名改易，
> 故科其罪。"自尽亦如之"，依《狱官令》："五品以上，犯
> 非恶逆以上，听自尽于家。"若应自尽而绞、斩，应绞、斩
> 而令自尽，亦合徒一年，故云"亦如之"。

例中之犯罪所以要判徒刑一年，原因就是原 20 等中的绞、斩两
个等级的错乱属"刑名改易"。

七 "例"辨

《律疏》中"例"的使用次数不少。仔细区分及辨别这些"例"的指代及含义，对正确理解律疏的内容有重要意义。唐律中的"例"其运用意义大概有下列几种情形应予辨别。

(一)《名例》中的"例"指"法例"

律疏的作者在解释"名例"的疏文中说："名者，五刑之罪名；例者，五刑之体例。名训为命，例训为比，命诸篇之刑名，比诸篇之法例。"这里的"体例"与"法例"异名同义，都是指律条统一适用的制度与原则。《名例》之前的《刑名》与《具律》篇的内容也曾被统称为"罪条例"。陈群等为魏朝《新律》写的《序》中解释把汉代《具律》改为《刑名》置于第一篇的理由时说：

> 旧律因循《法经》就增三篇，而《具律》不移，因在第六。罪条例既不在始，又不在终，非篇章之义。故集罪例以为《刑名》，冠于律首。①

---

① 《晋书》卷三〇《刑法》引魏《新律序》，见《历代刑法志》，群众出版社，1988，第47页。

很明显，后代"名例"的内容在当时是概括为"罪条例"及
"罪例"的。至于"法例"的性质，虽然未有说明，后魏的《魏
书·刑罚志》却有相关的记载可考。该书记北魏永平元年七月
尚书令高肇等五人，及延昌二年尚书邢峦所奏修改《法例律》
的意见中说到：

> 五等列爵及在官品令从第五，以阶当刑二岁；免官者，
> 三岁以后听仕，降先阶一等……官人若罪本除名，以职当
> 刑，犹有余资，复降阶而叙……自王公以下，有封邑，罪除
> 名，三年之后，宜各降本爵一等，王及郡公降为县公，公为
> 侯，侯为伯，伯为子，子为男，至于县男则降为乡男，五等
> 爵者，亦依此而降，至于散男。其乡男无可降授者，三年之
> 后，听依其本品之资出身。①

这些内容实际上在今传《律疏》中是《名例》中的官当、免官、
除名及有爵者刑满后的复叙制度。看起来，这些制度在《北魏
律》的"刑名"、"法例"之中，被列在"法例律"，而不是列
在"刑名律"中。

（二）"例"在《名例》的范畴内使用

1. "例"用指整个《名例》之简称

如《名例律》（总第49条）规定《名例律》中的制度与其
下11篇的具体律条，如内容有冲突时在效力上的关系说：

---

① 见《历代刑法志》，群众出版社，1988，第213页。

> 诸本条别有制，与例不同者，依本条。

这里的"例"，不是指某特定的制度规定，而是指整个《名例》篇的制度、原则而言，其意是说，各条的特别规定，只要与"名例"不同的，都依特别规定，而不依《名例》中的通常法例。疏文又举具体事例说：

> 例云："共犯罪以造意为首，随从者减一等"；《斗讼律》："同谋共殴伤人，各以下手重者为重罪，主谋减一等，从者又减一等。"又，例云："九品以上，犯流以下听赎"；又《断狱律》："品官任流外及杂任，于本司及监临犯杖罪以下，依决罚例。"如此之类，并是与例不同，各依本条科断。

以上律文与疏文中的"例"都是《名例》的简称。疏文中前"例"是指《名例律》（总第42条），后一"例"是指《名例律》（总第11条）之原则规定。下分列之《斗讼律》及《断狱律》的规定都与"名例"的原则内容有差异，解决的办法是各依"本条别有制"的规定办。《名例律》（总第9条）在规定享受"上请"特权的对象时，规定有"应议者期以上亲及孙"，至于"孙"及"孙媳"的范围《疏》文又说：

> 又例云，"称期亲曾、高同"。及孙者，谓嫡孙众孙皆是，曾、玄亦同。及孙者，谓嫡孙众孙皆是，曾、玄亦同。

这条内容实际是指《名例》（总第52条）中"诸称'期亲'及称

'祖父母'者，曾、高同。称'孙'者，曾、玄同"等的内容。

　　实际上，《名例》可简称"例"，但是运用中也有不简称而直言"名例"的。如：《职制律》（总第102条）规定："诸合和御药，误不如本方及封题误者，医绞。"疏文中说：

　　　　医，谓当合药者，名例"大不敬"条内已具解讫。

这处之"名例"即指《名例律》（总第6条）。"大不敬"是《名例》十恶中"六曰大不敬"注文的有关内容。又如《名例律》（总第6条）十恶"七曰不孝"中有"告言、诅詈祖父母父母"之罪状，疏文的"问曰"由"诅詈"而又提出"厌魅""入于何条"的问题，"答曰"说：

　　　　名例云："其应入罪者，则举轻以明重。"然"咒诅"
　　　　是轻，尚入"不孝"，明知"厌魅"是重，理入此条。

此处的"名例"是指《名例律》（总第50条）"断罪而无正条"的内容。又如《户婚律》（总第191条）之疏文中就有：

　　　　若有为奴娶客女为妻者，律虽无文，即须比例科断。
　　　　《名例律》："称部曲者，客女同。"

这段文字中使用"名例律"全名。

　　2. "例"指《名例》中的某项法例而言

　　（1）指《名例》中的某项制度或原则。

　　这是说"例"在使用中其所指不是整个《名例》，而只是其中的某一项或几项制度与原则。如《名例律》（总第 13 条）规定："诸五品以上妾，犯非十恶者，流罪以下，听以赎论。"疏文中又说：

> 若妾自有子孙及取余亲荫者，假非十恶，听依赎例。

这里的"赎例"是指"赎铜"的制度与原则规范。又如《名例律》（总第 15 条）关于"赠官及视品官"的议请减特权"与正官同"的注文说："视六品以下，不在荫亲之例。"疏文说："视品稍异正官，故不许荫其亲属。"这里的"荫亲之例"是指由亲属关系而得官或享受官爵待遇的制度。又《名例律》（总第 10 条）规定：

> 诸七品以上之官及官爵得请者之祖父母、父母、兄弟、姊妹、妻、子孙，犯流罪以下，各从减一等之例。

这里的"例"是指《名例》第 8、9 两条中享有"议"权及"请"权者享有的"流罪以下减一等"的法例。

《贼盗律》（总第 264 条）规定"造厌魅及造符书咒诅欲以害人"罪"若涉乘舆者，皆斩"，而且要列入十恶。疏文解释说，厌魅咒诅罪"重于'盗服御物'，准例亦入十恶"。其意谓较轻的"盗乘舆服御物"已经入于十恶"大不敬"了，比它重的"厌魅咒诅"理应也入十恶无疑。故此处的"例"是指《名例》（总第 50 条）"断罪无正条"中"其应入罪者，举轻以明重"的制度。

《贼盗律》（总第 325 条）疏文：

"杀妻，仍为不睦"，妻即是缌麻以上亲，准例自当"不睦"，为称"以凡人论"，故重明此例。

这文中前一"例"乃《名例律》（总第 6 条）中十恶的"八曰不睦"中的内容规定，后一"例"字盖仍指此内容的法例。

《名例律》（总第 33 条）是关于犯赃罪者应返还赃物之规定，疏文中有"问曰：枉法会赦，正赃犹征。未知此赃还官、还主？须定明例。"其"答曰"：

> 彼此俱罪之赃，例并合没，虽复首得原罪，正赃犹征如法。其赃追没，于法何疑。

又如：《名例律》（总第 37 条）规定："私习天文者，并不在自首之例。"《名例律》（总第 38 条）疏文中之"答曰"说：

> 缌麻以上亲属，有罪不合告言，藏亡尚许减罪，岂得辄相捕送！此捕为凡人发例，不与亲戚生文。

《名例律》（总第 45 条）疏文说："如有二罪以上俱发者，即先以重罪官当，仍依例除、免，不得将为二罪唯从重论。"《名例律》（总第 18 条）是规定"除名"的对象，其中关于"狱成者，虽会赦，犹除名"的注文说："狱成，谓赃状露验及尚书省断讫未奏者。"疏文对此说：

> 谓刑部覆断讫，虽未经奏者，亦为狱成。此是赦后除

名，常赦不免之例。

（2）《名例》中用指具体制度的"例"也可称为"法"或
"律"。

以上情况下使用之"例"是只指某项制度办法原则，又因
为这些制度办法都包括在各篇具体的律条中，所以有时也可以称
为"律"或"法"。如：《名例律》（总第16条）疏文说：

> 自余杂犯应减者，并从减例。据下文"无荫犯罪，有
> 荫事发，并从官荫之法"，故知得以减例。

《名例律》（总第12条）规定：

> 妇人有官品及称号，犯罪者，各依其品，从议、请、
> 减、赎、当、免之律，不得荫亲属。若不因夫、子，别加邑
> 号者，同封爵之例。

疏文说，"（妇人）犯罪应议、请、减、赎者，各依其夫品，从
议、请、减、赎之法。若犯除、免、官当者，亦准男夫之例。别
加邑号者，犯罪与男子封爵同；除名者，爵亦除；免官以下，并
从议、请、减、赎之例，留官收赎。"这里二例中的"法"、
"例"都是指适用《名例》中某些制度与办法即"法例"。而且
同样是"议、请、减、赎"，可以说"从议、请、减、赎之例"，
"从议、请、减赎之法"，甚至还可以说"从议、请、减、赎、
当、免之律"。

（三）用指《名例》之外但仍在《律疏》之内的法例

有时例所指代的虽然其仍是《律》中之法例（制度性或原则性的），但已不在《名例》之内，而是在其外的篇章中。如《贼盗律》（总第324条）规定："诸殴缌麻、小功亲部曲奴婢，折伤以上，各减杀伤凡人部曲奴婢二等；大功又减一等。过失杀伤者各勿论。"疏文在详细解释后，最后补充说：

> 自外殴折伤以上，各准此例为减法。

"此例"作为"法例"，不在《名例》之内。又如本文第（二）节中引《断狱律》中对"任流外及杂任"品官的"决罚例"，也在《名例》之外。

（四）指单独存在于《律》之外的法例

律之外单独存在的法例，有属于刑事规范的法例与不属于刑事规范的法例两种情况。

1. 单独存在于律之外供作类比的刑事法例

按唐代刑律适用原则，在律无明文规定的情况下，当对某一案中当事人的某种行为必须作法律处置时，其根本的要求是与律中已有规定相类的情节作比较而处断。但为防止司法官吏在比较时随意攀扯的任意性，律对作比较的要求作出了严格而明确的规定："诸断罪无正条，其应出罪者，则举重以明轻，其应入罪者,则举轻以明重。"① 这里关键是有可以类比的前提。而从司法实践上,"比"是对"一部律内,犯无罪名"然又不能不作法律处置的相比方法。这时,最正确的作法应是有得"比"则"比",没得"比"则弃。可是,法官们转而在《律疏》外专门制作了一些供"比"的"例"来满足在《律》外作法律处置的需要。从历史记载看,这种情形发生在永徽年间《律疏》制订之后。当时的大理寺少卿赵仁本写了3卷《法例》,供法官们在断案时引用,而且部分人还认为是适中可行的:

> 先是,详刑少卿赵仁本撰《法例》三卷,引以断狱,时议亦为折衷。②

但是,这种办法一实行,立即产生的后果之一是,原来对"犯无罪名"的事只可在《律疏》的范围内找有明确规定的内容作类比。现在制订《法例》之后,使比的范围扩展到了《律疏》之外专门制订的《法例》中。这对《律疏》作为"正刑定罪"唯一规范的统一性构成了威胁。唐高宗李治对这种在《律》之外用"例"来类比的办法很不以为然。他认为,对这类"律无罪名"的事,永远无法详尽规定,只能根据具体情况通过讨论,最后由皇帝裁决,不应该在律外再去制定"例":

> 后高宗览之,以为烦文不便,因谓侍臣曰:"律令格式,天下通规,非朕庸虚所能创制。并是武德之际,贞观以来,或取定宸衷,参详众议,条章备举,轨躅昭然,临事遵

---

① 《唐律疏议》卷六《名例》,第134页。
② 《旧唐书》卷五〇《刑法志》,中华书局,1975,第2142页。

行，自不能尽。何为更须作例，致使触绪多疑。计此因循，非适今日，宜速改辙，不得更然。"自是，《法例》遂废不用。①

赵仁本在永徽年间于《律疏》之外制作的曾被引以断狱的《法例》，就是高宗所说的"何为更须作例"中的"例"。这种"例"的概念是在"断罪无正条"下用来作法律处置的案例而被抽象出来的"比例"。

2. 用指刑律规范以外的其他法律的法例

在这种使用情况下，"例"不但不是《名例》中之法例，而且也不是刑律之中定罪判刑的法例，而是行政立法《令》中的某些法例。如《名例》之疏文说：

> 若犯罪未至官当，不追告身，叙法依考解例，期年听叙，不降其品。从见任解者，叙法在《狱官令》。先已去任，本罪不至解官，奉敕解者，依《刑部式》，叙限同考解例。②

另外，"十恶""九曰不义"之《注》文中列有"吏、卒杀本部五品以上官长"的罪状，《疏》文解释"官长"的概念时说到：

> 官长者，依《令》："诸司尚书，同长官之例。"③

---

① 《旧唐书》卷五〇《刑法志》，中华书局，1975，第2142页。
② 《唐律疏议》卷二《名例》，第45~46页。
③ 《唐律疏议》卷一《名例》，第15页。

这种"例"来源于皇帝的制敕，制敕经编纂颁布成为"常式"的就是司法上可引用之例。如《唐会要》记载唐中宗李显时的情况说：

> 景龙三年八月九日敕："应酬功赏，须依格式，格式无文，然后比例。其制敕不言自今以后永为常式者，不得攀引为例。"①

（五）用指一般语义上的"事例"与"例子"

这些"例"不但不是《名例》及《律》中的例，而且也不是"法例"（体例）的含义，而是取一般语义上的使用意义。如《名例律》（总第17条）规定关于区分"公罪"与"私罪"的制度，其注文说：私罪，谓私自犯及对制诈不以实、受请枉法之类。疏文云：

> 受请枉法之类者，谓受人嘱请，屈法申情，纵不得财，亦为枉法。此例既多，故云"之类"也。

《名例律》（总第46条）是关于有罪"同居相隐"的制度规定，其疏文最后说："上文大功以上共相客隐义同，其于小功以下理亦不别。律恐烦文，故举相隐为例，亦减凡人三等。"《名例律》（总第43条）之疏文说：

---

① 《唐会要》卷三九，上海古籍出版社，1991，第824页。

　　此是"相应为首从，其罪各依本律首从论。"此例既多，不可具载。

八 "误"辨

沈家本在其《寄簃文存》卷三《说》中专门有《误与过失分别说》一文。在这篇文章中,沈家本认为,"过失"与"误"的区别,"至唐则详明耳"。因为《斗讼律》(总第336条)说:诸斗殴而杀伤旁人者,以斗杀伤论;至死者,减一等。……疏议曰:假如甲共乙斗,甲用刃、杖欲击乙,误中于丙,或死或伤者,以斗杀伤论。不从过失杀,以其"元有害心,故各依斗法"。而《斗讼律》(总第339条)规定之"过失杀伤人",是"谓耳目所不及,思虑所不到,共举重物,力所不制,若乘高、履危、足跌及因击禽兽,以致杀伤之属皆是"。据此,沈家本说,唐律中"误"与"过失","二者之分最为分晓"。因为,"一则(指"误")元有害心,一则(指过失)初无恶意,判然不同"。沈家本通过"误"和"过失"作比较,指出"误"是"元有害心",而"过失"则是"初无恶意"。这样,沈家本在"故"、"斗"与"过失"之外,又成立了一个轻于"斗"而又不同于"过失"的"误"的专门概念。因为他在以唐律中的"误"为材料进行分析时,对"误"的解释未指出其特殊的适用前提。实际上,"误"在唐律中并没有形成具有"元有害心"这种固定的特征。

（一）古代犯罪心态论述中有"误"一说

1. 秦代除了故意及过失之外提出了"斗"的概念

中国关于犯罪主观心态之区分，从史书记载看，至迟在西周就已出现。《尚书·康诰》上说："人有小罪非眚，乃惟终，自作不典式尔，有厥罪小，乃不可不杀。乃有大罪非终，乃惟眚灾，适尔，既道极厥辜，时乃不可杀。"这里的"眚"是过失的意思，"式"是故意的意思。《周礼·秋官·司刺》记载有"三宥"的制度。其内容是一宥曰"不识"，再宥曰"过失"，三宥曰"遗忘"。这"不识"、"过失"及"遗忘"都可以归入非故意之中。

从秦简看，秦律中把故意称为"端"，把非故意称为"不端"。《睡虎地秦墓竹简·法律答问》中有例说："甲告乙盗牛若贼伤人，今乙不盗牛，不伤人，问甲何论？（答）：端为，为诬人，不端为告不审。"秦律把故意杀伤人，称为"贼杀伤"，把由斗殴而引起的杀伤，称为"斗杀伤"。秦墓竹简"法律答问"中说："求盗追捕罪人，罪人格杀求盗。问：杀人者为贼杀人且斗杀？"又："甲贼伤人，吏论以为斗伤人，吏当论不当？"[①]"贼杀伤"与"斗杀伤"相对应存在，秦代已确立起这种制度。

2. 汉晋时代提出了关于"误"的问题

从汉儒对经书的注释看，汉代对犯罪主观心态上的故意，称为"故"，与"故"相对的心态，有的称为"过失"，有的称为"误"。至少东汉的法律中已明确地有"故"与"误"的区别。

---

① 睡虎地秦墓竹简整理小组整理：《睡虎地秦墓竹简》，文物出版社，1978，第130、203页。

如《后汉书·郭躬传》（卷四六）中说：

> 法令有故、误。传命之谬，于事为误。误者，其文
> 则轻。

杀人罪在汉魏仍分为"贼杀"与"斗杀"。《魏律》中曾
说："贼、斗杀人，以劾而亡，许依古义，听子弟得追杀之。"[1]

从《晋书·刑法志》中录张斐注晋律时上呈的《进注律表》
的内容看，晋代已有"知而犯之谓之故"，"意以为然谓之失"，
"不意误犯谓之过失"等的说法。又根据《进注律表》中"二讼
相趣谓之斗"，"无变斩击谓之贼"，"过失似贼，戏似斗，而杀
伤旁人又似误"，"向人室、庐、道、径射，不得为过失之禁也"
等的记载看，在杀伤人的犯罪上，晋律中就已经区分为"贼杀
伤"、"斗杀伤"、"戏杀伤"、"误杀伤"及"过失杀伤"等多
种罪过状态。晋朝张斐的律注，代表中国古代刑法理论在描述
犯罪主观心态的一个新的历史阶段。唐和唐以后的各代虽然在
此基础上都有所深化及发展，但从整个水准来说，基本没有突
破性的进展。

（二）唐律中的杀伤罪无"误杀伤"之分类

在中国的刑法史上，尽管晋朝的张斐已经有了"其知而犯
之谓之故，意以为然为之失"，"不意误犯谓之过失"的著名论
断，但是，这些论断，原是对法律条文的夹注与解释，而不是列

---

① 《晋书》卷三〇《刑法》引魏《新律序》，见《历代刑法志》，群众出版社，1988，第49
页。

在《刑名》或《法例》中作为原则出现。所以，从那以后的所有封建刑律都未把这些论断写到《名例》中形成原则。这种情况是中国封建刑律制定上的局限性。

唐代关于各种犯罪主观心态之概念——解释，大多是在律文的注疏中以片言只语的方式来表达。如关于谋杀、故杀、斗杀、过失杀及戏杀都有一些涉及概念的零星解释。

其一，关于"谋"及"谋杀"。《名例》（总第 55 条）："称谋者，二人以上。"注文："谋状彰明，虽一人同二人之法。"《贼盗律》（总第 256 条）："谋杀人者"，"谓二人以上；若事已彰露，欲杀不虚，虽独一人，亦同二人谋法。"

其二，关于"故"及"故杀"。《斗讼律》（总第 306 条）疏文："以刃及故杀者，谓斗而用刃，即有害心，及非因斗争，无事而杀，是名故杀。"

其三，关于"过失"及"过失杀伤"。在唐律中与"故杀伤"相对应的首先是"过失杀伤"。《斗讼律》（总第 339 条）："诸过失杀伤人者，各依其状，以赎论。"注文说："谓耳目所不及，思虑所不到；共举重物，力所不制；若乘高履危足跌及因击禽兽，以致杀伤之属皆是。"关于"耳目所不及"，疏文又补充说："假有投砖瓦及弹射，耳不闻人声，目不见人出，而致杀伤。"关于"思虑所不到"，疏文说："谓本是幽僻之所，其处不应有人，投瓦及石，互有杀伤。"从行文上看，注文中所举"共举重物"、"乘高履危"及"击禽兽"之例，也都列为对"思虑所不到"的解释，都属于"思虑所不到"的范围内。

其四，关于"斗殴"及"斗杀"。《斗讼律》（总第 302 条）疏文说："相争为斗，相击为殴。"同篇（总第 306 条）疏文："斗殴者，元无杀心，因相斗殴而杀人者，绞。"

其五，关于"戏"及"戏杀伤"。《斗讼律》（总第338条）疏文说："戏杀伤人者，谓以力共戏，因而杀伤人，减斗罪二等。"注文："谓以力共戏，至死和同者。"疏文："虽则以力共戏，终须至死和同，不相瞋恨而致死者。"《斗讼律》（总第336条）："（诸斗殴）若以故僵仆，而致死伤者，以戏杀伤论。"

（三）唐律中"误"的一般语言使用义

误，《说文解字》：误，谬也。《尚书·立政》："其勿误于庶狱庶慎"；《传》：误，失也。《辞源》上所列"误"的意义一是谬误；二是耽误；三是受惑。《辞海》之解释也相似。这些解释都是一般语义，而不涉及律学概念的意义。

这种用法的典型如《职制律》（总第114条）："诸制书有误"，"不奏请而行者，亦如之。"这里的"误"，是通常意义的差错，失误，而并不含有对犯罪行为主观心态之描述。因为此处立法的用意绝不是分辨"误失"造成者的主观心态，而是追究对待这种误失有不当行为者的罪责。所谓"制书有误"是"谓旨意参差，或脱剩文字"；"官文书误"是"谓常行文书，有误于事"。属于这种情形的条文还有《职制律》（总第116条）：

> 诸上书若奏事而误，杖六十；口误，减二等。上尚书省而误，笞四十。余文书误，笞三十。即误有害者，各加三等。若误可行，非上书、奏事者，勿论。

《职制律》（总第113条）："诸受制忘误及写制书误者，事若未失，笞五十；已失，杖七十。转受者，减一等。"疏文解释其含义是"谓承制之人，忘误其事及写制书脱剩文字，并文字错失。"

（四）唐律中"误"用于与"故"
相对的"非故意"之义

如《名例》（总第6条）十恶"六曰大不敬"注文中有"合和御药，误不如本方及封题误；若造御膳，误犯食禁；御幸舟船，误不牢固"，这里的四个"误"，在情节上都是属与主观心态相连的违法行为。在情节与结果上疏文对"合和御药，误不如本方及封题误"的解释是："合和御药，虽凭正方，中间错谬，误违本法。封题误者，谓依方合讫，封题有误，若以丸为散，应冷言热之类。"对"造御膳，误犯食禁"的解释是"营造御膳，须凭《食经》，误不依经，即是不敬"；对"御幸舟船，误不牢固"的解释是"工匠造船，备尽心力，误不牢固，即入此条"。但是就律学上的主观心态来说，误在此处的根本特征是与"故意"相对的"非故意"状态。疏文说：

> 但"御幸舟船"以上三事，皆为因误得罪，设为进御，亦同十恶；如其故为，即从"谋反"科罪。

即这"大不敬"中的几项误犯行为，正因为是属于"误"犯，才列在"大不敬"罪中只本人处绞刑的。如果是"故意"这样地去做，那就属于"谋反"，不但本人处斩，而且父兄等近亲属要缘坐处死。这里的"误"在犯罪主观心态上到底是什么，没有定义，"非故意"就是那时律学所能达到的科学水准。

（五）在"元有害心"前提下"误"之特征与处置

唐律中属于这种情况的"误"集中地反映在《斗讼律》（总第336条）中，也就是在这一条律文中，制定者说了这种"误"的性质是"元有害心"。沈家本也主要是根据这条律疏中的解释而下了"过失"是"初无恶意"，而"误"则是"元有害心"的结论的。

1. 关于斗殴中"误杀伤"的几种情况及处置

《斗讼律》（总第336条）规定斗殴中的误杀伤有三种情况：

一是"斗殴而误杀伤旁人"；（律文）

二是"共人斗殴，失手足跌，而致僵仆，误杀伤旁人"；（疏文）

三是斗殴中"误杀伤助己者"（律文），"若父来助己而误杀者"。（疏文）

至于斗殴中"误杀伤旁人"，在主观心态上的性质，疏文说："杀伤旁人，坐当'过失'，但是'行者本为缘斗，故从斗杀伤论'。"为什么不依过失论处："不从过失者，以其元有害心，故各以斗法。"这种犯罪只是参照斗法处置，但在性质上并不完全是"斗"，是轻于"斗"，因而"至死者，减一等，流三千里"，真正的斗杀是处绞，不得减等。

对于误杀伤助己者（包括助己之父），则照斗杀伤再"减二等"处罚，疏文说："听减二等，便即轻于过失。"可见，误杀伤助己者，已经不照"以其元有害心，故各依斗法"来处置了。而从现代刑法看，因斗殴而误伤旁人、误伤助己者、误伤助己之父亲，在主观心态上的质是完全一样的，但在唐律中事实上已作了不同的区分。

2. "元有害心"的特定前提是发生斗殴而伤旁人的情况

所谓"特定前提"是指这种主观心态特征是与一定的犯罪情节条件相联系才可使用,离开了特定的犯罪情节条件便不能使用,便失去了解释的依附本体。如只有用在"斗杀伤"中"误杀伤旁人"的特定前提下,"误"才具有"元有害心"的性质。如在不发生斗殴的情况下的误杀伤,是"耳目所不及,思虑所不到"的那就是"过失"杀伤人了。如果在谋杀情况下因选择对象有误而杀伤人那就是"故杀伤"。这正如《斗讼律》(总第336条)疏文中的"问答"所说:"假有数人,同谋杀甲,夜中忽遽,乃误杀乙","此既本是谋杀,与斗殴不同","本谋杀甲,元作杀心,虽误杀乙,原情非斗者","合科故杀罪"。如在斗殴的情况下被杀伤的原就是自己殴的对象而不是旁人,那就是典型的斗杀伤,根本不存在误的问题,其处置是致死处绞刑,而不会是"至死减一等"。

3. "斗殴误杀伤旁人"立法上理论与实际刑事政策有矛盾

从现代刑法理论上说,"误杀伤旁人"无疑是属于过失杀伤的心态。而唐律中明明有"过失杀伤人"的罪名,而"斗殴误杀伤旁人"则不能以"过失杀伤人"认定。因为在唐律中"过失杀人"在处刑上有一个重大的特点是"各以其状以赎论",即不处五刑的实刑,而是处五刑的赎刑。这种宽优之办法,只有属于"耳目所不及,思虑所不到"的情况才适用。而因斗而起的误杀伤旁人的种种情形都不能免除实刑,因为误杀伤的"旁人",虽不是行为人的目的所指,但却总有希望伤害的原目标存在,并且因此定性为"元有害心",而不属于"因击禽兽而误伤人者"的过失而处赎刑。但是,这种"误杀伤"毕竟不是与

"斗杀伤"完全一致，而仍是一个"过失"，所以处置上不完全同于斗杀伤，即使致人死亡也不是处绞，而是减一等：

> 杀伤旁人坐当过失，行者本为缘斗，故从斗杀伤论……致死者，减一等。①

典型的斗杀伤是没有这种优惠的。在"因斗殴而误杀伤旁人"中，依唐律的原义分析，这种"误杀伤"中的误，从犯罪的主观心态来说，实际上是"过失"，但处刑上则比斗杀伤论再轻一点，至死，减一等。其所以不能全依过失处置，因为存在着"元有害心"的斗殴条件。所以，所谓"元有害心"，只是以回答不作过失杀伤处赎的原因，而不是一般地说"误"是"元有害心"的主观心态特征。如前文已述，在十恶"大不敬"条中之"误不如本方及封题误"、"误不牢固"及"误犯食禁"之"误"，不但不具有"元有害心"的性质，而正是"原无害心"的特征。所以，离开了"斗殴中误杀伤旁人"的特定前提，去一般地说唐律中之"误"乃"原有害心"，是不正确的。

（六）在"过失杀伤"前提下"误"之特征与处置

"误"的"非故意"，只有出现在"初无恶心"的非"斗杀伤"的前提下，才能被认定为具有"过失"的性质而用赎刑。如《斗讼律》卷第二十三（总第339条）规定："诸过失杀伤人者，各依其状，以赎论。"疏文说：

---

① 《唐律疏议》卷二三《斗讼律》，第423~424页。

> 谓本是幽僻之所，其处不应有人，投瓦及石，误有杀伤……或因击禽兽，而误杀伤人者：如此之类，皆为"过失"。

这里的"误"虽仍是"非故意"，但在性质的认定与处置上，已经与"元有害心"下的"误"不同，不再在"斗"的范畴内处置，而是被列入"过失"中去用赎了。

总之，在唐律中"误"在使用上原就有多种意义，就其与犯罪心态有关的概念来说，也有两种意义。所以，任何离开了其具体的环境特别是离开了特定的前提，去一般地抽象其普遍概念，那是不会得出正确结论的。

九 "倍"辨

"倍"字并不奇特,如用作计数一般都作"加倍"讲。但是,用在唐律中之"倍",除作"加倍"讲之外,还有十分特殊的用法。为什么说"特殊"?特殊到与常用义完全对立相反。在阅读《律疏》时如不注意,理解上就会产生完全相反的歧义,故不可不慎加辨别。

(一)"倍"在语言上的通常义

作为计数,"倍"在语言的通常义就是现代汉语中某数等额的"加倍"。《康熙字典》上的讲法是:

> 物财人事加等曰倍。

《辞源》涉于计数意义的讲法是:

> 照原数加等。

"加等"的说法不甚严密,容易有不确定的理解,其实照古汉语的概念，还不如"等加"明确，因为"等加"才是"加同样数量"最好的表达。而《辞海》上涉于计数的意义其讲法比《辞源》要清楚明确：

① 照原数增加。

② 加倍。

《辞源》与《辞海》都引用了诸多辞条来讲请"倍"的意义。如："倍称"：借一还二；"倍蓰"：一倍五倍；"倍羡"：加倍的盈利；"倍道"：一日走二日的路程等等。

（二）唐律中作"加倍"使用的"倍"

《律疏》中"加倍"使用的"倍"出现在"倍赃"及"倍备"的构词中。

1. "倍备"

"倍备"是对盗赃加倍强征的意思。按唐朝刑律制度，犯"盗"罪者，无论是窃盗、强盗还是官吏的监守盗即今之贪污，其赃，都要加倍征收返还被盗之主人（个人或公家）。

《名例》（总第33条）关于赃物处置的规定说："诸以赃入罪，正赃见在者，还官、主；已费用者，死及配流勿征，余皆征之。"注文说：

盗者，倍备。

疏文说：

> 盗者，倍备。谓盗者以其贪财既重，故令倍备，谓盗一
> 尺，征二尺之类。

"盗一尺，征二尺"，故"倍备"之"倍"是"加倍"无疑。

2. "倍赃"

对盗的加倍征赃制度，如果使用在"盗人所盗之物"的案件中，则后一个盗者的赃物刑律中称为"彼此俱罪之赃"即彼此都是犯罪获取之赃物。这种"赃"也要加倍征收。在下面引文之例中，被盗之财产合法所有者甲，只收回乙的倍备财物，而后一个盗者丙的加倍征赃，不再给甲，更不应该给乙，而是收归官有。《名例》（总第32条）规定："诸彼此俱罪之赃及犯禁之物，则没官。"注文说："若盗人所盗之物，倍赃亦没官。"疏文举例说：

> 假有乙盗甲物，丙转盗之，彼此各有倍赃，依法并应还
> 主。甲既取乙倍备，不合更取丙赃；乙即元是盗人，不可以
> 赃资盗，故倍赃亦没官。若有纠告之人应赏者，依令与赏。

这里，乙与丙都征收"倍赃"即是以"盗一尺，征二尺"的征法征收。"倍"于此文中也都是"加倍"的意义。

（三）"倍"用作折半之义

唐律中"倍"用于折半中分之义，还多过用于"加倍"之处。总起来看，从使用的特点说，"倍"之折半中分义，是使用于"数罪并罚"原则，对官吏赃罪计数处罚的办法之中。这时，

"倍"都用为折半之义。"数罪并罚"中的"并罚"在律条中称"累科"。官吏赃罪的"累科"是总原则，法律虽然使用"累科"一词，但"累科"中的累计之法却情况大不一样。

1. 指数罪并罚时赃值累总折半

（1）短时间内多次犯同样的赃罪折半论。

《名例》（总第45条）中说："即以赃致罪，频犯者并累科。"其疏文说：

> 假有受所监临，一日之中，三处受绢一十八匹，或三人共出一十八匹，同时送者，各倍为九匹而断。此名"以赃致罪频犯者累科"。

这种所谓的"累科"，其计算方法是总计18匹"各倍为九匹"。什么是"倍"？注文说：

> 倍，谓二尺为一尺。

（2）指犯轻重各不同之赃罪计赃数总额依其中的轻罪折半处刑。

其律文说：

> 若罪法不等者，即以重赃并满轻赃，各倍论。

注文说：

> 倍，谓二尺为一尺。不等，谓以强盗、枉法等赃，并从

窃盗、受所监临之类。

如同时有"强盗、受财枉法、窃盗、受所监临"之罪，其中强盗、枉法罪处罚重，后二者处罚轻，计总赃数后折半以受所监临罪处罚，这是数罪并罚制度中体现有利于犯罪者的计算方法。疏文举例解释说：

> 假令县令受财枉法六匹，合徒三年；不枉法十四匹，亦合徒三年；又监临外窃盗二十九匹，亦徒三年；强盗二匹，亦合徒三年；受所监临四十九匹，亦合徒三年。准此以上五处赃罪，各合徒三年，累于"受所监临"，总一百匹，仍倍为五十匹，合流二千里之类。

此官所犯五项罪，性质及处罚办法都轻重不同，总赃数是"一百匹"，折半计为50匹，依其中最轻的"受所监临"罪处罚，流二千里。这种折半计数之"倍"，在唐律对一般行贿罪的处罚中也有同样之"倍"法。《职制律》（总第137条）说，在"有事以财行求"的"行贿"罪中，对"同事别与"者，并罚时实行"并赃"论。疏文说：

> "即同事共与者"，谓数人同犯一事，敛财共与，元谋敛者，并赃为首，仍倍论。其从而出财者，各依己分为从。

"同事共与"的行贿罪，谋画聚敛的首犯，依行贿赃的总数折半处罚，而出份子的从犯，只依个人所出之数处罚。《名例》（总第45条）在规定非监临主司一般官吏收受这种贿赂时，其

处罚，

　　　　即若同事别与，或别事同与，各依前倍论。

即"同事共与"的行贿罪，"同事别与"或"别事同与"的受贿罪，处罚时都计总赃依折半之额度处罚。

2. 数罪并罚中"累而不倍"之特殊规定

　　唐律在规定对"以赃致罪频犯者"及"罪法不等以重赃并满轻赃"时可作"累而倍论"的同时，还规定了监临主司从严"累而不倍"即累计总赃不予折半的处罚办法。《名例》（总第45条）中的注文规定说：

　　　　即监临主司因事受财而同事共与，若一事频受，及于监守频盗者，累而不倍。

这里句中的"倍"仍是折半之义，但监临官如果犯"同事共与"若"一事频受"之受贿罪，以及在自己的辖区内"频盗"的，则不再执行上述"累而倍论"而是依所累计之总赃数处罚，不再折半："累而不倍"。为了更清楚地说明唐律中"累而不倍"与"赃合倍折"的区别，再举唐律中的一例以对比。《名例》（总第45条）《疏》中的问答：

　　　　又问：脱有十人共行，资财同在一所，盗者一时将去，得同"频犯"以否？
　　　　答曰：律注云："监临主司因事受财而同事共与，若一事频受及于监守内频盗，累而不倍。"除此三事，皆合倍论。十人之财，一时俱取，虽复似非频犯，终是物主各别。元非一人之物，理与十处盗同，坐同频犯，赃合倍折。

上述例文中的"倍"虽都是"折半"之义，但有的场合"累而倍"，有的场合"累而不倍"，其律义之表达与文词之表达互为印证，不但使我们看到了"倍"作为折半之特殊意义，也使我们同时理解了"倍论"运用的法定制度。

十 "三审"辨

"三审"实际是唐代一般案件告诉与受理中的一项诉讼制度，而在唐律中又作为对"自首"的限制条件而使用的一种重要制度。《名例》（总第37条）对自首制度规定说："诸犯罪未发而自首者，原其罪。""原其罪"是免予处刑而不是从宽减轻的意义。疏文说："过而不改，斯成过矣。今能改过，来首其事，皆合得原。"正因为唐律中的"自首"一旦成立就是免刑，所以，对自首的构成有较严的要求。其要求在时限上的重要制度之一就是在"三审"之前。疏文说：

> 若有文牒言告，官司判令三审，牒虽未入曹局，即是其事已彰。虽欲自新，不得成首。

这是说，如果已有人到官府告诉，无论是书面的"文牒"，或是口头的控告，有关官吏对告诉者已经实行"三审"的，即使状子未在有关机构收存，就属于罪行已暴露。这时，即使犯罪人想要改过自新，也已不能适用自首。所以，有人控告后，有关当局判令的"三审"，在"自首"能否成立中，处于十分重要的地位，故弄清"三审"为何，殊为重要。对此，有的研究者把

"官司判令三审"以今语译为："主管官府经批准并令有关执法部门应依法开庭分三次审理。"我认为此解是因疏忽未加深究而致误。

（一）"三审"不是"批准三次开庭审理"

"三审"不可能是"三次审理"的原因如下：

其一，在罪犯未自首，有关人去官府告诉，常常是犯罪嫌疑人还不知道是谁或是否在逃，犯罪事实也不知是否确凿，在这情况下，主管官府批准执法部门开庭审理，是毫无意义的，事实上审理也无法进行。

其二，唐代对案件的审判，法律上并无进行"三次"的规定，法律只规定刑讯不得过三次，刑讯的杖笞总数不得过二百。

其三，"执法部门"对应该受理的案件，一旦受理要进行审理，并不需要经过批准才进行，因为只是审理，不是判决，更不是执行判决。即使是判决和执行判决，如在自己的职掌权限之内，犯人不上告，也不必呈上级批准。在当时司法行政合一的情况下，所谓进行审理的"执法部门"，此提法也意义不清，所指不明。

（二）"三审"是防止妄告诬告的一种程序

唐代对司法审判进行全过程的监督，这种监督贯彻在从告诉、受理、关押、审理、取证、刑讯、判决、上诉及判决执行的每一个环节中。"三审"制度是告诉受理阶段防止非法告诉及受理中的一项诉讼程序，目的是为了防止妄告及诬告。通过这项制度的执行，让告诉人从事实出发，反复思忖，慎其所告，以防止和减少妄告诬告，经过"三审"的程序，官府正式立案。关于"三审"的制度，《唐六典》记载说：

> 凡告言人罪，非谋叛以上，皆三审之。①

"三审"的具体内容，《唐六典》的注文说：

> 应受辞、牒官司，并具晓示虚得反坐之状。每审皆别日受辞，若有事切害者，不在此例。

什么是"切害"，《通典》注文记载其范围说：

> 谓杀人、贼盗、逃亡若强奸良人及更有急速之类。

关于"每审皆别日受辞"，《通典》记载其特殊情况下的处置说：

> 若使人在路，不得留待别日受辞者，听当日三审。②

关于"辞牒"的书写，《通典》记载说：

> 不解书者，典为书之。

关于实行"三审"后对案件的处置，《通典》也记载说：

---

① 《唐六典》卷六，中华书局，1992，第190页。
② 《通典》卷一六五《刑三·刑制下》，中华书局，1984，第874页。

> 官人于审后判记，审讫，然后付司。

句中"审讫"中的"审"不是指"审判"，而是指"三审"而言。关于经过"三审"，官司对当事人的处置，《通典》说：

> 前人合禁，告人亦禁，辨定放之。即邻伍告者，有死罪流，告人散禁；流以下，责保参对。

从以上典籍的记载，对"三审"我们可以作如下的归纳：

其一，"审"在古代原就有详尽了解之意义。今语的"审判"义，古代一般是以"理"、"断"、"判"表达的。《康熙字典》介绍《说文》的解释是："审，悉也"；《增韵》的解释是："审，详也，熟究也。"现代汉语中有"审慎"的构词。

其二，"三审"是官司让告发人三次返回，审慎地考虑所告之事的虚实，并告诉告发人，如诬告要担当反坐的后果。

其三，"三审"程序进行三次的时间，不能在同一天进行二次或二次以上，只有官员出使在路，不可能再于另一日受辞牒的情况下，才可以在一日内完成三次令审慎考虑的制度。

其四，"三审"中要求告发人作书面呈告，不会写字的，由吏员代写；接待官吏要作处置记录；程序全过程进行完毕，才交给有关官员立案。这时，如果罪犯应该关押的，告发人也要关押，待辨定非诬告后再释放。如果是邻伍出首告发，涉及死刑、流刑的，告发人关押可不戴刑具。

其五，"三审"的适用案件，基本是一般性犯罪，因为谋叛、谋大逆及谋反罪，因性质严重，犯罪危险性大，为防止脱逃故不适用"三审"。同时，对于杀人、贼盗、逃亡、强奸非奴贱的良人及其他更紧要的有"切害"的犯罪，也不适用。

（三）秦代的"三环"是"三审"的历史先现

秦律"三环"的内容记录在《睡虎地秦墓竹简》"法律答问"关于父告子的简文中：

> 免老告人以为不孝，谒杀，当三环之不？不当环，亟执勿失。①

其实，秦律中的"三环"就是令"三次返还"慎思所告的制度。

"环"在古代基本有二种意义。一是同"还"，当"折还"讲。《说文解字》段注说："环，引申为围绕无端之义，古只用还。""还"是什么呢?《说文》说："复也"，段注引《释言》说：

> 还，复返也。今人还绕字用环，古经传只用还字。

"还"在古代不但写成"环"，有时也写成"睘"。《墨子·节葬下》中说："夫众盗贼而寡治者，以此求治，譬犹使人三睘毋负己也。"王引之解释说：

> 睘与还同，还读周还、折还之，谓转折也。②

---

① 《睡虎地秦墓竹简》，文物出版社，1978，第 195 页。
② 见（清）孙诒让撰：《墨子闲诂》，《节葬下第二十五》。

二是"环"当"却"讲。《周礼·夏官》中有"环人"一职，其职责之一是"环四方之故"，即是抵御来自四方的侵犯。《疏》文解释这里应"训环为却"。《秦简》中也有"环"字。其第 213 页简文说某甲："数谒吏，吏环，弗为更籍（几次请求官吏，官吏拒绝，不给更改户籍）。"这里的"环"当"拒绝"讲，也是"却"的意思。从词的本义上说，"环"训为"却"和训为"还"是一致的。因为"却"就是"使……折还（复还）"的意思，"却"是"还"的使动意义。"三环"中的"环"当是"（令）返还"或"（使）返还"之义。

秦律中的"三环"相当于唐律中的"三审"。根据秦简中提供的信息，我们也可作出如下几点结论，以证明其为"三审"的历史先现：

其一，秦朝在诉讼上存在这样一种制度：对一般案件，原告告发后，当局不是立即受理立案，也不是拒绝受理，而是要三次令告发人返还熟思然后再受理。熟思什么？思考所告是否属实，思考如属妄告应立即停止，否则要负诬告之责任等。

其二，秦朝这种制度适用于非性质严重案件的告发，如老子告儿子除"杀"罪之外的一般的犯罚就要使用这种制度。非亲属间的一般罪罚的告发也使用这种制度。总之，当时诉讼上确实存在这种制度，否则，应受理的官吏就不会在接告时提出要不要"三环"的问题去要求上级答复。

其三，秦朝的"三环"制度不适用于涉及死刑的重罪案。因为早在秦朝，对重罪案（如告子不孝，谒杀）中有可能逃跑的犯人，就已确立了采取先行逮捕而在逮捕后再进行审问的司法程序。《秦简》记载表明，因为下级对此案件在程序认定上产生犹豫而提出疑问："当三环之不？"上级依法果断答复此类"谒杀"重案不适用这种程序："不当环，亟执勿失。"

从秦"三环"到唐"三审"的沿续，说明"三审"程序是中国封建刑事诉讼程序中的一项传统制度。

十一　"权断制敕"条立法
背景考释

在唐代，审判断罪要依法进行，这是一项普遍适用的法律制度。法律是断罪的依据，《断狱律》（总第484条）说，"诸断罪皆须具引律、令、格、式正文"，各级官府也依各自的权限进行审判与执行刑罚。但是，对皇帝来说，他除了依常法及惯例行使诸多正常的司法权外，还有依律对刑案作"临时处分"而行"权断制敕"的特殊权力。唐代皇帝以"权断制敕"作"临时处分"的制度，是最能反映封建司法本质特征的重要制度之一，对这项制度的司法实践作背景考察，可以更深刻地看到其立法的意图和作用。

（一）皇帝常规的司法权力

这里所谓的"常规"，从现代的角度看，都是非常规的封建专制制度，但在当时却是依常法或惯例而正常行使的权力。

1. 皇帝对死刑判决有批准及对执行作最后核准的权力

首先，流刑以上及涉及免官的判决，送尚书省刑部覆核后要奏报皇帝。《唐六典》"尚书刑部"中关于京城"徒以上送大理"的注文中说：

> 若大理及诸州断流已上若除、免、官当者，皆连写案状
> 申省按覆，理尽申奏。[①]

其次，死刑判决要报皇帝批准。唐代的死刑案件，虽各级衙门都可审理判断，但地方及中央机关审结的死刑案，最后都要专案呈报皇帝批准。《唐六典》在"凡决死刑皆于中书门下详覆"文下之注文说：

> 旧制皆于刑部详覆，然后奏决。开元二十五年，敕以为庶狱既简，且无死刑，自今已后，有犯死刑，除十恶死罪、造伪头首、劫杀、故杀、谋杀外，宜令中书门下与法官等详所犯轻重，具状闻奏。[②]

不但是死刑判决的批准，而且是死刑的执行也要通过"覆奏"制度由皇帝审核准许。[③]

2. 皇帝有对在狱囚犯进行"录囚"改判之权

对于司法机关在押或断结未执行的囚犯，皇帝可以对他们进行询问、核查，如发现问题及时予以纠正。皇帝"录囚"的处置，可以是包括改判、平反甚至是完全不依法而作自认为有理的任意处置。《唐会要》"君上慎恤"中记载贞观时李世民一次特殊的录囚说：

---

① 《唐六典》卷六，中华书局，1992，第189页。
② 《唐六典》卷六，中华书局，1992，第188页。
③ 详见本书第24篇《决死囚"覆奏"次数与时日考辨》。

六年十二月十日，太宗亲录囚徒，放死罪三百九十人归于家，令明年秋来就刑。其后应期毕至，诏悉原之。[①]

3. 皇帝有对"议"、"请"案的最后裁决权

"八议"及"上请"是高级官吏、贵族涉及死刑免罪或降刑的高级特权。法律上对享有这两种特权者涉死案件的处置只有程序上的明确要求，没有一定要给予宽免的规定。享有"八议"权的犯罪者"都堂集议"报皇帝后，以及享有"上请"权的犯罪者刑部直报皇帝后，其实处之刑罚，最后全由皇帝裁决。《名例》（总第8条）说，对"八议"犯罪者应：

依令，都堂集议。议定奏裁。

《名例》（总第9条）"请权"之注文说：

正其刑名，别奏请。

疏文说：

别奏者，不缘门下，别录奏请，听敕。

《名例》（总第26条）说：

① 《唐会要》卷四〇，上海古籍出版社，1991，第840页。

死罪上请，唯听敕裁。

4. 皇帝对犯罪有赦免权

发布赦令赦免犯罪，是封建皇帝根据"天人感应"学说而设立的一项制度。当遇到灾害，帝后有病痛，有异常天象出现，皇帝可以发布赦令，实行"仁政"，以向上天谢罪。而在皇帝登基，册封皇后，出现"祥瑞"或者改换年号等喜庆时，皇帝也可以发布赦令，以示向上天感恩。与历代相同，唐朝也实行赦罪制度。《资治通鉴·唐纪·贞观十年》曾有关于长孙皇后病重时太子"请奏赦罪人"，"上哀之，欲为之赦，后固止之"的记载。

实行赦罪的权力属于皇帝，实施的法律形式是皇帝以"赦书"、"德音"、"制书"等形式颁布赦令。《唐六典》"尚书刑部"下记载京城赦令之执行说：

> 凡国有赦宥之事，先集囚徒于阙下，命卫尉树金鸡，待宣制讫，乃释之。①

赦书可以在犯罪种类上作特别指定，效力地域范围可以是全国普及，也可以是限制的特定地区。如武德二年曾颁布《曲赦凉甘等九州制》，大历九年曾颁布《大赦京畿三辅制》，开元八年曾颁布《宥京城罪人敕》等。②

为了保障皇帝的赦免权，法律有维护赦令依法实施的专条。《斗讼律》（总第354条）规定，"以赦前事相告言者"，以及"官司受而为理者"，分别"以其罪罪之"，"以故入人罪论"。

① 《唐六典》卷六，中华书局，1992，第192页。
② （宋）宋敏求编：《唐大诏令集》，学林出版社，1992，第432~438页。

《断狱律》（总第489条）规定："诸闻知有恩赦而故犯"，"皆不得以赦原"。《断狱律》（总第487条）之注文规定，官司"若闻知有恩赦而故论决"，以"故入人罪"论处。

（二）刑律赋予皇帝制敕断罪特权的同时又限制其他人引以为比

唐代的制敕，从性质与效力上说，分为两种：一种是对犯罪作"临时处分"的"权断制敕"，这没有普遍适用的法律效力，只适用于特定的人和事；另一种是制度性的有普遍适用效力的制敕，而不属于"权断"犯罪的"临时处分"。如贞观二年李世民曾在朝廷上作决定说：

> 比有奴告其主反者，此弊事，夫谋反不能独为，必与人共之，何患不发，何必使奴告邪。自今有奴告主者，皆勿受，仍斩之。①

这不是对某一案件"权断"的"临时处分"，而是一项普遍性制度的重申。今传《律疏》中《斗讼律》（总第349条）规定与此有异："奴婢部曲，虽属其主，其主若犯谋反、逆、叛，即是不臣之人，故许论告。"这说明此制度之贞观法，到《律疏》上已经修改了。

又如贞观二十三年六月一日李治即位称帝的第三天六月四日，他下的敕令是关于避名讳的改制。史书记载其事说：

---

① 《资治通鉴》卷一九三《唐纪·贞观二年》，上海古籍出版社，1987，第1292页。

先是，太宗二名，令天下不连言者勿避，至是，始改官名犯先帝讳者。①

李世民死后，也成了"先帝"，其名讳不得有犯。同时，从前只是规定"世民"相连为犯讳，现在官员的名字中单独地有"世"或"民"，也都得改名避讳。这项命令一不属于"断罪"之制敕，二不属于"权断"之"临时处分"，也是具有普遍适用性的法律制度。

这里讨论的，主要是指皇帝针对特定的犯罪作"临时处分"而发出的"权断制敕"，使用于处置刑案中违法犯罪人的处分。《唐六典》"中书省"中说，"凡王言之制有七"，其中"二曰制书"，其注文说："行大赏罚，授大官爵，厘革旧政，赦宥降虑则用之。"②

1. 制敕经过立法程序可以成为具有普遍法律效力的"永格"

唐代具有普遍适用效力的成文法律，是律令格式。制敕要具有普遍适用的法律效力，必须通过立法程序使其从特定的人和事中剥离出来成为"永格"，就具有了一般法律的属性。所以，从两者的关系上说，制敕是立法的重要渊源。

（1）"制敕"编纂为"格"。

唐代有一般法律效力的"格"，其重要的渊源就是皇帝的制敕。《唐六典》"尚书刑部"在"凡格二十有四篇"下之注文说：

盖编录当时制敕，永为法则，以为故事。③

① 《资治通鉴》卷一九九《唐纪·太宗二十三年》，上海古籍出版，1987，第1336页。
② 《唐六典》卷第九，中华书局，1992，第274页。
③ 《唐六典》卷六，中华书局，1992，第185页。

制敕中有普遍适用价值的部分成为"格敕"的过程，是新法补充修改旧法，旧法中不适用部分被淘汰取代的过程。史书上记载唐代对制敕进行编修的一些记载，是这具体过程最清晰的反映。《唐会要》"定格令"记载武则天时的一次修格说：

> 又以武德以来垂拱已前诏敕便于时者，编为新格二卷。内史裴居道、夏官尚书岑长倩、凤阁侍郎韦方质与删定官袁智弘等十余人同修，则天自制《序》。其二卷之外，别编六卷，堪为当司行用，为《垂拱留司格》。①

不但要组织班子进行专门的编修，而且要皇帝批准颁布。

（2）制敕编纂为"格后敕"。

有时，现行及积累的制敕诏令，不能通过一次修订就完成"格"化的过程，于是就在"格"之后附上一些经过修纂有行用价值的制敕、诏令，称为"格后敕"，而使其具有普遍适用效力。如《唐会要》记载神龙年间编修"格后敕"的情形说：

> 至神龙元年六月二十七日，又删定《垂拱格》及《格后敕》……至神龙二年正月二十五日已前制敕，为《散颁格》七卷。②

（3）"制敕"编纂为"格后长行敕"。

"格后敕"修订颁布后，在行用中又会出现新的矛盾及抵触之处，为了再作调整，在"格后敕"的基础上又编修"格后长

---

① 《唐会要》卷三九，上海古籍出版社，1991，第820页。
② 《唐会要》卷三九，上海古籍出版社，1991，第821页。

行敕"。《唐会要》记开元十九年编制的情况说:

> 十九年,侍中裴光庭、中书令萧嵩及以格后制敕行用之
> 后,与格文相违,于事非便,奏令所司删撰《格后长行敕》
> 六卷,颁于天下。[①]

这些立法史料说明,即使是"临时处分"中部分有适用价
值的制敕,它们要成为稳定的被普遍适用的常法,要在司法实践
中历经一个不断修改完善的过程。

2. 刑律严格规范皇帝制敕断罪的专属权

(1) 法律赋予皇帝制敕断罪的超常权力。

皇帝以制敕断罪作临时处分,是法律给予皇帝对人犯或案件
以制敕形式作处置的权力。

首先,律条认可皇帝享有这项权力的必要性。《断狱律》
(总第486条)之疏文说:

> 事有时宜,故人主权断制敕,量情处分。

其意是说,政事要求有适应当时情况的办法,所以皇帝通过权衡
作出处断的决定,斟酌实际情况进行处理。这种命令是以"制
敕"形式作出,是当时针对特定的人物、事情及时间进行的
"临时处分"。

(2) 刑律严格规范皇帝权断制敕适用的专属性。

唐代的成文常法是律、令、格、式四种,这些常法,全国所

---

① 《唐会要》卷三九,上海古籍出版社,1991,第822页。

有官府的职官都可以直接引用这些法律去判断案件和处理公事。因为这些法律是具有普遍适用效力的法律。而皇帝"权断"的制敕，其效力只限于对当时特定的人和事而不具有如常法一样的普遍适用的效力。所以，在这些"制敕"经过立法程序使其成为有普遍适用效力的法律之前，禁止其他人作为判案成例去任意推广套用。所以该律条规定说：

> 诸制敕断罪，临时处分，不为永格者，不得引为后比。若辄引，致罪有出入者，以故失论。

所谓"永格"，是说制敕通过立法程序成为正式的"格"条，在这之前其他任何人不得擅自作为成例引用，否则，如使断罪不符常法规定的，法官要以故意或过失"出入人罪"的罪名处罚。法律如此规定，一方面是保障皇帝"权断制敕"的专属性，同时，也维护国家法律的同一性。关于制敕与永格的关系，尽管刑律上作了不能擅自引为后比的规定，并规定了违犯的处罚，然而，官场的司法实践中，不为永格的制敕往往被擅自引用。《唐会要》"定格令"记载景龙三年八月唐中宗专门为擅引制敕而下制敕说：

> 其制敕不言自今以后永为常式者，不得攀引为例。①

擅自引用制敕，不但与法律抵触，有时就是对于制敕本身也发生抵触。为此，唐玄宗于开元年间也曾为以例破敕令下过禁止的

---

① 《唐会要》卷三九，上海古籍出版社，1991，第824页。

命令：

　　开元十四年九月三日救："如闻用例破敕及令式，深非道理，自今以后，不得更然。"①

(三)"权断制敕"条立法原因考释

　　"权断制敕"只是皇帝的一项特别司法权力，法律禁止其他人擅自引以为比在判案中推广。唐律中所以设置这样的法条，一方面是因"非永格"制敕擅引带来混乱，破坏了法律体系的统一性。同时，"权断制敕"的任意性使其自身在法律规范性上不足以引以为后比。

1. 立法的统一性要求禁止对非"永格"制敕的擅引

　　从整体来说，虽然制敕是唐代立法特别是"格"制订的一个重要渊源，但是制敕要成为永格，一定要经过一个筛选试行修改完善的过程，这里最需要的是作全局性的统筹平衡，而审判官吏和有关政府部门擅自引敕为例，往往造成立法与司法的混乱。

　　首先，擅引权断制敕影响了有组织的统一立法的实施。把"制敕"编为"格敕"，过程十分复杂，不易很快获得理想的效果。《唐会要》记元和十年，刑部尚书权德舆关于编修格敕奏请的内容说：

　　自开元二十五年修《格式律令事类》三十卷、《处分长

---

① 《唐会要》卷三九，上海古籍出版社，1991，第824页。

行敕》等，自大历十四年六月、元和二年正月，两度制删之，并施行。伏以诸司所奏，苟便一时，事非经久，或旧章既具，徒更烦文，狱理重轻，系人性命。其元和二年准制删定，至元和五年删定毕，所奏三十卷，岁月最近，伏望且送臣本司。其元和五年以后，续有敕文合长行者，望令诸司录送刑部。臣请与本司侍郎、郎官参详错综，同编入本，续具闻奏，庶人知守法，吏绝舞文。

同时，权断制敕的擅引带来了制敕与永格内容上的矛盾。《唐会要》记载开成元年三月，刑部侍郎狄兼谟①奏请的内容中说：

自开元二十六年删定格令后，至今九十余年，中外百司皆有奏请，各司其局，不能一秉大公。其或恩出一时，便为永式，前后矛盾，是非不同，吏缘为奸，人受其屈。伏见自贞元以来，累曾别敕，选重臣置院删定，前后数四，徒涉历三十岁，未堪行用……伏请但集萧嵩所删定建中以来制敕，分朋比类，删去前后矛盾及理例重错者，条流编次，具卷数闻奏行用。所删去者，伏请不焚，官同封印，付库收贮。②

2. "权断制敕"基本是皇帝"一时之喜怒"

"权断制敕"主要是为了给皇帝以对刑案的临时处置特权。这种制度的要害就是具有不依法的任意性，用现代的俗话来表达

---

① "狄兼谟"之"谟"原为"暮"，依《康熙字典》所列异体字改定。
② 《唐会要》卷三九，上海古籍出版社，1991，第823~824页。

就是允许皇帝有"特事特办"的权力。那些针对特定人事所作的"特批"，就是体现皇帝在判案上享有不依法的自由。我们虽不能说"权断制敕"都是徇私曲法，但是，事实上那些"临时"的"权断"，往往是出于皇帝临场一时喜怒的法外处断。即使在当时，封建朝廷的有识之士，早就一针见血地指出了这种制度对正常法律的危害性。如贞观朝臣在对国家常法与皇帝临时敕令的关系上，都明确认识到国家制定的法典，体现国家的意志与利益，是所谓"大信"。而皇帝临时的决断甚至敕令，常常只是皇帝个人一时之忿的结果。如贞观元年，朝廷发现当时官吏的选拔中，有许多人假冒祖上资荫诈得官职。李世民发火，"敕令自首，不首者死。"其实，按唐常法，"若无官荫，诈承他荫而得官者，徒三年。"① 即使不自首也不能处死，所以敕令不合常法。不久就发现一人有诈冒，李世民要依敕令处死这个诈冒者。大理少卿戴胄上奏说，根据法律，此人只应处流刑。皇帝发怒说："卿欲守法以使朕失信乎？"戴胄晓之以理说：

> 敕者，出于一时之喜怒，法者，国家所以布大信于天下也。陛下忿选人之多诈，故欲杀之。而既知其不可，复断之以法，此乃忍小忿而存大信也。②

戴胄对权断的敕令与常法关系的评论可谓一语中的，对李世民的谏劝中肯有理，最终李世民适时听从了戴胄的意见。

3. 皇帝往往为自我标榜而作特别"权断"

皇帝的权断制敕中相当一部分，是借助案件造舆论而标榜自

① 《唐律疏议》卷二五《诈伪律》，第463页。
② 《资治通鉴》卷一九二《唐纪·贞观元年》，上海古籍出版社，1982，第1286页。

己，以显示自己的"英明不凡"。

（1）皇帝为标榜"仁""义"而作法外处断。

高祖李渊曾因一"行劫"者自谓因"饥寒交切"而犯罪，从而竟放过罪人：

> 武德二年二月，武功人严甘罗行劫，为吏所拘。高祖谓曰："汝何为作贼？"甘罗言："饥寒交切，所以为盗。"高祖曰："吾为汝君，使汝穷乏，吾罪也。"因命舍之。①

从记载看，李渊对这案子的处理似乎很有人情味，但这种处断，根本不允许皇帝之外的任何人这样去做。而且皇帝再碰到类似的案件，也不会都这样去处理。

（2）涉及"孝行"的案件皇帝往往特作宽宥以示崇尚"孝义"。

史书记载唐文宗大和六年五月，兴平县民上官兴"因醉杀人而亡，官捕其父囚之，兴自归有司请罪"。结果，"上竟以兴免父囚，近于义"，最后"决杖八十配流灵州"。②

唐宪宗元和六年九月，有富平人梁悦，为父复仇，杀仇人秦果后投县自首请罪，皇帝下敕说：

> 复仇杀人，古有彝典。以其申冤请罪，视死如归，自诣公门，发于天性。志在徇节，本无求生之心，宁失不经，特从减死之法。宜决杖一百，配流循州。③

---

① 《唐会要》卷四〇，上海古籍出版社，1991，第839页。
② 《唐会要》卷三九，上海古籍出版社，1991，第833页。
③ 《旧唐书》卷五〇《刑法志》，中华书局，1975，第2153页。

按唐律，并无复父母仇杀人可宽宥之条。皇帝以古之"彝典"为根据，考虑其"志在徇节"，于是"宁失不经"不守常法，宽宥免死。这种处断违背常法，所以当时任兵部职方员外郎的韩愈，以对此类事"必资论辩，宜令都省集议闻奏"的建议，委婉地批评此项"权断制敕"。

（3）为标榜"诚信"而作权断制敕。

前文中提及的李世民于贞观六年录囚时，放390名死囚返家，约期年之日返来受刑的命令，完全是洞察死犯心理后有意识地要在世人面前为自己"诚信感人"而大书一笔。这种异想天开的"临时处分"，不要说别的司法官吏不敢擅引为后比，就是李世民自己也知道只能做这一次，但就这一次已足以达到目的了。唐朝人自不敢评说，宋朝的欧阳修不客气地专写《纵囚论》一文，对李世民的这种破法而沽名钓誉的行为狠狠地进行了抨击。

（4）标榜自己过人的"智慧"与"宽大"的胸襟。

贞观元年右骁卫大将军长孙顺德犯有"枉法受财"之重罪，按律："监临主司受财而枉法者，一尺杖一百，一匹加一等，十五匹绞。"① 犯此罪在当时行用的《武德律》中也是重罪，即使长孙顺德有"八议"特权也仍要惩处，大理少卿胡演就说："顺德枉法受财，罪不可赦。"可李世民却说："顺德果能有益国家，朕与之共有府库耳，何至贪冒如是乎！"同时，"犹惜其有功，不之罪"。不但如此，李世民给长孙顺德"于殿庭赐绢数十匹"。胡演反对这样做时，李世民解释说：

---

① 《唐律疏议》卷一一《职制律》，第220页。

彼有人性，得绢之辱，甚于受刑，如不知愧，一禽兽耳，杀之何益？①

对贪赃枉法者以当众送绢的"羞辱"来代替严惩，这样出于自我表现的任意性，真是登峰造极。

有一次，一位官吏犯了典型的适用某条律文的罪，李世民全然置律义于不顾，公然搪塞，开脱罪犯。《唐会要》记载此事说：

贞观二年十月三日，殿中监卢宽持私药入尚食厨，所司议当重刑，上曰："祇是错误。"遂赦之。②

卢宽所犯是典型的《职制律》（总107条）所规定的犯罪："诸监当官司及主食之人，误将杂药至御膳所者，绞。"疏文说，所谓"杂药"是"谓合和为药，堪服饵者"，即是一般可吃的药。卢的"私药"就在这范围中。"尚食"之职责就是"奉御掌供天子之常膳"，"当进食，必先尝"。殿中监卢宽正是尚食局的直接主管上司，更不应有这种行为。法条清楚规定，"将杂药至御膳所"处"绞"的犯罪主观状态，只是"误"就构成，如是"故"（故意）而又当加重处斩。所以李世民说卢宽"祇是错误"，实际正合其犯罪构成的要求，根本不能成为宽宥的理由。这种断罪完全是违反律义的特殊命令。

4. "权断制敕"极高的违法率不堪引以为比

从历史记载看，皇帝在殿廷听到罪案报告因一时愤怒判断错

① 《资治通鉴》卷一九二《唐纪·贞观元年》，上海古籍出版社，1987，第1286页。
② 《唐会要》卷四〇，上海古籍出版社，1991，第839页。

重的事例，历史记载很多。

（1）贞观朝事例。

武德九年，李世民即位，对官吏的受贿现象十分痛恨。于是就让左右故意到一些官员那里去行贿，以便抓住"罪证"给予处罚。居然，一位执掌门禁的官员"司门令史"受贿值绢一匹，李世民"欲杀之"。这时，裴矩谏阻皇帝说："此乃陷人于法也，恐非所谓导之以德，齐之以礼。"其实，即使真犯这种罪，按法律："（受财）不枉法者，一尺杖九十，二匹加一等，三十匹，加役流。"① 此人刑罚只能杖九十。

贞观元年十二月，郿县令裴仁轨私自役使"公差"，"上怒，欲斩之"。其实，按唐法，裴的行为属于监临之官"私役使所监临"条中的"役使非供己者"之罪，此罪刑罚之最高限是"杖一百"。② 于是御史李朝佑谏曰：

> 法者，陛下所与天下共也，非陛下所独有也。今仁轨坐轻罪而抵极刑，臣恐人无措手足。③

李世民听后很高兴，"免仁轨死"。

贞观二年十月，皇帝命令瀛州卢祖尚去"镇抚"交趾，卢答应后又反悔，借口"旧疾"不赴。皇帝派人去劝说，并又亲自招见。卢仍"固执不可"，皇帝"命斩于朝堂"，结果又"寻悔之"。

贞观二十年三月，刑剖尚书张亮，收养了500个干儿子，还

---

① 《唐律疏议》卷一一《职制律》，第220页。
② 《唐律疏议》卷一一《职制律》，第225页。
③ 《资治通鉴》卷一九二《唐纪·贞观元年》，上海古籍出版社，1987，第1288页。

问江湖术士程公颖等说，他手臂上长出一片"龙鳞"，发动起义行不行？皇帝命令中书令马周等审判他。张亮不服罪。李世民说，张亮有500个干儿子，养了干什么？就是要造反。命令百官都对此案发表意见。官员们认为张亮犯罪应当处死，唯独掌管工程建设的副主管将作少匠李道裕，说张亮"反形未具"即"反"的事实不具备，罪行达不到处死的程度。其实按唐律，张亮属"口陈欲反之言，心无真实之计，而无状可寻者"罪情，该"流二千里"。① 但是，李世民最终还是处死了张亮及程公颖。

（2）永徽朝事例。

唐高宗李治也有法外处断之事例。《唐会要》记载：

> 永徽二年七月二十五日，华州刺史萧龄之前任广州都督，受左智远及冯盎妻等金银、奴婢等，诏付群臣议奏。上怒，令于朝廷处尽。②

按唐律，萧龄之收受部下及部下家属之财物，其罪名是"受所监临财物"罪，《职制律》（总第140条）规定："诸监临之官，受所监临财物者，一尺笞四十，一匹加一等；八匹徒一年，八匹加一等；五十匹流二千里。"法律未规定超过五十匹的加罪办法，表明此罪之最高刑限为"流二千里"，而不至于死。后经御史大夫唐临的谏劝，皇帝才依法"诏遂配岭南"。

《资治通鉴》记载永徽二年九月的事例说：

> 左武侯引驾卢文操，逾墙盗左藏物。上以引驾职在纠

---

① 《唐律疏议》卷一七《贼盗律》，第325页。
② 《唐会要》卷三九，上海古籍出版社，1991，第828页。

绳，乃自为盗。命诛之。谏议大夫萧钧谏曰："文操情实难原，然法不至死。"上乃免文操死。①

职掌"京城昼夜巡卫"的引驾，卢文操其所犯为窃盗罪。按唐律窃盗无死罪，《贼盗律》（总第282条）规定，对窃盗的处罚"不得财笞五十；一尺杖六十，一匹加一等；五匹徒一年，五匹加一等，五十匹加役流"。最高刑是加役流，所以萧钧说卢"法不至死"。皇帝认为"引驾职在纠绳，乃自为盗"，即使要加重也要依法加重，无法律根据则不能擅自加重。

（3）开元朝事例。

开元朝唐玄宗也有权断不依法之例。史书记载开元七年九月的一个事例说：

> 上尝从复道中见卫士食毕弃余食于窦中，怒欲杖杀之。②

李隆基见卫士把剩食倒在备弄的墙洞中，一时气愤至极可理解，但法不当死。李宪劝谏皇帝说，不能爱惜粮食而不惜人命。皇帝这才释放了那个卫士。史书记载开元二年八月的又一个事例说：

> 武疆令裴景仙，坐赃五千匹，事觉亡命。上怒，命集众斩之。大理卿李朝隐奏："景仙赃皆乞取，罪不至死。"……制令杖杀。朝隐又奏……上乃许之，杖景仙一百，流岭南

---

① 《资治通鉴》卷一九九《唐纪·永徽二年》，上海古籍出版社，1987，第1337页。
② 《资治通鉴》卷二一二《唐纪·开元七年》，上海古籍出版社，1987，第1435页。

恶处。①

裴景仙虽"坐赃"五千巨数，但其性质的实际罪名是"乞取"，是在辖区向部下及民人乞取财物，《职制律》（总第 148 条）规定："因官挟势及豪强之人乞索者，坐赃论减一等。"疏文说："累倍所乞之财，坐赃论减一等。"即比"坐赃"罪再减轻一等。《杂律》（总第 389 条）规定："诸坐赃致罪者，一尺笞二十，一匹加一等；十匹徒一年，十匹加一等，罪至徒三年。"坐赃罪的最高刑限是"徒三年"。裴景仙"因官挟势"，"乞索"于众人赃值"五千匹"。按"累倍"之法就是总计折半，计赃二千五百匹，仍是"徒三年"。三年减一等合判徒二年半。但是从皇帝两次判死的基础上，退到杖一百流岭南虽还是重，但已是最大可能的改正了。

从史书上对皇帝"权断"实施的记载看，"权断制敕"虽是皇帝专有的"临时处分"特权，但是，皇帝行使这项特权时，也不排除接受臣下的谏劝收回成命，修正改制。大理卿李朝隐对玄宗说：

> 生杀之柄，人主得专，轻重有条，臣下当守……为国惜法，期守律文，非敢以法随人。

这可以看作是唐代臣下正确对待皇帝权断制敕的一项指导原则。《唐律疏议·断狱律》中关于皇帝的权断制敕不得引为后比之法条，其所以如此规定，一方面是立法统一的要求不允许"辄引"，另一方面是，权断制敕的司法实践证实，皇帝"临时处分"的"制敕"在律学上往往不足以引以为比。

---

① 《资治通鉴》卷二一二《唐纪·开元十年》，上海古籍出版社，1987，第 1438 页。

十二　"举轻以明重"条何以
不被删除解

《唐律疏议·名例》（总第 50 条）关于"诸断罪无正条"一条，是唐律中涉及类举用法制度的重要条文。此条专门为解决"一部律内，犯无罪名"因而"断罪无正条"问题设立的条款。有些人认为这是唐律中的类推制度，有的学者认为是唐律中的比附制度。因为古文献有摘录首句以为名的习惯，所以这一条在《唐律疏议》的目录中通常名之为"断罪无正条"。其实"断罪无正条"，既不是现代刑法的"类推"制度，也不是唐律中同时存在的"比附"制度，而是唐律中特有的"类举"制度。关于唐律中"比附"及"类举"制度在拙著《唐律研究》[①] 中已有述说，这里只想专门就史书记载的唐代神龙初赵冬曦专门上书要求删除"举轻以明重"律文的事，略作考解，试图站在历史的角度，以求有所探索，有所解释。

---

① 钱大群著：《唐律研究》，法律出版社，2000，第 214~222 页。

（一）类举制度的渊源及法律地位

类举制度最早起始于隋朝，唐朝的刑律与宋朝的刑统都整条予以承袭沿用，明律与清律中则在"断罪无正条"下规定"引律比附"。可以说，从中国封建社会中期起它就是刑律中始终贯彻的一项制度，而且是刑律中一项原则性的制度。

1. 类举制度起始于隋朝

关于类举制度的历史渊源，赵冬曦上书中一开始就说：

> 臣闻夫今之律者，昔乃有千余条。近者隋之奸臣将弄其法，故著律曰："犯罪而律无正条者，应出罪则举重以明轻，应入罪则举轻以明重。"立夫一条，而废其数百条。自是迄今，竟无刊革。①

因隋朝距唐不远，赵冬曦故言"近者"。

赵所说隋之前的"昔者"之律有"千余条"，是有一定根据的。隋以前的南北朝有些朝代是"千余条"。如《隋书》记梁武时发现，齐武时王植之要为齐拟订的律书是一千五百多条：

> 时欲议定律令，得齐时旧郎济阳蔡法度，家传律学，云：齐武时删定郎王植之，集注张、杜旧律，合为一书，凡一千五百三十条，事未施行，其文殆灭，法度能言之。②

---

① 《唐会要》卷三九，上海古籍出版社，1991，第 829 页。下文引赵冬曦语，出处皆同此。
② 见《历代刑法志》，群众出版社，1988，第 226～227 页。

《隋书》记南朝陈武帝时的立法说：

> 制《律》三十卷，《令律》四十卷。采酌前代，条流冗
> 杂，纲目虽多，博而非要。①

虽未明言"千余条"，但"冗杂"、"纲目多"、"博而非要"，已
见其大端。《隋书》记北周之律文说：

> 大凡定法一千五百三十七条，班之天下。其大略滋章，
> 条流苛密。比于齐法，烦而不要。②

《隋书》记载开皇三年制订新律时，新律制订前所用之旧律，其
条数也应在千条以上：

> 三年因览刑部奏，断狱数犹至万条。以为律尚严密，故
> 人多陷罪。又敕苏威、牛弘等，更定新律。除死罪八十一
> 条，流罪一百五十四条，徒杖等千余条，定留唯五百条。③

最后定留的是"五百条"，而删去的总数就在千条以上。

从赵冬曦所说的"昔乃有千余条"，后实行类举"立夫一
条，而废其数百条"的话来看，"举轻以明重"的类举条，应该
就是创制在开皇三年制订的《开皇律》中。

赵冬曦说隋朝创制类举制度，是"隋之奸臣将弄其法"的

---

① 见《历代刑法志》，群众出版社，1988，第231页。
② 见《历代刑法志》，群众出版社，1988，第236～237页。
③ 见《历代刑法志》，群众出版社，1988，第239～240页。

结果，实是过于狭隘偏颇。隋朝从开皇元年到开皇三年，两次制订刑律，从记载看，当年参与制订的人第一次有高颎、郑译、杨素、常明、韩濬、李谔、柳雄亮等人。第二次的制订人是苏威、牛弘等人。这些人中间，除了杨素可以称作"奸臣"外，其他的人在唐人写的《隋书》的传文中皆有好评。况且，即使杨素同时也参与了第二次立法，也很难说就是杨素一人的作用使隋律采用了类举之法。更不用说隋之后，唐宋各朝都采用类举法，其存在的合理性，证明它决非如越冬曦所言是"奸臣弄法"。

2. 类举是一项可在司法中推行的用法原则

类举律条的本义是对相类的事，通过轻重比较在逻辑上判断其处置之法。《名例》（总第 50 条）的类举制度并非只是疏文所举的"明重"的两例及"明轻"的两例。这四例仅是疏文解释时所举的典型的例子。在司法实践中，完全是一项在"断罪无正条"情况下，随时可用的实用制度。如《诈伪律》（总第 385条）说到在法律"不可备言"的情况下，可以运用类举制度及"不应得为而为之"的制度去判断：

问曰：诈陷人渡杇败桥梁，溺之甚困，不伤不死，律条无文，合得何罪？

答曰：律云"诈陷人至死及伤"，但论重法，略其轻坐，不可备言，别有"举重明轻"及"不应为"罪。①

用欺诈方法让走坏了的桥梁使人受伤，这是犯罪行为，受害人虽未死，也无伤，但被溺淹后如果"甚困"，就可运用类举制度，

---

① 《唐律疏议》卷二五《诈伪律》，第 474 页。

依"举轻以明重"的原理或适用"不应得为而为之"之罪论处犯罪人。

（二）赵冬曦奏改律文行为的法律依据

《唐会要》记载："神龙元年正月，赵冬曦上书"专门评论"断罪无正条"中"举轻以明重"的这种制度。赵冬曦《新唐书》上有《传》。神龙初他在门下省任"左拾遗"之官，开元初"迁监察御史"。拾遗官的职责之一就是"凡发令举事有不便于时，不合于道，大则建议，小则上封"。唐朝官吏都有权评议律令得失建议修改，但是必须遵守严格的制度。按唐法，臣下认为律令有不合理、不适用的地方，要先"申议"尚书省，由尚书省"议定奏闻"。申议时要辨明不便之状，经过"都座集议"后奏告皇帝。总之，不经"申议"，"直述所见，但奏改者"要处二年徒刑。"先违令式，而后奏改"也要处徒二年。但是《职制律》（总第149条）规定：

即诣阙上表，论律、令及式不便于时者，不坐。①

如果专门到殿庭上呈递表章，论说律令不便于时的，无罪。从《唐会要》记载赵冬曦上书称"臣"来看，他走的是直接"诣阙上表"之路。他的删除类举条的建议，《唐会要》上无结果之记载，《新唐书》其传上只是说"当时称是"。实际是最后不了了之，根本未按他的意见去修改律文。在唐朝的修律史上，高祖、

---

① 《唐律疏议》卷一一《职制律》，第229页。

太宗都参照隋开皇旧律修订律条，《旧唐书》专门记载了《贞观律》中有"诸断罪而无正条，其应出罪者，则举重以明轻；其应入罪者，则举轻以明重"。《永徽律》及《永徽律疏》沿用不改，神龙间赵冬曦建议删除此条后，经过开元刊修，今传《律疏》照样保留，这决非偶然。

（三）类举与比附的同异

尽管赵冬曦在上书时说，由于类举的实行，致使"法吏得便，则比附而用之矣"。而且后来明清刑律中在"断罪无正条"中都说"引律比附"，似乎类举制度与比附制度为同一事物。其实，明清的情况可另作研究，而就唐代来说，类举与比附虽有局部相通之处，却绝非同一制度。

1. 类举与比附都是为了解决法无明文断罪无正条的问题

类举是在"断罪而无正条"的情况下适用，疏文说，所谓"无正条"是指"一部律内，犯无罪名"的情况。实行类举的目的是为了对法无明文规定的行为作出有罪、无罪或罪轻、罪重的处置。

唐律中"比附"同样有这种功能。《贼盗律》（总第260条）的疏文说："五刑之属，条有三千，犯狱既多，故通比附。"该条的疏文说："金科虽无节制，亦须比附论刑。"这就是说，有些犯罪，律条虽无明文但还是必须用比附的办法来论处刑罚。其疏文说："岂为在律无条，遂使独为侥幸？"可见，在事情复杂，但罪名之设立于律有限，律条不能网罗一切时，故有比附之必要。

2. 类举与比附各有其不同的作用机制

仅从解决"一部律内，犯无罪名"的"无正条"情况来说，似乎与"金科无节制"及"在律无条"的比附制度相同，而其实则不然。

"比附"使用的目的与结果是只使用于定罪判刑，原因是"犯狱既多，故通比附"；"金科虽无节制，亦须比附论刑"；"岂为在律无条，遂使独为侥幸"。而类举可以是定罪判刑，也可以是判定无罪不予处刑，或是从罪重刑重而改认为罪轻刑轻。因为它不但可以通过举轻例来"明重"，也可以通过举重例来"明轻"。如果一定要与现代刑法制度相比较，那么唐律中的比附制度相当于现代的类推定罪制度，而类举制度则不是，至少类举制度中的"其应入罪者，举重以明轻"绝对不是。

（1）比附只作有罪比附而不作无罪比附。

比附是以律中已有规定的犯罪来作为对未有明文规定的行为作处置的根据。如《贼盗律》（总第260条）规定有"祖父母及夫为人所杀"不告私和，处流二千里。但是，主人被杀后部曲、奴婢不告私和之罪则无明文规定。疏文指示其比附的办法是"得罪并同子孙"，即这种罪也同样处流二千里。因为，在诉讼关系上，奴贱对主人的关系，也相当于子孙同父祖的关系。《名例律》（总第46条）关于"同居相隐"中，共同包括了子孙为父祖隐及奴贱为主人隐。

其一，行为性质可比附定罪。由行为性质比附而定罪的情况，如《贼盗律》（总第257条）后段规定了因窃取囚犯逃亡而杀伤人的犯罪，但是疏文又提出了窃取囚犯逃亡，被人追赶，扔下囚犯逃走，以后开始抵抗并因而杀人这律无明文的情况，是否同"劫囚"罪一样论处。答复是同"劫囚"罪不一样，而应比照《贼盗律》（总第289条）中"因盗而过失杀伤"罪论处。疏文解释其理由说，"窃囚而亡，弃囚逃走"，理与"窃盗先发，弃财逃走"后的抵抗行为一样，不作"因劫囚伤人"论，而"以斗杀伤论"。

其二，在刑罚的轻重上比附定罪。刑罚轻重的比附，如《斗讼律》（总第320条）规定了部曲、奴婢殴良人犯罪之处罚，即部曲殴良人加重一等，奴婢殴又比部曲殴加重一等。但是，关于部曲与奴婢相互殴伤杀却未有明确规定。对此，疏文只是以比附规定说："依部曲与良人相殴伤杀法。"因为已知部曲殴良人加重一等，奴婢殴良人又比部曲再加重一等，因而可知，部曲与良人差一等，奴婢与部曲也差一等。所以，依已明文规定的部曲与良人相殴之处罚办法来处置部曲与奴婢相殴罪是恰当的。

（2）通过类举可以是有罪判断也可以是无罪判断。

类举里的"入罪"，是指判为有罪或相对地判为重罪；所谓"出罪"，是指判为无罪或相对地判为轻罪。所以，唐律中的类推不全是有罪认定而实行处罚，也可以是作无罪认定，或是虽作有罪认定而予以从轻发落。

类举中的"其出罪，举重以明轻"，就是专用于作无罪或轻罪判处的制度。正如其疏文举例说明的那样，既然有对夜入人家者登时杀死也不论罪的明文，那么无明文规定的把夜入人家者打成折伤之行为就当然地无罪勿论了。

（四）类举有牵制法官擅推擅断之要求

赵冬曦反对类举制度的最重要的一个理由是说类举断罪完全不根据法律，刑罚轻重全凭法官的爱憎。他在上书中说：

遂使死生罔由乎法律，轻重必由乎爱憎，受罚者不知其然，举事者不知其犯，臣恐贾谊见之必为之恸哭矣。

其实，从类举制度贯彻执行中的要求来说，"死生罔由乎法律，轻重必由乎爱憎"，并不是类举本身存在的弊病，相反，类举却有对法官类举时一定不能离开法律的制度要求。

1. 类举是依律举其类

作为类举前提的类比的标的，一定是《律》中的成文事例。类举在相举作比时，是否相"类"的准绳是《律疏》中已明文规定的内容，不是法内的明文则不能随意树立为类举的准绳。如律文中所树立的"夜无故入人家"、"盗缌麻以上财物"、"谋杀期亲尊长"及"殴击大功尊长"的有关制度，都是律疏内明文规定的法条成例。如所举在性质情节上真正与其相"类"，就可使有待判断的行为不出于法律之外。类举作比的标的是《律疏》的明文，必须是法有明文规定的律例，如《名例》（总第 18 条）之后的"问答"说：

> 问曰：监守内略人，罪当除名之色。奴婢例非良人之限，若监守内略部曲，亦合除名以否？
> 答曰：今略良人及奴婢，并合除名。举略奴婢是轻，计赃入除名之法；略部曲是重，明知亦合除名。①

唐律内"略人"罪成立的条件，《名例》（总第 18 条）之疏文说："律文但称'略人'，即不限将为良贱。"这是说，无论略良人或奴婢，都构成犯罪。那么，略"部曲"是否犯罪，怎样处

---

① 《唐律疏议》卷二《名例》，第 49 页。

断却"法无明文"。但《律疏》中很多内容都已明确"部曲"的身份比奴婢高一些,既然略奴婢是犯罪,略"部曲"理当亦是犯罪。所以监临官略"部曲"也"计赃入除名之法"。这里,监临官吏略人要除名是法之明文,部曲身份比奴婢高也是法之成例,法官只是把相类的两个法例联接了起来。

当然,有法可依是一回事,法之明文本身是否统一,那是另一回事。如上例"问答"中"答"的内容中就还说到:

> 据杀一家非死罪三人乃入不道,奴婢、部曲不同良人之例;强盗若伤财主部曲,即同良人。各于当条见义,亦无一定之理。[①]

以奴婢、部曲的身份来说,在十恶"不道"罪中,"杀一家非死罪者三人"中的"三人"都应是"良人",被杀者中只要有一个奴婢或部曲,都不构成十恶之"不道"。在惩治强盗伤人时,强盗致伤财主家之部曲,也与伤良人一样构成犯罪受罚。在前一罪中,部曲、奴婢并立地与良人相对,而在后一罪中部曲又与良人受同样之对待。他们的地位随各条的具体情况而改变,并没有在全律中一成不变的道理。法律内容本身的不统一与类举的依明法作准绳的要求并不矛盾。

2. 类举的精髓是有轻重相明的反差要求

赵冬曦反对类举制度的另一个主要观点就是类举的实行会造成司法官吏的擅权弄法。他上书认为类举之产生完全是"隋之奸臣将弄其法"的结果,类举的施行使"下人难知","法吏得

---

① 《唐律疏议》卷二《名例》,第49页。

便"，"安得无弄法之臣哉"？这种看法对类举制度在评议上是欠公允的。

事实是类举制度本身就包孕着防止擅断弄法的机制方面。在进行相比相明的过程中，类举除要求相比的两方面确实相类外，而且要求作比较的两件事之间存在"轻重"差异，作为司法判断成立的条件。"类举"条认为，只有通过轻重不同反差的存在，才能使判断达到"灼然"明轻出罪或"灼然"明重入罪的结果。如疏文解释"其应出罪者"说：

> 依《贼盗律》："夜无故入人家，主人登时杀者，勿论。"① 假有折伤，灼然不坐。又条："盗缌麻以上财物，节级减凡盗之罪。"② 若犯诈欺及坐赃之类，在律虽无减文，盗罪尚得减科，余犯明从减法。

主人对夜无故入家者登时杀死可以无罪这是《律疏》内已明确的事例，现在主人把夜无故入人家者打成"折伤"，怎么处理这种"犯无罪名"规定的情况：重情节的"杀死"都"勿论"，轻情节的"折伤"当然也"勿论"。"盗"缌麻亲以上的财物可以依亲等节级减罪是法中之明文，那么，对缌麻以上有比"盗"情节轻的"诈欺"或"坐赃"行为，当然也可以节级减罪，是"理"所当然。

关于"举轻以明重"，疏文说：

---

① 《唐律疏议》卷一八《贼盗律》，第 346 页。
② 《唐律疏议》卷二〇《贼盗律》，第 365 页。

按《贼盗律》："谋杀期亲尊长，皆斩。"① 无已杀已伤之文，如有杀、伤者，举始谋是轻，尚得死罪，杀及谋而已伤是重，明从皆斩之坐。又例云："殴告大功尊长、小功尊属，不得以荫论。"② 若有殴告期亲尊长，举大功是轻，期亲是重，亦不得用荫。

对"期亲尊长"法律明文规定即使是"谋杀"就处"斩"，虽然律文无明列进一步实施杀或杀致伤的罪名，但谋杀是轻已杀是重，故杀死及杀伤也"皆斩"。同样有规定的殴告大功尊长是"轻"，无规定的殴告期亲尊长是"重"，轻已不得用荫，重就更不能用荫，这就是"灼然"而明。这种"灼然"的效果的产生，就是轻重相比的反差效应。这一点是唐律中类举制度的精华所在。唐律规定的类举制度中这种以轻重的反差来显示判断正确的办法，如果能得到遵行，那些法无明文的案情，在性质认定及量刑幅度上不会有原则错误，司法官吏很难擅自出入人罪。所以，唐律中类举时要求轻重的反差是实行类举的一项特殊要求。

唐律中的类举制度，并不是封建罪刑擅断主义的必要组成部分。从实质上说，唐统治者在唐律中规定类举制度的目的，是为了限制司法官吏在律无明文情况下行使刑罚权的任意性，防止他们的擅断。

（五）不能依条数多寡论法之优劣

赵冬曦要求删去类举制度的又一个理由，是认为类举"立

---

① 《唐律疏议》卷一七《贼盗律》，第327页。
② 《唐律疏议》卷二《名例》，第41页。

夫一条，而废其数百条"之后，审判"则暗陷机阱"：

> 夫科条省则下人难知，文义深则法吏得便。下人难知，
> 则暗陷机阱矣。

诚然，类举的设立，是会带来一些律条的省略。如"谋杀"缌
麻以上亲已明文"皆斩"，则"杀"或"杀死"、"杀伤"缌麻
以上亲的条文，因"举轻以明重"之故就不必再列。但是，法
条一省，文义就深，下人难明而陷于机阱的说法，似太武断。法
律史上只有埋怨法律盈于几阁、汗牛充栋的灾难的记载，很少见
到有说"科条省"造成灾难的。当然，如科条省到文义深奥莫
测，法官任意解释，因缘为市那种程度，也确实会"暗陷机阱"
的。问题是当时的情况是否真如赵冬曦形容的那样。

其实，隋以前之旧律条数多，主要原因是"比附"太多。
当然，律条少一点，如果确能精一点，实用性强一点，不一定是
坏事，而是好事。《旧唐书》记唐高宗时一次君臣在谈及律条的
数目多少时说：

> 永徽六年七月，上谓侍臣曰："律通比附，条例太多。"
> 左仆射志宁等对："旧律多比附断事，乃稍难解。科条极
> 众，数至三千。隋日再定，惟留五百。以事类相似者，比附
> 科断。"①

隋朝的五百条到唐代永徽《律疏》时仍是五百条。当然类举条

---

① 《旧唐书》卷五〇《刑法志》，中华书局，1975，第2141~2142页。

文的制订与实施，是减少一些法律条文，但看起来真正减得多的是"比附"条款。永徽君臣认为，虽然减少了旧律的比附，但比附制度还是不能取缔不用，轻重相举的制度也不能取消。唐朝永徽朝臣就认为当时他们制定的律条，就是参照隋律修订的，条数少，十分省事便当：

> 今日所停，即是参取隋律修易。条章既少，极成省便。①

当然，从永徽六年（公元 655 年）到神龙元年（公元 705 年），经过半个世纪情况可能变化很大，但《律疏》不但神龙时未采取赵冬曦删除类举的建议，即使三十年后开元二十五年（公元 737 年）《律疏》刊定时，也未删除类举之条文。这足以证明，唐朝类举及比附运用的实际情况，并非如他所说的发展到陷入"机阱"的严重程度。

为了求得立法内容明确，增加律文的条数，赵冬曦在其上书的最后竟建议说：

> 律令格式复更刊定其科条，言罪直书其事，无假饰之文。其"以"、"准"、"加"、"减"、"比附"、"量情"及"举轻以明重"、"不应得为而为之"之类，皆勿用之。②

赵冬曦所说的前一句话无疑是对的，但后一句话就很成问题。如

---

① 《旧唐书》卷五〇《刑法志》，中华书局，1975，第 2142 页。
② 此段引文中"言罪直书其事"下原文为"无假饰文其。以准加减……之类"，我意应改为现抄引之文句为妥。

果照赵冬曦的意思办，把唐律中的"以……论"、"准……论"、"……罪加一等"、"……罪减一等"及比附论罪、量情处分、类举及"不应得为"六条制涉及的内容，都改为一事一罪的条款，随着条款的增加，有些犯罪的罪状及处罚是明确了，但律书的统一性及立法的技术性则大大削弱了。

总之，赵冬曦关于删除"举轻以明重"律文的建议不被接受，是有其立法与司法实践两方面深层次的原因的。

十三　"反逆"缘坐变化轨迹考

在今传《律疏》的 502 条中，无论是从立法意图、立法作用及刑罚轻重来说，最重要的条文，还是属于"十恶"前"三恶"的"谋反"、"谋大逆"、"谋叛"罪。

这三项犯罪排在"十恶"的前三位，在唐律中的习惯称谓是"谋叛以上"。在这"三恶"中，前二项"谋反"、"谋大逆"具有直接以皇帝及皇帝父祖为侵犯对象的特点。这二项犯罪的罪状及处罚是具体规定在《贼盗律》（总第 248、249、250 条）之中。探索"反逆罪"在唐代法典中的形成发展过程，在唐代的刑事立法、刑法实施及刑事政策的研究上都有价值。贞观君臣详议的结果，使得在律条中有重要地位的"反逆"罪及其缘坐制度，发生了对《律疏》产生重大影响的变化。

（一）"反逆"罪条在《武德律》中存在的问题

1. 武德旧律"反逆"缘坐祖孙"配没"而兄弟倒"俱死"

《旧唐书》卷五○《刑法志》这样记载："又旧条疏，兄弟分后，荫不相及，连坐俱死，祖孙配流。"文中所称"旧条疏"中之"疏"，显然是《旧唐书》撰写者不慎粗心之误增。众所周知，唐律律条之有"疏"，自永徽四年之《律疏》肇始。连《永徽律》都无"疏"，更况其《武德律》哉。《唐会要》对此事之记载就把"旧条疏"纠正为"旧条"：

> 又旧条，兄弟分后，荫不相及，连坐俱死，祖孙配流。

按服制，祖孙服重，连坐刑罚应重，兄弟服轻，刑罚应轻，武德律正反其道而行之。

2. 武德旧律兄弟"反逆"缘坐不分轻重一律处死

《旧唐书·刑法志》继续记载说：

> 会有同州人房强，弟任统军于岷州，以谋反服诛，强当从坐。太宗尝录囚徒，悯其将死，为之动容，顾谓侍臣曰："刑典仍用，盖风化未洽之咎。愚人何罪，而肆重刑乎？更彰朕之不德也。用刑之道，当审事理之轻重，然后加之以刑罚。何有不察其本而一概加诛，非所以恤刑重人命也。然则反逆有二：一为兴师动众，一为恶言犯法。轻重有差，而连坐皆死，岂朕情之所安哉？"更令百僚详议。

当时，皇帝李世民对"房任"谋反连及兄长"房强"而"悯其将死"。他对旧律存在问题的总的看法是"不察其本而一概加诛，非所以恤刑重人命也"。他除了指示对反逆罪中祖孙与兄弟之缘坐要"审事理之轻重，然后加之以刑罚"外，特别对"反逆"罪中不根据主犯在性质、情节上的区别而兄弟都一律缘坐处死的不合理作法加以抨击并命令详议。

(二) 贞观时对"反逆"罪缘坐的改法

反逆缘坐之法的修改发生在上述贞观初对法律改革的议论中。君臣议论之后,房玄龄等按李世民的指示"复定议",最后是进行修改"定律"。《旧唐书·刑法志》上接上文记载说:

> 于是房玄龄等复定议曰:"按礼,孙为王父尸。按令,祖有荫孙之义。然则祖孙亲重而兄弟属轻,应重反流,合轻翻死,据礼论情,深为未惬。今定律,祖孙与兄弟缘坐,俱配没。其以恶言犯法不能为害者,情状稍轻,兄弟免死,配流为允。"从之。

从以上的记载看,在作为《永徽律》制订之依据,但未有原版传至今世的《贞观律》中,对原"反逆"罪缘坐之法进行了批评及改进。

1. 对原"反逆"缘坐之法的批评

(1) 认为原缘坐之法违反《礼》、《令》的原则及制度。

在理论上,立法者认为,当时反逆罪缘坐"祖孙配流",兄弟"连坐俱死"的作法,违反了《礼》和《令》的原则与制度。按当时的礼制,孙子可以代表祖父作"尸"而受祭,对祖父的服制也提至与父相同。在《令》上,祖父的官荫可及于孙子,父不在,长孙可以超越亲叔父及庶生之伯叔而优先承袭祖父的爵位。而兄弟之间既不存在这种礼制关系,也不存在袭荫的制度。利害关系既然是祖孙重于兄弟,缘坐上的刑事责任也理应是"祖孙亲重而兄弟属轻",而《武德律》在连坐上却反其道而行之。对这种不合理的现象，所作的最后评论是"据理论情，深为未惬"，即在礼制与法令上都十分不妥。

（2）认为应纠正连坐时"应重反流，合轻翻死"的局面。

贞观统治集团，坚持礼法与刑律应该一致，在缘坐的刑罚幅度上，对武德律反其道而行的措施予以纠正，把从前祖孙应重只坐流刑，兄弟应轻反坐死刑的制度，改为"祖孙与兄弟缘坐，俱配没"的幅度，即祖孙比从前加重，由流改为没为奴，兄弟比从前减轻，由死降至没为奴。

（3）认为"反逆"罪兄弟缘坐的刑罚应依主犯罪情的轻重而区别。

李世民认为，"反逆"有"兴师动众"发动军队与人众起事，与仅是口头说说而没有其他实际后果的"恶言犯法"两种悬殊的情况。"反逆"的主犯明明是"轻重有差"，缘坐的兄弟却不加区别地"连坐皆死"，这与李世民指示的"用刑之道，当审事理之轻重，然后加之以刑罚"的原则是背道而驰的。

2. 贞观朝对"反逆"罪作了新的修改

反逆罪中兄弟缘坐法律制度修改的起因，是旧律不合理而导致正式进行朝议，皇帝作出有关指示后"令百僚详议"，宰相房玄龄等"复定议"修改"定律"，最后皇帝批准"从之"。其对《武德律》修改的主要点是：

其一，在"反逆"罪上，"祖孙与兄弟缘坐，并配没"一样对待。"配没"是强令没为官奴。没为官奴是将"良人"的身份改入贱籍。

其二，属于仅"以恶言犯法"的"反逆"，其缘坐对象中排除了祖孙而只保留兄弟，其刑罚也限于流刑。因为"以恶言犯法"比起"兴师动众"来"情况稍轻"，"不能为害"，故"配流为允"。"配没"与"配流"比较,作官奴之处罚重,处流刑之罚较之为轻。流刑最远是三千里,役期一年,还有返还的可能,"配没"涉及一生身份的改变,故"配流"在刑罚上轻于"配没"。

(三)贞观中"反逆"缘坐之改法与永徽《律疏》之比较

贞观时君臣对"反逆"罪缘坐制度通过议论并最后决定把修改的内容定为法律。虽然唐高宗永徽二年制订《永徽律》及于永徽四年颁布《永徽律疏》都是以《贞观律》作为律文定本基础的,但以今传《律疏》中的"反逆"缘坐与贞观初厘改的内容比较,可明确地看出,贞观厘改武德旧律中"反逆"之内容,《律疏》不但立法思想上完全继承了李世民,而且在具体制度上更有前进。

1. 在"反逆"罪的性质和情节上《律疏》已作区分

李世民当初对厘改反逆缘坐所作指示的精神,后代的立法者都完全接受了。今传《律疏》中的"反逆"在性质与情节上不但有区分,而且区分为三种:

其一是"谋反大逆"罪。《贼盗律》(总第244条)之疏文解释"谋反"与"大逆"合条之概念说:

> 有狡竖顽徒,谋危社稷始兴狂计,其事未行,将而必诛,即同真反。……大逆者谓谋毁宗庙、山陵及宫阙。反则止据始谋,大逆者谓其行讫,故谋反大逆者,皆斩。

这两种犯罪所规定之严惩内容,反罪只要有"谋"就构成犯罪受罚，"大逆"罪则要有行动之实施。这二种罪，主犯都处斩。

其二是"谋反"罪中区分出了属于仅有言词而"无能为害"的情节。疏文说：

> 虽构乱常之词，不足动众人之意；虽骋凶若威力，不能驱率得人；虽有反谋，无能为害者：亦皆斩。

这是从谋反的行为后果上区分出来的犯罪情节。其要害是有了"言语"而"无能为害"，与李世民说的第二种"恶言犯法"虽不全同，但有基本相同之处。

其三是专门设立"口陈欲反之言，心无真实之计，而无状可寻"的罪名。疏文说：

> 有人实无谋危之计，口出欲反之言，勘无实状可寻，妄为狂悖之语者。""有口陈欲逆、叛之言，勘无真实之状。

这是从犯罪目的与动机上区分出来的性质与情节更轻的一种"反罪"，是比李世民所说的"恶言犯法"的情况还要轻的一种犯罪。

2. 在"反逆"缘坐上照贞观之议实行祖孙与兄弟都"没官"的处罚

《贼盗律》（总第 248 条）规定典型的"谋反及大逆"者，主犯"皆斩"，同时法律规定其缘坐的范围说：

> 父子年十六以上皆绞，十五以下及母女、妻妾、祖孙、兄弟、姊妹若部曲、资财、田宅并没官，男夫年八十及笃

疾、妇人年六十及废疾者并免；伯叔父、兄弟之子流三千里，不限籍之同异。

在受连坐的诸多对象中，对贞观初厘改旧律的朝议中关于"祖孙与兄弟缘坐，俱配没"的定律建议得到了落实。

3. 在"恶言犯法"的缘坐中排除了祖孙与兄弟作为缘坐对象

贞观初议论厘改旧律时，对主犯"其以恶言犯法不能为害者，情状稍轻"的，缘坐时"兄弟免死，配流为允"的"定律"内容，被《律疏》予以彻底推翻，把"祖孙"与"兄弟"都排除在缘坐对象之外。疏文说：

> 即虽谋反，词理不能动众，威力不足率人者，亦皆斩；父子、母女、妻妾并流三千里，资财不在没限。

即在此罪之缘坐中，已不以祖孙及兄弟为对象。

4. 对只口说要反逆并无行动者不实行缘坐

这种犯罪情节比上述"有反谋"而"无能为害"者更轻，所以《贼盗律》（总第250条）只规定主犯的处罚说：

> 口陈欲反之言，心无真实之计，而无状可寻者，流二千里。

疏文还规定："若有口陈欲逆、叛之言，勘无真实之状"的，律令都不明确规定其处罚，只依《杂律》（总第450条）之规定，照"不应得为而为之"之罪的从重情节处杖八十，更无缘坐可说了。

从以上的"反逆"缘坐对象的变迁来看，我们可以作出以下几点结论：

第一，武德旧律中"反逆罪"缘坐中祖孙配流兄弟俱死的情况，在贞观厘改旧律的廷议中已定律改为祖孙与兄弟都"配没"的制度。

第二，武德旧律中只要是"反逆罪"就兄弟缘坐俱死的情况，在贞观厘改旧律的廷议中也定律，如只是"恶言犯法不能为害者"，兄弟缘坐只"配流"。

第三，《永徽律》及《永徽律疏》基本以《贞观律》作定本，《永徽律疏》中反逆缘坐的制度比贞观初议定的内容整体上还更宽，特别是唐太宗关于"反逆有二"的区分思想，已体现在"反逆罪"的制度之中。

第四，今传的《律疏》在"反逆"罪缘坐的对象上不但兄弟与祖孙一样配没，而且在"词理不能动众，威力不足率人"之"恶言犯法"中已排除了祖孙及兄弟的缘坐。不但如此，又订立了"口陈欲反之言，心无真实之计，而无状可寻者"只本人处流的专条。

总之，唐代"反逆罪"历史发展的精细轨迹，从一个具体角度上无可争辩地表明了《唐律疏议》（亦称《唐律疏义》）在立法思想及立法内容上所达到的高度。

十四 "断趾"废改及反逆兄弟 "配没"时间考

据《旧唐书·刑法志》记载，在《武德律》颁布后，至《贞观律》制成颁布的这段时间里，唐太宗李世民在组织朝臣对《武德律》"更加厘改"的过程中，发生了两件与厘改内容有关的大事。一件是把原属绞刑中的五十条改为"断右趾"，最终又改"断右趾"为"加役流"。另一件是把"反逆"罪中的兄弟"连坐俱死"改为"配没"。但是，从《旧唐书》的记载看，这两件事在律条修改的时间上，均未明确指明时间，因此在阅读中往往产生迷茫甚至误解。故窃以为对这两项制度改易入律的时间作一点考辨有其必要。

(一)"断趾法"行停之时间

断趾之刑，源于夏、商、周的"膑刑"、"刖刑"、"剕刑"。从青铜文物看，早期的"断趾"是断双脚。到了秦汉时，断脚又分成了"斩左趾"、"斩右趾"的轻重两等。这种情况最迟不会迟于汉朝的文景时期。《汉书·刑法志》记载，汉文帝去肉刑改刑制时，斩左趾是以笞五百取代，而斩右趾则升为死刑。到东汉时，有人认为断右趾原为活刑，升死总是加重，所以又把被废止的断右趾，作为对死刑实行宽宥的一种形式使用。从那之后断右趾虽不是一个正式的刑罚等级，但实际上却不时以死刑的宽宥形式复活着。从价值趋向上评论，汉文帝刑制改革时把斩右趾升为死刑原就不可取，而后来又把这些罪条回复到斩右脚，从发展的观点看，这种作法是复古的倒行逆施。而这种制度直到唐代，竟还在实行，还在争论，表明内中有深刻原因。唐代断趾实行与改易的时间，史书与典籍记载不一，归纳起来有如下几种情况。

1. 断趾法实行及废改都在太宗朝说

《旧唐书·刑法志》虽未指明唐断趾法起行与废改的具体年份，但从记载实施的缘起、争论及废改的过程看，其事都发生在太宗朝。

（1）"断趾"复行是奉太宗之命作为改旧律重刑的措施实行。

《刑法志》记载，受命改旧律重刑的大臣把断趾法作为厘改措施提出因得到李世民的赞同而实施：

> 及太宗即位，又命长孙无忌、房玄龄与学士法官，更加厘改。戴胄、魏征又言旧律令重，于是议绞刑之属五十条免死罪，断其右趾。应死者多蒙全活。

大臣们反对改除断趾法时，他们都以肯定太宗"做得对"的方式来坚持，他们所说的话都表明李世民是复断趾之始作俑者：

> 谏议大夫王珪对曰："古行肉刑，以为轻罪。今陛下矜死刑之多，设断趾之法，格本合死，今而获生，刑者幸得全

命，岂惮去其一足？"

当时担任礼部尚书的陈叔达等也都说：

> 古之肉刑，乃在死刑之外。陛下于死刑之内，改从断
> 趾，便是以生易死，足为宽法。

（2）推动并决定废改断趾法的也是唐太宗。

断趾刑罚极度之惨痛，粉碎了李世民原来认为是实行轻刑的错误估计而决心废改，也正是在他的多次督催下最终得以废改。史书上记唐太宗对断趾者"愍其受刑之苦"，说"前代不行肉刑久矣，今忽断人右趾，意甚不忍"，"本以为宽，故行之。然每闻恻怆，不能忘怀"，"朕复念其受痛，极所不忍"。此时正好"又有上书言此非便"，故他要求大臣们"更思之"。后来太宗命令裴弘献"参掌删改之"，裴弘献于是与房玄龄等建议要改变断趾法造成的"减死在于宽弘"，而"加刑又加烦峻"的不良局面，最后终于以"加役"之"流"取代了断趾：

> 乃与八座定议奏闻，于是又除断趾法，改为加役流三千
> 里，居作二年。

唐代取代断趾法的办法是创制一种重于常规流刑轻于死刑的新刑种，而不是仍回到绞刑上去。这是唐代在刑制上超过前代的高明之处。唐代的流刑据流放的远近分为二千里、二千五百里、三千里三等，三等均配役一年。"加役流"是在最远的流三千里的基础上，再加重二年配役（加原有的一年）共役三年，意谓"加

役”之“流”。

2. 断趾法实行于“武德”，被取代于“贞观六年”说

明确地持“武德”说的是唐代人自己编写的两部著名的典籍，而且具有充分的权威性。

（1）《律疏》肯定断趾法起行于“武德中”，改除于贞观六年。

唐代刑典《唐律疏议·名例》（总第11条）之疏文对律中提到的“加役流”作解释时说：

> 加役流者，旧是死刑，武德年中改为断趾。国家惟刑是恤，恩弘博爱，以刑者不可复属，死者务欲生之，情轸向隅，恩覃祝网，以贞观六年奉敕改为加役流。

这段解释，仍清楚地说明了断趾原是属于死刑“绞”中五十条罪名之处罚，“武德中”把这五十条绞罪改为断趾，后来因“国家”恤刑弘恩，又把断趾改为加役流的。

（2）《唐六典》也称断趾起行于“武德中”，改易于“贞观六年”。

唐代开元时奉玄宗之命制订的官制备考典籍《唐六典·刑部郎中》条的注文对“流刑三”补充之解释说：

> 更有加役流者，本死刑，武德中改为断趾，贞观六年改为加役流。

3. 断趾法被改易在“贞观元年”说

对于唐代之断趾法被加役流取代之时间，宋人所撰《唐会要》独记载于"贞观元年三月"之下。其文略去了《旧唐书》中关于断趾实行之源起及改易中君臣的争议，而是从"裴弘献驳律令不便于时"节选起，后文中关于裴与房玄龄"建议"之论说，及进行都堂集议，最后以加役流取代断趾法之内容，都略同于《旧唐书》。王溥把改易之时列在"贞观元年三月"之下，其他典籍概无此说。

4. 断趾复行与被加役流取代时间之辨析

唐代"断趾法"复行及被加役流取代，有关史书对此记载不明或记载不一的现象，有如下几点可作为思考与推论的依据。

（1）"断趾法"实施在太宗即位称帝而还未改年号为"贞观"之时。

据《资治通鉴·唐纪》记载武德九年（公元626年）玄武门事变后，高祖于六月"癸亥""立世民为皇太子"；八月"癸亥""制传位于太子"；八月"甲子""太子即位于武德殿"。直到公元627年农历的"春正月乙酉"唐朝才改元为贞观。所以，李世民公元626年夏历八月初九即位，到这一年的十二月三十日为止的这一段时间，李世民虽然称帝但年号仍是"武德"，到公元627年夏历的正月初一起才进入贞观纪年。《旧唐书·刑法志》上所记"太宗即位"后长孙无忌等对《武德律》"更加厘改"，戴胄、魏征等说律令重，于是议故绞刑中的五十条不处死刑而"断其右趾"，结果是"应死者多蒙全活"的事，正发生在这段时间。《律疏》疏文说"武德中"改为断趾，就指这一段特殊的时间。清朝国学家钱大昕对"武德中"的提法解释得最清楚：

今考《疏议》云："加役流者，旧是死刑，武德年中改

为断趾，贞观六年奉制改为加役流。"是则改绞刑为断趾，
即在太宗即位之岁，故犹称'武德'也。"①

钱大昕的说法与《旧唐书·刑法志》记载的断趾法起讫的事由、
时间完全符合。

（2）"断趾法"被"加役流"取代以"贞观六年"说为准。

《律疏》的疏文不但说了推行断趾法的时间，同时还称其被
取代是在"贞观六年"。但是宋人编的《唐会要》却把取代这件
事挂在"贞观元年三月"之下。从史书记载的断趾实施过程说，
太宗即位命厘改旧律，大臣言旧律令重，建议把原属"绞"的
五十条改为断右趾，其中"应死者多蒙全活"的话，说明是实
行一段时间的。之后太宗悯断足之惨痛，又两次与大臣们讨论；
同时，发生了"又有上书言此非便"之事；李世民最终建议大
臣们"更思之"；"其后"裴弘献上书建议修改律令中40余处不
合时宜之内容，太宗令裴弘献"参掌删改之"；裴与房玄龄等经
讨论提出"建议"；之后"乃与八座定议奏闻"，当然还必须在
皇帝审定后，才正式下敕令实施取代之新法。这个由议论到推行
断趾，推行后发现不好，又经议论改易，再到以"加役流"正
式取代断趾的过程，在半年左右的时间内要实行两个转换，是非
常困难的。所以有的学者认为《唐会要》中的"贞观元年三月"
乃系"贞观六年三月"之误，② 这种看法有《唐律疏议》与
《唐六典》两书作支持，应是可信的。

5. 裴弘献是哪位蜀王的"法曹参军"

在朝廷奉唐太宗之命把已经实行的断趾法又改为"加役流"

---

① （清）钱大昕撰：《十驾斋养心录》卷一三，清嘉庆四年刊本，第13叶。
② 刘俊文著：《唐律疏议笺解》，中华书局，1996，第141页。

的过程中，裴弘献是一个值得注意的人物。因为在推行断趾法陷入困境，李世民坚持要大臣们"更思之"的关键时刻，正是他站出来指出旧律中有四十处不便于时者要进行修改，于是李世民乘机让他"参掌删改"。裴弘献与房玄龄做的主要一件事就是废去"断趾法"而以"加役流"取代。裴弘献的官职是"法曹参军"。《唐六典》卷第三十记载："法曹、司法参军掌律令格式，鞫狱定刑，督捕盗贼，纠逖奸非之事，以纠正情伪，而制其文法。赦从重而罚从轻，使人知所避而迁善远恶。"所以，法曹参军是具体地执掌法律事务的司法属官。这种司法属官主要设在地方最高一级的京兆、河南、太原"三大府"和各都督府及级别相当的亲王府。法曹参军的级别是"正七品上"，这在封建上层，品位并不高，所以裴弘献其人两唐书中均无传。他的职守之所，《旧唐书》及《唐会要》都说在"蜀王府"。由于裴弘献在蜀王府为法曹参军，所以有的《旧唐书·刑法志》的注释著作，在"裴弘献"条下注解说："蜀王，唐太宗第六子，名愔。贞观五年封梁王，十年改为蜀王，转益州都督，十三年任歧州刺史"等等。这是认为裴弘献当时是在蜀王李愔属下任职。但是，如果裴弘献与房玄龄帮助唐太宗以"加役流"取代"断趾"，确如《律疏》及《唐六典》一致地说是在"贞观六年"，那么，当时的"蜀王"是否是"李愔"就大成问题。因为正如注释者自己所说，李愔"贞观五年封梁王，十年改为蜀王"，那裴弘献于"贞观六年"废改"断趾法"时，李愔还在"梁王"位上而不在"蜀王"位上。

其实，唐朝李世民诸子中当过"蜀王"的，除第六子李愔外，还有其第三子李恪。据《旧唐书·列传·太宗诸子》中"吴王恪"传文的"校勘记"之注文说：

　　　　（吴王李恪于）武德三年，封长沙王，九年进封汉王，
　　　　贞观二年徙封蜀王。①

其《传》文说其时李恪"授益州大都督，以年幼不之官，十年
又徙封吴王"。这证明，"贞观六年"，其时，蜀王府的主人是李
恪，而不是"梁王"李愔。《资治通鉴》"贞观十年"关于各王
改封号的有关内容也可证实这种情况：

　　　　十年春正月……癸丑……徙赵王元景为荆王……蜀王恪
　　　　为吴王，越王泰为魏王，燕王佑为齐王，梁王愔为蜀
　　　　王……②

这说明，梁王李愔于贞观十年才改封蜀王的，贞观六年时的蜀
王是李恪。改断趾为加役流时，裴弘献应是蜀王李恪府中的法
曹参军。

（二）"反逆"兄弟缘坐配没律文修改时间考

　　如本篇开头时所说，"断趾法"改为"加役流"及"反逆"
兄弟缘坐律文改为配没，《旧唐书·刑法志》把这两件事都记载
在唐太宗即位后对旧律《武德律》进行"厘改"至新律《贞观
律》制成颁布的这段时间。对于"加役流"取代断趾，《律疏》
及《唐六典》都明说是"贞观六年"。但是对"反逆"兄弟缘

---

① 《旧唐书》卷七六，中华书局，1975，第2667页。
② 《资治通鉴》卷一九四《唐纪·贞观十年》，上海古籍出版社，1987，第1304页。

坐由死改为"配没"之时间,《旧唐书·刑法志》始终未有明确的时间记载。现在,根据《旧唐书》文中涉及的有关背景情节及其他史书的记载,作时间上的推断。

1. 从事件起因涉及的官职看,事当发生在贞观六年之后、十年之前

《旧唐书》卷五〇《刑法志》记载修改"反逆"兄弟缘坐并处死律条的触发事件说:"会有同州人房强,弟任统军于岷州,以谋反伏诛,强当从坐。太宗尝录凶徒,悯其将死,为之动容,顾谓侍臣曰……"。从谋反人房任所任之官称"统军"来说,其时间应是"贞观十年"之前。"统军"的职责是"各领军坊乡团,以统戎卒",有点近似今天的军分区司令。《通典》记载说:

> 大唐武德初,犹有骠骑府及骠骑、车骑将军之制,武德七年,乃改骠骑为统军,车骑为别将。贞观十年,复采隋折冲、果毅郎将之名,改统军为折冲都尉,别将为果毅都尉。①

《新唐书·兵志》记载"统军"之名称从"武德六年"起使用:"六年,以天下既定,遂废十二军,改骠骑曰统军,车骑曰别将。"改兄弟缘坐事发生在太宗朝,与"武德"无涉,所以"统军"之官称,表明事件发生的时间只能是贞观元年至贞观十年之间。在这一官职的考证资料上,《旧唐书》的记载,与《通典》的记载正好背道而驰。其"折冲都尉"条下的注文说:

---

① 《通典》卷二九,中华书局,1984,第169页。

　　武德中，采隋折冲、果毅郎将之名，改统军为折冲都
尉，别将为果毅都尉。①

这二条冲突的解释，我们只能取《通典》关于"统军"使用
于"贞观十年"之前的说法，因为我们不能认为，记唐太宗
处理房任谋反案时，官职仍使用早在"武德中"就被改去的
名称。

2.《通鉴》记"反逆"兄弟缘坐配没贞观定律

《通鉴》关于"反逆"兄弟缘坐改"配没"有较详的记载。
其记载列在贞观"十一年春正月"之下：

　　十一年春正月……房玄龄等先受诏定律令，以为旧法兄
弟异居，荫不相及，而谋反连坐皆死。祖孙有荫，而止应配
流。据理论情，深为未惬。今定律："祖孙与兄弟缘坐者，
俱配没。"从之。②

此记载是对新制订的《贞观律》内容变异的记载，因为贞观
"十一年春正月"正是《贞观律》制成颁布之时，《旧唐书·刑
法志》说《贞观律》与《贞观令》都是"贞观十一年正月，颁

① 《旧唐书》卷四四《职官三》，中华书局，1975，第1905页。
② 《资治通鉴》卷一九四《唐纪·贞观十一年》，上海古籍出版社，1987，第1305页。原
书中的"今定律：祖孙与兄弟缘坐者，俱配役"中的"役"是"没"之误。《旧唐书》
中是"俱配没"，而且后来《永徽律疏》中的规定也是"祖孙、兄弟""没官"。《通
鉴》在贞观"十六年十二月"下，有关于廷议对此事有反复的记载，其中对"配没"
有明确的照应："刑部以反逆缘坐律兄弟没官为轻，请改从死。敕八座议之。议者皆
以为秦汉魏晋之法，后者皆夷三族，今宜如刑部请为是。"此议由于门下省给事中崔仁师
依理坚决反对，太宗也支持他，朝廷最后仍维持已改定的内容。

下之"。

3. 兄弟反逆缘坐配没可以改行在《贞观律》颁布之前

《通鉴》在贞观"十一年正月"的记载是新颁刑律的内容，决不是说"反逆"兄弟缘坐配没一定到这时才实行，《旧唐书·刑法志》记载，房玄龄等在"复定议"后就作了修改的。当时还把"恶言犯法不能为害"罪兄弟的反逆缘坐也同时改作"免死配流"。

断肢废改及反逆兄弟缘坐配没，这二项法律内容的厘改，都是发生在因旧法重，通过议论决定修改旧律这方面的内容，如关于前者，《刑法志》说"于是又除断趾法，改为加役流三千里，居作二年"。关于后者，也说："今定律"，皇帝"从之"，结果是"自是比古之死刑，殆除其半"。但是，这种修改得以实施，并非说一定要在系统抄写公布被修改的整部《律》典之后。重新制订的新律是到贞观十一年才制订完成颁布的。新律公布前朝廷修改旧律并付诸实施的方式可以先通过制订新的格敕的立法措施来实现。因为格就是在稳定常法（律、令、式）的基础上，对法的内容作不断的局部的修改补充的立法手段。断趾法改为加役流是在贞观六年，这一年也并不是《贞观律》颁行的一年。

十五　唐律赃罪辨析

唐律中的赃罪，是牵涉所有财产侵犯及非法往来的一类犯罪，是《律疏》中内容最系统的刑事制度之一。但其内容在刑律中的分布，却又是很分散的一种制度内容，所以对赃罪制度作较为集中的辨析，对阅读和理解唐律中这项极为重要的制度很有必要。现对《律疏》中的赃罪，作如下几方面的辨析，以求在重点与体系兼顾的情况下，去理解和把握这项制度内容。

（一）计赃为罪与不计赃为罪

研究唐律中的赃罪，在范畴上首先要区分"计赃为罪"与"不计赃为罪"两个大的概念种类。在唐律中"计赃为罪"（语出《名例律》总第32条）与"不计赃科"（语出《贼盗律》总第280条）即不计赃为罪相互对应而存在，要清楚地了解其中的一个方面，还须以同时清楚地了解另一方面为条件。

1. 计赃为罪

（1）"计赃为罪"的根本特征。

赃罪必有其赃，赃可以是犯罪行为的标的物或非法地在罪犯间往来或转移的财物。"计赃为罪"的根本特征就是犯罪者刑罚的轻重计其赃额的多少为准，即赃额的多少与刑罚的轻重成正比。如果其刑罚的轻重不是计赃额的多少而确定的，则就不是"计赃为罪"。

（2）赃额的评定。

唐律中赃罪行为的标的物或者更清楚地说"赃物"，并不等于赃额，赃额是赃物核定为赃额的法律计算的结果。唐律计赃为罪中赃的计量单位，是绢的匹、尺。但是实际的涉赃犯罪包括作为主干的"六赃"在内，可能是绢以外的各种各样的财物而不可能都是绢，即使都是绢，还存在绢的质量上的差异问题。因此唐律中对赃罪作处罚时就存在一个如何统一折算的制度问题。这里只辨清其最主要的过程，即计赃为罪中赃物由商品价格到折成赃额的制度问题。

第一，赃物应在犯罪当地评定其市场价格。作为"赃"的财物一般都有其市场价格，评赃的第一步是评估其市场价格，即原赃可按当地该物品实际质量等级论定市场价格。唐代商品的质量档次分为三等，《唐六典·太府寺·两京诸市署》中说："以三贾均市。"注文曰："精为上贾，次为中贾，粗为下贾。"赃物依其实际质量确定上、中、下三等级。市场商品价格据市场情况每月十天评定一次，《名例》卷第六（总第34条）："依《令》，每月旬别三等估。"赃物就以其所犯该月那一旬的实际等级的价格为准。

第二，原赃不能按犯罪当地实际等级评估时则以处断地的中等价格认定。评赃由市场市令官员根据原赃评估，如当地无条件评定，或者赃已耗费，或者犯罪者已经流窜至异地被捕，原赃不可能送到被捕地去评估，则由罪犯被捕地在脱离原赃的情况下进行"悬平"。悬平固定地只依据赃在作案地的中等质量档次为依据，而不再以实际档次评定。《名例》卷第四（总第34条）疏文说：

假有人蒲州盗盐，巂州事发，盐已费用。依令"悬平"，即取蒲州中估之盐，准蒲州上绢之价，于巂州决断之类。纵有卖买贵贱，与估不同，亦以估价为定。

第三，赃物确定市场价格后再折算成犯罪当地上等绢的匹尺为赃额。赃物无论是计算商品价格还是最后以上等绢单价折成赃额，都以犯罪地绢价为原则，即使离开犯罪地对原赃作"悬平"，也依犯罪地中等商品价及上等绢的单价折算，法律规定说：

诸平赃者，皆据犯处当时物价及上绢估。①

第四，赃为工价或租金者依统一的折法折为赃额。非法占用劳力、畜力，统一以一人（或一头畜）每天折绢三尺为赃额。律条说：

平功、庸者，计一人一日为绢三尺，牛马驼骡驴车亦同。②

其疏文说："计功作庸，应得罪者，计一人一日为绢三尺。牛马驼骡驴车计庸，皆准此三尺，故云'亦同'。"

对船、碾坊、货场、店铺的非法占用，依犯罪时的租金计赃。律条说：

---

① 《唐律疏议》卷四《名例》，第91页。
② 《唐律疏议》卷四《名例》，第92页。

其船及碾硙、邸店之类，亦依犯时赁直。①

其疏文说："自船以下，或大小不同，或闲要有异，故依当时赁直，不可准常赁为估。"当然如果非法占用奴婢、牲畜、船、碾等时日很长，最后所计之赃额不得超过非法占用对象本身的价额。

2. "六赃"是"计赃为罪"中的主干与范例

"六赃"中计有强盗、窃盗、受财而枉法、受财而不枉法、受所监临财物、坐赃六种不同性质的赃罪。《杂律》卷第二十六（总第 389 条）疏文解释"赃罪"说：

> 赃罪正名，其数有六，谓：受财枉法、（受财）不枉法、受所盗临、强盗、窃盗并坐赃。

（1）"六赃"的共同特点是"计赃为罪"。

"六赃"在立法上的最大特点是因性质及危险性不同而划定各自不同赃额的档次，及由此而决定的刑罚种类或幅度的轻重即所谓"罪法"。如果根据刑罚轻重的顺序排，"六赃"应是这样的次序。

> 诸强盗，不得财徒二年；一尺徒三年，二匹加一等；十匹及伤人者，绞；杀人者，斩。其持仗者虽不得财，流三千里；五匹，绞；伤人者，斩。②
> 诸监临主司受财而枉法者，一尺杖一百，一匹加一等，

---

① 《唐律疏议》卷四《名例》，第 92 页。
② 《唐律疏议》卷一九《贼盗律》，第 356～357 页。

十五匹绞；不枉法者，一尺杖九十，二匹加一等，三十匹加役流。①

诸窃盗，不得财笞五十；一尺杖六十，一匹加一等；五匹徒一年，五匹加一等，五十匹加役流。②

诸监临之官，受所监临财物者，一尺笞四十，一匹加一等；八匹徒一年，八匹加一等；五十匹流二千里。与者，减五等，罪止杖一百。③

诸坐赃致罪者，一尺笞二十，一匹加一等；十匹徒一年，十匹加一等，罪止徒三年。④

（2）"六赃"刑罚的轻重比较。

从刑罚轻重的次序来看，"六赃"中最重的是强盗，第二是监主受财枉法，上二罪皆可至死刑；第三是监主受财不枉法，第四是窃盗，以上二者皆可至加役流，但已无死刑；第五是受被监临者财物，罪止流二千里；第六是坐赃，罪高限徒刑三年。

（3）"六赃"的犯罪主体。

从犯罪主体上看，强盗、窃盗为不固定主体；受财枉法、受财不枉法及受所监临罪的犯罪主体是监临主司；坐赃罪的主体是非监临主司。"坐赃"本条之疏文说："然坐赃者，谓非监临主司，因事受财，而罪由此赃，故名'坐赃致罪'。"

"六赃"作为"以赃致罪"的主干，在立法上的特点就是各律条都无例外地明确地依赃额匹尺的多少档次，来相应规定刑罚

① 《唐律疏议》卷一一《职制律》，第 220~221 页。
② 《唐律疏议》卷一九《贼盗律》，第 358 页。
③ 《唐律疏议》卷一一《职制律》，第 221 页。
④ 《唐律疏议》卷二六《杂律》，第 479 页。

的档次，包括不同的刑种与幅度，《律疏》中的术语称作为各有其不同的"罪法"（详见表 15 - 1）。

表 15 - 1 "六赃"计赃为罪罪法明析表

罪 名	犯罪主体	计赃为罪之法	最高刑	以……论	准……论
强 盗	（非特定）	不得财徒二年；一尺徒三年，二匹加一等；十匹及伤人者，绞	绞	悉依正犯；征倍赃；监主加重二等；官吏作除免	不同真犯，只处主刑，止于流三千里
窃 盗	（非特定）	不得财笞五十；一尺杖六十，一匹加一等；五匹徒一年，五匹加一等，五十匹加役流	加役流		
受财而枉 法	监临主司	一尺杖一百，一匹加一等，十五匹绞	绞	悉依正犯；官吏作除免	
受财而不枉法	监临主司	一尺杖九十，二匹加一等，三十匹加役流	加役流		
受所监临财物	监临主司	一尺笞四十，一匹加一等；八匹徒一年，八匹加一等；五十匹流二千里	流二千里	"以……论"与"准……论"无差异，凡计庸、赁为赃者，不征。从众人处取者，折半论	
坐 赃	非监临主司	一尺笞二十，一匹加一等；十匹徒一年，十匹加一等，罪止徒三年	徒三年		

说明：此表只显示计赃为罪罪法的内容，不包括各罪其他的加重情节及另外的罪名，如盗罪的杀伤人、持杖及乞取所监临等罪罚皆不在内。

3. 不计赃为罪

唐律中与"六赃"为主干的"计赃为罪"而对应存在的是"不计赃为罪"的犯罪。

（1）不计赃为罪的基本特征。

不计赃为罪在唐律中的正式名称是"不计赃科"，也称为

"盗不计赃而立罪名"者。因为唐律中有现成的对"六赃"的
"计赃为罪"的提法，为对应起见，故称为"不计赃为罪"。这
是指某些特定的盗罪其刑罚轻重的确定，是以对所盗对象或标的
物的社会政治意义的评估为依据，基本不存在由评估一般商品价
格而再折成上等绢匹尺为赃额的过程。《贼盗律》卷第十九（总
第280条）疏文概括这种罪条说：

> 从"盗大祀神御之物"以下，不计赃科，唯立罪名。

反映这种制度的律条是《贼盗律》卷第十九（总第270～279）
等条，其中的主要内容如：

> 诸盗御宝者，绞；乘舆服御物者，流二千五百里；其拟
> 供服御及供而废阕，若食将御者，徒二年；拟供食御及非服
> 而御者，徒一年半。①
> 诸盗官文书印者，徒二年。余印，杖一百。②
>
> 诸盗宫殿门符、发兵符、传符者，流二千里，使节及皇
> 城、京城门符，徒三年；余符，徒一年。门钥，各减
> 三等。③
>
> 诸盗禁兵器者，徒二年；甲、弩者，流二千里。④

---

① 《唐律疏议》卷一九《贼盗律》，第349页。
② 《唐律疏议》卷一九《贼盗律》，第350页。
③ 《唐律疏议》卷一九《贼盗律》，第351页。
④ 《唐律疏议》卷一九《贼盗律》，第352页。

诸盗毁天尊像、佛像者，徒三年。①

诸盗园陵内草木者，徒二年半。若盗他人墓茔内树者，杖一百。②

诸盗官司马牛而杀者，徒二年半。③

与"计赃为罪"的盗（强盗、窃盗）相比，这些盗罪刑罚的轻重，不是依照所盗标的物之市场价格计为赃额确定，而是依所盗物反映的犯罪性质及情节来确定特定的刑罚。如盗"御宝"处"绞"，不是由御宝制作的金玉材料的价值而定，而是由这种犯罪性质本身的严重性及危害程度所决定。即使是"盗禁兵器"，也不是以所盗禁兵器甲、弩等的物值多少来确定其"徒三年"及"流二千里"的刑罚。象制书、官文书，如果排除其非法使用的后果，其本身并无多高的一般商品价值，虽不以赃计罪，刑罚却十分苛重。我们从《律疏》的"盗不计赃而立罪名"的提法上，可以判断立法者对这些"不计赃为罪"的犯罪也承认其中有"赃"，只是"不计"其额数"科"罪而已。《断狱律》（总第476条）"赃状露验""据状断之"中的"赃"也不能完全排斥这些犯罪中的被盗之物。但是，唐代的立法者在行文上一般地不把被盗的符印等物称之为"赃"，而是称为"犯禁之物"。上述这些"不计赃科"的犯罪，并不在"计赃为罪"的"六赃"的范畴之内。

（2）"计赃为罪"与"不计赃为罪"立法上的运用。

---

① 《唐律疏议》卷一九《贼盗律》，第353页。
② 《唐律疏议》卷一九《贼盗律》，第355页。
③ 《唐律疏议》卷一九《贼盗律》，第356页。

第一，"计赃为罪"与"不计赃为罪"并存于同一律条。立法必须服从社会法律生活的需要，由于犯罪性质与情节的多样性，同一条律文中也会存在既有"不计赃为罪"，也有"计赃为罪"的内容。如《贼盗律》卷第十九（总第270条）规定：

> 诸盗大祀神御之物者，流二千五百里。其拟供神御，及供而废阙，若飨荐之具已馔呈者，徒二年；未馔存者，徒一年半。已阙者，杖一百。若盗釜、甑、刀、匕之属，并从常盗之法。

条中盗大祀神御之物及拟供神御之物是"不计赃而科"，但"从常盗法"的盗有关的釜、甑等的犯罪则属于"计赃为科"的部分。又如《贼盗律》卷十九（总第273条）：

> 诸盗制书者，徒二年。官文书，杖一百；重害文书，加一等；纸券，又加一等，即盗应除文案者，依凡盗法。

条中盗制书、官文书等是不计赃而科，但"依凡盗论"的盗应剔除的文案是属"计赃而科"。再如《贼盗律》卷第一九（总第277条）：

> 其坟先穿及未殡，而盗尸柩者，徒二年半；盗衣服者，减一等；器物、砖、版者，以凡盗论。

条中盗器物、砖、版等，即依窃盗赃计赃而科，而盗尸柩衣服属不计赃而立罪名，以特殊规定之幅度处罚。上述三条中的"从常盗之法"、"依凡盗法"其幅度就是窃盗赃之幅度"一尺杖六十，一匹加一等，五匹徒一年，五匹加一等"的罪法处置，而最后条"以凡盗论"要以真犯窃盗的整套评估制度处置。

第二，"以盗"、"准盗"之条并不总是"计赃为罪"。已知盗罪在"六赃"中是计赃为罪者，但如不在"六赃"中者即不以其所盗物计赃立罪名者则就不属盗计赃为罪。如《诈伪律》卷第二十五（总第 382 条）：

> 诸医违方诈疗病，而取财物者，以盗论。

此条中的"以盗论"是指以盗取财物论，即以窃盗财物罪的本条《贼盗律》（总第 282 条）规定的幅度论处，是计赃为罪。但如：

> 诸弃毁符、节、印及门钥者，各准盗论。[1]

此条中的"准盗论"是指"准"盗符、节、印等本条《贼盗律》（总第 274 条）"盗宫殿门符、发兵符、传符者，流二千里；使节及皇城、京城门符，徒三年；余符，徒一年。门钥，各减三等"属"盗不计赃立罪名"者，故其"准盗论"也不属"计赃为罪"之盗，因这里根本不存在把赃物计物价折赃额的问题。

第三，以犯罪行为标的物之多少计罪并不就等于比附"六赃"。既然计赃为罪是以犯罪行为指向标的物的赃额多少确定刑罚的轻重，所以如计犯罪行为所指向的标的物的多少确定刑罚轻重，而不把标的物之市场价格折算成为赃额并以赃额多少确定刑

---

[1] 《唐律疏议》卷二七《杂律》，第 513 页。

罚轻重的，则不属计赃为罪。如：

> 诸私有禁兵器者，徒一年半；弩一张，加二等；甲一领
> 及弩三张，流二千里；甲三领及弩五张，绞。①

标的物的数量与赃额不等于是一回事，条中虽然是以私有的标的
物的加多而增加刑罚，但其并未把这些东西由物价折算成赃额并
计其匹尺多少论罪，故不属计赃为罪。又如：

> 诸占田过限者，一亩笞十，十亩加一等；过杖六十，二
> 十亩加一等，罪止徒一年。②

> 诸在官侵夺私田者，一亩以下杖六十，三亩加一等；过
> 杖一百，五亩加一等，罪止徒二年半。③

这二条虽然犯罪行为涉及的标的物的多少，决定了刑罚的轻重，
但这些标的物根本不计价，故亦不计赃额。有时犯罪行为虽然不
以涉及之对象为侵占目的，但却以侵占这些对象的劳动工值及使
用价值为目的，而工值或使用价值正是有价可折赃的，就属于
"计赃为罪"。如："诸监临之官，私役使所监临，及借奴婢、牛
马驼骡驴、车船、碾硙、邸店之类，各计庸、赁，以受所监临财
物论。"④

---

① 《唐律疏议》卷一六《擅兴律》，第 314～315 页。
② 《唐律疏议》卷一三《户婚律》，第 244 页。
③ 《唐律疏议》卷一三《户婚律》，第 246 页。
④ 《唐律疏议》卷一一《职制律》，第 224 页。

（二）比附"六赃"所遵循的基本制度

这里所说是基本制度，是指依"六赃"推行比附时立法上的基本模式，以及在"计赃为罪"和"不计赃为罪"罪情交叉时司法上选择处置的依据。这是"六赃"推绎于所有犯罪时制度层面上的共同问题。

1. 比附"六赃""计赃为罪"的基本模式

如前所述，"六赃"的基本特征是"计赃为罪"，但计赃为罪的"六赃"，与律中其他的多种计赃为罪都有差异，因此在比附适用时，必须运用各种模式，以反映其刑罪相当的同一性。唐律中反映这种比附适用原则的律文说：

> 在律，正赃唯有六色：强盗、窃盗、枉法、不枉法、受所监临及坐赃。自外诸条，皆约此六赃为罪。[①]

律中"计赃为罪"之犯"约此六赃为罪"的基本模式，有以下几种：

（1）确认与"六赃"中某罪之真犯相同。

确认该罪与"六赃"中某罪之真犯同，使用"以……论"之术语，其意是不但处以"六赃"的主刑刑罚如笞、杖、徒、流、死五种二十等中某等之罪，而且还要适用在处以"六赃"罪主刑的同时，必须执行如盗罪加倍征赃，监临犯盗加重二等及作除名、免官等之附加之刑罚。《名例》卷第六（总第53条）疏

---

① 《唐律疏议》卷四《名例》，第88页。

文解释"以枉法论"及"以盗论"说：

> 所犯并与真枉法、真盗同，其除、免、倍赃悉依正犯。

以真犯强盗论者，如：

> 诸故烧人舍屋及积聚之物而盗者，计所烧减价，并赃以强盗论。①

> （诸于官私田园）若非主司，不因食次而持去者，以盗论。强者，依强盗法。②

在"以盗论"之后，特别进一步提出"强者"之处罚法，"依强盗法"就是依《贼盗律》中之"强盗"条处置，这也是比附真犯之一法。

以真犯窃盗论者，如：

> 诸山野之物，已加功力刈伐积聚，而辄取者，各以盗论。③

以真犯受财而枉法论者，如：

> 诸主守受囚财物导令翻异；及与通传言语，有所增减

---

① 《唐律疏议》卷一九《贼盗律》，第359页。
② 《唐律疏议》卷二七《杂律》，第516～517页。
③ 《唐律疏议》卷二〇《贼盗律》，第369页。

者，以枉法论，十五匹加役流，三十四绞。①

里正及官司妄脱漏增减以出入课役，赃重入己者，以枉法论。②

以真犯受被监临者财物（受所监临）论者，如：

诸率敛所监临财物馈遗人者，虽不入己，以受所监临财物论。③

使用"以……论"，确认与"六赃"中某罪之真犯相同，真正起实际作用的只对强盗、窃盗、枉法与不枉法罪执行倍赃、加重及作除免，而对"受所监临财物"与"坐赃"罪来说，视同真犯，除同样"征偿"外无其他意义。

（2）仅确认该罪与"六赃"中某罪主刑之幅度相同。

在计赃为罪中很多涉赃之犯罪在性质及情节的严重性上不能比附于"六赃"中的真犯，而只比附"六赃"中某罪主刑之刑罚，从而与真犯密不可分的一系列制度都不适用，而且主刑的幅度限制至流三千里为止。这种立法上的比附使用"准……论"之术语来表达。《名例律》卷第六（总第53条）规定说：

称"准枉法论"、"准盗论"之类，罪止流三千里，但准其罪，并不在除、免、倍赃、监主加罪、加役流之例。

---

① 《唐律疏议》卷二九《断狱律》，第548页。
② 《唐律疏议》卷六《名例》，第138页；引《户婚律》，第235页。
③ 《唐律疏议》卷一一《职制律》，第226页。

这种只依准"六赃"中某罪的主刑刑罚幅度处置的情况如：

> 诸监临主守，以官物私自贷，若贷人及贷之者，无文
> 记，以盗论；有文记，准盗论；立判案，减二等。①

条中"无文记"犯者属有贪污行盗之故意，"有文记"犯者不以
真犯盗者论，只准盗罪之主刑幅度罚。

> 诸有事先不许财，事过之后而受财者，事若枉，准枉法
> 论；事不枉者，以受所监临财物论。②

条中"事过之后而受财"虽轻于事前或当时之犯，但主要的衡
量标准在"枉法"与否，故事后受财枉法者，虽不认同真犯，
也依照其主刑论处。在唐律中，"坐赃"罪一般皆以"坐赃论"
表述，而不区分"以坐赃"与"准坐赃"，如：

> 诸贷所监临财物者，坐赃论。③

> 诸于官私田园，辄食瓜果之类，坐赃论。④

> 诸非法兴造及杂徭役，十庸以上，坐赃论。⑤

----

① 《唐律疏议》卷一五《厩库律》，第290页。
② 《唐律疏议》卷一一《职制律》，第221页。
③ 《唐律疏议》卷一一《职制律》，第222页。
④ 《唐律疏议》卷二七《杂律》，第516页。
⑤ 《唐律疏议》卷一六《擅兴律》，第313页。

"坐赃"之主体无论有官无官，在主刑之处罚上并无不同。当然有官者可行使减、赎、当的特权，那是另一回事。

（3）在比附"六赃"中某罪之赃时在幅度上作上下调整。

当某罪比附"六赃"中某罪计赃为罪时，在性质、情节、幅度、档次等方面并不完全切合时，立法者在比附的基础上对幅度作上下修正，以使该项犯罪更贴切地仍在"六赃"的范畴内作处置。

第一，比附"六赃"中某罪而作加等处置以求平允者。如：

> 诸本以他故殴击人，因而夺其财物者，计赃以强盗论，至死者加役流；因而窃取者，以窃盗论加一等。①

殴击人后又窃其财物，已超出窃盗之特征。故"加一等"以适应对其罪行的加重处罚。

> 诸贷所监临财物者，坐赃论；若百日不还，以受所监临财物论。强者，各加二等。②

如以强力进行前二项犯罪，应在比附前二罪的基础上各加重等次。

> 诸恐喝取人财物者，准盗论加一等。③

强盗以暴力，窃盗公取或密取。"恐喝取"轻于强盗，重于窃盗，故准盗"加一等"。

---

① 《唐律疏议》卷一九《贼盗律》，第361~362页。
② 《唐律疏议》卷一一《职制律》，第222页。
③ 《唐律疏议》卷一九《贼盗律》，第360页。

第二，比附"六赃"中某罪而作减等处置以求平允者。如：

> 诸出纳官物，给受有违者，计所欠剩，坐赃论……其主
> 司知有欠剩不言者，坐赃论减二等。①

官物收发中发生短缺或剩余，具体出纳者负主要责任，主管者监督失职之罪稍轻，故在前者"坐赃论"的基础上"减二等"。

> 诸知略、和诱及强盗、窃盗而受分者，各计所受赃，准
> 窃盗论减一等。知盗赃而故买者，坐赃论减一等；知而为藏
> 者，又减一等。②

条中的"受分"者，未并参与前罪之犯，只是事后知而受分，故不以"略"与"强盗"论，而是准窃盗还要"减一等"；知而买者，坐赃论"减一等"；知而藏者比买者"又减一等"。

（4）在涉赃的基础刑之后对重于基础刑之赃比附"六赃"为罪。

在《律疏》中，立法者对某些涉赃犯罪行为的惩处，往往先规定有犯即罪的基础刑罚，这种基础刑的幅度是固定的，并不考虑赃额的多少。但之后紧接着规定，如果该犯罪行为产生之赃额，计其数额，处罚应重于基础刑的，则一定计其赃额（包括作加减调整）论处。这种模式的使用，目的是不使犯罪者重于基础刑的犯罪，在基础刑的掩盖下逃脱重罪之责。如《诈伪律》卷第二十五（总第 380 条）规定："诸诈自复除，若诈死及诈去

---

① 《唐律疏议》卷一五《厩库律》，第 295 页。
② 《唐律疏议》卷二〇《贼盗律》，第 375 页。

工、乐、杂户名者，徒二年。"疏曰：

> 计所诈庸重者，各坐赃论。

> 诸不应入驿而入者，笞四十。辄受供给者，杖一百；计赃重者，准盗论。①

阅读此类律文，首先碰到的障碍是对基础刑之后突然出现的"赃重"，不知是依什么作标准衡量其"赃"之刑罚是重于基础刑的。其实这里立法上的行文，是使用以后文说明与衬托前文的修辞方法。前例中"计所诈庸重者，各坐赃论"，其意是：

> 依坐赃计所诈庸重（于基础刑）者，各坐赃论。

后例中"计赃重者，准盗论"，其意是：

> 依盗计赃重（于基础刑）者，准盗论。

前一例句中后部分中的"坐赃论"就是句中前部分中未明言的"依坐赃计赃重"；后例中后部分中的"准盗论"，就是句中前部分中未明言的"依盗赃计赃重"的意思。两例子后面的"坐赃论"与"准盗论"，既是衡量其赃是否重于基础刑的标准，同样也是计算后各自比照"六赃"处罚的标准。前例中的"赃重"，即依《杂律》"坐赃"条中"一尺笞二十，一匹加一等；十匹徒

---

① 《唐律疏议》卷二六《杂律》，第492页。

一年，十匹加一等；罪止徒三年"衡量。后面例子中的"赃重"，是依法律最后规定的"盗"（即窃盗）赃之法来衡量，即依《贼盗律》"窃盗"条中"一尺杖六十，一匹加一等；五匹徒一年，五匹加一等，五十匹加役流"的幅度计算以确定其是否重于基础刑。

（5）制定专门档次以适应少数特殊的涉财犯罪。

在唐律中，有些犯罪不能比附"六赃"去"计赃为罪"，而是制定特殊的刑罚幅度以适应。这种刑罚幅度与档次，总的还是体现了计算赃物数量的多少，确定刑罚的轻重。这种与"六赃"不符的幅度档次，如认为其是"广义"上的或扩大解释的"计赃为罪"也未尝不可。

如非法与外国人交易罪的特定档次，《卫禁律》卷第八（总第88条）规定说：

> 共化外人私相交易，若取与者，一尺徒二年半，三匹加一等，十五匹加役流。

其幅度实际上轻于"强盗"及"受财而枉法"，大大地重于"窃盗"。

放火烧财物者的特定档次，《杂律》卷第二十七（总第432条）规定：

> 诸故烧官府廨舍及私家舍宅，若财物者，徒三年；赃满五匹，流二千里；十匹，绞。杀伤人者，以故杀伤论。

子弟"私辄用财"即以擅自使用家中财物罪的专门档次处

罚，而子弟勾结外人盗家中财物又比附"私辄用财"罪作调整：

> 诸同居卑幼，私辄用财者，十匹笞十，十匹加一等，罪
> 止杖一百。①

> 诸同居卑幼，将人盗己家财物者，以私辄用财物论加
> 二等。②

> 诸负债违契不偿，一匹以上，违二十日笞二十，二十日
> 加一等，罪止杖六十；三十匹，加二等；百匹，又加三等。
> 各令备偿。③

2."计赃"与"不计赃"交叉时刑罚依法选择重刑

无论是"计赃为罪"或"不计赃为罪"，如依罪情作调整时，就会产生刑罚轻重变异的情况，也就会发生立法或司法上作选择轻重的问题。如"不计赃为罪"因其性质严重其处罚原就重于"计赃为罪"，依罪情作调整时，重于"计赃为罪"的原则怎样维护，"不计赃"的基础刑与"计赃为罪"有矛盾，怎样解决其刑罪相当的原则，对此，《律疏》都已确立了相应的制度与原则。

（1）不计赃之盗罪中有计赃的部分原则上重于计赃之凡盗。

如前所述，不计赃为罪的犯罪，其犯罪行为指向的对象及标的物是无法计其赃额的，如宝印、符、官文书等禁物，但如其标的物含有一般商品属性，是有价可估、有赃可计的，在这种情况

---

① 《唐律疏议》卷一二《户婚律》，第241页。
② 《唐律疏议》卷二〇《贼盗律》，第366页。
③ 《唐律疏议》卷二六《杂律》，第485页。

下，如计赃重于凡盗以及依规定减等后刑罚轻于凡盗的，都一律执行比凡盗加重一等处罚。律条规定说：

> 诸盗不计赃而立罪名，及言减罪而轻于凡盗者，计赃重，以凡盗论加一等。①

关于"言减罪而轻于凡盗者""以凡盗论加一等"，疏文举例说，《贼盗律》卷第十九（总第 277 条）规定："盗尸柩者，徒二年半，盗衣服者，减一等。"而同卷（总第 280 条）之疏文说："假有盗尸柩上衣服，直绢二十匹，依凡盗徒二年半，文称'减一等'，只徒二年；故依凡盗加一等，亦徒三年。"关于"计赃重"（包括计赃罪相同但情节重在内）"以凡盗论加一等"的例子，疏文又说："假有盗他人马牛而杀，评马牛赃直绢二十匹，若计凡盗，合徒二年半；以盗杀马牛，故加凡盗一等，处徒三年。"

即使不属"言减罪"的不计赃为罪，也坚持贯彻这种制度。如《贼盗律》卷第十九（总第 271 条）中的"盗乘舆服御物"，一般情况下属不计赃为罪者，其刑罚是"流二千五百里"。但是，如所盗之物多，计盗赃刑罚重于"二千五百里"，即其赃是"四十匹流三千里的"，那就执行"计赃重者，即准赃同常盗之法加一等"之处置，也就是在凡盗"四十匹流三千里"上加一等，处加役流。其目的是决不让不计赃为罪之罚反而轻于计赃为罪之法。

（2）一事之犯竞合二罪如属计赃重者依计赃为罪法。

如携带禁物私度关，此既是赍禁物私度关罪，同时也有私有

---

① 《唐律疏议》卷一九《贼盗律》，第 356 页。

禁物罪。这二种罪名各有其处罚，如其中计赃论罪处罚重，即择计赃为罪而舍其轻罚之法。如《擅兴律》卷第十六（总第243条）规定："诸私有禁兵器者，徒一年半。"疏文说："若有矛、矟者，各徒一年半。"《卫禁律》卷第八（总第87条）规定："诸赍禁物私度关者，坐赃论；赃轻者，从私造私有法。"其疏文说：

> 假令私将矟度关，平赃直绢三十四，即从坐赃，科徒二年，不计矟为罪。

带矟一张私度关，依私有罪其刑罚是徒一年半。假如私将此矟度关，矟本身就赃值三十四，那就依私将度关坐赃罪论处，而不依"私有"法论处。如此矟评赃不值三十四，那就以私有法处"徒一年半"。总之，计赃罪重者择其重罚。

（3）计赃为罪重于有犯即罪的基础刑者依计赃为罪论处重罪。

前面辨析"六赃"比附模式的第四种，在罪罚的选择上就属于这种情况。在这种情况下，某种涉赃之罪条，前一部分属于有犯即罪或行为标的物达到一定限额的基础刑，后一部分属重于基础刑之犯作"计赃为罪"的办法。其立法的目的就是确定重于基础刑的涉赃之犯一定比附"六赃"计赃为罪予以重罚。如：

> 诸博戏赌财物者，各杖一百；赃重者，各依己分，准盗论。[1]

---

[1]　《唐律疏议》卷二六《杂律》，第487页。

条中"博戏"有犯即罪"杖一百"的基础刑，可以视作"不计赃为罪"者，但如计盗赃刑罚超过"杖一百"的，则一定比附盗赃计赃为罪，目的是体现刑罪轻重相当的原则。

（三）赃的征还与没收

这里谈的赃的处置，是指计赃为罪与非计赃为罪的两种情况下对赃（包括犯罪行为的标的物）的归属处置。法律在对赃罪作处置时，一定同时作出对赃包括犯罪行为标的物的归属处置。但是，赃的刑罚处置往往在各自的本条中都会有明确规定，而赃的归属处置是集中地规定在相当于"总则"的《名例》中，造成适用时查阅上的困难，因而更须要加以辨析。

在唐律中征赃的前提是与处刑同时进行，"六赃"之赃除法律规定可排除征偿的情况之外，一般都应征还，但亦有不须征还者。

1. 应作征偿之赃

（1）"六赃"中"见在"之"正赃"应征还。

所谓"正赃"，也就是"六赃"的原赃或本赃。律文说：

> 诸以赃入罪，正赃见在者，还官、主。①

其疏文说："在律，'正赃'唯有六色：强盗、窃盗、枉法、不枉法、受所监临及坐赃"；"但以此赃而入罪者，正赃见在未费用者，官物还官，私物还主"。所谓"见在"之"正赃"，有时

---

① 《唐律疏议》卷四《名例》，第88页。

不一定是原物其赃，因为本赃价值形式转换及赃本身的孳生物在内都在正赃返退之列，注文说：

> 转移得他物，及生产蕃息，皆为见在。

疏文说："转易得他物者，谓本赃是驴，回易得马之类。及生产蕃息者，谓婢产子，马生驹之类。"

（2）取人非自愿给出及讨要之赃都还主。

这种性质的赃包括了一系列的通过强制或变相强制手段所非法所得的赃，这些赃在"六赃"之外各有其本条之罪名，在处罚上参照"六赃"比附调整处置，其赃都必须向犯罪者征收返还给合法主人。当然这些犯罪都排斥了"彼此俱罪之赃"。律条规定说：

> 取与不和若乞索之赃，并还主。[①]

其疏文说："'取与不和'，谓恐喝、诈欺、强市有剩利、强率敛之类"；"强乞索、和乞索，得罪虽殊，赃合还主。"这些犯罪的共同特点，都是在"六赃"之外，非法地从不自愿的对象手中所取得的钱财，所以都在征收还主之列。

（3）征赃区别于赔偿。

这里应特别指出的是，唐律中除了"征赃"之外，还有赔偿问题。征赃由受赃而起，赔偿并非由受赃而起，而是由对他方财物损毁之犯罪而起。虽然赔偿的同时也要受因损毁行为带来的

---

① 《唐律疏议》卷四《名例》，第87页。

刑罚，但其性质终究不是"征赃"。如：

> 诸放官私畜产，损食官私物者，笞三十；赃重者，坐赃论。失者，减二等。各偿所损。若官畜损食官物者，坐而不偿。①

2. 不作征偿之赃

（1）赃已耗费并被判流、死刑罚者不再征赃。

犯罪者因赃判流、死刑罚，或者因别项犯罪判流以上刑罚，同时赃已被耗费尽的，其赃不再追征返还。律条说：

> 已费用者，死及配流勿征。②

其注文说："别犯流及身死者，亦同。"疏文说："因赃断死及以赃配流，得罪既重，多破家业，赃已费用，矜其流、死，其赃不征"；"注云'别犯流及身死者'，谓虽不因赃配流，别为他罪流配及身被刑戮，而别有死亡者，本犯之赃费用已尽，亦从免例"。所处流以上刑罚，可以不是该赃罪之处罚，而"已费用"是必须的条件。

（2）属计人工、租金构成之赃不征收返还。

不在标准的"六赃"之内，而是属于非法借用别人牲畜、奴婢、车船、货场、店铺等犯罪并且以庸工及租金计所构成之赃的，不再征还。如《职制律》卷第十一（总第143条）"诸监临之官，私役使所监临，及借奴婢、牛马驼骡、车船、碾硙、邸店

---

① 《唐律疏议》卷一五《厩库律》，第287~288页。
② 《唐律疏议》卷四《名例》，第89页。

之类，各计庸、赁，以受所监临财物论。"这就是计人工、租金为罪之赃，这种赃虽"以受所监临财物论"属"六赃"，但与直接收受被监临者财物之性质情节毕竟不同。律条说：

若计庸、赁为赃者，亦勿征。[①]

从立法者的解释看，这种"计庸、赁为赃"性质的赃，原就不是"正赃"所以不征。疏文说："庸，谓私役使所监临及借车马之属，计庸一日为绢三尺，以受所监临财物论。赁，谓碾硙、邸店、舟船之类，须计赁价为坐。既计庸、赁为赃，其赃元非正物，故虽非会赦，其赃并亦不征。余条庸、赁皆准此。"

（3）非计赃为罪中的违禁之物也不作赔偿。

如前已述，禁兵器、印符等禁物的盗罪，由专条规定其专门的严惩办法，因此并不属"计赃为罪"，即并不衡量被盗物本身的一般物价的贵贱确定刑罚幅度。有时，涉及此类物品的犯罪不实行计赃为罪，除可追还原物外，也不实行赔偿。如《杂律》卷第二十七（总第437条）规定"诸弃毁符、节、印及门钥者，各准盗论；亡失及误毁者，各减二等。"这里是"准盗"、"减二等"，都是准"不计赃为罪"的本条（总第274条），而不属"计赃为罪"。故在官私器物弃毁亡失的律条中说：

其非可偿者，坐而不备。[②]

其疏文说："其非可偿者，止坐其罪，不合征偿。"注云："谓

---

① 《唐律疏议》卷四《名例》，第90页。
② 《唐律疏议》卷二七《杂律》，第519页。

符、印、门钥、官文书之类"。疏文说;"称'之类'者，宝、印、木契、制敕并是。"法律对这些不计赃为罪的非可偿之物不令赔偿，不是让犯罪者占了便宜，而是这种不计赃为罪的专门条文的刑罚原就很严，早已考虑进了因为无法赔偿而加重的因素。

3. 盗罪之赃加倍征偿

以现代刑法的理念，计赃为罪中"赃"只能是征偿其正赃的额值。但唐律中为了惩治这种常犯之重罪，法律特别规定对强盗与窃盗的赃，实行加倍征偿的制度：

> 盗者，倍备。[1]

其疏文对此解释说："'盗者，倍备'，谓盗者以其贪财既重，故令倍备，谓盗一尺，征二尺之类。"倍备，其义是加倍地征偿。关于"倍赃"的归属，是征偿给合法所有的财物主人（官家或个人），因为其原则就是"还官、主"。唐睿宗文明年间，在主人药盗旅客十匹之赃案中，就判令"正赃与倍赃并合征还财主"。[2]

4. 犯赃遇赦遇降之征法

依赦罪制度，所犯罪如在赦免的范围内，则其罪罚被原免而不再追究。但刑罚原免不追究，并不等于其赃也概不追究处置。如属遇赦后其赃属仍应征收或改正的，必须依限期征还。

（1）盗、诈骗、受财枉法之正赃征还倍赃不征。

强盗、窃盗、诈骗及受财枉法之犯罪遇赦后刑罚免除，但这

---

① 《唐律疏议》卷四《名例》，第90页。
② 见刘俊文《敦煌吐鲁番唐代法制文书考释》誊录北京大学图书馆馆藏缩微胶卷《文明判集残卷》影印资料。

些犯罪之正赃必须征还，受财而枉法之赃必须征收没官，只是其中盗罪不再征倍赃。法律规定说：

> 会赦及降者，盗、诈、枉法犹征正赃。①

疏文说："赦后事发，捉获见赃，准《斗讼律》征之。"即依《斗依律》（总第354条）关于"虽赦前未发，赦后获捉正赃"的规定征还。

（2）诈减免赋役及监临非法借贷之赃征偿。

这种犯罪如会赦刑罚照例原免，但其赃亦属须"征收"之列。如经有关官吏核对查问仍不偿还改正的，要据原法论罪。《名例律》卷第四（总第36条）规定："诸会赦，应改正、征收，经责簿帐而不改正、征收者，各论如本犯律。"其注文对律中的"征收"解释说：

> 监临主守之官，私自借贷及借贷人财物、畜产之类，须征收。

其中"诈复除"列在"须改正"的注文之内。疏文说："此据赦后经责簿帐，即须改正、征收，仍有隐欺，不改从正者，皆如本犯得罪。"

（3）其他非"见在"之赃及赎罪之铜遇赦则不再征收。

除上述已说的盗、诈、枉法之正赃，诈复除及监临非法借贷之赃外，其他犯罪之赃，都可因赦而免征。但必须符合的条件是

---

① 《唐律疏议》卷四《名例》，第90页。

非"见在"之赃，并且在依数额而定的期限内未送交。如是"见在"之赃，或者过期限未送交的，则不适用此条。故法律规定：

> 余赃非见在及收赎之物，限内未送者，并从赦降原。①

其疏文说："'余赃非见在'，赦前已费用尽，若非转移得他物及生产蓄息者，皆非见在之赃。及收赎之物者，谓犯罪征铜，依令节级各依期限。限内未送，并从赦、降原；过限不送不在免限。称限内不送，唯据赎铜，余赃旧无限约，逢赦并皆放免。"

5. 赃及特殊犯罪标的物的没官

如前所说，计赃为罪的"六赃"之赃，应征收"见在"之正赃偿还合法主人，在这中间，也有些依法律不再征还而由国家予以没收的情况。

（1）"彼此俱罪"之赃没官。

所谓"彼此俱罪"之赃，是得财者与给财物者，双方都是依法为犯罪者的情况。以计赃为罪的"六赃"来说，受财而枉法、受财而不枉法一方是犯罪，同时《职制律》卷第十一（总第137条）规定"有事以财行求，得枉法者，坐赃论；不枉法者，减二等"的一方也同时是犯罪者。《职制律》卷第十一（总第140条）规定受所监临财物者是犯罪，而自己给财物的被监临者也是犯罪："与者，减五等"；《杂律》卷第二十六（总第389条）规定：非监临主司，因事受财是犯罪，而给财的人"与者，减五等"，也是犯罪。这些情况就属"彼此俱罪"之赃。这

---

① 《唐律疏议》卷四《名例》，第90页。

种赃财，已不存在合法的主人，所以法律规定：

> 诸彼此俱罪之赃及犯禁之物，则没官。①

其疏文说："受财枉法、不枉法及受所监临财物，并坐赃，依法，与财者亦各得罪。此名'彼此俱罪之财'，谓计赃为罪者。"

（2）盗人所盗之物中的倍赃没官。

一人为盗，盗来之物又被另一人所盗，按"盗者，倍备"的制度，二个盗者，都要加倍征赃。在这过程中合法的主人只有一个，他依法可得初盗者的倍赃，而后一盗者的倍赃，既不能再偿给合法主人，更不能偿给前一盗者，而是由国家没收。法律规定：

> 若盗人所盗之物，倍赃亦没官。②

其疏文举例解释说："假有乙盗甲物，丙转盗之，彼此各有倍赃，依法并应退主。甲既取乙倍备，不合更得丙赃；乙即元是盗人，不可以赃资盗，故倍赃亦没官。若有纠告之人应赏者，依令与赏。"

（3）亲属被杀私和中给受之财物没官。

依封建刑律与礼制，父祖被人杀而同意私和不告，即是重罪，要受重刑处罚。如在这过程中有受收财物行为的，要依盗赃论处。《贼盗律》卷第十七（总第 260 条）规定："诸祖父母、父母及夫为人所杀，私和者，流二千里；期亲，徒二年半；大功

---

① 《唐律疏议》卷四《名例》，第 86 页。
② 《唐律疏议》卷四《名例》，第 86 页。

以下，递减一等。受财重者，各准盗论。"从规定看，首先有严厉的基础刑，如所受之财物，计盗赃刑罚重于基础刑的，"准盗论"。答应私和的一方不受财也是犯罪，受财就更是有罪。疏文解释这种"盗赃"的处置说：

> 虽则私和罪重，受财罪轻，其赃本合计限，为数少从重，终合没官。

法律虽然未明确规定这种财物之收受属"彼此俱罪之赃"，但却明确地说："如傍亲为出财私和者，自合'行求'之法，依《杂律》'坐赃论减五等'，其赃亦合没官。"此中之"坐赃论减五等"，实际应是"与者，减五等"。这里很明显就是必要共犯中的"彼此俱罪"了。

（4）非计赃为罪中的"犯禁之物"没官。

非计赃为罪中的犯禁之物，是指作为犯罪行为的标的物不是寻常财物，如私人不应保有的禁兵器虽然属有价之物但在处置上不计赃为罪，其他禁书、宝印、符书等无可计价者都不计赃为罪，在其归属的处置上都是没收归官。前引律条《名例》卷第四（总第 32 条）已规定"犯禁之物""则没官"。其疏文说："谓甲、弩、矛、矟、旌旗、幡帜及禁书、宝印之类私家不应有者，是名犯禁之物。"

（四）赃罪之并罚法

属计赃为罪的"六赃"，其条文都是据一事一赃一条的办法制订。但司法实践中犯罪者所犯之赃，或所犯赃罪适用的处罚制度，并非都是一项犯罪只有一次犯罪行为，或所犯者一次犯罪只有一项罪名。如犯罪者有多次行为或多项罪名，就涉及赃罪并合处罚的特殊计算制度。其总的特点是并所犯之赃，而不是并其刑罚。现代刑法中限制加重的原则，唐代早已确立。

1. "频犯" 赃者折半论处

这里的"频犯"是指计赃为罪的犯罪行为在短时间内或同一事（案）件上的多次重复，在处刑时，可依总赃之数额折半论处。这种"频犯"，一定要与"更犯"与"二罪从重"的制度彻底区分，才能找到正确的概念，否则便会相互混淆、抵触而不可理解。唐律中"以赃致罪"的"频犯"的计赃折半论处，区分为以下两种不同的情况。

（1）行为性质及处罚轻重相同"频犯"的折半论处。

所谓"频犯"赃，是说在计赃为罪的犯罪中一日之间多次重复犯同样性质之赃，或者一件事情上受多人之赃。凡赃罪之频犯者，在处刑时，可计总赃之数额折半论处。性质相同是指同一罪名之罪频犯，因同罪名，其处罚办法（轻重）也一样，其并罚减轻之法是计总赃额折半论处。法律规定：

频犯者并累科。[①]

其疏文解释"频犯累科"说："假有受所监临，一日之中，三处受绢一十八匹或三人共出一十八匹，同时送者，各倍为九匹而断，此名'以赃致罪，频犯者并累科'。"从解释看，所谓频犯是：一日之中三处受绢一十八匹，或三人共出一十八匹同时送者

① 《唐律疏议》卷六《名例》，第124页。

之情况；所谓"累科"，包括了计总及折半两项内容。这种所谓"频犯"，属同样性质的多次重复，当然在刑罚处置上自然地是"罪法等同"者。如"一日之中，三处受绢一十八匹"，或"三人共出一十八匹"都是"受所监临"的一种犯罪，处罚当然一样。如折半为九匹，则按其本条"八匹徒一年，八匹加一等"的要求够不上加一等，都只能是"徒一年"。

（2）参照"频犯"之赃对来自众人财物之赃作折半论处。

如前所述，"频犯"之赃并赃折半计罪，其考虑的原因之一，是赃来之于"众人"，即非出之于一人，如"一日之中，三处受绢一十八匹，或三人共出一十八匹"等情况。因此，在唐律中有时即使非"频犯"之赃如果其赃来之于"众人"，也会参照"频犯"之精神而作折半计罪之处置。特别是在计功庸为赃的公务犯罪中就是这样。如工程兴造违背请示批准制度的计庸坐赃论罪，律条规定："诸有所兴造，应言上而不言上，应待报而不待报，各计庸，坐赃论减一等。即料请财物及人功多少违实者，笞五十；若事已损费，各并计所违赃庸重者，坐赃论减一等。"其疏文解释此赃折半论罪的原因时说，一是计赃为罪；二是比附一日或一事频受众人赃，此功庸也来之于众人；三是总为官物并非由个人占有：

> 依《名例律》，以赃致罪，频犯者，各倍论。此既因赃获罪，功、庸出众人之上。并通官物，即合累而倍论。①

非法兴建工程及临时征用民工计庸坐赃论罪，也因所征庸来自众

人而折半计赃。《擅兴律》卷第十六（总第241条）规定："诸非法兴造及杂徭役，十庸以上，坐赃论。"疏文说：

> 既准众人为庸，亦须累而倍折。

又如《杂律》卷第二十七（总第424条）："诸不修堤防及修而失时者，主司杖七十；毁害人家、漂失财物者，坐赃论减五等"，疏文说：

> 若失众人之物，亦合倍论。

这里是指"坐赃论减五等"中的"赃"是由"失众人之物"而形成。

（3）率人收敛财物给人因未入己而计总折半论。

这种性质犯罪之折半，论其理由主要考虑"未入己"应从轻处罚。《职制律》卷第十一（总第145条）"诸率敛所监临财物馈遗人者，虽不入己，以受所监临财物论"。疏文说：

> 以身率人以取财物馈遗人者，虽不入己，并倍以受所监临财物论。

对其作"倍论"的理由，《擅兴律》卷第十六（总第241条）疏文在"准众人为庸，亦须累而倍折"之后，有更清楚的解释：

> 因而率敛财物者，亦并计坐赃论，仍亦倍折。以其非法赃敛，不自入己，得罪故轻。

虽然前条以"受所监临"论，后条"坐赃"论，但折半及折半的理由相同："不自入己"。

2. 频犯轻重不同之赃罪以重并入轻折半以轻罪论

上面之例是同性质（受所监临）之犯罪一日多犯或一事受多人。但总是处罚相同之一种犯罪，故计总后折半无选择地按受所监临财物罪论处。但是，如所犯之多罪属不同性质之赃罪，当然就发生频犯多个轻重不同的赃罪即"罪法不等"之赃作并合论处的情况。那么轻重不同的赃罪怎样计总，依哪种罪论处，成了问题的关键。唐律中的原则仍是体现并罚之总罪轻于各罪所犯总刑之相加。其处罚办法是：以重罪并入轻罪计总折半以轻罪论：

若罪法不等者，即以重赃并满轻赃，各倍论。①

其注文说："倍，谓二尺为一尺。不等，谓以强盗、枉法等赃，并从窃盗、受所监临之类。"疏文说："'罪法不等者'，为犯强盗、枉法、不枉法、窃盗、受所监临等，并是轻重不等。'即以重赃并满轻赃'，假令县令受财枉法六匹，合徒三年；不枉法十四匹，亦合徒三年。强盗二匹，亦合徒三年；受所监临四十五匹，亦合徒三年。准此以上五处赃罪，各合徒三年，累于'受所监临'，总一百匹，仍倍为五十匹，合流二千里之类。"应予注意的是条中累加和折半的都是赃的匹数，而不是各罪刑罚幅度的总加。律条中注文对这种"倍论"的适用特别解释说，如属

————————

① 《唐律疏议》卷六《名例》，第125页。

下列犯罪则不作折半的优待："即监临主守因事受财而同事共与，若一事频受，及于监守频盗者，累而不倍。"

3. 属一事分为二罪的累加处罚

与上述"频犯者并累科，若罪法不等者，即以重赃并满轻赃，各倍论"之法不同，这里是指一项犯罪存在二种罪名的并罚问题，而已不再是频犯的范畴。犯一案有二种罪名，都累加不折半。但又分为以下两种情况作不同处置：

（1）一事分为两种罪名处罚轻重等同无差异者则累加总数论处。

这里说的犯一事有二种罪而罪法若等，包括"以盗论"与"准盗论"，"故"犯某罪与"失"犯某罪在内都是。《贼盗律》卷第二十（总第290条）规定的就属于这种情况："诸以私财物、奴婢、畜产之类贸易官物者，计其等准盗论，计其利以盗论。"对这种情况的处置办法法律规定说：

其一事分为二罪，罪法若等，则累论。[1]

其疏文举实例解释说："一事分为二罪者，假将私马直绢五匹，博取官马值绢十匹，依律：'贸易官物，计其等准盗论，计其利以盗论。'须分官马十匹出两种罪名：五匹等者，准盗论，合徒一年；五匹利者，以盗论，亦合徒一年。累为十匹，处徒一年半是也。"以值五匹的私马调换值十匹的官马，等值的五匹，以"准盗"法处罚；得利的五匹，以"以盗"即以真犯窃盗罪处罚，这就是所谓"二罪"。虽然是"二罪"，但在刑罚幅度上是

---

① 《唐律疏议》卷六《名例》，第127页。

一样的：盗罪"五匹徒一年，五匹加一等"，故累计为十匹，依法是徒一年半。

（2）一事分为二种罪名处置不同者则并重入轻计总依轻赃论处。

处置轻重不同，就是"罪法不等"。罪法不等其"限制加重"之处置办法是轻重之赃合并计总以轻罪处置。律文说：

> 罪法不等者，则以重法并满轻法。①

其疏文举例解释说："假有官司，非法擅赋于一家，得绢五十匹；四十五匹入官，坐赃论，合徒二年半；五匹入私，以枉法论，亦合徒二年半。即以入私五匹，累于入官者为五十匹，坐赃致罪，处徒三年。"这里"入官"与"入己"，是两种罪；"坐赃"与"枉法"，是"罪法不同"；计总以坐赃论，是并重入轻以轻法论。

（3）一事两罪相加后达不到加重程度的只以重罪论。

一事分为二罪，而且罪法相同，但累加后如达不到重于其中一项重处的情况的，就只以其中一项重罪处罚，不再作相加。法律规定：

> 累并不加重者，止从重。

疏文仍以"贸易官物"罪举例解释说："假有以私物五匹，贸易官物直九匹，五匹准盗，合徒一年；计所剩四匹，合杖九十。

'罪法等者则累论'，以四匹累于五匹上，总为九匹，不加一年徒坐，止从'准盗'，处徒一年。"这里，"以盗论"四匹，杖九十，"准盗论"五匹，徒一年。都是"盗"，罪法相同，作累加，但累加于五匹上的四匹，只处杖九十，够不上一年徒刑上加一等，故只以其中的"准盗"重罪论处徒一年，而舍弃杖九十的处罚。一事分为两罪，罪法不同，须"并合"论，如并合达不到加重程度的，也只处一项重罪。如此律引《杂律》卷第二十七（总第444条）为例说："亡失一分，毁伤二分，俱合杖六十。以亡失一分，并毁伤二分以上，止是三分，未满四分，不合加罪，止从亡失一分之类。"这里"亡失"罪重，"毁伤"罪轻，并重入轻达不到加罪之限度者，只处一项"亡失"之重罪。

（五）共同犯赃中罪责之分担

一般的共同犯罪唐律中处罚的原则是谋者为首，首犯处全罪，从犯减一等。尤其是"六赃"以外非计赃为罪的犯罪，基本都可执行这一制度。但涉赃特别是计赃为罪的共犯则情况就不如此单纯，而是依照不同的赃罪性质、预谋与实施的关系以及受赃与否的不同情况，而作不同的处置。

1. 以财行求罪共同犯罪涉赃罪责的追究

以财行求的犯罪，实际上可能存在三个共同犯罪的圈子，即为请求而给财方与受财方的共犯；为请求给财一方的共犯；接受财物者一方的共犯。

（1）给财求人请求与受财为人请求各自比附的刑罚原本轻重不同。

从现代刑法学看，这种犯罪与财与受财的双方就是一种必要共犯，但在唐律中对于这种共同犯罪，不适用主犯、从犯的概念，当然也不适用随从减一等的办法，而是在立法上以比附调整的方法固定受财者重和与财者轻的刑罚幅度。法律规定：

> 诸受人财而为请求者，坐赃论加二等；监临势要，准枉法论，与财者，坐赃论减三等。①

这种共犯唐律中不作"共犯罪"认定，在赃额上各依给与与收受之数计罪，不存在赃额的分摊问题。

（2）给财方之共犯首犯以总赃折半计而从犯依己出之数论处。

这里的首从是指组织给与者为首犯，各自分交者为从犯。组织谋画者依总赃额折半计，分别出财者依己出之数论处：

> 即同事共与者，首则并赃论，从者各依己分法。②

疏曰："数人同犯一事，敛财共与，元谋敛者，并赃为首，仍倍论；其从而出财者，各依己分为从。"

（3）受财为人请求之共犯元受者以总赃论分受者以所受数计赃。

这中间的共犯，指其中一人最初收受，收受后又分财给其他官员作请求的情况，其中前者为首犯，后者为从犯。法律规定其计赃的分摊是：

> 若官人以所受之财，分求余官，元受者并赃论，余各依

---

①《唐律疏议》卷——《职制律》，第219页。
②《唐律疏议》卷——《职制律》，第220页。

己分法。①

最初接受财物的那个人以全数计赃论处，其他分受的官吏依自己实收的那一份额计赃。疏文解释说："谓有官之人，初受有事家财物，后减所受之物，转求余官，初受者并赃论，余官各以己分法。假有判官，受得枉法赃十匹，更有两官连判，各分二匹与之。判官得十匹之罪，余官各得二匹之坐，二人仍并为二匹之从。"但是，如发生了枉法处断的后果，那就只依在枉法处断中的主从作用而不再考虑赃之元受与分受的主从关系了。

2. 赃在盗罪共犯处置中的作用

（1）盗罪共犯之处罚以"并赃论"为前提。

盗罪包括强盗、窃盗，计赃为罪处罚的前提是"并赃论"，即共同犯罪的成员都以所盗的总赃额计赃为罪，法律说：

诸共盗者，并赃论。②

其疏文说："共行盗者，并赃论，假有十人共盗得十匹，人别分得一匹，亦各得十匹之罪。"

（2）分赃在盗罪共犯首从区分中的重要作用。

盗罪之共犯除了以并赃论为前提外，其首从的具体区分还受各自犯罪行为"谋"、"行"、"分"三个因素的制约，其中赃之受分与否在首从的区分中有重要作用。

第一，造意人可作从犯论。在有同谋的窃盗罪中，造意人在参与行窃或受分赃财上只要占其一点，就总是首犯。如既不参与

---

① 《唐律疏议》卷一一《职制律》，第219页。
② 《唐律疏议》卷二〇《贼盗律》，第375页。

行窃也不分赃，就作从犯论处。法律规定："造意及从，行而不受分，即受分而不行，各以本首从法。"其疏文说：

> 若造意者不行，又不受分，即以行人专进止者为首，造意者为从，至死者减一等。①

第二，从犯也可不以共犯中的从犯而论轻刑。在有同谋的盗罪共犯中，从犯只有在参与盗及受分财物二者有其一的情况下才是从犯，如果既不参与行盗又不受分财物者，可以只受较轻的基础刑而不作从犯论处。其疏文说：

> 从者亦有行而不受分，或受分而不行，虽行，受有殊，各依本首从为法……从者不行，又不受分，笞四十；强盗，杖八十。

3. 行盗与预谋之性质不符情况下赃罪之性质与罪责分担

共犯强盗罪中首从犯之区分不但参照"谋"、"行"、"分"之情况，而且更重要的决定因素还由所"谋"之盗与所"行"之实罪是否一致的关系，这种关系在赃罪的分摊上，其作用最大。

（1）谋强盗行窃盗整个罪责都以窃盗论。

如原谋强盗，在实际行动时为窃盗，整个案件变为在窃盗的前提下依首从分摊罪责。法律规定：

---

① 《唐律疏议》卷二〇《贼盗律》，第376页。

　　　　诸共谋强盗，临时不行，而行者窃盗，共谋者受分，造
　　意者为窃盗首，余并为窃盗从；若不受分，造意者为窃盗
　　从，余并笞五十。①

其疏文说：“假有甲乙丙丁共谋强盗，甲为首，临时不行，而行
者窃盗；甲虽不行，共谋受分。甲既造意，为窃盗首；余行者，
并为窃盗从。甲若不受分，复不行，为窃盗从；从者不行，又不
受分，笞五十。”

（2）谋窃盗行强盗则只有行者以强盗论。

虽然预谋强盗，但只要实行时为窃盗，则只有行强盗者以强
盗论处，其余未行强盗者包括原来的造意者在内，都以窃盗区分
首从。法律说：

　　　　若共谋窃盗，临时不行，而行者强盗：其不行者造意受
　　分，知情、不知情，并为窃盗首；造意者不受分及从者受
　　分，俱为窃盗从。②

其疏文说：“同谋行窃盗，临时有不行之人，而行人自为强盗。
其不行者是元谋造意，受强盗赃分，不限知情、不知情，并为窃
盗首；其造意者不受分及从者受分，俱为窃盗从。”从犯罪行为
与犯罪主观心态一致的要求说，除行强盗者以强盗论外，其余都
以窃盗论区分首从的制度，是理所当然。

（3）临时共犯窃盗者以临时起带头作用者为首。

这是指原来无预谋之窃盗罪直到行窃当时构成共犯的，就以

---

① 《唐律疏议》卷二〇《贼盗律》，第377页。
② 《唐律疏议》卷二〇《贼盗律》，第377页。

临场届时起指挥作用者为首犯，其他人为从犯。律条规定说：

> 若本不同谋，相遇共盗，以临时专进止者为首，余为
> 从坐。①

其疏文说："即以临盗之时，专进止者为首，余皆为从。"但这
种制度不适用于强盗罪。注文说："共强盗者，罪无首从。"疏
文说："谓强盗虽本不同谋，但是同行，并无首从。"

（六）"六赃"使全律涉财犯罪"计赃为罪"的
主要特点

涉及财产之犯罪在整个社会法律生活中的重要性，决定于财
产关系在社会生活中的客观地位与作用。唐律从涉及财产的犯罪
中抽取"六赃"作为所有"计赃为罪"的主干，让所有涉赃之
犯都比附"六赃"的基本制度和原则，作为处置所有计赃为罪
的基准，使赃罪在整部律典中实现系统化与一体化，这是唐律立
法者使赃罪法典化的一个贡献，也是唐律研究中的一个重要的领
域。可以说，"六赃"提取的意义不在于"六赃"的本身，却在
于"六赃"对全律计赃为罪处置规范化的巨大作用。唐律中各
种涉及财物之犯罪，比附"六赃"计赃为罪，有如下一些主要
的特点。了解这些特点可以加深了解整个封建刑律的特点。

1. 涉及财物的诈骗罪比附"六赃"处置

诈骗财物罪在唐律中各有其不同的罪名，但在处罚上基本比

---

① 《唐律疏议》卷二〇《贼盗律》，第376页。

附赃罪处置：

> 诸诈欺官私以取财物者，准盗论。知情而取者，坐赃论；知而买者，减一等；知而为藏者，减二等。[①]

> 诸诈为官私文书及增减，欺妄以求财赏及避没入、备偿者，准盗论；赃轻者，从诈为官文书法。[②]

> 诸医违方诈疗病，而取财物者，以盗论。[③]

疏文曰："医师违背本方，诈疗疾病，率性增损，以取财物者，计赃，以盗论。"

2. 给受财物为实施犯罪之酬偿者以赃论处

这种性质的犯罪往往规定有有犯即罪的基础刑，比附"六赃"某罪计赃，其赃额重于基础刑者，以六赃中的某罪作调整处罚。如：受雇行诬告之酬金，以坐赃计重于基础刑者，以坐赃论加三等处罚：

> 受雇诬告人罪者，与自诬告同，赃重者坐赃论加二等，雇者从教令法。若告得实，坐赃论。雇者不坐。[④]

接受杀父祖者之财，与之私和不告发者，计盗赃重于基础刑

---

① 《唐律疏议》卷二五《诈伪律》，第465页。
② 《唐律疏议》卷二五《诈伪律》，第466页。
③ 《唐律疏议》卷二五《诈伪律》，第472页。
④ 《唐律疏议》卷二四《斗讼律》，第445页。

者，准盗赃论处：

> 诸祖父母、父母及夫为人所杀，私和者，流二千里；期
> 亲，徒二年半；大功以下，递减一等。受财重者，各准盗论。①

官员收买人称己有政迹申请于上司，酬金以坐赃计重于基础
刑者，坐赃论：

> 诸在官长吏，实无政迹，辄立碑者，徒一年。若遣人妄
> 称己善，申请于上者，杖一百；有赃重者，坐赃论。受遣
> 者，各减一等。②

3. 现代意义上属民事纠纷有过错一方比附"六赃"处罚

（1）于财产分割及所有权处置上有过错行为者计赃处置。
如：兄弟非法多分家中财物者，计多分之额比附赃罪处罚：

> 同居应分，不均平者，计所侵，坐赃论减三等。③

唐代基本实行兄弟均分制，故疏文曰："谓兄弟二人均分百匹之
绢，一取六十匹，计所侵十匹，合杖八十之类，是名'坐赃论
减三等'。"

强牵债务人财物抵债是可以的，但必须告官并不得过本，否
则计额比附赃罪论处：

---

① 《唐律疏议》卷一七《贼盗律》，第333页。
② 《唐律疏议》卷一一《职制律》，第217页。
③ 《唐律疏议》卷一二《户婚律》，第241页。

诸负债不告官司，而强牵财物，过本契者，坐赃论。①

擅自耗用寄存者的财物，计额比附赃罪论处：

诸受寄财物，而辄费用者，坐赃论减一等。②

依法令，于地内得宿藏物者，应与地主平分，超额占有论赃处置：

于他人地内得宿藏物，隐而不送者，计合还主之分，坐赃论减三等。③

得无主之物或遗失物要依法送官，超期不送或赃重者论赃处置：

得阑遗物，满五日不送官者，各以亡失罪论；赃重者，坐赃论。私物，坐赃论减二等。④

属于在这方面的违法处置或执行违法者，不但财产归属上作纠正，而且处刑：

---

① 《唐律疏议》卷二六《杂律》，第485页。
② 《唐律疏议》卷二六《杂律》，第484页。
③ 《唐律疏议》卷二七《杂律》，第520页。
④ 《唐律疏议》卷二七《杂律》，第521页。

诸财物应入官私而不入，不应入官私而入者，坐赃论。①

疏文曰："凡是公私论竞，割断财物，应入官乃入私，应入私乃入官；应入甲而入乙，应入私而入公廨，各计所不应入而入，坐赃论。"

（2）致人财产损失之犯罪比附赃罪解决。

此种引起财产损失的损害罪，一般是先规定有犯即罪的基础刑，然后计赃为罪或比附"六赃"作调整，重于基础刑的犯罪计赃为罪。如：

诸在市及人众中，故相惊动，令扰乱者，杖八十；以故杀伤人者，减故杀伤一等；因失财物者，坐赃论。②

诸放官私畜产，损食官私物者，笞三十；赃重者，坐赃论。③

诸船人行船、茹船、写漏、安标宿止不如法，若船筏应回避而不回避者，笞五十；以故损失官私财物者，坐赃论减五等；杀伤人者，减斗杀伤三等。④

在毁损罪的刑罚与赔偿上，犯罪者的主观状态成为起作用的

---

① 《唐律疏议》卷一五《厩库律》，第292页。
② 《唐律疏议》卷二七《杂律》，第504页。
③ 《唐律疏议》卷一五《厩库律》，第287页。
④ 《唐律疏议》卷二七《杂律》，第507页。

重要因素。如建筑物的损毁，故犯者既受刑罚又赔偿，过失误犯者，只赔偿，不处刑：

> 其有用功修造之物，而故损毁者，计庸，坐赃论。各令修立。误损毁者，但令修立，不坐。①

失火致人财物损毁者，规定基础刑，损害赃重者，坐赃。《杂律》卷第二十七（总第 431 条））规定说："诸于官府廨院及仓库内失火者，徒二年；在宫内，加二等。损害赃重者，坐赃论；杀伤人者，减斗杀伤一等。"但如属过失犯者，只处刑不赔偿：

> 诸水火有所损败，故犯者，征偿；误失者，不偿。②

（3）为人提供劳务及制作物品不合格或不可用者计损失坐赃。

这种犯罪决不只是以返工了事，而是计赃庸处罚：

> 诸工作有不如法者，笞四十；不任用及应更作者，并计所不任赃、庸，坐赃论减一等。③

> 诸役功力，有所采取而不任用者，计所欠庸，坐赃论减一等。④

---

① 《唐律疏议》卷二七《杂律》，第 517 页。
② 《唐律疏议》卷二七《杂律》，第 512 页。
③ 《唐律疏议》卷一六《擅兴律》，第 314 页。
④ 《唐律疏议》卷一六《擅兴律》，第 316 页。

4. 官吏公务犯罪造成经济后果比附"六赃"处置

已如前述，"六赃"的犯罪基本是主观上追求的故意犯，而且一般要有作为犯罪行为标的之财物。而这里所说的情况，其所造成的经济后果往往不是官吏主观上追求的，而且也不是犯罪行为的标的物，但对其后果要分别情节以犯罪追究。当然这过程中官吏有把钱财入己的情况，则已属另一种性质的犯罪。

> 诸不修堤防及修而失时者，主司杖七十；毁害人家、漂失财物者，坐赃论减五等。①

> 诸有所兴造，应言上而不言上，应待报而不待报，各计庸，坐赃论减一等。②

> 诸仓库及积聚财物，安置不如法，若暴凉不以时，致有损败者，计所损败坐赃论。③

> 诸市司评物价不平者，计所贵贱，坐赃论；入己者，以盗论。④

> 诸验畜产不以实者，一答四十，三加一等，罪止杖一百。若以故价有增减，赃重者，计所增减坐赃论；入己者，以盗论。⑤

---

① 《唐律疏议》卷二七《杂律》，第504页。
② 《唐律疏议》卷一六《擅兴律》，第312页。
③ 《唐律疏议》卷一五《厩库律》，第292页。
④ 《唐律疏议》卷二六《杂律》，第498页。
⑤ 《唐律疏议》卷一五《厩库律》，第277页。

后两条是由管理失职造成经济后果之后，进一步占为己有，故其比附的性质也由"坐赃"而改变为"以盗论"。

其实唐律中对官吏涉及财物的犯罪，如既非贪污又非受贿的"受所监临"财物罪，及其在律中的推绎与比附，是唐律中最为精当而有特色的内容。因为在拙著《唐律研究》及有关论文中已作过论述，故这里只谈了较有特色的对官吏非经济犯罪所引起的经济后果的处置这一问题。

5. 涉及赋税之财物有犯者比附"六赃"处罚

这种犯罪以犯罪之性质分轻重，官吏与百姓都比附"六赃"为罪。属官吏之犯的，如：

> 若非法而擅赋敛，及以法赋敛而擅加益，赃重入官者，计所擅坐赃论；入私者，以枉法论，至死者加役流。①

> 诸非法兴造及杂徭役，十庸以上，坐赃论。②

> 诸部内有旱涝霜雹虫蝗为灾之处，主司应言而不言及妄言者，杖七十。覆检不以实者，与同罪。若致枉有所征免，赃重者，坐赃论。③

属百姓之犯的，如：

> 诸应输课税及入官之物，而回避诈匿不输，或巧伪湿恶

① 《唐律疏议》卷一三《户婚律》，第251页。
② 《唐律疏议》卷一六《擅兴律》，第313页。
③ 《唐律疏议》卷一三《户婚律》，第247页。

者，计所阅，准盗论。①

6. 买卖及商品制作的犯法犯罪计赃为罪

这种犯罪包括非法贸易、非法经营、制造违规及破坏市场秩序等行为在内。

（1）违法进行外贸计买卖额度比附盗赃。

《卫禁律》卷第八（总第88条）对外交使节违法进行外贸之处罚规定说：

> 即因使私有交易者，准盗论。

疏曰："谓因公使入蕃，蕃人因使入国。私有交易者，谓市买博易，各计赃，准盗论，罪至流三千里。"

（2）监临官非法经营与强制买卖依利润比附"六赃"。

法律对监临官违法经营及得利的犯罪规定说：

> 诸监临主守之官，皆不得于所部僦运租税、课物，违者，计所利，坐赃论。②

> （监临）若卖买有剩利者，计利，以乞取监临财物论。强市者，笞五十；有剩利者，计利，准枉法论。③

后条中"乞取监临财物论"，就是依《职制律》（总第140条）

---

① 《唐律疏议》卷一五《厩库律》，第293页。
② 《唐律疏议》卷一五《厩库律》，第293页。
③ 《唐律疏议》卷一五《职制律》，第223页。

在"受所监临财物"罪上"加一等"论处。

（3）破坏市场及商品制作违规重于基础刑者计利准盗赃论罪。

对破坏市场及商品制作违法的处罚，法律规定说：

> 诸卖买不和，而较固取者；及更出开闭，共限一价；若参市，而规自入者，杖八十。已得赃重者，计利，准盗论。[①]

> 诸造器用之物及绢布之属，有行滥、短狭而卖者，各杖六十；得利赃重者，计利，准盗论。[②]

7. 以官私奴婢为侵占对象的犯罪计赃为罪

官私奴婢在法律上处于非人的地位，与财物一样作为所有客体，侵占或拐骗别人奴婢之犯罪，按奴婢的身价，依不同的性质，比附"六赃"。《贼盗律》卷第十七（总第248条）"谋反人逆"罪中规定，犯罪者的"部曲、资产、田宅并没官"，疏文解释其中不列"奴婢"的原因时说："奴婢同资产，故不别言。"因此法律上还出现"婢赃"的用语。

（1）略取拐骗及私买或乞取奴婢的犯罪比附盗赃。

对此类犯罪，《贼盗律》、《捕亡律》分别规定说：

> 诸略奴婢者，以强盗论；和诱者，以窃盗论。各罪止流三千里……即私从奴婢买子孙及乞取者，准盗论；乞卖者，

---

① 《唐律疏议》卷二六《杂律》，第500页。
② 《唐律疏议》卷二六《杂律》，第497～498页。

与同罪。①

诱导官私奴婢亡者，准盗论，仍令备偿。②

（2）妄认错认奴婢与妄错认财物同罚。

《诈伪律》、《杂律》对此类犯罪分别规定说：

妄认奴婢及财物者，准盗论减一等。③

错认奴婢及财物者，计赃一匹笞十，五匹加一等，罪止
杖一百。④

（3）奴婢私嫁女与良人与盗取资财处置相同。

奴婢私嫁女与良人，法律以盗人财物之法处置：

即奴婢私嫁女与良人为妻妾者，准盗论；知情娶者，与
同罪。各还正之。⑤

其疏文曰："奴婢既同资财，即合由主处分，辄将其女私嫁与
人，须计婢赃，准盗论罪，五匹徒一年，五匹加一等。"

---

① 《唐律疏议》卷二〇《贼盗律》，第 371～372 页。
② 《唐律疏议》卷二八《捕亡律》，第 536 页。
③ 《唐律疏议》卷二五《诈伪律》，第 466～467 页。
④ 《唐律疏议》卷二六《杂律》，第 486 页。
⑤ 《唐律疏议》卷一四《户婚律》，第 270 页。

十六 舅奸甥不入十恶
"内乱"考

《唐会要》卷三七"服纪上"记载，高宗李治显庆元年（公元659年）九月，修礼官长孙无忌等奏请修改律中关于舅对甥的服制。长孙无忌等认为，舅反报外甥的服制为缌麻"于例不通，理须改正"，建议"今请修改律疏，舅报甥亦小功"。对于长孙无忌修改律疏的奏请，该书记载说："制从之。"即皇帝命令依所奏。[①] 于是有的学者就据此判定，今见《永徽律疏》十恶中"内乱"罪的疏文，已根据显庆元年廷议的决定进行了修改。

这种认为十恶"内乱"罪疏文业已修改的观点，对唐宋律典的研究造成了很大的影响。他们从律文的"修改"，又扩展到对律文内容的不同的理解，甚至对律的疏文重新断句，并对律中的刑罚等级作新的认定。因为"修改"涉及的问题对唐律研究来说非常重要，所以有必要对此进行考辨，以示有不同意见之存在，让学界参考。

---

① 《唐会要》，上海古籍出版社，1991，第785～787页。

（一）贞观显庆两次廷议是欲修改舅甥
相互服缌麻的古代服制

1. 依古礼甥与舅相互都服"缌麻"

原来依古代丧服之礼，"甥为舅（服）缌麻，舅报甥亦同此制"，即舅与甥相互都是五服中的最低级——缌麻之服。《十三经注疏》卷三三《仪礼·丧服·小功》说："外亲之服，皆缌也。"只有对外祖是例外，规定服小功，理由是"以尊加也"。而外祖报外孙仍是缌麻。《仪礼·丧服》"缌麻"下列有"外孙"。《疏》文说："云外孙者，以女出外适而生故云外孙。""缌麻"下还列"甥"。《疏》说："云甥者，舅为姊妹之子。""缌麻"下又列有"舅"。《疏》说："母之昆弟。何以缌？从服也。"可见，依古礼舅甥间相互服缌麻。

2. 贞观廷议把甥对舅的服制由"缌麻"改为"小功"

唐代贞观十四年（公元640年），八座议奏此古礼应修改，主张"舅服同姨小功五月"，即甥对舅的服制应与对姨一样，都提到小功丧服五月的级别。唐太宗认为"舅之与姨，亲疏相似，而服纪有殊，理未为得"。秘书监颜师古也认为"外氏之亲俱缘于母，姨舅一例，等属齐尊，姨既小功，舅乃缌麻"，这是"由生异义，兹亦未安"。当时，侍中魏征、礼部侍郎令狐得棻等也都主张甥之与舅"请与从母（即姨）同服小功"。

3. 显庆廷议进一步要把舅对甥反报的服制也改为"小功"

这里应该明确的是，贞观廷议要改舅甥之间互服缌麻的古代服制，只改甥对舅（应像对姨一样）服小功，而舅对甥反报缌麻之服，并未修改。当然，永徽定律（公元652年）及编成律疏

（公元653年）时，都只是甥对舅服小功，而舅对甥仍维持反报
缌麻的情况。正因为如此，才有显庆元年又发生把舅对甥反报的
缌麻要提至小功的廷议。

（二）唐律"内乱"不包括舅对甥的奸情

1. 入"内乱"的衡量标准一定是"奸小功以上亲"及"父祖妾"

唐律中"内乱"罪的处罚具体地规定在《杂律》总第412、
413条。第412条的律文说：

> 诸奸从祖祖母姑、从祖伯叔母姑、从父姊妹、从母及兄
> 弟妻、兄弟子妻者，流二千里，强者，绞。

第413条规定：

> 诸奸父祖妾、伯叔母、姑、姊妹、子孙之妇、兄弟之女
> 者，绞。

这两条律文中除"父祖妾"外，其余男犯对被奸或和奸之女方都
是"小功"或小功以上之服制。如果显庆元年已把舅报甥由缌麻
改为小功的话，《律疏》第412、413条后来刊修时肯定会列入奸
外甥女的内容，现在无列，证明律疏并未依显庆之议而修改过。

2. 舅奸甥在唐律中属非"内乱"的"奸缌麻以上亲"罪

《唐律疏议》中奸外孙女及外甥女是属《杂律》（总第411
条）的"奸缌麻以上亲"之罪，该罪按律一般不是处流与绞，

而是处"徒三年"。在论处奸罪时，使外公奸报服缌麻的外孙女及舅奸报服缌麻的外甥女的情况，都被排斥于"内乱"罪之外，唐律的疏文正是要说明此情况，达到此目的。

(三)《律疏》之"内乱"未依显庆廷议
改舅对甥报小功之服

1. 疏文中只有贞观廷议甥对舅服小功之内容

今见律疏里的服制显示，甥对舅要依小功服，而舅对甥仍报以缌麻服。这种制度既不是舅与甥相互服为缌麻的"古丧服"，也不是长孙氏主张的"今甥为舅，使同从母（即姨）之丧，则舅宜进甥，以同从母之报"皆服小功之制，而是确认甥对舅服小功，舅报甥仍服缌麻的特殊制度。虽然显庆廷议时决定要修改这种制度，但关键的问题是今传的律疏中这条法律注文的疏文，只反映了贞观廷议修改的内容，而并未有任何依显庆廷议修改的反映。贞观廷议把甥对舅的服制改为"小功"，现在疏文上说"妇人为男夫虽有小功之服，男子为报服缌麻者"时，举"外孙女于外祖父及外甥于舅"的例子，这证明贞观之议（公元640年）已落实在永徽律疏（公元653年）之中了。

2. 现见律义之法律逻辑排斥舅对甥报"小功"之制

从今见《律疏》内乱疏文本义的事理逻辑来看，疏文中舅对甥的反报服制，并未如显庆之议由"缌麻"改为"小功"。要弄清楚这问题，首先让我们分析唐律注文及疏文的意思。什么是"内乱"？注文说："谓奸小功以上亲、父祖妾及与和者"。什么是"奸小功"？疏文说：

　　谓据礼，男子为妇人著小功服而奸者。若妇人为男夫虽
有小功之服，男子为报服缌麻者，非。谓外孙女于外祖父及
外甥于舅之类。

　　有的学者认为，疏文中"男子为报服缌麻者，非"，是把这
一错误（指舅对甥报缌麻）否定了。其实，律疏中的"非"，其
意不是说舅对外甥报服缌麻不对，或是说舅对甥报缌麻的制度被
修改了，而是判断女对男方服小功而男反报女方服缌麻，像外孙
女与外祖父及外甥与舅的关系，都不属于"内乱"要求的"奸
小功以上"的情况。

3. 疏文把舅甥关系与外祖父和外孙关系兼举并立是舅报甥仍为"缌麻"的铁证

　　根据《唐会要》的记载，无论是贞观中之"八座议奏"或
是显庆元年的议奏，所涉及问题，都只是议改舅对甥反报的服
制，而未提出要修改外祖父反报外孙的服制问题。从唐、明两代
的服制图来看，外祖父反报外孙的服制都是缌麻。在唐代的
《五服之制与年月表》上，"小功五月"下列有"为外祖父母
服"，在"缌麻三月"下列有"为外孙"。[①] 在《大明律·名
例·服制》上，"小功五月"下列有"为外祖父母"，在"缌麻
三月"下，则列有"为外孙（男女同）"。[②] 所以，外祖父反报
外孙服缌麻是铁案。既如此，唐律的疏文把"外孙女于外祖父"
及"外甥于舅"同举，就证明，在唐律中，外祖父与外孙及舅
与外甥之间的服制相同，卑为尊服小功，而反报缌麻，可见律疏

---

① 见杨鸿烈著《中国法律发达史》，第 406~407 页。
② 见杨一凡点校《大明令》，收入刘海年、杨一凡主编《中国珍稀法律典籍集成》乙编第
　 1 册，科学出版社，1944，第 20~25 页。又见诸明刊本《大明律》书首"服制"图。

绝未按显庆之议而修改。如舅对甥已改为小功，疏文决不会把它与外祖对外孙服缌麻列于同类项。

（四）新版《宋刑统》中"内乱"疏文
之句读乃附误致误

其实，问题十分清楚，"内乱"的构成要求之一"奸小功以上亲"，是"男子为妇人著小功服而奸者"。对这一根本点，大家都无分歧。所以，如舅对甥之服依显庆之议改成"小功"了，那么舅奸甥就要入十恶之"内乱"。如其服制未改（仍是"缌麻"），那么舅奸甥就不入十恶之"内乱"。

1. 杨、吴二位先生依误解而改动句读

有人因主观认为舅奸甥这种乱伦行为应入十恶"内乱"，又有人相信律疏已依显庆之议而修改的观点，于是他们削足适履，不惜把唐律疏文中原来正确的句读，改成为自以为表达新观点的点法：

> 律文云：十曰内乱。注云：谓奸小功以上亲。〔议〕曰：奸小功以上亲者，谓据《礼》男子为妇人著小功服而奸者，若妇人为男夫虽有小功之服，男子为报服缌麻者，非谓外孙女于外祖父及外甥于舅之类。①

与本文第（三）节中第二部分的引文比较，点校者把"奸者"

---

① 见杨鸿烈著：《中国法律发达史》，（上海）商务印书馆，1930，第409页。又见（宋）窦仪等撰、吴翊如点校之《宋刑统》，中华书局，1984，第13页。

后面的句号改为逗号,又把"非"挪到下句"谓"之前连成一句。但这样断句,"若"字之后的文句在意思上已不形成对"男子为妇人著小功服而奸者"作假设性的解释,到底要说明什么意思,语意不明,令人费解。如果律疏真按显庆元年之议而改,那只须在"谓据礼,男子为妇人著小功服而奸者"之后加"舅于甥报服小功"即可,何须用"非谓外孙女于外祖父及外甥于舅之类"既啰唆又含糊的解释。所以,《中国法律发达史》及《宋刑统》对"奸小功以上亲"疏文的句读,都应当回到《律疏》的原义上去才对。"若"字以下的文句是对其前一句的假设举例。前一句明确规定:"谓据礼,男子为妇人着小功服而奸者。""若"下之后句特别指出"妇人为男夫虽有小功之服"而"男子为报服缌麻者,非",即男子与报服缌麻的女方相奸,不属于"男子为妇人着小功服而奸"的情况,当然也就不属于"内乱"罪。这里的"非"是"非上述之情况"的意思。

2. 疏文中"……者,非"是已经程式化的习惯结构

《律疏》中"……者,非"这种固定的行文方式,一般都不可能在文意的理解上产生歧见。

(1)《名例·十恶》中的例句。

《名例》"十恶"中好几处有这种句式,它们结构自然,文意畅达,对我们正确理解"内乱"疏文的意义结构,是极为重要的佐证。与"十曰内乱"靠得最近的"九曰不义"中就有类似的例子。如:"不义"的注文列妻犯夫的罪状之一说:"闻夫丧匿不举哀,若作乐,释服从吉及改嫁。"疏文对此解释说:

> 夫者,妻之天也。移父之服而服,为夫斩衰,恩义既崇,闻丧即须号恸。而有匿哀不举,居丧作乐,释服从吉,

改嫁忘忧，皆是背礼违义，故俱为十恶。其改嫁为妾
者，非。

文中第一句是抬出理论前提；第二句是说在服制上，夫服取代父
服，为最亲最高的级别；第三句是列举妻对夫"不义"的罪状；
最后第四句是特别指出，妻如果改嫁为他人之妾，虽有此类行为
也不属于十恶不义的情况。因为作为改嫁之妻对前夫比作为妾对
现夫，在服制及身份上都已下降，故不再以十恶论。此句中，
"非"下再无他文，其对"……者，非"的说明与判断关系勿庸
置疑。

为了更实在地来探讨"……者，非"的意义结构，现把
"十恶"中"不孝"、"不睦"、"不义"及"内乱"本身中
"……者，非"结构的文句列表比较如下。在这些例句中，无论
是"非"后有下文或无下文，也无论是"……者"之后是否定
的"非"或是补充肯定的"亦是"，对我们正确理解"内乱"
疏文文句的意义都有重要的帮助。因为举一反三及触类旁通的逻
辑力量很难抗拒。（见本文第 232 页附《"十恶"中"……者，
非"句式文意比较表》）

3.《律疏》中罕有"非谓"的行文句式

《中国法律发达史》及《宋刑统》中，硬要拼凑"非谓"
的句式，不但是造成律义的混乱，同时也违反《律疏》行文的
常例。为了说明这一点，我们稍微温习一下唐律中这二个字的使
用情况是大有好处的。

（1）"非"。

"非"在唐律中作否定副词使用的情况很多，主要有下列几
种使用情况：

其一，用在"者"之后，形成"……者，非"式。除"十恶"条之外，这里再列举"十恶"之外的例子来进一步说明唐律中"者，非"结构程式的普遍性。如《名例律》（总第9条）之疏文在解释"期以上亲及孙"的范围概念时说，"孙"不但指"嫡孙众孙"而且包括曾孙玄孙，之后又进一步解释关于"孙媳"是否在"孙"的范围之内的问题时又说：

> 其子孙之妇，服虽轻而义重，亦同期亲之例。曾玄之妇者，非。

《贼盗律》（总第251条）律文"诸谋叛者，绞。已上道者斩"下之注文说：

> 谓协同谋计乃坐，被驱率者，非。

《贼盗律》（总第259条）疏文对"杀一家非死罪者三人"之注文"奴婢、部曲非"再作解释时说：

> 杀一家三人内，兼杀部曲、奴婢者，非。

其二，用在句末，不形成"……者，非"结构。如《贼盗律》（总第259条）注文对律文"杀一家非死罪三人"作注时说："奴婢、部曲非。"即被杀的"一家非死罪三人"中，如有奴婢、部曲在内，则不构成"十恶不道"罪，只是普通杀人罪。

其三，用在句中或句首，"非"后有下文。如《擅兴律》（总第243条）中："甲有禁文，非私家合有，为非皮、铁，量罪稍轻"；"即私有甲、弩非全成者，谓不堪著用，又非私造，杖一百"；"余非全成者，勿论，谓甲、弩之处，所有禁兵器，非全成者，皆不坐"。

《擅兴律》（总第247条）疏文："非监临官私使，亦于准盗论上减三等。"

《贼盗律》（总第254条）的疏文在解释"主"的概念时说主人的媵妾，依法律不得与主人分财产，因这些人并不在"主"的范围之内："其媵及妾，在令不合分财，并非奴婢之主。"

《贼盗律》（总第257条）疏文关于"强盗"的概念从否定的角度解释说："窃盗发觉，弃财逃走，固相拒捍，如此之类，事有因缘者，非强盗。"

（2）"谓"。

"谓"是解释前句的连接词。《律疏》中用"谓"，一般都是解释上句的连接之词。疏文在讲"妇人为男夫虽有小功之服，男子为报缌麻者，非"时，唯恐用律人领会有错，特别紧接举例说："谓外孙女于外祖父及外甥于舅之类"。"谓"对前句中所引律文或注文进行解释时，相当于现代汉语中"这是说……"、"这是指……"的意思。从其在唐律中的实际使用，大概有下列几种情形。

其一，注文解释律文时使用。如本例律文"十曰内乱"后之注文说：

　　……谓奸小功以上亲、父祖妾，及与和者。

其二，疏文解释注文时使用。如上条中《疏》文对《注》文中的"及与和者"作解释说：

"及与和者"，谓妇人共男子和奸者，并入"内乱"。若被强奸，后遂可者，亦是。

其三，在疏文的上下文中使用。如《擅兴律》（总第 234 条）中"主将以下，谓战士以上"；《擅兴律》（总第 235 条）中"在军所者，谓在行军之所；在镇戍者，谓在镇戍之处"。

总之，即使从行文句式来看，《律疏》中似乎也未有像《中国法律发达史》及新版《宋刑统》点校中拼凑的"……者，非谓……"的句式。

（五）"内乱"如真按显庆之议而改则今传《律疏》决非是被改的那种版本

显庆元年，《永徽律疏》颁布才三年，从史书上看，朝廷未有全面修改律疏之举。今传《唐律疏议》中，贞观廷议要把甥对舅从原来的"缌麻"改为"小功"已经实现了，疏文中"妇人为男夫虽有小功之服"就反映了这种情况。而显庆廷议要把舅对甥的反报也要提到"小功"，则未有反映，疏文中"男子为报服缌麻者"就证实了这种情况。《律疏》是否遵从显庆廷议而作了修改，作为事件来说，实在无法作出定论。但是，现在我们所能看到的今传《律疏》，其内容绝无反映遵照显庆廷议而改的任何蛛丝马迹。针对显庆曾廷议欲对舅反报甥的服制由缌麻改为小功的记载，《新唐书》的作者唯恐引起读者对《律疏》的误解，特意清楚地指出：

然《律疏》舅报甥，犹服缌。①

如果一定要说《律疏》中的"内乱"条已照显庆廷议修改了，那我们只能回答说：今传《律疏》决不是遵照修改的那种版本。

表 16 - 1 "十恶"中"……者，非"句式文意比较表

律条名称	注文列举之罪状	疏文对注文之直解	疏文列举之例外或补足之事例
七曰不孝	诈称祖父母、父母死	其"诈称祖父母、父母死"，谓祖父母、父母见在而诈称死者→	←若先死而诈称始死者，非
八曰不睦	卖缌麻以上亲	卖缌麻以上亲者，无问强和，俱入"不睦"→	←卖未售者，非
九曰不义	闻夫丧匿不举哀，若作乐，释服从吉及改嫁	有匿哀不举，居丧作乐，释服从吉，改嫁忘忧，皆是违背礼义，故俱为十恶→	←其改嫁为妾者，非
十曰内乱	奸小功以上亲	奸小功以上亲者，谓据礼，男子为妇人著小功服而奸者→	←若妇人为男夫虽有小功之服，男子为报服缌麻者，非谓外孙女于外祖父及外甥于舅之类
	（奸）父祖妾与和者	父祖妾者，有子、无子并同，媵亦是；"及与和者"，谓妇人共男子和奸者：并入"内乱"→	←若被强奸，后遂和者，亦是

___

① 见《新唐书》卷二〇《礼乐十》，中华书局，1975 年，第 446 页。

十七 "毒药药人"罪刑罚考辨

新旧《唐书》中《杨恭仁传附杨思训传》中都有关于右卫大将军慕容宝节以毒酒毒死杨思训后，先被判"流岭表"，后因杨妻"诣阙称冤"，又改处"斩"刑的记载。其中，《旧唐书·杨思训传》中的记载是：

> （慕容）宝节坐是配流岭表。思训妻又诣阙称冤，制遣使就斩之。仍改《贼盗律》以毒杀人之科，更从重法。

《新唐书》中的记载是：

> ……乃诏以置毒人者，重其法。

两书两传所记慕容宝节都是"改流为斩"，以此为根据，有的学者认为：显庆中对《贼盗律》（总第263条）作了修改，因为书中所记的"重其法"或"更从重法"，就是从流刑改为死刑。这种修改表现在《唐律疏议》中就是《贼盗律》把毒药药人罪从原流刑改成了现在所见的绞刑。

《律疏》中的《贼盗律》，仅以《唐书》有记载慕容宝节由

"流刑"改为"斩刑"之事，就判定"毒药药人"罪的刑罚曾由流刑改为死刑，此论根据不足。为了说清问题，这里抄录该律条的有关部分如下（括号内为注文）：

> 诸以毒药药人及卖者，绞；（谓堪以杀人者。虽毒药，可以疗病，买者将毒人，卖者不知情，不坐。）即卖买而未用者，流二千里。
>
> 《疏》议曰：凡以毒药药人，谓以鸩毒、冶葛、乌头、附子之类堪以杀人者，将用药人，及卖者知情，并合科绞。①

新旧《唐书》一致记载慕容宝节毒死杨思训后，先被判流刑流岭表，后经杨妻诉冤后又改斩刑。尽管这是古代定罪判刑的事，但如果从刑法学及诉讼法学的角度去分析，则很难得出药人致死在律条中原为流刑的结论。

（一）依杀人罪处置原则将药毒人就是死罪

从罪与罪的轻重比较上说，律文及疏文的意思非常清楚：只要有用"堪以杀人"的毒药"将②用药人"的行为，就要处"绞"，而并不要求一定要发生把人毒死的后果。现在慕容宝节既有以毒药药人的行为，又发生了毒死人的后果，处罚理当重于绞刑而处斩刑。只有卖买（毒药后）而未用者，才是处流刑（二千里）。这是唐律"刑罪相当"原则在杀人罪上的一个体现。

---

① 《唐律疏议》卷一八《贼盗律》，第339页。
② 此处之"将"是用作动词"拿"，而不用作助动词"将要"之义。

唐代杀人罪量刑的原则规定是：

> 诸谋杀人者，徒三年；已伤者，绞；已杀者，斩。①

"毒药药人" 在备药阶段是属谋杀的性质，"将用药人" 已进入实施杀人行为之阶段，即使未被毒死，也照 "已伤者，绞" 处置；人被毒死，照 "已杀者，斩" 处置，理当无疑。对这原则 "毒药药人" 罪疏文明确地作规定说：

> 其如药而不死者，并同谋杀已伤之法。

即按上引 "已伤者" 的情节处绞。在唐代，不要说是以杀人为目的的毒人，"毒药药人" 罪同条中就规定即使是以赚钱为目的，故意把已知有毒的肉出卖致人食而死亡，也是绞刑：

> 脯肉有毒，曾经病人……若故与人食并出卖，令人病者，徒一年，以故致死者绞。

所以从整部唐律对杀人罪处置的共同原则来说，很难想象哪一朝唐代的立法，在某个阶段可以悖逆法理把故意 "以毒药药人" 罪能规定 "流" 的幅度。

（二）从诉讼程序说 "流" 改 "斩" 是纠正错案

从诉讼的角度说，慕容宝节由流改为斩，其性质是皇帝纠正

---

① 《唐律疏议》卷一七《贼盗律》，第329页。

失之过轻的改判。也正是由于先前判决有错，所以杨思训的妻子才可能"诣阙诉冤"。假如果真"以毒药药人"刑罚原来就规定是流刑，现慕容氏被处流刑，那么杨思训的妻子就不能"诣阙称冤"，因为既然刑罪依法（律）相当，"冤"从何来？

从修改的根据上说，新旧《唐书》上都记载慕容宝节先是处流岭表，后来被害者杨思训之妻告御状后才改从"斩"刑。而如果律文及其疏文真的依制命要改的话，那么也不是"改"为像现在那样的"绞"，而应是"制遣使就斩之"中的"斩"。要知道唐代的"死"刑，分为轻重不同的绞、斩二等。这两个等级在法律上极其严格，不允许有错乱。有关官吏如果错判或错执行，都要追究罪责。法律规定："诸断罪应绞而斩，应斩而绞，徒一年。"①

（三）从文意上说改斩是"仍"依杀人情节之重者论

从文句上说，《旧唐书》在记"制遣使就斩（慕容宝节）"后，说"仍改《贼盗律》以毒药杀人之科，更从重法"，其意是：慕容宝节撤去原先的流刑判决，仍旧依《贼盗律》中"以毒药药人"致死的法律，改处斩刑。《新唐书》中所记"乃诏以置毒人者重其法"，也是说下诏以毒药药人致死的犯罪处斩刑。依法制史说，从汉朝起，"重刑"、"重法"常常就是死刑——弃市的委婉表达。同时，新旧《唐书》上的这两句话，都没有皇帝下令修改律文和律疏的意思，更不能证明律文和律疏已作了修改。其实，《旧唐书》上一个"仍"字足以说明问题：其一，

① 《唐律疏议》卷三〇《断狱律》，第573页。

"仍"用在"思训妻又诣阙称冤，制遣使就斩之"及"改《贼盗律》以毒药杀人之科更从重法"之间，如果其义是交代了斩慕容宝节之后，另外转而交代修改法律的事，决不会用"仍"连接。其二，"仍"在此作连接，是对原来处斩刑的一种重申：纠正轻判，"仍旧"依法律规定办事。是判决改而法未改。

十八　改嫁继母丧制"修改"辨

　　《唐会要》卷三七"服纪上"记载说，唐高宗龙朔二年（公元662年）八月，同文正卿萧嗣业，因"嫡继母改嫁身亡，请申心制"，即请求解除官职，为死者服"心丧"。原按礼，子为父母要服斩衰三年，但如果是妾的儿子及被休弃妻子的儿子为生母得降格服丧，丧期是25个月，这称为"心丧"。"心丧"期内儿子要解官服丧。"心丧"虽是属于压降的服丧制度，但仍是儿子对生母（包括父死后已出嫁的母亲及身份是妾或被父休弃的母亲）的服制，而不适用于改嫁的继母。虽然如此，皇帝还是趁此下诏令朝廷官员对继母的服制要讨论定制奏闻。讨论中分成两派，以司卫正卿房仁裕为首的736人的多数派认为，继母改嫁后，儿子，不服心丧，不解官。以右金吾卫将军薛孤吴仁等26人的少数派认为要服心丧，应解官。司礼太常伯王博义维护多数派的意见。他在写给皇帝的奏议中，主张凡非生身之母，由于父卒而出嫁，其死后儿子并不服"心丧"，因为"心丧"之制，唯适用于儿子对生母压降之服，非生身之母出嫁后亡故，只是杖期之限，"不悉解官"。认为"母非所生，出嫁义绝，仍令解职，有紊缘情"。结论是"（萧）嗣业既非嫡母，改醮不合解官"。同时建议"其礼及律疏有相关涉者，亦请准此改正"。最后"诏从之"。据此，有的学者又认为，《斗讼律》（总第345条）"嫡继慈母杀其父，及所养者杀其本身，并听告"之条的疏文，正是根据此议而修改成为现在这个样子的：①

> 然嫡继慈养，依例虽同亲母，被出、改嫁，礼制便与亲母不同。其改嫁者，唯止服期，依令不合解官，据礼又无心丧，虽曰子孙，唯准期亲卑幼。若犯此母，亦同期亲尊长，被出者，礼既无服，并同凡人。其应理诉，亦依此法。

对于这种看法一定要给予必要的补充说明。

（一）按礼制"心丧"原就只适用对生母的降服

当时的律疏并不与改嫁继母死亡儿子不申心丧不解官的制度有矛盾。对于萧嗣业提出的他对改嫁的继母身亡后自己要不要服"心丧"解官的问题，在龙朔二年的当时，法令上完全是个不成问题的问题，对此不成问题的问题，依当时《令》的规定，萧嗣业原就不须在改嫁继母身亡后提出服心丧解官的问题。当时"有司"对萧嗣业的奏请就"奏称"：

> 据《令》，继母改嫁，及为长子并不解官。②

可见当时的《令》文与朝廷通过争论所作的结论完全一致，并

---

① 见《关于〈唐律疏议〉中三条律疏的修改》，《文史》1980年第8期。
② 《唐会要》卷三七，上海古籍出版社，1991，第788页~789页。另见〔日〕仁井田陞、池田温著《唐令拾遗补》列永徽《假宁令》，东京大学出版会，1997，第1417页。

不矛盾。在令文无矛盾的情况下，很难说作为定罪判刑用的律疏则反而先发生矛盾。《唐会要》上记载司礼太常伯王博乂在介绍两派争论，提出萧嗣业不合解官的结论时说的"其礼及律疏有相关涉者，亦请准此改正"，其中"关涉"的提法并不证明当时的《律疏》中一定有与结论相矛盾的内容存在，只是泛提"有关涉者""准此改正"。极有可能当时的律疏内容并没有与结论相矛盾的内容而一定要改正。

（二）《律疏》中"心丧"的疏文也都以亲生子为前提

关于儿子为父母（包括继母）服丧的制度，唐代的《假宁令》有明确的规定，该法令说：

> 诸丧，斩衰三年，齐衰三年，齐衰杖期。为人后者，为其父母并解官，申其心丧。

关于"心丧"的适用，法令继续规定说：

> 父卒母嫁，及出妻之子为父后者，虽不服，亦申心丧。①

律疏如真要修改，首先修改涉及"心丧"概念的是《职制律》条文，而不是首先修改《斗讼律》之条文。《斗讼律》（总345条）主要是规定对嫡、继、慈、养母侵犯的处置问题。在解

---

① 见〔日〕仁井田陞、池田温著《唐令拾遗补》，东京大学出版会，1997，第1418页。

答告发问题时指出，嫡、继、慈、养母于父死而改嫁后，在亲等上"唯止期服"，所以"依令不合解官，据礼又无心丧"。如果律疏关于改嫁的继母与儿子的服制问题，欲依龙朔二年之议而要作修改的话，那首先要修改的是那些有关"丧制"及"心丧"适用概念的法律，而不会是从《斗讼律》中儿子告发继母的律疏开始。

（三）萧嗣业作不须请示之请示是怕涉嫌犯罪

唐律中关于儿子对继母服"心丧"的制度，首先应是在《职制律》内。该篇律疏关于"心丧"的对象，在对"丧制未终，释服从吉"罪作解释时说：

> 其父卒母嫁，及为祖后者祖在为祖母，若出妻之子，并居心丧之内，未合从吉。①

该篇律疏在"冒哀求仕"罪下又对"在心丧内"的注文作解释说：

> 谓妾子及出妻之子，合降其服，皆二十五月内为心丧。②

上述二条律疏都是针对"心丧"作解释，"夫卒母嫁"、"出妻之子"、"妾子"这些服"心丧"的都是指母的"亲子"，其所以

---

① 《唐律疏议》卷第一〇《职制律》，第204页。
② 《唐律疏议》卷第一〇《职制律》，第207页。

服"心丧"二十五月，是因为"母嫁"或被"出"而降服所至。服"心丧"原不包括非生身的继母，这是服制前提。在这个前提确立之后，才会说到继母如不被出，不改嫁，则例同亲母。但如改嫁或被出，"唯止期服"，"又无心丧"，当然儿子也"不合解官"。萧嗣业明知令文有明确规定还要多此一举"请申心制"，怕的就是涉嫌"冒哀求仕"之罪。

　　总之，对改嫁继母的丧制，当时唐代的《令》文上原有明确的规定，律文也不会离开令文而有矛盾抵触的内容。所以，"修改"之说，须再探讨。

十九　"除免"与"官当"关系辨

　　众所周知，唐代的官吏在犯罪后有撤免官职的制度。其实，唐代从犯罪后撤免官职的情况说，应该分为两种。一种是普通的"官当"，那是指官吏犯一般不作除免处置的徒刑后，以官职抵当徒刑。这种普通的"官当"，本书《唐代刑罚与行政处罚交叉相通考》一篇的有关部分，[①] 已经作了介绍。另一种是犯特殊的罪名后，在除免官爵的同时，事实上仍可以以撤去的官职同时实行"官当"的办法。那末，除免与官当到底是什么性质，实行"除免"与"官当"后的官吏能否再"当"，这些问题其实是唐律特权制度中的关键，也是唐律阅读者不能不遇到而又必须理清的问题。也只有通过这些问题的澄清，才能正确领会史书上介绍《贞观律》内容时所说的"其当徒之法，唯夺一官，除名之人，仍同士伍"的含义。

---

① 参见本书第21篇《唐代刑罚与行政处罚交叉相通考》中"官吏的徒、流刑可转化为撤销官职之处罚"一节。

（一）“除免”是对犯特殊罪名的官吏附加的行政处罚

1. 受“除免”的官吏都有两重之罚

今天的官员构成刑事犯罪通常都会被解除官职。但古代并非完全如此，唐律规定，官吏犯罪除刑罚外还要撤免官爵，只限于特殊规定的一些罪名。不在特殊规定之内，并不一定撤免官爵。唐代撤免官爵的处罚根据轻重程度分为除名、免官、免所居官三个等级，同时附加于不同犯罪的刑罚。[①]

正因为这种行政处罚是对特殊犯罪的附加，所以唐代受“除免”的官吏，所犯之罪都有两重之罚，一是依律条规定所作的刑事处罚，一是依《名例》规定附加的行政处罚。后者的内容是：

（1）“除名”之例。如按《杂律》（总 416 条）规定，官吏有“于所监守内奸”之罪，一方面要处比凡奸罪“徒一年半”加一等“徒二年”的刑罚，同时要附加“官爵悉除”的“除名”之罚。

（2）“免官”之例。按《职制律》（总第 138 条）规定，监临主守有“受财不枉法”之罪，如值满“三十匹”的，一方面是处刑罚“加役流”，同时要附加“两官并免”的“免官”行政处罚。

（3）“免所居官”之例。按《职制律》（总第 121 条）规定，官吏有“府号、官称犯父祖名而冒荣居之”之罪，一方面是刑罚“徒一年”，同时附加“免所居之一官”的“免所居官”

---

① 参见本书第 21 篇《唐代刑罚与行政处罚交叉相通考》中“刑律规定官吏有某些犯罪在受刑罚的同时必须撤免官爵”部分。

的行政处罚。"官当"中官高当不尽的官，停职一年后，降先品一等叙官，处置办法实际同于"免所居官"之法。

2. 官当与除免都是限制赎刑的泛滥

为维护吏治之需要，"赎章"中特别规定，官吏犯须除免官职的罪名，必须除免而不能随便借助"赎"权来保留应除免的官职。

（1）受"除免"及作"官当"的官吏必须撤去官职及停职。

如果单从《名例》的"赎章"（总第11条）的内容看，似乎官吏有流以下的罪，都是可凭此特权行赎而不必去官："诸应议、请、减及九品以上之官，若官品得减者之祖父母、父母、妻、子孙，犯流罪以下，听赎。"而事实上决非如此简单。对此，《名例》（总第22条）首先从原则上规定说：

其犯除免者，罪虽轻，从除免。

疏文说：

假有五品以上职事及带勋官，于监临内盗绢一匹，本合坐杖八十，仍须准《例》除名；或受财六匹一尺而不枉法，本坐徒一年半，亦准《例》免官；或奸监临内婢，合杖九十，亦准《例》免所居官。

文内所列各项除免范围内的罪名，即使是徒、杖之刑，都要依法除免官职，而不能保留。同时《名例》的"赎章"（总第11条）特别指出，不允许应作除免及官当的犯官，以"赎"法来保留官职：

> 议、清、减以下人，身有官者，自从官当、除免，不合
> 留官收赎。

（2）官吏犯"五流"不得减赎而同时必须除名。

赎权的限制对官吏来说还有是"五流"，《名例》"赎章"
（总第 11 条）规定其限制说：

> 其加役流、反逆缘坐流、子孙犯过失流、不孝流及会赦
> 犹流者，各不得减赎，除名配流如法。

如果所有应除免及官当的犯官，都以"赎"权来抵抗撤停官职，
则大批不宜留任的犯官都留在官位上，这必然严重地影响吏治，
所以法律不允许应作官当及除免的官吏留官收赎。

（二）官吏受"除免"的同时其实刑作了"官当"

以现代的制度逻辑说，某官吏既然已受刑罚，官职就不存
在，当然也就再无"以官当徒"之说。但是唐代却不是这样，
官吏犯该受除免之罪在实行除免的同时，实际仍用原官职抵当了
流徒之实刑。这是唐律特权制度中一个最突出的特点。《名例》
（总第 22 条）在强调"其犯除免者，罪虽轻仍从《例》除免"
时，疏文举例说：

> 假有职事正七品上，复有历任从七品下，犯除名、流，

不合例减者，以流比作徒四年，以正七品上一官当徒一年，
又以从七品下一官当徒一年，更无历任及勋官，即征铜四十
斤，赎二年徒坐，仍准《例》除名；若罪当免官者，亦准
此当赎法，仍依《例》免官。

从所举实例看，此官之官职被除免的同时，仍实行以官当其徒
流。犯官的官职，并不因为被除免而排斥官当，即犯罪被除免的
是它，同时用来抵当徒刑的仍是它。

但是，犯"五流"、"十恶"的官吏，在作"除名"时，不
可同时"当"去实刑。《名例》（总第18条）说："加役流以下
五流，犯者除名，配流如法。"

（三）"官当"与"除免"都有期满降等复叙的制度

一般犯官的官当，及只要不属"十恶"与"五流"的除免
者，都可以在去官无实刑情况下等待期满降等复叙。《名例》
（总第17、21条）分别规定说：

> 用官不尽，一年听叙，降先品一等；若用官当尽者，三
> 载听叙，降先品二等；若犯罪未至官当，不追告身，叙法以
> 考解例，期年听叙，不降其品。
>
> （除名者）六载之后听叙，依出身法。免官者，三载之
> 后，降先品二等叙。免所居官及官当者，期年之后，降先品
> 一等叙。

这说明，除免中不但包含了以官当实刑的内容，而且也包含

了期满降品复叙的内容。

（四）"官当"可以一当再当

　　唐律中除免与当赎是交叉混杂的特殊关系，彼此之间既有如前所述相互排斥的一面，又有交叉混用的一面。如前已述，唐代"官当"的使用，实际有两种情况：一种是犯"除免"罪同时还以官当徒流的"官当"；一种是犯"除免"之外罪以官当徒流的一般"官当"。这二者的区别是：一般的官当相当于"除免"官当中最轻的"免所居官"时所当的情况一样，只撤去二项官职中的一项，而且"期年之后降先品一等叙"。可是"除免"中的"除名"是"官爵悉除，六载后依出身法叙"，"免官"是只保留爵位而"二官并免"。《旧唐书·刑法志》在介绍唐代《贞观律》的内容时所说的"其当徒之法，唯夺一官"，[①] 这在《永徽律疏》中已不是这么回事。《律疏》中只有"官当"时正好一官当尽及在"免所居官"的当罪中才是"唯夺一官"。而对于在普通官当中一官当不尽及在"除免"者的"官当"中就不适用了。因普通官当中如一官当不尽时，"其有二官，先以高者当，次以勋官当"。在除免情况下，"二官并免"及"官爵悉除"，分别经三年、六年后再叙的起点都不是"唯夺一官"。

　　1. "除免"的官吏期满后重叙的起点是除免后剩留的官职

　　唐代受除免的犯官的所谓"除免"，其真正的含义，是在一定的时期内不担任官职，而身份上仍保留有依法降等后剩下的一定的品级的"官"。这一点，《唐律疏议·名例》（总第 19 条）

---

① 《旧唐书》卷五〇《刑法志》，中华书局，1975，第 2138 页。

的《注》文及《疏》文对"免官"解释说:

> 谓二官并免。爵及降所不至者,听留。

> "二官"为职事官、散官、卫官为一官,勋官为一官。
> 此二官并免,三载之后,降先品二等叙。"爵及降所不至者
> 听留";爵者,王及公、侯、伯、子、男;"降所不至者",
> 谓二等以外,历任之官是也。若会降有余罪者,听从官当、
> 减、赎法。

那些除免者,虽分别在一至六年内不能任职,但仍给他们留下了
期满后可再任的官品。如"免所居官"者假如原是"正一品"
的官,一年后还给他保留了"从一品"的官让他重叙;"免官"
者,假如原来是"正四品上"的,仍有三年后等着他去当的
"从四品上"官;即使属"除名"的,仍有"从九品下"或依
其当初科举出身的官品,等着他六年以后去重叙。所以,《旧唐
书》卷五〇《刑法志》在介绍《贞观律》内容时所说:

> 除名之人,仍同士伍。

犯官犯罪除名前,当然是官。犯罪"除名"后,撤去官职爵
位,但"六载后依出身法叙",虽然撤免期中无现职,但从身
份及资格说,仍在官吏之列。有的出版社出版的有关《旧唐
书·刑法志》的注译书籍中,"除名之人,仍同士伍"被译为

"削去官籍的人，身份仍与士卒相同"，^① 此说不妥。其一，被
除名的官吏，其身份决不同与"士卒"；其二，隋、唐及宋时，
"士"可指"士人"即官员、士族。唐人写的《隋书·刑法
志》就说过：

　　　　士人有禁锢之科，亦有轻重为差。^②

受"禁锢"停止作官资格的"士人"原是官吏。关于"士"，
《康熙字典》说："士，官总名。古有'选士'之举。"《辞海》
说："士，作官，通'仕'。"故此处之"士"，义应为"仕"。
其三，既曰"除名"撤免官职，已知原就不是"士卒"，现再说
身份"仍"同"士卒"，这"仍"之语义必不能用于此处。
"士"只有讲作"仕"才能适用。

　　**2. 官当及免官者"留"下之"官"在重犯罪的情况下可以
再"当"**

　　那些为犯官所保留，并分别在一、三、六年后重叙的官职，
就是所谓"听留"的"降所不至者"及"历任之官"。这些
"降所不至"的官和"历任"的官，在一定的情况下，还可以再
用它去作第二次官当抵免刑罚。《名例》（总第 19 条）对免官的
注文说："谓二官并免。爵及降所不至者，听留。"《名例》（总
第 21 条）律文说：

　　　　即免官、免所居官及官当，断讫更犯，余有历任官者，
各依当免法。

---

① 见《中国历代刑法志注译》，吉林人民出版社，1994，第 251 页。
② 见《历代刑法志》，群众出版社，1988，第 229 页。

疏文说：

> 假有人犯免官及免所居官，或以官当徒，各用一官、二官当免讫，更犯徒、流，或犯免官、免所居官、官当，余有历任之官告身在者，各依上法当、免。未断更犯，通以降所不至者当之。

疏文说：

> 此系重犯之人，明非见任职事。若有勋官、职事二官，先以高者当。假有前任六品职事及五品勋官，先以勋官当；若当罪不尽，亦以次高者当，不限勋官、职事。

犯官第一次实行官当后，保留在那里的"降所不至"的"历任"官，虽然不是现职，但如果该官重新再次犯罪，这些"历任"的官职还可以作为第二次实行官当的资本。这就是唐代官当连续使用的特权制度，其关键是当时所谓的"除免"，都不是像现代有刑科后"一撤到底"。

必须特别说明的是，上文所讲的"降所不至"是专指除免制度中预计在一定年限内（一年、三年、六年）撤职降级后余留下的品级。而在唐律中，单独的"降"字，又还是另一种专门的制度，那是指皇帝以制敕减轻刑等的制度。

3. 除免者实际未当完的罪罚也可用历任之官当赎

如上所述，除免者以及作官当的，计算时未当尽的罪罚还可用历任之官去当赎。《名例》（总第22条）说除免者"罪若重，仍以当赎法"，就是包括了以历任官再当的内容。

　　从刑罚的角度说，除免与官当之关系可以归结为：只要不属"五流"及十恶等罪的官当，配合赎铜之后，流、徒之主刑都可免服实刑；除免同时实际并用官当的，也可用历任之官去当、赎，而不服流徒实刑；只有五流、十恶之除免者，在除免的同时得实服流徒主刑。总之，除免与官当在一定情况下存在重叠与交叉的关系。

二十 "赎章"是否使官吏都
不实受笞杖辨

唐代的官吏无论是公坐还是私罪,从律文上看,都有笞杖的处罚。但是,《唐律疏议·名例》(总第11条)规定说:

> 诸应议、请、减及九品以上之官,若官品得减者之祖父母、父母、妻、子孙,犯流罪以下,听赎。

所以,是否由此可说,九品三十等的官吏,都可通过"赎"而不实受笞杖之刑。但是,按有关的律条与《格》条,官吏并非无条件地都可赎去决杖之罚。

(一)官吏享有"赎权"一般都可避免实处笞杖之刑

唐律律文中对议、请、减的各项特权都有限制使用的规定。而关于赎的限制,还有所谓"五流"及一些特定的犯罪不在赎的范围之内。疏文说:

> 其加役流、反逆缘坐流、子孙犯过失流、不孝流及会赦犹流者,各不得减赎,除名配流如法。

除"五流"之外，"其于期以上尊长及外祖父母、夫、夫之祖父母，犯过失杀伤，应徒；若故殴人至废疾，应流，男夫犯盗（谓徒以上）及妇人犯奸者：亦不得减赎。"但是，这是指对无官爵者，而对有官爵者，注文却说：

> 有官爵者，各从除、免、当、赎法。

既然徒流以上可用赎，笞杖刑当然也可用赎而不实处。关于女性官吏，《名例》（总第28条）的"问答"中也说：

> 若别犯流以下罪，听从官当、赎法。

从以上律文的内容看，唐律中官吏有包括笞杖在内的流以下之罪，很少有不能通过赎法来除免实刑的。

（二）流外杂任及品官在流外杂任上
任职犯笞杖罪要"决杖"

1. 流外杂任有罪可处"决杖"

流外杂任无官品可以当赎，有罪过可处决杖。如开元时关于"孝义之家，事须旌表"的敕条中曾规定说：

> 其孝义人如中间有声实乖违，不依格文者，随事举正。若容隐不言，或检覆失实，并妄有申请者，里正、村正、坊

正及同检人等，各决杖六十，所由官与下考。①

在"孝义人"申报旌表的过程中，官吏有违法作弊，对"里正、村正、坊正"等流外杂任是处"决杖"，对有罪责的"官"是给"下考"的行政处罚。同时，唐代在值勤的考核上，八品以下官吏实行一天数次点名作检查的制度，《职制律》卷第九（总第94条）规定：一日之内有二点不到者笞二十。这笞二十的刑罚，流内官自可用赎，而

> 非流内之人，自须当日决放。

2. 品官在流外杂任上犯杖罪以下"决杖"

其实，官吏有某些杖刑犯罪依格敕实施"决罚"，《名例律》（总第49条）就作了原则性规定。此条律文说："本条别有制，与《例》不同者，依本条。"此是说，作为通例的《名例》之外如律条或格敕另有特别规定的制度，则照格敕或律条的特别规定办。疏文举例说，虽然"《例》云'九品以上，犯流以下听赎'"，但是疏文紧接以《断狱律》中内容补充说：

> 即品官任流外及杂任，于本司及监临犯杖罪以下，以决罚例。

其义是，品官虽可依《赎章》赎流以下的笞杖之刑，但是如果现任流外、杂任之品官，所犯笞杖之罪，是于现职及任临时监统

---

① 敦煌文书《开元户部格》残卷，录自刘俊文著《敦煌吐鲁番唐代法制文书考释》，中华书局，1989，第276～277页，誊录北京大学图书馆馆藏缩微胶卷资料。

的岗位上实施的，则要依例决打，而不能赎抵。《断狱律》（总第 498 条）本条之疏文说：

> "于本司及监临"，谓于本司及临时监统者。① 若犯杖罪以下，依流外、杂任之例决杖，不准官品征赎。

这说明，唐代的九品以上之官，如不在流内相应的职事岗位，而是在"流外及杂任"上任职，而又是在本司或作为临时统临者犯杖以下罪，是要实决笞杖之刑的。这是出于对品官在任低层职司时实行监督的需要。任流外及杂任，职司原就不高，如有杖以下罪都以铜赎不受实决，就无法对其进行有效监督。

（三）犯"五流"之品官可能受"加杖"或决杖

如上所述，品官因有减、赎、当之权，一般不会实服流刑。但是，如所犯之流属所谓"五流"就要实服流刑，《名例》卷第二（总第 11 条）中规定："其加役流、反逆缘坐流、子孙犯过失流、不孝流及会赦犹流者，各不得减赎，除名配流如法。"只是"除名者，免居作"而已。但品官犯"五流"在下列几种情况下有可能要打杖。

1. 品官犯"五流"如适用"家无兼丁"例时要行"加杖"

《名例》卷第二（总第 11 条）之疏文中说，犯五流之官员发生"家无兼丁"停止发配的情况要依法加杖：

---

① 此句讲作如下之意亦可供参考："是说对其本部长官或对其作临时监督统辖的官员犯罪。"

"男夫犯此五流，假有一品已下及取荫者，并不得减赎，除名、配流如法"；"家无兼丁者，依下条加杖、免役，故云'如法'。"

此言之"下条"，就是指《名例》卷第三（总第 27 条）"犯徒应役家无兼丁者，徒一年加杖一百二十，不居作；一等加二十"之法。这种加杖要实作击打。

2. 品官犯"五流"后更犯罪作累加时要打杖

品官犯"五流"在下面三种情况下重新犯罪要决杖：

（1）犯"五流"之官于案发或已配阶段中又重犯流罪的依"留住法"决杖。

《名例》卷第四（总第 29 条）规定重犯罪之处置原则说："诸犯罪已发及已配而更为罪者，各重其事"，法律又说：

> 即重犯流者，依留住法决杖，于配所役三年若已至配所而更犯者，亦准此。

重犯流罪"依留住法决杖"，疏文说就是依《名例》卷第三（总第 28 条）"工、乐、杂户及太常音声人，犯流者二千里决杖一百，一等加三十，留住，俱役三年。"

（2）犯"五流"之官于流放地重犯流、徒罪依"加杖法"决杖。

如果品官原犯五流至流放地后，前刑未满又重犯流、徒刑的，则后犯之流徒罪，《名例》卷第四（总第 29 条）疏文规定说：

> 若役未讫，更犯流、徒流者，准加杖例。

"加杖"即上已引徒罪应役家无兼丁者之加杖法。更犯流以役三年计，也累计不得超过杖二百。

（3）"五流"犯官在流刑期间重犯杖、笞罪的依数决打。

《名例》卷第四（总第29条）对此规定说：

> 其杖罪以下，亦各以数决之，累决笞、杖者，不得过二百。

疏文说："累流、徒应役四年限内，复犯杖、笞者，亦依所犯杖、笞数决。"这种笞杖，都得作实打。

（四）八品以下之官可作拷讯

唐代官吏的定罪，按规定享有"减"权以上的官不作拷讯，而按《名例》卷第二（总第10条）规定，"七品以上之官"为有"减"权者。由此可知，八、九品的官吏不实行三人以上的"众证定罪"制度，可用讯囚杖拷讯。《断狱律》卷第二十九（总第474条）之疏文说：

> 应议、请、减以下及废疾以上，除此色外，自合拷取实情。

这虽然不是判决之刑罚，但也毕竟是实受之杖打。

(五) 依《格》条官吏犯罪有"决杖"

官吏常犯易犯的杖笞之罪,尤其是一些经济犯罪,如因"赎"权的行使总不处实刑,这对法制的稳固,终究造成问题。唐代"律疏"对于官吏因享有赎章的特权,而使流以下罪避免实处的这种过于宽松的情况,统治者就在《律疏》外的有关《格》条进行调控。这种变异是刑法上的重要改革,对吏治有重大的影响。敦煌文书中残存的《神龙散颁刑部格》中有明显的反映。[①]

格条明确规定对某些犯罪一旦确认即行决杖,所谓"决杖",已不只是判决上对笞杖幅度确认的概念,而是对犯人实际施加的笞杖击打。如《杂律》(总第389条)规定:"诸坐赃致罪者,一尺笞二十,一匹加一等;十四徒一年,十匹加一等,罪止徒三年。"这是律条对坐赃的判决幅度的认定。但是,按照《名例》(总第11条)"赎章"的规定,除了属于所谓"五流"外,"九品以上之官""犯流罪以下,听赎"的办法,所有的犯赃罪的官吏因都可用铜赎而永远不会实受笞杖,他们的背、臀、腿不会遭受实际的击打——决杖。从儆诫官吏来说,这的确存在很大的问题。而《格》条中规定的"决杖"就是要用刑杖实际击打这些官吏的身体。

一种情况是规定犯官犯有某罪要被"决杖",《神龙散颁刑部格》(残卷)其中规定:

---

① 见刘俊文著《敦煌吐鲁番唐代法制文书考释》誊录北京大学图书馆馆藏缩微胶片资料。中华书局,1989,第246~254页。

> 流外行署、州县杂任，于监主犯赃一匹以上，先决杖六
> 十；满五匹以上，先决杖一百；并配入军……东在都①及京
> 犯者，于尚书省门对众决，在外州县者，长官集众对决。

格条中，"先决杖"和一般律条中的"诸……者"应判"杖×
×"或"笞××"的情况绝不一样，条格中的"先决"及"对
众决"、"集众对决"都是实际施行的击打。又如：

> 州县职在亲人，百姓不合陵忽。其有欲害及殴所部者，
> 承前已令斩决。若有犯者，先决一百，然后禁身奏问。

犯官在"禁身奏问"之前，"先决杖一百"，也是实际施加的
击打。

另一种情况是官吏犯某罪，不但规定要"决打"而且还明
确规定，这种刑罚是不能赎免的。如：

> 盗及煞官驼马一匹以上者，先决杖一百，配流岭南，不
> 得官当、赎。

先说"先决杖"，再说"不得官当、赎"，这种杖刑必定实处，
理当无疑。又如：

> 私铸钱人，勘当得实，先决杖一百，头首尽处，家资没
> 官，从者流配。不得官当、荫赎，有官者仍除名。

----

① "东在都"之语，余疑应是"在东都（洛阳）"之误。

"私铸钱"者，不一定是官吏，但如是"官吏"，也要"先决杖"，这种决杖也是不可以铜赎免的。

（六）开元前后官吏受笞杖逐渐开放

随着《格》中"先加决杖"制度的确立，官吏受笞杖的情况逐渐普遍起来。这里，官吏有犯后临场受鞭笞的情况已允许实行。如《龙筋凤髓判》就反映了身为六品官的大理丞徐逊曾犯夜，巡夜的左金吾将军赵宜在徐"被捉之时，曾鞭二十"的情况。如果徐逊被鞭尚可解释为临时的"治安处分"的话，那末，《唐会要》记载的"开元十年十一月，前广州都督裴伷先下狱，中书令张嘉贞奏请决杖"① 的事，说明即使是高级官吏也可以施加不准赎铜的决杖的。这种京城官厅对官吏行决杖刑的情况决不止裴伷先一例，该文同时记载当时的兵部尚书张说曾说：

> 臣今秋巡边，中途闻姜皎朝堂决杖、流。

裴伷先的杖刑虽由于张说的谏阻最终未予执行，但并不说明这是坚持官吏不处杖刑的制度，而只是表明张说自己身为高官，怕此制泛滥早晚累及自己。他对因"奏请"受阻而不悦的张嘉贞说，当心有一天板子打到自己的身上去：

> 宰相者，时来即为，岂能长据。若贵臣尽当可杖，但恐吾等行当及之。此言非为伷先，乃为天下士君子也。

---

① 《唐会要》卷三九，上海古籍出版社，1991，第829页。

在皇帝的"制敕断罪"中也时常出现对官吏给予"决杖"处罚的情况。如唐玄宗曾给犯赃之武疆令裴景仙处"杖一百，流岭南"。①

---

① 见本书第11篇《"权断制敕"条立法背景考释》文中引《资治通鉴》卷二一二《唐纪·开元二年八月》，上海古籍出版社，1987，第1438页。

二十一　唐代刑罚与行政处罚
交叉相通考

唐代官吏的行政处罚，往往与刑事处罚交叉渗透，这是唐代立法和制度上的一个特点。这一特点产生的前提是两个方面：一是官吏因犯罪撤销官职的行政处罚，在法律上是由律典统一规范，作为附加刑形式出现。二是对官吏来说，一般刑罚可因特权不处实刑而"官当"或赎铜，结果是使部分刑罚事实上转化成行政处罚。唐代这一特点在法律制度上的反映有下列几方面。

（一）犯官撤免官爵的处罚由刑律统一规范

1. 刑律规定官吏有某些犯罪在受刑罚的同时必须撤免官爵

官吏在触犯刑律遭受刑罚的同时，常常自然地要导致撤免官爵职位的结果。在近现代，犯官官职的撤免基本划入行政范畴作另外处理。而唐代犯官官爵的处置，在刑律中以专门的条文加以规范，这些条文事实上成为官吏犯罪附加刑的规定。如官吏有下列犯罪之一，必须附加"除名"之罚：

诸犯十恶、故杀人、反逆缘坐，狱成者，虽会赦，犹除名。即监临主守，于监守内犯奸、盗、略人，若受财而枉法者，亦除名；狱成会赦者，免所居官。其杂犯死罪，即在禁身死，若免死别配及背死逃亡者，并除名；会降者，听从当、赎法。①

官吏有下列之犯罪必须同时受"免官"之罚：

诸犯奸、盗、略人及受财而不枉法；若犯流、徒，狱成逃走；祖父母、父母犯死罪被囚禁而作乐及婚娶者，免官。②

官吏有下列之犯罪，必须同时受"免所居官"之罚：

诸府号、官称犯父祖名，而冒荣居之；祖父母、父母老疾无侍，委亲之官；在父母丧，生子及娶妾，兄弟别籍、异财，冒哀求仕；若奸监临内杂户、官户、部曲妻及婢者，免所居官。③

受"免所居官"之罚的犯罪，除此条之外，还应加上《名例律》（总第 18 条）中四项狱成会赦之罪名。总之，官吏犯有上述三条中规定的这些罪名，在受刑罚的同时都要受撤免职爵之处罚，官吏撤免官爵之处罚是根据一定性质的罪名来决定。

---

① 《唐律疏议》卷二《名例》，第 47～50 页。
② 《唐律疏议》卷二《名例》，第 55 页。
③ 《唐律疏议》卷三《名例》，第 56～57 页。

2. 撤销官职处罚等级轻重的内容由刑律规定

撤销官爵之处罚，由重到轻分为"除名"、"免官"及"免所居官"三等，这三等的具体内容也由刑律规定。

按行政制度，唐代的"官"在种类上计有"职事官"、"散官"、"卫官"、"勋官"等四种。但在刑罚制度上，除爵级以外，官只分为"二官"，即职事官、散官及卫官为"一官"，勋官为"一官"。犯官"除免"的官职，都只是撤去现职以下一定区间的品位而非一撤全无。按《律疏》规定，除名、免官、免所居官，是由重到轻的三个处罚级别，因此在官职除免的幅度也轻重不同。

（1）最重的"除名"被除免的幅度最大。

"除名"者因所犯之罪重，所以《名例》（总第 21 条）规定是"诸除名者，官爵悉除"，即所有的官职及爵级都撤去。

（2）次重的"免官"被除免的幅度较"除名"小一点。

免官者所犯之罪比除名者轻，所以撤除的官爵范围比"除名"小，《名例》（总第 19 条）之注文规定是"二官并免"。

（3）最轻的"免所居官"被除免的幅度又比"免官"为小。

免所居官比免官者所犯之罪又轻，故撤免的范围又比前者轻。《名例》（总第 20 条）之注文规定是"谓免所居之一官。若兼带勋官者，免其职事"。

（4）犯官别敕免官后可给予贬官远任之罚。

《刑部格》也可以在刑事处罚调整的过程中规定行政处罚的内容。如《神龙散颁刑部格》残卷就有如下规定：

官人在任，缘赃贿计罪成殿已上；虽非赃贿，罪至除、免，会恩及别敕免，并即录奏，量所犯赃状，贬授岭南恶处及边远官。

在犯官"会恩及别敕免"之后，补充规定了非流刑的"贬授官"于"岭南恶处及边远"的行政处分。

3. 官职被撤销后的重叙办法也由刑律规定

从原则上说，唐代官吏因犯罪被撤销官职是期限性而不是永久性。尽管被撤销官职，但官吏的身份事实上还保留着，满了一定的期限，可在适当降级的条件下重新叙用。

除免重新启用的期限及启用的官品起点也分轻重三级，由刑律规定。

其一，"免所居官"者重新启用的期限最短，启用的官品相对起点最高。重新启用的官品起点高实际就是被"降"的官职最少。《名例》（总第 21 条）规定：

免所居官及官当者，期年之后，降先品一等叙。

从降的幅度说，"免所居官"者实际与不在除免之列的一般"官当"的犯官一样，不但只免"二官"中的一官，而且只等待一年就叙官，最后只降了一级又重新做官。

其二，"免官"者重新启用的期限比前者长，启用的相对起点比前者低。《名例》（总第 21 条）规定其叙法说：

免官者，三载之后，降先品二等叙。

比起"免所居官"来，等待复叙的时间长了二年，所降的官职多了一等。其疏文举例说：

> "降先品二等"，正四品以下，一阶为一等；从三品以
> 上及勋官，正、从各为一等。假有正四品上免官，三载之
> 后，得从四品上叙。上柱国免官，三载之后，从上护军叙。

其三，"除名"者比"免官"者重新启用的期限更长，启用
的相对起点更低。《名例》（总第 21 条）规定除名者重叙的办
法说：

> 六载以后听叙，依出身法。

疏文举例说：

> 称六载听叙者……犯除名人年满之后，叙法依《选举
> 令》："……正四品，于从七品下叙；从四品，于正八品上
> 叙；正五品，于正八品下叙；从五品，于从八品上叙；六
> 品、七品，并于从九品上叙；八品、九品，并于从九品下
> 叙。若有出身品高于此法者，听从高。""出身"，谓藉荫及
> 秀才、明经之类。准此《令》文，出身高于常叙，自依出
> 身法；出身卑于常叙，自依常叙。

"除名"者等待叙官的时间已长至六年，所降的等级一般是多至
好几个品级的十数等。但最低也仍有第三十等的"从九品下"
的官职。如果是以科举的秀才、明经之等第得官的，还可依当初
秀才、明经当有的"七品"叙官。

（二）官吏的徒、流刑可转化为撤销官职之处罚

官吏犯某些罪后，规定同时撤去官职，还只是古代刑罚与行政处罚一体化的一个方面。刑罚与行政处罚一体化的另一个方面是通过"官当"制度，用暂时撤免官职的处罚以抵当实处之徒刑。一般的"官当"，是指官吏犯有"除免"罪名之外的徒、流罪以官职抵当之法。①

1. 徒刑、流刑皆可用官当

"以官当徒"的"官当"制度，不但能抵当徒刑，而且也抵当流刑。法定的三等流刑，被化为四年徒刑去折当：

> 以官当流者，三流同比徒四年。……品官犯流，不合真配，既须当、赎，所以比徒四年。②

2. "公罪""私罪"皆可当

唐代官吏犯罪，只要不在"除免"之列，笞杖罪通过赎法避免实罚，徒流罪通过官当法避免实罚。无论是所谓"公罪"、"私罪"都是这样。《名例》（总第 17 条）规定："诸犯私罪，以官当徒者，五品以上，一官当徒二年，九品以上，一官当徒一年。若犯公罪者，各加一年当。"平民无法减赎的犯罪官吏仍可除免当赎并用。《名例》的"赎章"（总第 11 条）中说："其于期以上尊长及外祖父母、夫、夫之祖父母，犯过失杀伤，应徒；

---

① 官员犯"除免"罪同时实行"官当"之分析见本书第 19 篇《"除免"与"官当"关系辨》文之第 2 节。

② 《唐律疏议》卷二《名例》，第 45 页。

若故殴人至废疾，应流；男夫犯盗（谓徒以上。）及妇人犯奸者：亦不得减赎。"这是说一般人犯这些罪是不能减赎，而官吏却不是这样，律后之注文说：

> 有官爵者，各从除、免、当、赎法。

这清楚地说明，官吏即使犯过失杀伤尊亲属之徒刑，故意殴人致残之流刑，犯盗处徒以上这些私罪，都是可以用官当及赎法的。

3. 被流配的官吏遇赦降罪也以官抵当徒流

《名例》（总第 18 条）之律文说：

> 其杂犯死罪，即在禁身死，若免死别配及背死逃亡者，并除名；会降者，听从当赎法。

4. "官当"也会留下行政处罚的后果

官吏以官抵当徒流刑之后，并非官职丝毫不动地照做，而是会留下行政处罚的后果。这种后果的内容包括二点：一是停职一年；二是降一等使用。享有这种待遇的，必须是官职能当尽其罪的人。《名例》（总第 21 条）说与"免所居官"者一样：

> 官当者，期年之后，降先品一等叙。

（三）官吏的赎刑会引起行政处分的后果

古代官吏有犯罪，根据"八议"中之"赎权"，可以处赎刑而不处实刑。如《唐律疏议·名例律》（总第11条）规定，"九品以上之官"，"犯流罪以下，听赎"。但是官员受赎刑后，并不一切从此了结，因为赎刑处罚要纳入行政考核之内，从而引起行政处分的结果。

1. 赎铜负殿是行政考核的重要内容

唐代官吏在进行考核时，对受刑罚的劣迹要记载"负殿"。依法律，"考核之日，负殿悉皆附状"，即作为考核的内容：

> 诸官人犯罪负殿者，私坐计赎铜一斤为一"负"，公罪二斤为一"负"，各十负为一"殿"。校考之日，负殿皆悉附状。①

考核时从"上上"、"中中"到"下下"的九等，自"上中"以下，有一殿降一等。其中只有"上上"考的人，有"殿"可以不降官，只有"当年劳剧有异于常者"，才可以减去"一殿"的劣迹记录：

> 当上上考者，虽有殿不降（此谓非私罪）；自上中以下，率一殿降一等。即公坐殿失应降，若当年劳剧有异于常者，听减一殿。②

官吏如因私罪罚铜记负殿，致使考试等级降至"下中"（第八等）或因公罪记负殿降至"下下"（第九等）的，都要解去现任之官职并追缴回任官凭证，同时夺当年奉禄，一年之后才能

---

① 开元《考课令》，见《唐令拾遗》，长春出版社，1989，第255页。
② 开元《考课令》，见《唐令拾遗》，长春出版社，1989，第255页。

复职：

> 若私罪下中以下，公罪下下，并解见任，夺当年禄，追告身。周年听依本品叙。①

虽然因负殿而丢掉官职属于"下考"的情况，可被称为不因犯罪而免官的"以理去官"，但这种撤降与犯罪有十分密切的关系。这是唐代刑罚与行政处罚交叉相通的又一体现。

2. 刑律监督官吏的行政考核

（1）刑罚是否附入考核档案由法律规定。

官吏平时犯罪受赎铜处置后，都折换成"负"、"殿"记载在案。考校时，负殿记载哪些应当入考校，哪些不应入考校，法律都有规定，考校官都应依法律规定办。犯罪"蒙别敕放免或经恩降"，则公私罪之负殿都不再进入考校。只有"犯免官以上及赃贿入己"之罪，而且是"恩前狱成"的仍要记入考校。除此之外，都不记入考校：

> 蒙别敕放免，或经恩降，公私负殿，并不在附限。若犯免官以上，及赃贿入己，恩前狱成，仍附景迹。②

（2）官吏考核不实而造成被考者职级升降的要承担刑事责任。

刑律规定："若考校""不以实"，"以故不称职者"，要参照"贡举不实"之罪（"一人徒一年，二人加一等，罪止徒三年"）"减一等"处罚。对负殿问题，注文专门规定说：

---

① 开元《考课令》，见《唐令拾遗》，长春出版社，1989，第256页。
② 开元《考课令》，见《唐令拾遗》，长春出版社，1989，第913页。

负殿应附而不附，及不应附而附，致考有升降者，罪亦同。①

由于主考人不依法取舍负殿，而引起升降后果的，也以"考校不实"罪（减贡举不实罪一等）论处。

（四）行政处罚与刑罚可进行换算

在唐律中，对某些诬告实行反坐时，会发生把行政处罚换算成刑罚的情况。

1. 官吏被诬告所受的附加的"除免"等行政处罚将折成徒刑反坐诬告者

《名例》（总第 23 条）律文首先规定这种条件下折抵的标准说：

诸除名者，比徒三年；免官者，比徒二年；免所居官者，比徒一年。

律文注文说："谓以轻罪之诬人及出入之类，故制此比"，即指适用于有人以轻罪诬告官吏，使官吏有受除免后果的情况，及官吏有出入人罪，对错判之除免进行反坐的情况。疏文举一例说：

假有人告五品以上官，监临主守内盗绢一匹，若事实，

① 《唐律疏议》卷九《职制律》，第 183～184 页。

盗者合杖八十，仍令除名；若虚，诬告人不可止得杖罪，故反坐比徒三年。

诬告者对官吏受"除名"的处罚，折算成三年徒刑反坐。如被诬告者，有免官或免所居官之罚的，则分别以二年、一年反坐。

2. 僧道被诬告所受"还俗"、"苦使"等行政处罚折成刑罚反坐诬告者

律条规定"还俗"及"苦役"的换算标准说：

若诬告道士、女官应还俗者，比徒一年；其应苦使者，十日比笞十；官司出入者，罪亦如之。

疏文解释说，道僧等人擅自穿俗人衣服的，要受"还俗"之罚，"假有人告道士等辄著俗服，若实，并须还俗；既虚反坐比徒一年"。如道僧等人有"历门教化"行为的，受百日苦使之罚，"若实不教化，枉被诬告，反坐者诬告苦使十日比笞十，百日杖一百"。僧道所受的"苦使"从令文的内容看是行政处罚而不是刑事处罚：

有犯苦使者，三纲立案锁闭。放一空院内，令其写经。日课五纸。日满检纸数，足放出。若不解书者，遣执土木作，修营功德等使也。其老小临时量耳。不合赎也。①

---

① 〔日〕仁井田陞、池田温著：《唐令拾遗补》，日本东京大学出版会，1997，第1003页。

二十二 唐代"一罪二刑"考

清末刑部左侍郎沈家本在《大清新刑律》修订之时，曾著《论附加刑》一文，认为当时东西各国讨论的"附加刑"之法，就是中国古代的"一罪二刑"之制。如若新刑律仍实行附加之法，就是古代"一罪二刑"之复活，那样做与世界轻刑之趋势不能符合。毫无疑问，沈家本关于新刑律修订应从轻刑宗旨出发，不搞附加刑，废除古代"一罪二刑"之制的基本观点是正确的。但是，由于沈家本在写作《论附加刑》一文时，有些法律文献还未传世，所以他关于"唐律可证唐代无一罪二刑之科"的观点，必须进行必要的辨析，并以新的文献史料作一定的补充及订正。这是对历史负责。同时，也让阅读沈家本《论附加刑》的后人，能正确理解及对待他写作的时代局限性。

（一）唐律流刑中原就包含"一罪二刑"的内容

沈家本认为唐律条文中没有"一罪二刑"的规定就证明唐代无"一罪二刑"。他说：

> 隋文时，三流加杖，此皆一罪而并用二三刑者。唐除鞭

刑，无一罪二三刑之科，律文俱在，最为可法。

其实，这种看法是不全面的。因为唐无鞭刑并不能说明唐就无
“一罪二刑”；唐律无“一罪二刑”的明文，但并不等于其他的
刑事法规无“一罪二刑”的规定。

1. 沈家本说隋朝流刑“一罪并用二三刑”是正确的

（1）封建流刑原“一罪多刑”的因素并不依是否有鞭刑而
转移。

从南北朝起，封建制的流刑正式确立。从流州确立的开始，
实际上它就体现秦以来多刑并加的特点。北齐的流刑最有早期的
典型性。史书记载说：

> 二曰流刑，谓论犯可死，原情可降，鞭、笞各一百，髡
> 之，投于边裔，以为兵卒。①

“投于边裔”是“流”本身固定的内容，其他的鞭、笞、髡及为
兵卒都是附加的刑种。北周最轻（近）的流刑内容是：“流卫
服，去皇畿二千五百里，鞭一百，笞六十。”南北朝时的刑种一
般是杖、鞭、徒、流、死，北齐、北周的“鞭”相当于后来重
于“笞”的“杖”刑。统一后的隋朝，流刑制度虽较前朝为轻，
但制度的性质仍继承前朝：

> 二曰流刑三，有一千里，一千五百里，二千里。应配
> 者，一千里居作二年，一千五百里居作二年半，二千里居作

---

① 《隋书》卷二五《刑法志》，见《历代刑法志》，群众出版社，1988，第233页。

三年。应住居作者，三流俱役三年。近流加杖一百，一等加三十。①

此处之"一等加三十"，是指流二千里，加杖一百；流二千五百里，加杖一百三十；流三千里，加杖一百六十。隋朝的流刑，加杖前就原本包含着"流"与"居作"二刑，加杖后成为三刑。所以，沈家本认为隋朝流刑是"一罪而二三刑"。

以上的历史情况也说明，流刑包含一罪数刑的因素并不依是否存在鞭刑为转移。沈家本在《论附加刑》中说"唐除鞭刑，无一罪二三刑之科"。这作为原因分析来说，并不正确，因为鞭刑的存在，并不是"一罪二三刑"的必要条件。北朝时，"北齐刑罪，五等加鞭"，北周是既加鞭，又加笞。隋朝虽无鞭刑，但仍然加杖刑。从根本上说，流刑的含役制度，本身就是二刑之制。这是承袭前代使然，不是唐代的创造。

（2）唐律减轻流刑但未改变原"一罪二刑"的情形。

虽然从整体上说，唐代的流刑大大轻于隋朝，但唐代的流刑，从性质上说，并未完全摆脱南北朝及隋朝的影响。唐代流刑的减轻及其内容性质，以唐代人自己的记述最为清楚：

> 自流二千里、二千五百里、三千里，三流皆役一年，然后编所在为户。②

从记载看，真正意义上流刑的内容是以里数"远流"后编所在为户。虽然，唐代不再加杖，但仍附有"役一年"的刑罚内

---

① 《隋书》卷二五《刑法志》，见《历代刑法志》，群众出版社，1988，第238页。
② 《唐六典》卷六《刑部郎中》注文，中华书局，1992，第185页。

容。这一年的劳役，是强制执行的刑罚，要执行完毕才"编所在为户"。

唐代的流刑是较南北朝及隋朝都轻得多。但在肯定这一点的同时，一定要说内中的"一罪二刑"的因素都不存在，那就缺乏科学性了。"流"与"役"属于可以分开的两种刑罚，这不但是古代传统的刑种概念，而且在唐代的司法实践中还可以找到"决杖"加"居役"的事例。如《名例》（总第 28 条）关于贱民及妇女流刑的执行中最清楚地表现了"一罪二刑"的特征。首先法律规定说：

> 诸工、乐、杂户及太常音声人，犯流者，二千里决杖一百，一等加三十。留住，俱役三年。

这些非"良人"的贱民，原就一直处在役使之中，故被处流刑时，采取"留住"在本地"役三年"的办法执行。疏文解释说：

> 既决杖之文在上，明须先决后役。

这些人的流刑虽不是远流及配役二刑，而是改为"决杖"及"役"的两刑。同时，唐代妇女的流刑，其执行刑也是"决杖"和"居作"两刑。律文说："妇人犯流者，亦留住。"疏文解释：

> 妇女之法，例不独流，故犯流不配，留住，决杖、居作。

在唐代流刑中，一般人流刑的内容是"远配"加"役"，而贱民和妇女流刑的执行刑是"决杖"加"居作"。总之，都是实际上的"二刑"。

2. "加役流"并不因是"仁政"改变其"一罪二刑"的内容

唐代的"加役流"是加重的流刑，其内容是在普通流刑最重的三千里等级上，再加重苦役二年。原三流皆役一年，加役流则是流三千里役三年。"加役流"制度的出现，其出发点不是为了加重流刑，而是为了减轻某一类死刑及酷刑。武德时，为了免除一部分死刑，把那一部分死罪减为处"断趾"之刑。贞观时太宗认为"断趾"残酷又不适时，决定把这类犯罪之刑罚改成一种通过加役而加重的流刑，以取代断趾。这件事仍是《唐六典》说得最清楚。

> 而常流之外，更有加役流者，本死刑，武德中改为断趾，贞观六年改为加役流。谓常流唯役一年，此流役三年，故以"加役"名焉。①

可是，沈家本分析唐代的"加役流"时说：

> 或曰："唐之加役流，非于流之外，又加役乎？"不知唐时流罪，皆居一年，加役流不过多二年耳。且唐之加役流，在隋时原系绞罪，太宗特创此制，由此罪减降，乃一代仁政，其宗旨正不同也。

沈家本对"加役流"的分析都对。但是科学地分析唐代加役流

---

① 《唐六典》卷六《刑部郎中》注文，中华书局，1992，第186页。

中"一罪二刑"因素，与相较前朝前代评价其为"轻刑"，为"仁政"，都不矛盾。沈氏在否认唐代有"一罪二刑"的过程中，对流刑的分析上所表现出的爱屋及乌的作法，是有欠科学的。因为唐代的流刑（包括加役流）是古代流刑的继承，内中原就包含着"一罪二刑"的因素。

（二）唐代的《格》《敕》有"一罪二刑"之制

与沈家本因未见云梦秦简不知道"汉、魏以前，有几一罪二刑之制"一样，因为他亦未见敦煌文书，所以他亦不知道唐代的司法实践中是存在一罪二刑的。今天，能证明唐代确实存在"一罪二刑"制度的历史文献，是敦煌文书中《神龙散颁刑部格》的残卷。

1.《刑部格》是调整所有刑法规范的有效法律

唐代格的任务，就是解决司法实践中对律、令、式进行修改补充的问题。已知唐代的格，是"以尚书省诸曹为之目"，故"皆以尚书省二十四司为篇名"。刑制涉及定罪判刑，对刑制的修正与补充，只能由"刑部格"来担当。又知，格的内容如其实施只涉及二十四衙门本身，那么，这种格就属于"留司格"。如果格的规范涉及全国广大民众，那木，这种格就属于"散颁格"。所以，我们至今能在《神龙散颁刑部格》的残卷中看到唐代司法实践中"一罪二刑"的情况就是很自然的事情。

敦煌文书中的《散颁刑部格》残卷，虽然只 120 行，2100多字，但其有关内容已足以证实：唐代的格条中有"一罪二刑"的内容。唐代"一罪二刑"制度除了前文已述之流刑含"一罪二刑"的因素外，主要是用在《律》条法定刑的基础上"加决杖"，以及在《律》外制订新的"一罪二刑"的格条来实施。

2.《刑部格》中"一罪二刑"的制度

从《神龙散颁刑部格》中所见的情形来看，其"一罪二刑"大概有这样几种方式。

（1）决杖加死刑及财产刑的"一罪二刑"。

如唐律中原就有"私铸钱"之罪。《杂律》（总第 391 条）规定说："私铸钱者，流三千里；作具已备未铸者，徒二年；作具未备者，杖一百。若磨错成钱，令薄小，取铜以求利者，徒一年。"而《散颁刑部格》似嫌此律不严不密，作新的规定说：

> 私铸钱人，勘当得实，先决杖一百，头首处尽，家资没官。……勾合头首及居停主人，虽不自铸，亦处尽，家资亦没官。①

格条中的"头首"指牵头的首犯；"处尽"此处是指处绞刑。《通典·食货·钱币》下引永淳元年五月敕："私铸钱，造意人及勾合头首者，并处绞，仍先决杖一百"可证。"家资没官"是唐律"五刑"之外的财产刑。

（2）决杖加配流或配军的"一罪二刑"。

如原《诈伪律》（总第 363 条）对伪写官文书印及封用之罪的刑罚规定是："诸伪写官文书印者，流二千里。余印，徒一年。即伪写前代官文书印，有所规求，封用者，徒二年。"皆一事一刑。但是《神龙散颁刑部格》残卷第一条中说：

---

① 本文中所引《神龙散颁刑部格》残卷之内容，均转引自刘俊文著《敦煌吐鲁番唐代法制文书考释》誊录北京大学图书馆馆藏缩微胶片资料。中华书局，1989，第 246～254 页，下同。

伪造官文书印若转将用行，并盗用官文书印，及亡印而行用，并伪造前代官文书印，若将行用，因得成官，情受假，各先决杖一百，头首配流岭南远恶处，从配缘边有军府小州。

如《职制律》（总第 138 条）规定："监临主司受财而枉法者，一尺杖一百，一匹加一等，十五匹绞，不枉法者，一尺杖九十，二匹加一等，三十匹加役流。"但是《散颁刑部格》中新补充的"流外"官犯此罪的处罚说：

流外行署、州县杂任，于监主犯赃一匹以上，先决杖六十；满五匹以上，先决一百并配入军。

原《贼盗律》（总第 279 条）规定："盗官私马牛而杀者，徒二年半。"《厩库律》（总第 203 条）规定："故杀官私马牛者，徒一年半。……主自杀马牛者，徒一年。"而《散颁刑剖格》中对涉于此类犯罪的规定说：

盗及杀官驼、马一匹以上者，先决杖一百，配流岭南，不得官当、赎。

（3）决杖加一定等级徒刑的"一罪二刑"。

原《杂律》（总第 418 条）规定关于手工产品制作不合定制规格的犯罪说："造器用之物及绢布之属，有行滥、短狭而卖者，各杖六十"，"贩卖者，亦如之。市及州县官司知情，各与同罪。"其《注》文及《疏》文说："不牢谓之'行'，不真谓之'滥'。凡造器用之物，谓供公私用，及绢、布、绫、绮之属。"现《刑部格》补充新的条文说：

> 私造违样绫、锦，勘当得实，先决杖一百。造意者徒三年；同造及挑文客织，并居停主人，并徒二年半。

此新条不但刑罚较"行滥"罪加重，而且二刑并加。其原因是，此系违法织造，涉于服饰违礼之大事。所以处决杖一百加"徒三年"及"徒二年半"的具体刑等。

（4）决杖加原律条中法定刑的"一罪二刑"。

以决杖加原律条中的法定刑的方式，是唐代格条中实施"一罪二刑"的常见方式。《散颁刑部格》残卷十八条中，涉及"一罪二刑"的共有11条，而这11条中，有4条都是以"先决杖"然后"依法科断"、"依法处断"等的方式实施"一罪二刑"的。如：

其一，《散颁刑部格》中对"略良人"（为奴婢）之罪的处断规定说：

> 其略良人，仍先决杖一百，然后依法。

格条中决杖后的"依法"，就是指依《唐律疏议·贼盗律》（总第292条）"略人、略卖人为奴婢者，绞；为部曲者，流三千里；为妻妾子孙者，徒三年"的法律条文。

其二，《散颁刑部格》对"泄密"罪的处罚规定说：

> 密条灼然，有逗留者，即准律掩捕，驰驿闻奏。……若

推勘事虚，先决杖一百，然后依法科罪，仍不得减赎。

格条中的"依法"是指依《唐律疏议·斗讼律》（总第341条）"诬告谋反大逆者，斩；从者，绞。若事容不审，原情非诬者，上请。若告谋大逆、谋叛不审者，亦如之"的律条。原来的一罪一刑中，已加上了决杖。

其三，《散颁刑部格》对藏匿"光火劫贼"的条文中说：

> 光火劫贼，必藉主人，兼倚乡豪，助成影援。其所获贼，各委州县长官尽理评覆，应合死者奏闻。其居停主人先决杖一百，仍与贼同罪。

格条的"与贼同罪"之法大大重于律文有关之规定。《唐律疏议·贼盗律》（总第301条）之规定："部内有一人为盗，及容止盗，里正笞五十，三人加一等；县内，一人笞三十，四人加一等（部界内有盗发及杀人者，一处以一人论，杀人者乃同强盗之法）。州随所管县多少，通计为罪。各罪止徒二年。强盗者，各加一等。"其中并无"容止者""与盗同罪"的办法。现格条以新法重处"光火劫贼"的藏匿犯罪，其办法一是藏贼的"居停主人""仍与贼同罪"，二是"先决杖一百"，实行"一罪二刑"。

其四，关于诬告犯罪，唐律处置的基本原则是实行反坐，即诬告者将处所诬罪的全额刑罚。诬人谋反、大逆者，首犯处斩，从犯处绞。但如所告属流罪以下，又在受诬者被拷前，犯者自首称虚的，则可减一等反坐。《唐律疏议·斗讼律》（总第344条）原规定说："诬告人流罪以下，前人未加考掠，而告人引虚者，减一等；若前人已拷者，不减。即拷证人，亦是。"但是，《散颁刑部格》则规定说：

> 其告事人但审引虚，先决杖六十，仍各依法处断。

"引虚"之人，原先，只要按所诬"减一等"处罚就是，现在则是先决杖六十，然后再按所诬减一等处罚。

其五，如唐律律文中关于百姓、兵卒侵犯直属官长的行为，属于"十恶"中之"不义"大罪。《名例·十恶》的注文说"不义"，"谓杀本属府主、刺史、县令、见受业师，史、卒杀本部五品以上官长"等。《贼盗律》（总第252条）规定："谋杀制使，若本属府主、刺史、县令及吏卒谋杀本部五品以上官长者，流二千里；已伤者，绞；已杀者，皆斩。"《斗讼律》（总第312条）规定："殴制使、本属府主、刺史、县令及吏卒殴本部五品以上官长，徒三年；伤者，流二千里，折伤者，绞。若殴六品以下官长，各减三等；减罪轻者，加凡斗一等；死者，斩。"而对此犯罪，《散颁刑部格》在律条于此类犯罪之处罚外，作新的规定说：

> 州县职在亲人，百姓不合陵忽。其有欲害及殴所部者，承前已令斩决。若有犯者，先决一百，然后禁身奏闻。其内外官人，有恃其班秩故犯，情状可责者，文武六品以下、勋官二品以下并荫人，并听量情决杖，仍不得过六十。

格条中"承前已令斩决"是指依律条原规定审断之结果。"先决一百，然后禁身奏闻"，是说犯者依律审断押监奏报皇帝批准最后之刑罚前，已先决杖一百。

此外，格条"一罪二刑"之制也包括决杖加杖刑的二罚。

如原《贼盗律》（总第282条）规定："诸窃盗，不得财，笞五十；一尺杖六十，一匹加一等；五匹徒一年，五匹加一等，五十匹加役流。"《贼盗律》（总第293条）规定："诸略奴婢者，以强盗论；和诱者，以窃盗论。各罪止流三千里。"《贼盗律》（总第285条）规定："诸恐喝（按：指恐吓有罪之人）取财物者，准盗论。"所谓"准盗论"，就是依上引《贼盗律》（总第282条）中"窃盗"罪的处罚幅度处罚，而《散颁刑部格》则规定：

> 盗计赃满一匹以上，及略诱官私奴婢，并恐喝取财，勘当知实，先决杖一百，仍依法治罪。

如依此法去审断这三种犯罪，罪最重的是决杖一百，再加流刑；次重的，是决杖一百，再加徒刑；较轻的是决杖一百，再加从杖六十到杖一百的各等杖刑。假如一盗盗满四匹一尺，那末按原律条，此人应处"杖一百"之刑。因为一尺杖六十，一匹加一等杖七十，二匹又加一等杖八十，三匹又加一等杖九十，四匹再加一等杖一百。现在又按格条之规定，"盗计赃满一匹以上"的"先决杖一百"，并"仍依法治罪"。此犯最终之实际刑罚是："先决杖一百"，并又"依法一百"，共受杖二百。

3. 神龙前格敕有"一罪二刑"已成定制

神龙《散颁刑部格》的内容还说明，唐代至迟神龙时，格敕内使用"一罪二刑"已经成为常例。而在常法外先决杖的制度高宗时就已存在。

（1）唐高宗时已有常法外决杖的制度。

史书记载，当时在律外决杖的罪名共有 59 条，唐高宗为减少杖毙情况，废除了其中的 47 条，而只保留了 12 条：

> 总章二年五月十一日，上以常法外先决杖一百，各致殒毙，乃下诏曰："别令于律外决杖一百者，前后总五十九条，决杖既多，或至于死。其五十九条内有盗窃及毒害尤甚者，今后量留一十二条，自余四十七条并宜停。"①

（2）开元时"一罪二刑"在诏敕中已很普遍。

皇帝制敕除修改形成为"永格"之外的，也包括皇帝颁发的赦书、德音等的命令。如开元三年正月颁布的一条"德音"中就曾规定有：

> 两京及天下见禁囚，除犯恶逆并造伪……以前。宜决一百，配流岭南及碛西诸州，其一切放免。②

开元八年九月所颁发的《宥京城罪人敕》中曾规定有：

> 其京城内犯罪等人，昨令按覆，其中造伪头首及谋杀人断死者，杖一百配岭南恶处。杂犯死罪，决一顿免死者，配流远处。③

---

① 《唐会要》卷四〇，上海古籍出版社，1991，第 841 页。
② （宋）宋敏求编：《唐大诏令集》，学林出版社，1992，第 433 页。
③ （宋）宋敏求编：《唐大诏令集》，学林出版社，1992，第 434 页。

开元十九年四月二十日颁布的《孟夏疏决天下囚徒敕》中曾规定有：

> 刑名至死者，各决重杖一百，长流岭南。①

开元二十年二月颁发之《以春令减降天下囚徒敕》中曾规定有：

> 其犯十恶及伪造头首，量决一百，长流远恶处。②

《唐会要》中有一条虽是敕令的记载，但其内容表明常刑前的决杖已是定制：

> 开元十二年四月敕："比来犯盗，先决一百，虽非死刑，大半殒毙。言念于此，良用恻然。今后抵罪人合杖，敕杖并从宽，决杖六十，一房家口移隶碛西。"③

同时，由于"一罪二刑"已形成稳定的趋势，所以皇帝的制敕断罪中也常实行"一罪二刑"之罚。如唐宪宗元和年间曾对为父复仇的梁悦，处"决杖一百，配流循州"。唐玄宗开元二年曾对犯赃罪的武疆令裴景仙处"杖一百，流岭南恶处"。④

---

① （宋）宋敏求编：《唐大诏令集》，学林出版社，1992，第434页。
② （宋）宋敏求编：《唐大诏令集》，学林出版社，1992，第434页。
③ 《唐会要》卷四〇，上海古籍出版社，1991，第841页。
④ 此二例分别参见本书第11篇《"权断制敕"条立法背景考释》一文引《唐会要》第833页例及《资治通鉴》第1438页例。

二十三　唐律中的时效与时值考

时效与时值是涉及法律适用的重要法律制度。这里说的时效是包括新旧法律的时效，特权身份的时效。时值是指刑律适用中涉及的"日"、"年"、"载"等名词的实际时间值。这些问题的辨析，对阅读唐律，了解其特性都是必须的。

（一）新旧法律之时效关系

唐律中新旧法律的时效关系，首先表现在作为律令的常法与修改补充律令等格条的关系上。与此同时也表现在以制敕形式颁布的赦令与依常法判断相互之间的关系上。

1. 新格编订颁布后禁止引用旧敕

在唐代的法律体系中皇帝的断罪制敕，一般是针对特定的人事而发，不具有一般法律效力，诏敕只有经过编纂颁布为"永格"，才具有普遍适用的一般法律的特性。从立法过程说，新格的编纂与颁布，实际是对编纂前制敕的一次总的筛选，有普遍适用价值的收入新格成为常法之一的"永格"，没有使用价值的当然地应被废弃。为了防止随意引用新格编纂前旧的制敕，唐代曾规定不入新格的"前敕"失去行用效力。《唐会要》记载开元二十五年修格时李林甫奏请的建议说：

> 二十五年九月三日，兵部尚书李林甫奏："今年五月三
> 十日前敕，不入新格式者，望不任行用限。"①

因为开元大规模"复删辑旧格式律令"完成于"开元二十五年
的九月一日"，结果是"共加删辑旧格式律令及敕"，总成7026
条，其中1324条"于事非要，并删除之"，2184条"随时损
益"，3594条"仍旧不改"。看起来那次总修删中所收格、式、
律、令时间的下限是当年的"五月三十日"。所以，李林甫要求
对"五月三十日"之前的旧敕"不任行用限"。

2. 格对律的效力是就轻不就重

唐朝的格条是对包括刑律在内的现行法的补充与修正，从颁
布的时间先后说，是律令在前，格条在后。对某项犯罪来说，如
果未断时有新格颁布，依一般效力原则说应当依格断。但是，在
确定格与律的效力关系时，有专门的法令规定：如格的判断比原
律轻，依新格断；如比律重，就照原律断。也就是新法（格）
对旧法（律）的效力原则，是轻溯重不溯。唐代的《狱官令》
规定说：

> 犯罪未发及已发未断决，逢格改者，若格重，听依犯时
> 条；若格轻，听从轻法。②

---

①　《唐会要》卷三九，上海古籍出版社，1991，第822页。
②　〔日〕仁井田陞著：《唐令拾遗》，长春出版社，1989，第709页。

3. 赦书与常律的效力关系

赦书的效力，按例赦令会对赦前在赦与不在赦的范围作明确规定。这种规定往往指定赦免的范围，同时指定不予赦免的犯罪种类，以明确能赦免的犯罪范围。如果以原律为旧法，赦令为新法的效力关系来说，那末在可赦范围内的犯罪一律以新法取代旧法，即只要不在赦书排除范围内的犯罪，一律适用新法而不再适用旧法。但是，在这个前提下，赦书与律令等的效力关系有如下几种情况。

（1）赦书要免"常赦所不免"必须特别言明。

如在《唐大诏令集》所收的《天宝十年南郊赦》中就专门写明：

> 常赦所不免者，咸赦除之。

（2）赦令对"常赦所不免"罪只要不特别言明则概无效力。

赦令对依律列入"常赦所不免"的犯罪一般不具有赦免之效力。律条说：

> 其常赦所不免者，依常律。

对于"常赦不免"的犯罪，赦书也可说明对该类犯罪不予赦免，即赦令对这类犯罪没有效力。如贞观九年三月发布的大赦令就直接指明这一点：

> 今岁惟暮春，时属生长，奉天布泽，与物更新，可大赦天下。自贞观九年三月十六日昧爽前，大辟罪以下，皆赦除

之。其常赦所不免者，不在赦例。①

如《名例》（总第 11 条）规定的"五流"中的"会赦犹流"就是"常赦不免"中属流刑不免的情况之一。会赦犹流的犯罪，疏文举例说像《贼盗律》中的"造畜蛊毒，虽会赦，并同居家口及教令人亦流三千里"。以及《断狱律》中的"杀小功尊属、从父兄姊及谋反、大逆者，身虽会赦，犹流二千里"。对于属"常赦所不免"的犯罪，即使赦书中有"罪无轻重，皆赦除之"的话，也对它不起作用。只有赦书专门提到了对常赦所不免也赦免的话，才能获受赦免的效力。疏文说：

> 赦书云"罪无轻重，皆赦除之"，不言常赦所不免者，亦不在免限，故云"依常律"。

（3）被赦书赦免从轻的罪不能用比附法再否定赦书的效力。

如果赦书对某类犯罪中的某一种犯罪，已划入赦免从轻处罚范围之内的，则在处断时不能将某种犯罪仍比附于某一犯罪不依赦令轻处，而否定赦书对其的效力。《断狱律》（总第 488 条）规定说：

> 即赦书定罪名，合从轻者，又不得引律比附入重，违者以故、失论。

疏文解释时举贞观九年三月十六日赦令的内容说："大辟罪以下

---

① （宋）宋敏求编：《唐大诏令集》，学林出版社，1992，第 433 页。

并免。其常赦所不免、十恶、妖言惑众、谋叛已上道等并不在赦例。"前面第一句是赦令生效的范围，后面的话是被赦令排除的罪名，即不予赦免的犯罪。但是，"谋叛"是属十恶的范围之内，这种犯罪又可分为"谋叛已上道"和"谋叛未上道"等几项具体的罪名，它们都是"十恶"。现在按赦令，"十恶"中的"谋叛已上道"既已在被排除之列，那末"谋叛未上道"就不言而谕地在赦免的范围，所以，疏文对此解释说：

> 据赦，十恶之罪，赦书不免，谋叛即当十恶，"未上道"者，赦特从原。

所以，即使"十恶"虽笼统地列在不赦之列，但是十恶中的"谋叛已上道"列入不赦，而"谋叛未上道"却列入赦免，所以，

> 叛罪虽重，赦书定罪名合从轻，不得引律科断。

"谋叛未上道"，既已不在应排除之列，所以，对赦前有此犯罪，已不再能因为它在"十恶"之内而仍引用"十恶"去断其有罪，而是要依赦令之效力，来涵盖赦免。

4. 赦书对赦前判决的效力

这里说的赦书与赦前判决的效力关系，绝不是说赦书对赦前所有的判决有重新否定的效力，而只是指对赦前有关于被赦之罪作错误判决案件的效力关系，以及赦令执行中与时效有关的一些问题。

（1）赦令对赦前有关之错误判决之效力原则是重改轻不改。

赦令也是法律。赦书与赦前有关之错断之案也存在着时效关

系。赦令下达之后，赦前所犯理应依赦令得恩赦，如赦前案件被
法官错判，也应依赦令为依据而纠正。但是法官常常会坚持错判
不改。唐代立法者针对这种情形，特别规定了赦书对赦前错判案
纠正的时效原则是"从轻坐之法"，亦即贯彻错重改，错轻不改
的原则。《断狱律》（总第488条）之疏文分析说："处断刑名，
或有出入不当本罪，其事又在恩前，恐判官执非不移，故明从轻
坐之法。"即赦令对赦前有关的错案的溯及力贯彻"重改轻不
改"的原则。律条规定：

> 诸赦前断罪不当者，若处轻为重，宜改从轻，处重为轻
> 者，即依轻法。

疏文举"若处轻为重，宜改从轻"的例子说："如斗杀凡人，断
为杀缌麻尊长，会赦，十恶不免改为杂犯，免死，移乡。"把斗
杀凡人误断为杀缌麻尊长，处十恶不免（死），会赦，先改正为
杂犯死罪，然后再执行赦令：把斗杀人处绞改为免死，实行强制
移乡。疏文解释"处重为轻，即依轻法"之事例说："假令犯十
恶，非常赦所不免者，当时断为轻罪及全放，并依赦前断定。"
犯了十恶，只要不属于"常赦所不免"错断为轻罪的，赦时仍
以轻罪为断，不再反溯去改正。这二个例子清楚地说明赦令对有
关的赦前已错判的效力关系是：错重了改，错轻了不改。

（2）赦令给犯罪以自首改正之时限。

赦令发出后，在其指定可赦范围内的犯罪，赦前已执行或未
执行完毕的判决，及犯罪已发或未发的犯罪都依赦令处置，这是
新法管旧法的常例。但是唐律中规定，赦书到后，对赦书到前的
犯罪，留有一个自首改正的期限。

其一，赦书到后百日内，自首改正未发之犯罪仍依令赦免。赦书原罪之时效，应是有权机关发出制书之当日。通常，赦书本身也明确规定执行的时间。如武德二年十月的赦书中规定说：

> 自武德二年十月二十日以前，罪无轻重，皆赦除之。①

为了防止知赦故犯，有的赦书还具体指明其时限是赦书下达当日的黎明之前。如贞观九年三月的大赦令规定说：

> 自贞观九年三月十六日昧爽之前，大辟罪以下，皆赦除之。②

从史料看，唐代大历、元和、大中年间的赦书，都有类似的措词。只要那日天明之前，在规定范围内的犯罪都可免罪。正如疏文所说："赦书原罪，皆据制书出日，昧爽之前，并从赦免。"

有的赦令，明确规定给某些犯罪以百日内可自首的期限。如唐代宗大历七年、八年、九年的大赦令中都规定给在赦范围内属叛罪的某些犯罪以百日内自首的期限：

> 亡命山泽，挟藏军器，百日不首，复罪如初。③

"百日不首，复罪如初"，那末赦书到后百日内自首，那就可以原罪了。这也是一种刑事策略。只要未超过"百日"期限，本

---

① （宋）宋敏求编：《唐大诏令集》，学林出版社，1992，第432页。
② （宋）宋敏求编：《唐大诏令集》，学林出版社，1992，第433页。
③ （宋）宋敏求编：《唐大诏令集》，学林出版社，1992，第440页。

人未自首，即使被别人发觉，也不追究其"匿蔽"的罪责。《名例》（总第35条）规定说：

> 其限内事发，虽不自首，非蔽匿。

疏文说：

> 谓赦书到后，事发之所百日内发者，虽不自首，亦非蔽匿。以其限尚未充，故得无罪。

其二，限内继续原来犯罪状态的不予赦免。限内自首原免是以犯罪行为不再继续为前提，如果限内犯罪行为仍在继续而不改正的，要以"蔽匿"论，照起初的犯罪处罚。律条说：

> 赦书到后百日，见在不首，故蔽匿者，复罪如初。

疏文说：

> 惟此蔽匿条中，乃云"赦书到后百日"，此据赦书所至之处，别取百日为限。"见在不首，故蔽匿者"，谓人、物及所假官等见在，故蔽匿隐藏而不首出，并复罪如初。

所谓"见在不首"中的"见在"是说在百日的限期内，犯罪的行为及后果仍在继续进行的状态。如隐瞒身份、藏匿禁物及冒充官吏状态仍在继续，则要照当初犯罪时的法律处罚而不赦免。

同时，即使在限内，如果官府已经查问再不交待认罪的，就要以"蔽匿"论罪。注文说："虽限内，但经问不臣者，亦为蔽匿。"疏文又说："限内事发，经问即臣，为无隐心，乃非蔽匿。"

其三，原属超越公务"程期"的犯罪不适用百日期限之法。有些公事办事原有程限，如果赦前已越过程限犯罪，赦出后仍旧违犯程限的，不适用赦后百日自首之法。《名例》（总第35条）规定说：

> 即有程期者，计赦后日为坐。

所谓"程期"是说如办公案小事限5日，中事限10日，大事限20日以及出使的行程规定。刑律中对于地方官到尚书省集合"计帐"，或参加皇帝驾临的"大集校阅"都有期限。赦前在这些公务中已犯超越程限之罪到赦后仍继续犯罪的，则以赦出之后以日计罪，而不适用赦后百日自首原罪之制度。但是还以赦令颁布后计算应给的程期为期限。疏文说：

> 此等赦前有违，经恩不待百日，但赦出后日仍违程期者，即计赦后违日为坐。赦后并须准事给程，以为期限。

（二）特权及优惠法律之时效

唐律中对官吏贵族享有的特权制度，对老幼病残给予的优惠制度，其在适用中也表现出了鲜明的时效特点。这种时效特点主要也是表现在这些法律与受优惠者犯罪及事发的适用关系上。总之，在犯罪及事发两个阶段，只要其中一个阶段有官职、官品及被荫，在处罚时都可享有官职、品位及被荫的特权待遇。即官职、品位及荫袭都有上溯及沿用的时效。

1. 官职特权的上溯效力

唐律中特权制度法律的效力有如下特点。

（1）事发时的官职及品位特权上溯到犯罪阶段使用。

犯罪时无官或官品低，到事发时有官或品位高了，则事发时的官职及高品位的特权可以上溯到犯罪阶段使用。《名例》（总第16条）规定说：

> 无官犯罪，有官事发。流罪以下以赎论。
>
> 卑官犯罪，迁官事发"，"犯公罪流以下各勿论。

在唐代，只有流内官才能享有赎权，虽然犯时未有流内官职，但事发时有了流内官职，即如疏文说"谓从流外及庶人而任流内者"，在处罚时照样可以流内官的资格享有赎权。即犯罪之后获得之赎权，其效力可以上溯至犯罪之时。疏文对"卑官犯罪，迁官事发"的解释说："谓任九品时犯罪，得八品以上事发之类"，即九品官犯罪后，事发时成了八品官，可以享受八品的特权待遇。

（2）犯罪时曾有的官职及官品仍可沿用到事发阶段。

犯罪的官吏，到事发时即使已经失去了官职，或降低了官品，也仍享受从前犯罪时官职、官品的特权。律条说：

> 在官犯罪，去官事发，或事发去官，犯公罪流以下各勿论。

疏文解释说:

> 谓在任时犯罪,去任后事发,或事发后去官者,谓事发勾问未断,便即去职。此等三事,犯公罪流以下,各勿论。

犯官在事发时已经失去的官职,在断罪时照样沿用犯罪时曾有的官职与官品的特权待遇。

在时效上,不是所有的犯罪都可以于"犯时"及"事发"时适用刑轻的法律。如僧、道犯奸罪,事发时已还俗,仍依犯时有僧道身份依律加刑。《名例》(总第 57 条)疏文说:

> 依《杂律》云:"道士、女官奸者,加凡人二等","诸道士、女官时犯奸,还俗后事发,亦以犯时加罪,仍同白丁配徒,不得以告牒当之。"

对此,其疏文解释说: "道士、女官、僧、尼犯奸盗,于法最重。"

2. 袭荫特权效力的长久性

唐代的官吏及有爵位者,不但自身因官爵而享有特权,同时,其妻子、子孙也可享有其特权的承袭权。

(1) 袭荫特权不因荫亲属者的死亡而失效。

按唐制,卑幼可以因尊长的官爵而有荫,尊长也可因卑幼子孙的官爵而有荫。无论是子孙因尊长得荫,或是尊长因子孙得荫。得荫者并不因为被袭荫者的死亡而失去用荫的权利,即用荫的时效是终身的。《名例》(总第 15 条)律文规定说:

> 用荫者，存亡同。

疏文说：

> 应取议请减荫亲属者，亲虽死亡，皆同存日，故曰
> "存亡同"。

此制度只有一个例外，即如果被荫者侵犯藉所荫的尊长本人或侵犯藉所荫者的尊长的，皆不适用此原则："若藉尊长荫而犯所荫尊长，及藉所亲荫而犯所亲祖父母、父母者，并不得荫。"

（2）用荫特权也有上溯下沿的时效。

袭荫者犯罪及事发二个阶段，其荫权之得失如果有变异，官荫权利的效力也有上溯及沿用的效力。《名例》（总第16条）规定说：

> 有荫犯罪，无荫事发，无荫犯罪，有荫事发，并从官荫
> 之法。

前文讲的"用荫者，存亡同"，是说有资格庇荫亲属的官员属正常死亡的情况。此外，还有因犯罪而遭除免，于是就带来了亲属"有荫"或"无荫"情况的发生。对此，疏文举例解释说：

> 父祖有七品官时，子孙犯罪，父祖除名之后事发，亦得
> 以七品子听赎。其父祖或五品以上，当时准荫得议、请、
> 减，父祖除免之后事发，亦以议、请、减法。……父祖无官

> 时子孙犯罪，父祖得七品官事发，听赎；若得五品官，子孙听减；得职事三品官，听请；荫更高听议。

直到审断时为止，从犯罪到事发，其亲只要有过官爵，犯罪亲属都可用荫。

3. 老幼病残刑罚优惠法律制度的适用效力

这里说的对老幼病残者刑罚优惠法律制度的效力，也是指这些人在犯罪时及事发时两个阶段适用的效力问题。老幼病残作为犯罪主体其行为责任能力的情况，都是处于不断变化发展的状态之中。幼可以成长为不再是幼，老可以由丁壮而来，病残的形成与康复也都有时间性。这种背景就使得这些人作为犯罪主体，在犯时与事发的不同阶段处于不同的行为能力状态之下。唐代的行政法律《户令》首先确定了列入老幼病残的等级标准，其中人的年龄档次是主干，然后与年龄档次相当，又附入了病残的不同档次。在这基础上刑律根据老幼及病残的档次，规定了负全部刑事责任，负部分刑事责任，减轻刑罚及不负刑事责任的档次。因为这些人适用优惠制度主要是为了减轻及避免刑罚，因而法律在适用时，其时效的掌握上形成了共同的精神原则：有利于老幼病残减免刑事责任。《名例》（总第31 条）从有利于减免老幼病残刑事责任出发，在时效适用制度上规定其优惠办法说：

> 诸犯罪时虽未老、疾，而事发时老、疾者，依老、疾论。犯罪时幼小，事发时长大，依幼小论。

疏文先后解释说：

假有六十九以下犯罪，年七十事发，或无疾时犯罪，废疾后事发，并依上解"收赎"之法；七十九以下犯反逆、杀人应死，八十事发，或废疾时犯罪，笃疾时事发，得入"上请"之条；八十九犯死罪，九十事发，并入"勿论"之色。

假有七岁犯死罪，八岁事发，死罪不论；十岁杀人，十一事发，仍得上请；十五时偷盗，十六事发，仍以赎论。

以上规定都表明，在犯罪时及事发时两个阶段，只要有一个阶段能沾上老幼病残的，就确认其为处罚时适用优惠制度的时效。

（三）时间单位的时值

唐律中表示时间单位的重要词语有"日"、"年"、"载"等名词。这些名词看似简单，其实它们都是有区别的法律上的概念，它们在法律上都有其特定的时值含量而不容随意混同。掌握其法律概念对精确地理解唐律也有重要意义。

1. "日"的时值

（1）"日"是指一昼夜"百刻"或 12 个"时辰"。

其一，用指犯罪者犯罪行为持续的时间单位。唐代在犯罪构成时间 过程上常常以"日"为量刑依据，这时"日"的实际时值是整个昼夜的"一百刻"。现代一昼夜 24 小时以 96 刻计，每刻是 15 分钟。唐代一昼夜以"百刻"计，每"刻"约相当于现代的 14 分钟多一点。《名例》（总第 55 条）律条及疏文规定：

称"日"者，以百刻。……须通昼夜百刻为坐。

疏文举例说，《职制律》中"官人无故不上，一日笞二十"中的"日"，就是这种概念，要求经昼夜满百刻。另外，在关于监临主守犯私自"出界"罪中，法律规定出界必须"经宿乃坐"，也在一定程度上体现了这种制度的精神。

其二，指百刻的"周时"。按唐代制度，一日是"百刻"，百刻又分为 12 个时辰。每个时辰相当于现代的二个小时。这些所谓的"刻"及"时"都是由当时的计时器"漏刻"上的标记表示出来的。刑律适用中的"日"，在无"漏刻"设施的地方，通常就只能以"周时"来计算了。如《断狱律》（总第 497 条）中规定死刑执行时"奏报应决者，听三日乃行刑"，即执行机关接到经过"三覆奏"皇帝批准执行死刑的符书，要等待满三日才行刑。疏文解释说：

称"日"者，以百刻，须以符到三日乃行刑。……在外既无漏刻，但取日周晬时为限。

所谓"日周晬"是指如前一日的午时到后一日的午时这种"周时"计算。"晬"的意义除讲作小儿的周岁外，也讲作"周时"。
（2）用于劳务工时的计算指从早到晚的一个工作日。

这种时值以现代的概念去套，实际是指从早到晚的一个"劳动日"。如官员非法侵夺下属吏员劳动工值犯罪的计量就是这种概念。《职制律》（总第 143 条）中"监临之官，私役使所监临者，各计庸以受所监临财物论"中的"庸"，其一个"庸日"的时间就是这种概念。《名例》（总第55条）疏文说：

> 计功庸者，从朝至暮。……从朝至暮，即是一日，不须准百刻计之。

这种情况，与我们今日称一个"劳动日"也并不要求以全天96刻钟计算是相仿的。在这种计算过程中，如役庸次数较多而零碎的情况，可以并合成庸"日"来计算："役庸多者，虽不满日，皆并时论之。"如"假若役二人。从朝至午，为·日功，或役六人，经一辰，亦为一日功。纵使一时役多人，或役一人经多日，皆须并时率之。"

2. 徒"年"的时值与人"年"的确定

唐律中的"年"基本使用于徒刑以及流刑折成徒刑的年数。前者如"五刑"中的"徒一年，徒一年半，徒二年，徒二年半，徒三年"的等次。当然，"年"也使用于指人的年龄。如《名例》（总第30条）"诸年七十以上、十五以下及废疾，犯流罪以下，收赎。"

（1）徒刑之"年"以360日计。

刑律中徒刑处罚受禁服役的"年"，其实际时值是以360日计，而不以12个月计。《名例》（总第55条）之疏文说："在律称年，多据徒役。"律文规定：

> 称"年"者，以三百六十日。

疏文特别解释说：

此既计日，不以十二月称年。

《名例》（总第27条）对"徒年限内"之"应役日"折"加杖"的计算，就明显地表明了这种计算法。其疏文说：

> 若犯徒一年，三百六十日合杖一百二十，即三十日当杖十；若犯一年半徒，五百四十日合杖一百四十，即是三十八日当杖十；若犯二年徒，七百二十日合杖一百六十，即是四十五日当杖十；若犯二年半徒，九百日合杖一百八十，即五十日当杖十；若犯三年徒，一千八十日合杖二百，即五十四日当杖十；若犯三年半徒，一千二百六十日亦合杖二百，即六十三日当杖十；若犯四年徒，一千四百四十日亦合杖二百，即七十二日当杖十。

（2）人的"年龄"之"年"以造籍登记的年份推算。

人的年岁在刑律中有重要意义，牵涉到犯罪的认定、量刑幅度的确定及刑罚的执行等许多方面。刑律中人的年岁之确定以户籍登记之年份推算。但是唐代的年岁登记与现代相比，制度上差别很大。

唐代人的"年岁"每三年造户籍时登记一次。现代人出生证填写后，一入户籍可作为一生的根据。唐代则不然，唐代户籍之登记是三年造册一次。《户令》规定：

> 诸三年一造户籍，起正月，毕三月。一留县，一送州，一送户部。①

---

① 〔日〕仁井田陞著：《唐令拾遗》，长春出版社，1989，第149页。

> 造籍以季年（丑、辰、未、戌）。①

三年造一次，具体年份是安排在地支循环之丑年、辰年、未年及戌年去进行。在造户籍时，县令根据簿书审察人口年龄称为"貌形状"：

> 计年将入丁老疾，应征免课役及给侍者。皆县令貌形状，以为定簿。一定以后，不须更貌。若疑有奸欺者，随时貌定，以附于实。

需要"貌形状"的情况，一是涉及"增免课役及给侍"，一是"疑有奸欺"的两种情况。这种"貌形状"的行政程序不得在适用刑律时临时进行。

（3）刑律上责任年龄之确定一定要以户籍登记为依据推算。

正因为唐代人的年龄是"三年一造籍"予以登记的，所以造籍登记的年份是刑律适用的法定推算根据。《名例》（总第55条）规定：

> 称"人年"者，以籍为定。

如果怀疑人的外貌与实际年龄不符，也仍以籍书为准。疏文说：

> 假使貌高年小，或貌小年高，悉依籍书，不合准貌。籍既三年一造，非造籍之岁，通旧籍计之。

---

① 〔日〕仁井田陞著：《唐令拾遗》，长春出版社，1989，第151页。

"通旧籍计之"其义是依"旧籍""通计",即根据旧籍之登记年份加上已过年月计算,而不应该不依户籍之登记,临时根据体貌确定年龄。法律之疏文说,"疑有奸欺,随状貌定"是涉及赋役时允许进行的行政程序,在适用刑律时,不准藉口"有疑"临时"貌形状"确定年岁:

> 令为课役生文,律以定刑立制。惟刑是恤,貌即奸生。课役稍轻,故得临时貌定;刑名事重,止可依据籍书。律、令义殊,不可破律从令。

法律规定,即使发生有巨大差异之可疑情况并涉及流罪以上或官吏的除免、官当的重大情节,也要依法呈报尚书省或者奏请皇帝批准后,才得经审核重新确定年龄。适用刑律时强调以户籍为依据,其目的是防止司法官吏借司法程序因缘为市,出入人罪。

3. "载"的时值

"载"之与"年"一直有相同的意义,其时值通常都是360日,彼此间可互换互称,无严格限制。而此处要加以辨析的,主要是唐律中官吏在受"除免"之后等待复叙时"载"的特殊的指代意义。

(1)"载"与"年"在一般意义上同义通用。

"载"之与"年"相通用,其时值都是 360 日,这种情形,唐代也是如此。只是历史上不同时期有不同称谓。《名例》卷第三(总第 21 条)总结说:

> 年之与载,异代别名。

宋代此山贳冶子《唐律释文》对此补充说，不但"年"与"载"，另外还有"祀"与"岁"都是这样：

> 年、载、祀，此三者皆异代记时之号。若唐、虞已前谓之"载"，取岁时一新也；夏、周已后谓之"祀"，取四时祀事一周也；秦、汉而下谓之"年"，取新谷一熟也；都谓之"岁"，取日月一周天，而岁星十二年一周之意也。

其实，此说远不如《尔雅·释天》讲得简明正确："载，岁也。夏曰岁，商曰祀，周曰年，唐、虞曰载。"唐代的"年"与"载"，在不同皇帝的年号，甚至在同一年号内，也可改换"年"与"载"不同的名称计时。如清朝吴楚材所编《纲鉴易知录》之"唐纪"中就记载天宝三年（公元744年）起，把以前计时的"年"改称为"载"：

> 《纲》：甲申，三载，春正月，改"年"曰"载"。

以"载"记时的情况，持续了15年，直到乾元元年（公元758年），才又改为以"年"计时。《纲鉴易知录》于兹改变措辞曰："戊戌，乾元元年，春正月"云云。

（2）"载"用于除名、免官后等待重叙的"年头"。

唐律中"载"特定用于犯官除免后再"重叙"的时间，其实际的时间值与一般的"年"是不同的。刑律适用上的"年"已知是三百六十日，而"载"却并非一定是360日。除免撤官后"载"数的计算，实际起算的第一年只要不是"年初一"撤官，肯定都少于360日。这种算法，既便于统一掌握，也体现了对犯官的一种优待。如《名例》（总第 21 条）之律文规定：

> 诸除名者，官爵悉除，课役从本色，六载之后听叙，依
> 出身法。免官者，三载之后，降先品二等叙。

从文中看，除名的"六载"及免官的"三载"决不是徒刑役
"年"的时值，而只是"年头"。法律不规定起始的月份，那就
第一年往往是不足 360 日的"年头"。因为法律规定上有"之
后"，所以"六载之后"重叙是要进入第七个年头：

> 假有元年犯罪，至六年之后，七年正月始有叙法。

"三载之后"重叙的要进入第四个年头：

> 称"载"者，理与"六载"义同，亦止取三载之后，
> 入四年听叙。

（3）闰年多一个月仍计在"一载"之内。

正因为"载"实际是指"年头"，所以，如果那几年中逢到
有 13 个月的闰年，也仍只算作"一载"。律条的疏文解释说：

> 其间虽有闰月，但据"载"言之，不以称"年"要以
> 三百六十日为限。

正如律文规定的那样，"其间虽有闰月，但据'载'言之，不以
称'年'"，所以也不会要求"载""要以三百六十日为限"。待

重叙的犯官逢某个闰年，多等一个月，仍只以一载计，不能因此提早一月进入下一"载"。

唐律中"免所居官"的叙限是"期年之后，降先品一等叙"，此中之"年"则是"三百六十日"。故《名例》（总第21条）的疏文指出其与"载"是有区别的：

> 称"期"者，匝四时日期，从敕出解官日，至来年满三百六十日也。称"年"者，以三百六十日。称"载"者，取其三载、六载之后，不计日月。

总之，《律疏》成典于永徽，刊定于开元，都远在"天宝三载"之前，在当时正常以"年"计时之际，唯除免待叙之计时特采"载"为计，这本身就表明，"载"在此处之使用，不同于"年"。

二十四　决死囚"覆奏"次数与时日考辨

　　隋唐时对死刑犯人行刑前向皇帝实行最后的"覆奏"，是封建司法制度中重要的慎刑制度之一。唐代朝廷十分重视这项制度，李世民对隋以来的这项制度进行了重大的改革。但是，从涉于唐代的一些重要史书的记载看，对李世民把"三覆奏"改为"五覆奏"过程中的一些问题，特别是覆奏时间的配置问题，在记载上极易让人产生疑惑而莫衷一是。故不避浅陋，略作辨析，抛砖引玉于同行，以求解惑于他日。

（一）决死囚之"覆奏"制创始于隋朝

　　隋文帝曾有宽刑之名，而其实是苛暴之君。但是，在他考虑慎刑之时，曾创立了"三覆奏"之制。隋文帝杨广其人原就"性猜忌，素不悦学"，在"任智而获大位"后，更是"以文法自矜"。不但"每于殿廷打人"，而且"又于殿廷杀人"。兵部侍郎冯基虽力加劝谏，也不听从改正。最后发展到"竟于殿廷行决"即在朝堂上杀人。但不久，文帝也开始懊悔，并"宣慰冯基，而怒群僚之不谏者"。同时，开始采取措施。开皇十二年，文帝根据用律者常"罪同论异"的情况，"诏诸州死罪不得便决，悉移大理按覆，事尽然后上省奏裁"。开皇十五年又制：

死罪者三奏而后决。①

（二）唐太宗对"三覆奏"制度进行改革的原因

贞观朝廷原就有为慎刑而对死刑案进行宰相集议的制度。起初，李世民根据古书的记载，把死刑的最后审核，交由宰相衙门集议决定。《旧唐书》记载说："初，太宗以古者断狱，必讯于三槐九棘之官，乃诏：大辟罪，中书、门下、五品以上及尚书等议之。"② 但是，从史书记载看，虽然国家有对死刑案的宰相集议制度，事实上也进行了集议，三覆奏制度也未废除，但是冤杀的案件仍有发生，究其原因，与"三覆奏"制本身的贯彻实施有一定关系。

推动李世民改革"三覆奏"的原因就是不断出现的错杀案。正是这些经他亲自批准的错杀案，及他对造成错杀原因的反思，使他决心把隋朝"三覆奏"制度在新条件下制度化，并在此基础上作进一步的改革。

1. 错杀案发生的原因之一是皇帝自己不坚持"三覆奏"

贞观二年，唐太宗因交趾急需人去"镇抚"，就派有"才兼文武、廉平公直"之名的瀛州刺史卢祖尚去担负此任。卢最初满口答应，但"既而悔之，辞以旧疾"，派杜如晦等去说服，卢

① 《隋书》卷二五《刑法志》，见《历代刑法志》，群众出版社1988年版，第241页。
② 《旧唐书》卷五〇《刑法志》，中华书局，1975，第2139页。

仍"固辞"。之后，太宗亲找卢来劝说，卢还是"固辞不可"，于是"上大怒""斩于朝堂"，但"寻悔之"。他对臣下说："卢祖尚虽失人臣之义，朕杀之亦为太暴。"①

　　贞观五年，河内人李好德一直有疯癫病，因口出"妖言"，皇帝令大臣们讨论处置。大理丞张蕴古说李好德的疯病确有凭证，不当治罪。有的史书记述，这时御史权万纪弹劾张蕴古"奏事不实"，说是李好德的兄长李厚德在张蕴古的家乡相州当刺史，放纵李好德是为了讨好其兄长李厚德。② 而有的史书说，张蕴古奏言李好德确有疯病后，皇帝答应将宽宥李好德，但张蕴古私下把皇帝的意思告诉李好德，并在狱中与李"博戏"，御史权万纪就此弹劾张蕴古，于是"上怒，命斩之于市"。③《旧唐书》则把这两方面的事合在一起，不过却说，是太宗自己称平时就见张蕴古常与狱内之禁囚弈棋，现又听说他"阿纵"李好德，故命令"斩于东市"，但"既而悔之"。④

　　《旧唐书》又在记太宗回忆王世充错杀郑颋后说："今春府史取财不多，朕怒杀之，后亦寻悔。"

　　这三个案件的共同点都是皇帝听报后"大怒"、"盛怒"，下令立即处死而造成冤杀。

2. "三覆奏"的缺陷是覆奏的次数太少而且间隔时间太短

　　隋以来传统的"三覆奏"是在行刑当日某个时间内连续三次奏请行刑，不遭否决就即刻行刑。而这样做要对案件作透彻缜密的思考是不可能的。史书上的有关记载虽繁简不一，但意思全

---

① 《资治通鉴》卷一九三《唐纪·贞观二年》，上海古籍出版社，1987，第 1291 页。
② 《资治通鉴》卷一九三《唐纪·贞观五年》，上海古籍出版社，1992，第 1297 页。
③ 《贞观政要》卷八，上海古籍出版社，1978，第 240 页。
④ 《旧唐书》卷五〇《刑法志》，中华书局，1975，第 2139 页。

同。《通鉴》记载，贞观五年"十二月"李世民对侍臣说：

> 朕以死刑至重，故令三覆奏。盖欲思之详熟故也，而有司须臾之间三覆已讫。[1]

《旧唐书》的记载字词稍有不同，意思却更明确：

> 比来决囚，虽三覆奏，须臾之间，三奏便讫，都未得思，三奏何益？[2]

这一点上表述得较透彻的是《贞观政要》一书。《贞观政要》记太宗贞观五年下诏时说：

> 在京诸司，比来奏决死囚，虽云三覆，一日即了，都未加审思，三奏何益？纵有追悔，又无所及。[3]

（三）唐太宗对"三覆奏"进行的改革

李世民根据朝廷司法实践中错杀发生的原因，有针对性地从"三覆奏"制度的贯彻执行，与"三覆奏"制度本身存在缺陷这两方面进行改革。

1. 使"三覆奏"成为一定要依法执行的制度

现在看起来，我们可以说，虽然唐代在制度上承用了隋代的"三覆奏"，但在实际运用时却存在严重问题，最关键的一点是

---

[1] 《资治通鉴》卷一九三《唐纪·贞观五年》，上海古籍出版社，1992，第1298页。
[2] 《旧唐书》卷五〇《刑法志》，中华书局，1975，第2140页。
[3] 《贞观政要》卷八，上海古籍出版社，1978，第244页。

皇帝自己常常带头阻碍"三覆奏"的执行。在皇帝处理一些让他"大怒"的案件时，皇帝往往下一个与"三覆奏"背道而驰，实际上是取消三覆奏的命令：立即处死。《贞观政要》的记载，最能反映这一局面。李世民错杀张蕴古"既而悔之"时曾对房玄龄说：

> 如蕴古身为法官，与囚博戏，漏泄朕言，此亦罪状甚重，若据常律，未至极刑。朕当时盛怒，即令处置，公等竟无一言，所司又不覆奏，遂即决之，岂是道理。①

此段记载说明，虽有"三覆奏"的制度在，但如果皇帝下令立即处死，则"三覆奏"就停止执行，不但大臣们不谏阻，就是职能部门也不再履行"覆奏"，这就是关键所在之一。李世民看到了这一点，于是果断地下诏：

> 自今有死罪，虽令即决，仍"三覆奏"乃行刑。②

这是硬性规定，处死罪时即使皇帝下令"立即处决"，当局也仍要坚持进行"三覆奏"。李世民之可贵之处在于，他十分明白，皇帝在"盛怒"时，可能会胡来，防止的办法就是"三覆奏"无条件地坚持执行，以此防止和纠正皇帝可能有的错失。即使属于子孙严重侵犯父祖的"恶逆"罪，也要"一覆奏"后行刑：唯犯恶逆者，"一覆奏"而已。③

---

① 《贞观政要》卷八，上海古籍出版社，1978，第240页。
② 《资治通鉴》卷一九三《唐纪·贞观五年》，上海古籍出版社，1987，第1297页。
③ 《资治通鉴》卷一九三《唐纪·贞观五年》，上海古籍出版社，1987，第1298页。

　　虽有制度，不坚持执行，特别是事关皇帝的制度如皇帝不执行，或下边的人认为皇帝可以不执行，那事实上这项制度就不再存在。看起来，不但李世民认识到这一点，并以法令约束自己，以后的皇帝也注意了这一点。唐高宗李治重申过这一诏令：

　　　　至上元六年闰四月十九日，敕文："自今以后，其犯极刑，宜令本司，依旧三覆。"①

开元中成书的《唐六典》，对"覆奏"的注文也还说：

　　　　纵临时有敕不许覆奏，亦准此覆奏。②

反正，在这一点上，皇帝确实制订了让下面的人对自己进行监督的制度。所以刑律对"三覆奏"的必须执行也给予维护。《断狱律》（总第 497 条）规定：

　　　　诸死罪囚，不待覆奏报下而决者，流二千里。

疏文解释说：

　　　　谓奏画已讫，应行刑者。皆三覆奏讫，然始下决。若不待覆奏报下而辄行刑决者……徒一年。③

────────────

① 《唐会要》卷四〇，上海古籍出版社，1991，第 840 页。
② 《唐六典》卷六，中华书局，1992，第 189 页。
③ 《唐律疏议》卷三〇《断狱律》，第 572 页。

2. 增加覆奏次数拉长覆奏时日

隋以来的三覆奏既然是次数少间隔短，不能让人充分思考，所以李世民就在次数及间隔时间上进行改革，其措施是增加覆奏次数拉长覆奏时日。

（1）京都地区把三覆奏改成五覆奏，而且时间从一日拉长为二日。

京都地区，皇帝所在之地，直接向皇帝覆奏，可预先确定行刑日，决前一天，覆奏二次，处决当天，覆奏三次。《旧唐书》记载李世民向侍臣质问"三奏何益"后接着说：

> 自今以后，宜二日中五覆奏，下诸州三覆奏。①

《通鉴》在贞观五年十二月，记载李世民与侍臣廷议"覆奏"时的情形说：

> 丁亥，制：决死囚者，二日中五覆奏，下诸州者，三覆奏。②

（2）地方各州的三覆奏从一天改为二天。

地方各州死囚行决的三覆奏，实际是执行处决的文书在送去各州时，由刑部向皇帝三覆奏后才送出符书。《唐六典》及《通典》之注文讲得最清楚明确："凡决大辟罪，在京者，行决之司五覆奏；在外者，刑部三覆奏。"关于覆奏次数的时间分配，其注文说：

---

① 《旧唐书》卷五〇《刑法志》，中华书局，1975，第 2140 页。
② 《资治通鉴》卷一九三《唐纪·贞观五年》，上海古籍出版社，1987，第 1298 页。

在京者决前一日二覆奏，决日三覆奏；在外者，初日一覆奏，后日再覆奏。[①]

京外各州由于刑杀符书由京内送至行刑州县，时间因远近不同而不能确定，故措词不用京内"决前"、"决日"，而只是说决定发出符书的"初日"与"后日"。原来一天中于某一时刻进行的三次覆奏，现在改成了"二日"之内，初日一次，后一日两次。

按唐制，地方的刑杀符书经刑部二日内三覆奏送出后，如果皇帝要改变刑杀决定，法律上仍有非常的补救措施给皇帝留着。《唐律疏议·断狱律》（总第497条）规定说：

即奏报应决者，听三日乃行刑，若限未满而行刑者，徒一年；即过限，违一日杖一百，二日加一等。[②]

疏文对"奏报应决"解释说："谓奏讫报下，应行决者"，"须以符到三日乃行刑。若限未满三日而行刑者，徒一年。"接到业经三覆奏后才发出的刑杀符书，当地执行官，必须从符到之时起等待三昼夜才能开杀。规定此制度的目的就是持符使节派出后，如果皇帝要改变主意，还有三天时间可以追派使节去更正。

（四）"五覆奏"执行时日之存疑与试辨

唐代"五覆奏"中的五次奏请到底几天内执行，直到今日

---

① 《通典》卷一六八，中华书局，1984，第891页；《唐六典》卷第六，中华书局，1992，第189页。

② 《唐律疏议》卷三〇《断狱律》，第572页。

仍是个有待考定的问题。因为一些唐史的记载，关于五覆奏执行的天数，的确存在着前后矛盾的情况。

1. 前后矛盾的记载

（1）《旧唐书》记载的矛盾。

如前所述，《旧唐书·刑法志》在记皇帝对冤杀张蕴古及卢祖尚有悔后，接着记唐太宗"寻谓侍臣曰"中，明确地记载皇帝说："自今已后，宜二日中五覆奏，下诸州三复奏。"但是，作者在记完太宗说的整段话之后，专门特别介绍"五覆奏"实施的办法时说：

> 其五覆奏，以决前一日、二日覆奏，决日又三覆奏。惟犯恶逆者，一覆奏而已。著之于令。①

作者记皇帝说的是"二日中五覆奏"，而记述"著之于令"的内容时，却又说的是"决前一日、二日"及"决日"共三日。

（2）《通鉴》记载的矛盾。

《通鉴》中的记载与《旧唐书》的记载一样，前后存有显著的矛盾。亦如前已指明的那样，《通鉴》在贞观"五年十二月"下，先记太宗"谓侍臣"谈三覆奏立法的用意及执行中存在的问题后，作者明记："丁亥，制：决死囚者，二日中五覆奏，下诸州者，三覆奏。"可是在记录完太宗的全部话之后，也专门介绍"五覆奏"施行的办法说：

> 其五覆奏者，以决前一、二日，至决日，又三覆奏。唯

---

① 《旧唐书》卷五〇《刑法志》，中华书局，1975，第2140页。

犯恶逆者，一覆奏而已。①

与《旧唐书》中的情况一样，前面说"二日中五覆奏"，而最后又说五覆是"决前一、二日"覆奏，"决日，又三覆奏"，共三日。

2. 记载矛盾原因之辨析

《旧唐书》及《通鉴》记载中的前后矛盾，实际是反映了当时立法过程的复杂情况，即立法本身就有前后不一的过程，而不是史书作者记录本身的矛盾。

第一，皇帝的制敕与形成的令文，其内容前后往往有改变而不统一。即皇帝口头的诏令由中书省拟制，并经门下省审查发出之后，在法律上仍是制敕。这种制敕，最后经编纂，内容是否有改变，以及能否最终形成为《令》，或成为《格》，都是处于可变易的过程。从上述两史书的记载看，"二日中五覆奏"的确定，都只是皇帝的制敕，是唐太宗说话过程中提出的办法，《通鉴》的记载明显地指出是"制"。从时间上说，张蕴古的事情发生在贞观五年"秋八月"，李世民评论三覆奏的施行过程太短暂，其事列在贞观五年"十二月"，而下诏出"制"的丁亥日是十二月初二。所以"二日中五覆奏"仅是制敕，可是"三日内五覆奏"，都是在记录太宗谈话之后决定"著之于令"的记述。可见，最大的可能是，当时皇帝的制敕，与最后著为令文的内容，本来就不一致：前者是"二日中五覆奏"，后者是"三日中五覆奏"。

第二，今天主要文献所载是依据当时的制敕，而不是准备著

---

① 《资治通鉴》卷一九三《唐纪·贞观五年》，上海古籍出版社，1987，第1298页。

为令的内容。首先，唐代人撰写的史书都一致地认可"二日中五覆奏"之制。《唐六典》及《通典》一致地记载"二日中五覆奏"：

> 凡决大辟罪，在京者，行决之司五覆奏；在外者，刑部三覆奏。（在京者决前一日二覆奏，决日三覆奏；在外者，初日一覆奏，后日再复奏。）①

这些著作的根据应是唐代的制敕。上海古籍出版社 1991 年版的《唐会要》录唐代的敕诏说：

> 五年八月二十一日诏："死刑虽令即决，仍三覆奏，在京五覆奏。以决前一日三覆奏，决日三覆奏，惟犯恶逆者，一覆奏。著于令。"②

文中"决前一日三覆奏"中的"三"应是"二"之误。否则加上"决日三覆奏"就是"六"覆奏了，不可能如此。这里，《通鉴》记载"二日中五覆奏"制敕下达在"丁亥"即"十二月二日"，而《唐会要》在抄录时则记载此制敕下达在"八月"张蕴古事件发生当时，这也是矛盾之处。但是唐代武则天时任编修国史的吴兢，在其所撰的《贞观政要》中的说法，则证实王溥在《唐会要》中的抄录是有根据的。吴兢记载，张蕴古事件发生后，太宗后悔时在批评房玄龄等当时不谏阻以及有关官司不行

---

① 《唐六典》卷六，中华书局，1992，第189页；《通典》卷一六八，中华书局，1984，第891页。

② 《唐会要》卷四〇，上海古籍出版社，1991，第840页。

覆奏：

> 　　因诏曰："凡有死刑，虽令即决，皆须五覆奏。"五覆
> 奏，自蕴古始也。①

吴兢认为，张蕴古事件，促使唐太宗不但严申凡死刑都要执行覆奏，而且要实行五覆奏。他关于五覆奏制度由张蕴古事件肇始的判断，与《唐会要》抄录五覆奏的敕诏是贞观"五年八月二十一日"在时间上吻合，与《通鉴》记张蕴古事件在"秋八月""甲辰"即"八月十七"之后，也是吻合的。

　　第三，不能完全否定唐代"三日五覆奏"令文的存在。首先，要指出的是，既然《旧唐书》及《通鉴》在"二日中五覆奏"后，都又一致地说，要把这种五覆奏的制敕"著之于令"，这表明，贞观五年后唐代著成的令文最后不排除是"三日五覆奏"制。所以，唐代决定"著之于令"的"三日五覆奏"制度也可能是终未编为令文，也可能是令典中有其条，只是，今人已无法见到。史书在其他场合，还有对"三日五覆奏"的呼应记载。《通鉴》于贞观"十六年十一月"下，记广州都督党仁弘，因"性贪""为人所讼赃百余万，罪当死"，在李世民为此事对侍臣说"吾昨见大理五奏诛仁弘"下，其注文说：

> 　　五年制令，死罪囚三日五覆奏。②

这里，作者记述的"五年制令"的内容，与"丁亥，制：决死

---

　　①　《贞观政要》卷八，上海古籍出版社，1978，第240页。
　　②　《资治通鉴》卷一九六《唐纪·贞观十六年》，上海古籍出版社，1987，第1317页。

囚者，二日中五覆奏"相悖，而却与最后特别叙明的"其五覆
奏者，以决前一、二日，至决日，又三覆奏"之文相合。可见，
《通鉴》中关于贞观五年与"二日中五覆奏"矛盾的"三日五覆
奏"，决不是一时误记误写，而是有其根据的记载。关键在于临
事的制敕与最终所著之令，有变异的可能。元代戈直在注明朝成
化本《贞观政要》时，把原书中贞观五年诏中"自今后，在京
诸司奏决死囚，宜三日中五覆奏"中的"三"改为"二"，表明
《贞观政要》原来的记载就是"三"日。①

---

① 见《贞观政要》"校勘记"（三），上海古籍出版社，1978，第244页。

二十五 "枉徒折役"之
国家赔偿辨

在封建社会，审判机关错判刑罚特别是枉入人罪后，是否要对被害人作赔偿以及怎样赔偿，在唐律中这是个较少被人注意的问题。追究法官出入人罪的罪责与对遭枉判者的补救，这两方面唐律都有其条。但从制度内容说，唐律中追究法官出入人罪的责任制度比较完备成熟，对遭枉判刑罚者的补救，就显得十分粗略而不完整，好多问题应该完善而未完善。唐律中涉及这一内容的条文，主要是在《名例》（总第44条）①作为"共犯罪而有逃亡"中的附带问题而立法，重点只谈到了徒刑的折抵与赎物的退还。这里只就律条中之所见作一点分析与归纳，目的是对唐律中这一制度与后代特别是现代的"国家赔偿"作比较研究时，起一个抛砖引玉的作用。

（一）唐律正视对司法官错判罪责的追究

立法者在律典内容中考虑到以有关法律来监督自身的被有效

---

① 《唐律疏议》卷五《名例》，第118~121页。

贯彻执行，正是唐律立法的特点之一。在这方面最明显的表现之一，就是唐律在《断狱律》卷第三十（总第 487 条）设立司法官"出入人罪"的专条来追究法官枉判的罪责。①

出入人罪中的"出人罪"，是指判有罪为无罪或判重罪为轻罪；"入人罪"是判无罪为有罪或判轻罪为重罪。法官错判处置的轻重，一是以错判种类、等级的不同而划分的出入"全罪"与出入"所剩"两种情况为量刑参照依据。"全罪"是以枉错之罪本罪的刑种等级计算，枉错在哪个等级，即以该等级为计。"所剩"是以应判与枉判之间刑种的差额计算。二是依法官枉错的主观情状对其处罚作调整。法官如属于故犯，则出入"全罪"者，即以全罪处罚；出入"所剩"者，即以所剩追究。其计算的办法实际上是一种"反坐"，在刑罚幅度上是以其所出入之罪罪之。但如属于非故意的过失者，则在入罪重于出罪的原则下，以"失于入者各减三等，失于出者各减五等"的办法处罚法官。对法官出入人罪的追究与对被枉判者的纠正与补偿，虽是一个问题处置的两个方面，但就"枉徒折役"来说，是法官"入人罪"的结果，而与"出人罪"无关，因此本文对出罪轻重的计算与补救，则不再谈及。

（二）枉判之刑以赎金执行的退还赎物

这种错判的对象往往是具有用赎特权或因刑事责任能力而受刑罚优惠的犯罪主体。官吏就大多属于这类对象，因为只有这类特别主体及过失杀人罪才能执行赎刑。《名例》卷第五（总第 44

① 《唐律疏议》卷三〇《断狱律》，第 562～566 页。

条）之律条中说：

> 增人罪者，有人犯徒一年，止有九品一官，官司增罪，科徒二年，官当一年，余徒收赎，后更审问，止合徒一年，前增一年赎物，即合追还。[①]

此例中之九品官，应处一年徒刑，结果被错判为二年。其中一年徒刑按规定用官职当掉。另一年出赎金作收赎处置。此案错在原本一年错判为二年。从幅度说，用官职抵当的一年徒刑并不错，而用赎金收赎的一年是枉增，所以最后的处置办法是"前增一年赎物即合追还。"这里，以赎金执行的枉判的一年徒刑，以退还赎物处置，是属于枉判的纠正，而非赔偿。

（三）枉判徒刑处置的基本原则是折抵国家赋役

1. 折抵课役是原则

被枉判徒刑者，可能是根本无罪而一下子被枉入徒刑。可也能是本只有笞杖之罪而错重入于徒刑。前者当然在处置时可直接从徒刑上计算，后者可以从减去应有的笞杖刑而剩余的差额上计。而且，当官的还可以免除可能有的除免、官当、加重及倍赃的处罚。尽管计算数额的方法不同，但对枉徒者而言，其原则都是以所枉徒年的劳役日，去折抵应征纳的国家赋役。律文说：

> 若枉入人徒年者，即计庸，折除课役及赎直。[②]

---

① 《唐律疏议》卷五《名例》，第 119 页。
② 《唐律疏议》卷五《名例》，第 119 页。

2. 枉徒刑一年折抵二年课役或军役

这里说的一年折抵二年，实际是加倍折抵，"计庸，折除课役"的注文与疏文说：

"每枉一年，折二年"；"若枉三年，通折六年课役"；"其有军役者，折上番之日，若枉一年，亦通折二年番役。"

（1）折抵课役。

所谓折抵课役，是指折抵国家每年向成年丁壮征纳的公务劳役甚至是全部租、调、庸。《户婚律》卷第十三（总第 173 条）"差科赋役违法及不平均"条中引唐代《赋役令》说："每丁，租二石；调绝、绢二丈，绵三两，布输二丈五尺，麻三斤；丁役二十日。"但是国家所征之"丁役"，由于国事需求的改变，并不总是固定于 20 日。不需要实役时可以不征劳役而收取其庸值。也可以超过 20 日而抵租、调。《唐六典·户部郎中》下说："凡丁岁役二旬，无事则收其庸，每日三尺；有事而加役者，旬有五日免其调，三旬则租、调俱免。"注文说："通正役不得过五十日。"[1] 国家的课役，正役是 20 日，加服 15 日，可抵免调物；再加 15 日，可免租物。所以全年免租、调、庸折抵的总课役是 50 日，这 50 日也是免除全年租、调（包括庸）的总日数。所以律文的注文说：

虽不满年，役过五十日者，折一年。[2]

---

① 《唐六典》卷三，中华书局，1972，第 76 页。

② 《唐律疏议》卷五《名例》，第 119 页。

其意是枉徒一年（360日）折抵一年应服的课役，即使所枉一年之徒，服役已超过50日的，也可以折抵一年课役（包括租、调在内）。

（2）折抵军役。

按唐制，成丁服军役，都是"量其远迩以定番第"，即根据服役地的远近，确认各卫府轮班的人数、批次及当班人的役期。《唐六典·兵部郎中》的注文说："百里外五番，五百里外七番，一千里外八番，各一月上；千里外九番，倍其月上。若征行之镇守者，免番遣之。"故律条之注文说：

　　　　其有军役者，折役日。[①]

即如有枉服错判之徒刑，可折抵这种应服之军役。

从所役的日数上说，一年徒刑的劳役满服应是360日，折抵二年课役是100日（每年50日则可），折抵二年军役是120日（每年倍月是60日），所以，如实服一年徒役，实际上超过二年课役或军役所需之日数的。这种折抵对服刑来说，是不对等的。

3. 折抵自己的赎金

在唐律中，如果一个官吏或七品官的儿子等有赎权者，有了罪，在应赎的情况下而却被错判实服徒役，这种情况也属于"枉人徒年"。这正如有关疏文所说："称'枉人徒年'，未必皆是无罪，但不应徒役，即是枉人徒年。"这类枉判之徒年，可依其所役日数折抵其原来应出之赎铜之数折算处置。疏文对律文中的"赎直"举例解释说：

---

① 《唐律疏议》卷五《名例》，第120页。

假有七品以上子，被枉徒一年，即以役身之庸，折其
赎直。①

这里的关键是，枉服的徒年（或所役之月日）怎样化作"役身
之庸"去"折其赎直"？其唯一的共通的介体，是依《名例》卷
第一（总第3条）中"徒一年"下注明的"赎二十斤"的赎铜
数。既然20斤是360日的赎数，则每18日的役日数，赎铜一
斤。这样，如此七品官儿子，原应用20斤铜赎一年徒刑，如已
服所枉徒年中的180日，则可抵冲其应纳20斤赎铜中的10斤。
还欠之半年赎金，再纳10斤铜去赎尽。正如有关疏文所说：
"计庸折铜，不尽，更征余赎；或折铜已尽，仍有余庸，更亦不
计。"②假如有赎权之人枉服一年徒刑实役360日，也不会作任
何补偿，因为360日之庸，原就等于20斤铜，正好是一年之
赎值。

对一般老百姓来说，如属纳赎之对象，也可用枉服之役日计
庸，折充赎值。疏文也举例说：

> 或有中男十六以上应赎，犯杖一百，官司处徒一年，亦
> 以役日计庸，折充赎直，尽与不尽，皆同上解。

此人应赎之杖一百，其赎铜10斤。其实服之徒役，也依每18日
赎铜一斤之"值"，抵充杖一百之赎数。如枉服之日数，超过了
10斤之赎值，按前述之原则，应该可作为折抵课役之日数。

---

① 《唐律疏议》卷五《名例》，第120页。
② 《唐律疏议》卷五《名例》，第120页。

（四）枉徒折抵课役之时效

按唐代的课役制度，州县每年役丁之计帐（名簿）由计帐使送呈尚书省。课役的征收，由户部度支司依上一年制订的预算向州县征调丁夫服役。仁井田陞依《通典》记载收开元《赋役令》说："诸课役，每年计帐至尚书省，度支配来年事，限十月三十日以前奏讫。"①

如前已述，由于国事需求的不同，每年并不总是需征实役，而且有时皇帝还会根据灾情及其他原因蠲免全年的赋税徭役。这样，枉服役年的人通常不能以所枉徒役去抵充当年的赋税，由此，枉服徒役者对赋税的折抵就有时效的规定，以使枉服徒刑者可切实地得到折充的机会。唐律中枉役者折抵课役赋税的时效内容有以下两方面：

1. 枉徒之刑役可折下一年之课役

《名例》（总第44条）之注文说：

即当年无课役者，折来年。②

"当年无课役"，可以是当年课役已应征完毕，或者是遇到当年普遍免除课役的情况。遇这种情况，可以折抵下一年的课役，即其抵充的时效并不以当年为限。

2. 时效及于其后应征而作实际折充的年份

如果"来年"又逢免征课役之年，则其抵充课役以逐年应役

① 〔日〕仁井田陞著：《唐令拾遗》，长春出版社，1989，第602页。
② 《唐律疏议》卷五《名例》，第120页。

而实作补尽之年份为限。其疏文解释其立法意图及规定之办法说：

> 律称"当年无课役，折来年"，律矜枉入徒役，听折来
> 年课输。来岁既无课役，将来亦是来年。年与课役相须，本
> 欲为其准折。若普蒙恩复及遭霜旱，依令课役并免，岂合即
> 计为年？亦如已役、已输，听折来年课役。后年无者，更折
> 有课役之年。[①]

即遇已征或免征课役之年，不计扣枉役者储蓄之抵充数额，只有
遇应征而实作抵充之年，才按数额充抵其储蓄之数，直到冲尽为
止。可是《令》规定，如纯属自然灾害之折免，时限只有两年。

（五）"折役"适用之刑种限制

1. 笞杖与死刑不在适用之列

枉判之笞杖刑，律文无折抵之规定，因其刑轻不适用。

至于死刑，唐律中并没有关于枉死者的任何折抵补偿之法，
这是有其固定的制度背景的。唐代的死刑，其执行要进行对皇帝
的覆奏，既然覆奏已通过了御裁，就不存在纠错折抵的问题。因
皇命是不能予以推翻否决的。故死刑之枉诛，不在折抵之列。

2. 枉流折役法无明文

唐律中关于枉徒折抵课役之制度，条文较少，内容粗疏。但
是根据其已确定的原则及制度，对于其未明确规定的枉流折役问
题，我们据已知的内容去分析，技术上存在这种可能性，因为在

---

① 《唐律疏议》卷五《名例》，第 121 页。

唐律中,《名例》卷第二(总第 17 条)"官当"中已明确适用"三流同比徒四年"的制度;《断狱律》卷第三十(总第 487 条)中之注文又明确说:

> 从徒入流者,三流同比徒一年为剩;即从近流而入远流者,同比徒半年为剩;若入加役流者,各计加役年为剩。[①]

这些规定,都为把流比作徒年,奠定了基础,虽然如此,但律条无"枉流折役"的明确规定,故不能实行。

最后,必须附带说明的是,唐代官府因不作为给民众造成损失的,不作赔偿。唐律《杂律》卷第二十七(总第 424 条)规定有关官员不修堤防或修而失时的,造成"毁害人家、漂失财物者,坐赃论减五等"。此种犯罪除官员个人受处罚外,不作赔偿,因为这种犯罪主观上属于"误"犯。《杂律》同卷(总第 434 条)规定:"诸水火有所损败,故犯者,征赔;误失者,不偿。"疏文解释说:"不修堤防而致害之类,各不偿。"有罪官员个人不偿,国家应作赔偿。唐代统治者根本就没有这种观念。

总之,以枉徒折抵课役之法为代表的唐律中的国家赔偿制度,比起现代的国家赔偿来差距很大,但其制度上的发端,在唐代已经完成。这种制度确实是司法上的"国家赔偿",只不过是"唐代的"罢了。这不是概念游戏,事物的历史发展逻辑就是这样的:由不完善而完善,由低级到高级。

---

① 《唐律疏议》卷三〇《断狱律》,第 563 页。

二十六　唐代妇女流刑处置辨

唐代女性的流刑，无论在判处或执行上，都有其比较复杂与特殊的制度。在立法上女性流刑的处置制度，条文只有原则性的规定，此外只在有关的律文、注文与疏文中分散地从各个侧面去作补充规定，这给后代阅读唐律的人，往往造成困难。所以，比较有条理地集中辨析一下唐代女性的流刑处置，对这一问题的研究与探索来说，十分必要。

唐律中女性流刑处置之复杂，主要是表现在一般原则与特殊律例的关系上，现以此为线索，分下列几方面加以辨析。

（一）女性犯流罪处置的一般原则是"例不独流"

这是说，女性如所犯之流罪只要不在作特别处置之列者，一般都不实配流刑，而是改换执行之形式。

1. "例不独流"的原则

"例不独流"是说，女性如自己作为正犯犯流罪，只要不属于特例者，其流刑不作实配，而是以"加杖"之法替代其流刑。《名例律》卷第三（总第 28 条）在规定工、乐、杂户及太常音声人等人犯流之律条同时规定："其妇人犯流者，亦留住"，疏文解释说：

> 妇人之法，例不独留。

"例不独流"，成了刑律中适用于妇女流刑的一个通例或者说是
一项常规制度。

2. "不独流"者以"加杖法"替代其流刑

女性作为正犯"不独流"，其流刑之处罚以"加杖法"的办
法取代。《名例律》卷第三（总第 28 条）"其妇人犯流者，亦留
住"下接着规定说："流二千里，决杖六十，一等加二十，俱役
三年。"其疏文说：

> 妇人流二千里，决杖六十；流二千五百里，决杖八十；
> 流三千里，决杖一百。三流俱役三年。若加役流，亦决杖一
> 百，即是役四年。

一般流刑改加杖，不远流，役期增加了二年。

3. 女性犯流不在限制之内者均可依"加杖法"留住

一般只要立法上未有性别限制及特定犯罪之限制者，其流罪
女性之正犯，皆可以"加杖"取代实配。但《律疏》中并不在
所有的流罪条中都指明。如《贼盗律》卷第十七"谋杀人"已
杀"从而不加功者，流三千里"（总第 256 条）；"谋杀缌麻以上
尊长者，流二千里"（总第 253 条）；"妻妾谋杀故夫之祖父母、
父母者，流三千里"（总第 255 条）；"祖父母、父母及夫为人所
杀，私和者，流二千里"（总第 260 条）等，这些律条中的流罪
女性之正犯，都可以不实配流刑而适用"加杖法"。而如上已

述，这些律条中一般都不会注明诸如女性因不独流，可改用加杖之类的话。

（二）女性"例不独流"原则之阻却与适用

1. "造畜蛊毒"罪中的女性流者不适用"例不独流"

造畜蛊毒罪本罪的正犯与教令者都处绞刑。所谓此罪之处"流刑"者，一定是正犯之会赦者以及原应缘坐之家眷。

（1）女性为"造畜蛊毒"之正犯遇赦之流实配。

作为"造畜蛊毒"之正犯，《贼盗律》卷第十八（总第262条）规定其法定刑是处绞。但是如果遇赦，则改为处流三千里。这种流刑女性也要实配。《名例律》卷第三（总第28条）在规定通例"妇人应流者，亦留住"之下，特别以注文限制说：

> 造畜蛊毒应流者，配流如法。

疏文对此特别作解释说：

> 造畜蛊毒，所在不容，摈之荒服，绝其根本，故虽妇人，亦须投窜。

（2）妇人作为造畜正犯的同居家口遇赦仍实配流刑。

造畜蛊毒罪之主犯处绞，其受缘坐之同居家口（女性自然包括在内），得实处流刑。他们即使遇赦，也仍要执行流三千里之实配。其本罪条（总第262条）律文说：

> 造畜者，虽会赦，并同居家口及教令人，亦流三千里。

这种遇赦仍执行之流刑，只有属于老、幼、重病残者而且是直系近亲中又无人同流的，才可免罪。注文说："八十以上、十岁以下及笃疾，无家口同流者，放免。"

（3）造畜罪中之女性"教令人"遇赦之三千里流刑可免实配。

已知，依《贼盗律》卷第十八（总第262条）"造畜蛊毒"本条规定，此罪正犯不论男女处绞，其中包括教令人在内："诸造畜蛊毒及教令者，绞。"同时，此罪会赦也要配流，《名例律》卷第三（总第28条）注文"造畜蛊毒应流者，配流如法"下之疏文说："虽妇人亦须流窜……纵使遇恩不合原免。"但是，如教令人是女性而且又会赦，那就可不适用造畜之特例而适用女性"例不独流"之通例：

> 妇人教令造畜者，只得教令之坐，不同身自造畜，自依常犯科罪。

这里，教令人如此处置的前提是二个：一是遇赦；二是教令者为女性。"依常犯科罪"，就是依妇人一般的流刑处置，即律文（总第28条）规定的"其妇人犯流者，亦留住。"即疏文解释的"妇人之法，例不独流，留住，决杖、居作。"也就是执行妇女犯流通例，以"加杖法"取代实配。

2. 反逆缘坐流妇女适用"例不独流"

"反逆"缘坐是唐律中缘坐范围最广的一项，妇女受反逆缘坐流是否实配，依其本罪条之规定。唐代的"反逆"缘坐，《贼盗律》卷第十七（总第 248 条）中规定，"即虽谋反，词理不能动众，威力不足率人者"正犯"皆斩"，其中"父子、母女、妻妾并流三千里"。但《名例律》卷第二（总第 11 条）"反逆缘坐流"下之疏文说，妇女有官无官都不实处流刑：

> 其妇人，有官无官比徒四年，依官当之法亦除名；无官者依留住法，加杖、配役。

这是属其本条明确规定有缘坐流者之情况。如其本条无规定有"缘坐"之罪的，当然不存在"缘坐"。如"口陈欲反之言，心无真实之计，而无状可寻者"（总第 250 条），只规定正犯"流二千里"，此外未有妻妾家眷缘坐之规定者，自当不缘坐。

3. "谋叛"罪中缘坐流之妻贯彻"例不独流"原则

唐律中之谋叛罪也要实行缘坐，其中包括妻在内。《贼盗律》卷第十七（总和 251 条）规定："诸谋叛者绞。已上道者皆斩。妻、子流二千里；若率部众百人以上，父母、妻、子流三千里。"但是，遭缘坐的妻，如果合于"不独流"之条件的，则不实配流刑而适用"加杖法"。其疏文解释说：

> "若唯有妻"，"妇人不可独流，须依留住之法，加杖、居作"。

这里，应再次强调，缘坐之妻，只有发生"独流"的情况才改"加杖法"，如谋叛者除妻外，还有一个满 16 岁的儿子同流，妻就不再属于"独流"的情况，而是要领了儿子一起配流。疏文说："子年十五以下合赎"，①"若子年十六以上，以式流配，其母至配所免居作。"

4."谋叛"及"杀一家三人"罪中未出嫁的女儿免作缘坐

这里说的未出嫁女儿不缘坐流刑，其前提是限于"谋叛"及"杀一家非死罪三人"之缘坐。在"谋叛"罪中，已上道者"妻、子流二千里"，或率部众百人以上"父母、妻子流三千里"，其中"子"只指"儿子"而不包括未出嫁的"女儿"。同时，在"杀一家非死罪者三人"条中，情况也相同。《贼盗律》卷第十七（总第259条）："诸杀一家非死罪三人及支解人者，皆斩；妻、子流二千里"。其条中的"子"只指"儿子"而排斥未出嫁的"女儿"。为了在这些特别的犯罪中，从缘坐的"子"中分离出"在室之女"，《名例律》卷第六（总第52条）在"称'子'者，男女同"的前提下，用注文特别说明：

缘坐者，女不同。

疏文具体解释说：

缘坐者，谓杀一家三人之类，缘坐及妻、子者，女并得免，故云"女不同"。

谋叛罪本条（总第251条）之疏文也说：

---

① "子年十五以下合赎"：见《名例律》卷第四（总第30条）："诸年七十以上、十五以下及废疾，犯流罪以下，收赎。"可知子十五以下收赎不配流，其母则可属"独流"而改"加杖"。但如子年十六以上就不在用赎限内，其母也就因此不属"独流"，要领子实配。

在室之女不在配限，《名例律》"缘坐者，女不同"
故也。

（三）妇女可因夫配流而被强迫跟随

这里说的情况不是妇女自己作为正犯犯流罪，甚至也不属因
亲属有反逆、造蛊等罪而遭缘坐，而是只因丈夫犯流罪实配，而
强令妻妾跟随其流放。这是封建刑律因丈夫有罪而剥夺妻妾人身
自由之典型的制度。

1. 丈夫配流妻妾随从是原则

妻妾应随丈夫同配流，《名例律》卷第三（总第 24 条）规
定说：

诸犯流应配者，三流俱役一年。妻妾从之。

如像《贼盗律》卷第十七（总第 250 条）："诸口陈欲反之言，
心无真实之计，而无状可寻者，流二千里。"此条法律虽未明确
规定实行缘坐，但如正犯依法实配流刑，依唐律，流犯之妻妾必
须强令跟随配流。

2. 妻妾跟随是强制性的

配流之丈夫不得因配流而提出与妻妾分开或依法休弃妻子。
疏文说："妻妾现已成者，并合从夫。"一旦被判配流，妻妾即
使有依法可休之"七出"情状，也不再能启动"七出"之程序。
疏文说，女犯"七出"者，夫若不放，于夫无罪。若被配流而
放妻，法律认为大多属假，故一刀切地不准休弃：

若犯流听放，即假伪者多，依令不放，于理为允。

只有正犯之父、祖、子、孙，可以采取自愿原则跟随。律文说："父祖子孙欲随者，听之。"

（四）妇女至配所之处置

妇女至流配地的情况，一是自己属犯流应配，二是因缘坐，三是被强令跟随。三者情况不同，在配地的处置或安置都不一样。

1. 妇女犯流应配之居役

如妇女犯造畜蛊毒或谋反等遇赦后有流而且应实配者，在配所要依法服役。《名例律》卷第三（总第24条）之律文与注文说：

诸犯流应配者，三流俱役一年。

本条称加役流者，流三千里，役三年。

2. 妇女缘坐及跟随者在配地免居作

妇女只要自己不作为流罪之正犯，是因丈夫或儿子犯流而受缘坐或跟随的，在配所都免予服苦役。《名例律》卷第三（总第28条）规定：

若夫、子犯流配者，听随之至配所，免居作。

3. 妇女在配地之户籍安置

在犯流之正犯役满之后，或役期中遇赦免服劳役的正犯，及其跟随之家属，都在配所当地登记入国家户籍，赋税照一般良人。《名例律》卷第三（总第24条）之疏文说：

> 役满一年及三年，或未满会赦，即于配所从户口例，课役同百姓。

4. 缘流妇女之回归

缘流妇女有回归的可能。但必须出现如下的情况：

首先，如在流放途中正犯死亡，则缘坐或跟随的妇女，可以中途返家。《名例律》（总第28条）规定：

> 其有夫、子在路身亡，妇人不合从流，既得却还，不复更令居作。

其次，缘坐或跟随的妇女、家眷到配所，经登记入籍后，如配流或移乡之原正犯自身死亡，在三年内妻妾家眷愿意返乡的，允许迁还原籍。《名例律》总第24条规定说：

> 若流、移人身丧，家口虽经附籍，三年内愿还者，放还。

（五）造畜蛊毒缘坐妇女遭受特别苛刻之对待

唐律中对待造畜蛊毒之缘坐者，不但大大严于常法，而且甚至严于对反、逆、叛罪中缘坐者之处置。

1. 对老、小、病残之优惠制度不涉于造畜蛊毒之缘坐者

《名例》卷第四（总第 30 条）规定：反逆缘坐流，依《贼盗律》：妇女年 60 及废疾，并免，不入此流。即虽谋反，词理不能动众，威力不足率人者，亦皆斩，父子、母女并流三千里。但是其女及妻妾年 15 以下、60 以上，亦免流配，征铜一百斤。可是疏文也特别指出：

> 妇人犯会赦犹流，唯造畜蛊毒，并同居家口仍配。

2. 特权制度的执行上也严求造畜之缘坐

《名例律》卷第二（总第 11 条）规定九品以上官及七品直系亲属流以下有赎的优待，而疏文在"会赦犹流者"下却指出：

> 其造畜蛊毒，妇人有官无官，并依下文，配流如法。

所谓"依下文"即指依《名例》律（总第 28 条）关于造畜之罪，即使妇女，亦须投窜之规定。

3. 造畜蛊毒缘坐罪中的客观归罪作法

犯造畜蛊毒者之同居家眷即使不知情，也处流刑。《贼盗律》卷第十八（总第 262 条）律文说：

> "造畜者同居家口虽不知情"，"皆流三千里"。

其中，如属对同居之犯，而且是被毒人之近亲又不知情者，才得免罪："即以蛊毒毒同居者，被毒之人父母、妻妾、子孙不知造蛊情者，不坐。"

4. 造畜蛊毒犯及其缘坐或跟随之家眷不能还乡

如前已述，《名例》卷第三（总第 24 条）在规定流罪正犯在配所死亡或已附籍之家口三年内可返乡的同时，特别作限制规定说：

即造畜蛊毒家口，不在听还之例。

注文还说："下条准此。"即造畜蛊毒家口，于配所永无还乡之日，此制度已成为法例。

二十七　唐代审判流程较快
缘由考解

　　唐代案件审理的时限，从法令的规定及历史记载看，与近现代相比，都是比较快捷的。究其原因，既有国家反对审案淹滞的制度上的要求，同时也有刑律制订上的原因。尤其是后者，很值得去研究总结。

（一）法律对审案程限有规定

　　唐代审案的时限要求，有明确的法律制度的记载。从整个趋势看，是要求逐步严格。开元七年，在官署整个的"受事"程限中也包括了对案件审批的要求：

　　　　诸内外百司所受之事，皆印其发日，为之程限，二日受，一日报。其事速及送囚徒，随至即付。小事五日程（谓不须检覆者），中事十日程（谓须检覆前案及有所勘问者），大事二十日程（谓计算大簿帐及须咨询者），狱案三十日程（谓徒已上辨定须断结者）。①

这里说的主要是官方文书的受付程限，所谓的"狱案三十日程"也是指对呈报的徒刑以上案件的审核批覆而言，并不包括对犯人审判的时间。此条法令最后规定说：

其文书受付日及讯囚徒，不在程限。

即审讯囚徒的时间，都不在上述程限之内。也可以说，审讯囚犯的时日，当时并没有统一必须遵守的程限。但是，这种刑案中审判犯人没有时间要求的制度终究产生久拖不决的弊病，唐宪宗时就曾有法令来对付这种局面。史书记载说：

元和四年九月敕："刑部大理决断系囚，过为淹迟，是长奸幸。自今以后大理寺检断，不得过二十日，刑部覆下，不得过十日。如刑部覆有异同，寺司重加不得过十五日，省司量覆不得过七日。如有牒外州府节目及于京城内勘，本推即日以报。牒到后计日数，被勘司却报不得过五日。仍令刑部具遣牒及报牒月日，牒报都省及分察使，各准敕文勾举纠访。"②

唐朝的大理寺对中央百官及京都地区徒以上案件来说，都是受理机构。所以这种程限既涉及审囚，也涉及各部门案件相互转

---

① 〔日〕仁井田陞著：《唐令拾遗》，长春出版社，1989，第 526～527 页。
② 《旧唐书》卷五〇《刑法志》，中华书局，1975，第 2153 页。

送批覆的总的程限。但此规定对于各种案件的具体情况未加区分，时限仍笼统而不明确，刑案审理淹滞局面的改变到唐穆宗时期仍不能令人满意。史书记载说，"长庆元年五月，御史中丞牛僧孺奏"称，"天下刑狱，苦于淹滞，请立程限"。他建议中央刑部及大理寺的审判程限必须区分"大中小事"明确地作出不同的审理程限要求：

> 大事，大理限三十五日详断毕，申刑部，限三十日闻奏；中事，大理寺三十日，刑部二十五日；小事，大理寺二十五日，刑部二十日。

这里值得注意的是，牛僧孺对案件"大中小"划分的标准：

> 一状所犯十人以上，所断罪二十件以上，为大；所犯六人以上，所断罪十件以上，为中；所犯五人以下，所断罪十件以下，为小。其或所抵罪状并所结刑名并同者，则虽人数甚多，亦同一人之例。违者，罪有差。①

从今天的角度看，在唐代即使是"所犯五人以下，所断罪十件以下"的"小事"，也是够大的案件了，这样的案件必须在 20 日至 25 日审结，实在不能说是不快了。超过这个程限，要依情节轻重，分别处罪，也不可谓不严。所以，唐代在法令上对审判流程要求严格，这是唐代审判流程较快的原因之一。

---

① 《旧唐书》卷五〇《刑法志》，中华书局，1975，第 2155 页。

（二）唐律律条都实行绝对确定的法定刑制度

如上所述，唐代对审判流程有严格的法令要求，这只是司法行政制度方面的情况。但司法行政制度的严要求能不能真正实行，对唐代社会的法律生活来说，却还决定于唐律立法本身的特点。

现代刑法中的法定刑，依其幅度是否固定的情况，可以分为"绝对确定的法定刑"、"绝对不确定的法定刑"及"相对确定的法定刑"三种。而唐律只用绝对确定的法定刑一种。

唐律中的绝对确定的法定刑，一般都是呈现三段式结构，其三段式又可以分为以下三种情况。

1. 明确的三段式

这一种情况是明确规定：①犯罪行为的数额计量及刑罚的起点；②增额加刑的幅度与办法；③刑罚的最高限度。例如《卫禁律》（总第 75 条）：

> 宿卫人应上番不到及应假而违者，①一日笞四十，②三日加一等，过杖一百，五日加一等，③罪止徒三年。

《职制律》（总第 128 条）：

> 乘驿马枉道者，①一里杖一百，②五里加一等，③罪止徒二年。

《户婚律》（总第 162 条）：

同居卑幼私辄用财者，①十匹笞十，②十匹加一等，③罪止杖一百。

2. 隐形的三段式

这种情况是只规定：①数额及刑罚的起点；②增额加刑的幅度或办法；③其最高刑额不明写，而是依刑法的统一原则或特殊规定办。如《职制律》（总第127条）：

增乘驿马者，①一匹徒一年，②一匹加一等。

《断狱律》（总第497条）：

死罪囚覆奏报下应决听三日行刑，即过限，①违一日，杖一百；②二日，加一等。

这种情况下的量刑，其所以只规定起点刑及随数量增额加刑的办法，而不规定最高限额，其原因是这类犯罪随数量增额的最高刑限由《名例律》（总第56条）专门规定：

加者，数满乃坐，又不得加至于死；本条加入死者，依本条。

即按增额加刑，一般不加至死刑，只能加至流三千里为止。一定要加至死刑的，由各条自己作明确的特别规定："可加至死。"即使规定可加至死刑的，也以加至绞为极限，而不得加至斩。

3. 不定三段式

这种情况是：①先规定一个不计数量而是有犯即罪的基础刑；②再规定加额增刑的幅度；③规定或不规定最高刑限。如《厩库律》（总第211条）：

> 诸被囚禁，拒捍官司而走者，①流二千里；②伤人者，加役流；③杀人者，斩，从者绞。

《擅兴律》（总第231条）：

> 临军征讨而稽期者，①流三千里，②三日斩。

不明确规定最高刑罚限度的如《擅兴律》（总第229条）：

> 大集校阅而违期不到者，①杖一百，②三日加一等；主帅犯者，加二等。

上列所有注①的处罚，是只要有前文规定的犯罪，就要受到这种处罚，该处罚也是最低的限度。②项是增额加刑的幅度与办法。之后，有的明确规定有最高的刑限③（如斩），有的则不规定最高刑限。不规定最高刑限者，都仍按上述《名例律》（总第56条）关于"加刑，数满乃加，不得加至于死"的原则办。

唐律律条中的刑罚，使用绝对确定的法定刑的办法，审判中法官没有自由量裁的权力，除"比附"及"类举"外，也不必在法条选用上犹豫迁延耗费时间。这是立法上缩短审判流程的原因之一。

（三）运用众多数量单位对犯罪构成客观方面作量化

单位量词的运用，表现了对犯罪行为结果、情节等轻重的解剖水准。唐律中众多单位量词的使用，对犯罪行为的量化在深度广度上有积极作用。

1. 侵占财物的犯罪行为结果以绢的"匹"、"尺"等作计量单位

以非法占有财产为目的的经济犯罪的结果，唐代一般都以财物市价单位形式量化。《名例律》（总第 34 条）规定，非法所得财物都以犯罪发生地当时上等绢的单价来折算计值。盗罪、贪污、受贿、勒索、诈伪等犯罪行为基本都折成当地当旬上等绢的"匹"、"尺"作为计量定罪。

2. 户籍徭役及治安管理方面的失职犯罪行为的结果常以所失的"口""人"作量化单位

《户婚律》中家长及地方官脱漏人口登记之犯罪，《擅兴律》中官吏"简点"卫士及丁夫"取舍不平"罪，《贼盗律》中官吏的辖区内有人为盗之罪，《捕亡律》中容留异地逃亡浮浪人的犯罪，都分别依"口"及"人"的数量计轻重。

3. 犯罪行为持续时间以"日"、"宿"为计量单位

《断狱律》中依法应没收、赔偿之物"违期不送"罪，《捕亡律》规定在职官吏、军事人员及服役人员的逃亡罪，《擅兴律》中各种军防人员"稽留不赴"罪，在《卫禁律》中警卫官吏"应上番不到及因假而违"的犯罪，凡此种种，都以"日"为行为结果轻重的计量单位。行为持续的时间，也有根据需要专门以"宿"（一夜）为计量单位的。如参加国家大祀的官吏斋期宿寝违制的犯罪，特以"宿"作计量单位。

4. 行为对象涉于牲畜的以牲畜的"匹""头"等作为计量单位

《职制律》中官吏违法增乘驿马罪，《厩库律》中牧管官吏牲畜死亡率超出正常指标的犯罪，都以牲畜的"匹"（"头"）作为量化单位。

5. 行为结果程度以面积作为量化单位

除了侵占土地的犯罪行为结果以"亩"为计量单位外，乘用官马磨破马匹项背的，以创伤的面积作为行为结果的量化单位，法律规定说："乘驾官畜产，而脊破领穿，疮三寸，笞二十；五寸以上，笞五十。"这里的"三寸"、"五寸"，注文说："皆以围绕为寸"，即直径乘以三的周长。《厩库律》（总第210条）的疏文举例说：

> 疮围三寸，径一寸；围五寸一分，径一寸七分。虽或方圆，准此为法。

伤害罪中拔去头发的行为结果也以脱发的面积计量，《斗讼律》（总第302条）说："拔发方寸以上，杖八十。"疏文解释：

> 方寸者，谓量拔发无毛之所，纵横径各满一寸者。若方斜不等，围绕四寸为方寸。

6. 驿使"枉道"的行为结果以"里"为量化单位

法律规定，驿使必须依驿站间的固定路线而行，若不以路线而行，或超过投送目的地是为"枉道"之罪，对此罪的处置是依转路或超过的"里"为计量单位。

7. 违法私载之行为结果以"斤"为量化单位

乘官家的牲畜、车船时所带私物，法律有统一规定的数量限额，超过限额按数量多少处罚。如《职制律》规定，乘驿站的马，其所带只限于"随身衣仗"及所送之物，《厩库律》规定乘官马带私物不得过 10 斤，乘官车带私物不能超过 30 斤，《杂律》规定，乘官船所带衣粮等限于二百斤，如超过这些限额带私物，都以"斤"计量定罪。

8. 地方官政务失职以"事"为行为结果的量化单位

按唐代制度，地方里正对各家人口的土地，应该分配而不分配，应该收还而不收还，应课督栽植桑枣而不课，应劝耕锄而不劝，其中每一项内容即称为一"事"。官吏这方面违法犯罪行为的结果，都计"事"的多少为轻重，《户婚律》规定："如此事类违法者，失一事，笞四十。"

9. 拒绝受理合法诉讼的行为结果以案内所告罪名的"条"作为量化单位

按唐制，法官拒绝应该受理的案件，这种犯罪行为结果量化单位不是"案"，也不是"人"，而是案内所告之罪条。《斗讼律》（总第 359 条）规定说：

> 诸越诉及受者，各笞四十。若应合为受，推抑而不受者，笞五十，三条加一等，十条杖九十。

10. 以两种计量单位或复名数作为行为结果的量化单位

《杂律》中"负债违契不偿"罪就规定："一匹以上违二十日，笞五十。"这里既有"匹"，又有"日"。另外也可以是复名数"人日"。如《擅兴律》（总第 235 条）说："若放人多者，一人准一日；放日多者，一日准一人。"注文说："谓放三人各五日，放五人各三日，累成十五日之类。"

11. 以行为结果数量在整体中的比重作为结果计量的依据

地方官所管辖区内或户主田地有荒芜，就以所荒芜田亩占全部田亩总数的比例多少定刑罚轻重，如《户婚律》（总第170条）规定：

　　　　诸部内田畴荒芜者，以十分论；一分笞三十，一分加一等，罪止徒一年。

即荒芜10%，笞三十；此外，每多10%，加一等；最高处一年徒刑。对家长犯有此罪也以荒芜所占全家田亩总数的比例处罚："户主犯者，亦计所荒芜五分论，一分笞三十，一分加一等。"实际是荒芜占全户所有地的20%，笞三十；此外每增加20%加一等。地方官管辖区下，应交纳的租税物，到期短缺的，以及领取兵器有遗失或因过失造成损坏的，都依比例处罚。另外，在"自首"制度中，法律还使用了"半"，即50%的比例计量。《名例律》（总第38条）规定："诸犯罪共亡，轻罪能捕重者首，及轻重等获半以上首者，皆除其罪。"疏文解释说，假如五个人都是犯杖一百的罪之后逃亡，其中一人抓捕二人去自首，连自己在内是三人，对五人说已经是"半以上"（达60%），故这人可免罪。

（四）运用固定的等级档次作为对犯罪行为的量化定位

社会上公认的或由法律规定的一些表示事物之间差异的等级

或档次，也可反映事物的比较差别。这种档次差别也是唐律对犯罪行为量化的常用手段。

1. 行为结果以距离远近的档次作量化定位

犯罪行为的性质及情节的轻重，有时表现在空间或地点上，唐律对涉及行为性质、情节轻重的空间地点，也尽可能作出等级的量化规定。这一点在对警卫皇家安全的犯罪上表现得最具体周到。

（1）京城内的空间范围以"京城门→皇城门→宫城门"作为损害安全犯罪由轻到重的等级划分的程式。如《卫禁律》（总第 71 条）关于夜开"宫殿门"的规定说："其皇城门减宫门一等，京城门又减一等。"《诈伪律》（总第 364 条）规定："伪写宫城门符"者处"绞"，而于"皇城、京城门"者处"流二千里"。

（2）宫内以"宫门→殿门→上阁→御在所"的深浅档次，作为侵犯行为由轻到重的等级划分程式。如《卫禁律》（总第 59 条）规定，无凭证闯入"宫门"者，徒二年；入"殿门"的，二年半；入"上阁"的，绞；至"御在所"，斩。

（3）在行宫以"外营门、次营门→内营牙帐门→御幕门→御在所"的距离档次来比附"宫门→殿门→上阁→御在所"的安全距离档次。《卫禁律》（总第 77 条）特明确规定相比附的制度："外营门、次营门"相当于"宫门"；"内营牙帐门"相当于"殿门"；"御幕门"相当于"上阁"；"御在所"不变。

2. 以衙门内责任关系的模式作为同职公坐中官吏罪责追究的量刑参数

（1）同衙门内部统一以"长官、通判官、判官、主典"的四级制分清主从后递减（增）一等之法追究。《名例律》（总第

40条）规定说："同职犯公坐者，长官为一等，通判官为一等，判官为一等，主典为一等，各以所由为首。"

（2）在同职公坐的上下级衙门之间，以上级衙门比呈报衙门递减一等，下级衙门比批覆衙门减二等的模式处罚。《名例律》（总第40条）规定："上官案省不觉者，各递减一等；下官不觉者，又递减一等。"

3. 以"殴→伤→伤重→死"作为一般伤害行为结果逐渐加重的固定档次

《斗讼律》（总第315条）规定："殴之者，徒一年；伤者，徒二年；伤重者，加凡斗二等……死者，斩。"其中的"徒一年"、"徒二年"、"加凡斗二等"及"斩"是根据皇家袒免亲被伤害的不同档次情状制订的量刑参数。

4. 谋杀罪依"谋杀→已伤→已杀"的档次作为行为量化的档次

《贼盗律》（总第253条）规定：谋杀缌麻以上尊长，流二千里，已伤者，绞；已杀者，皆斩。

5. 以血亲的等级作为确定相犯行为轻重加减档次的参数依据

亲属间相犯的基本规律是卑犯尊：越亲近，刑罚越重；越疏，刑罚相对减轻。尊犯卑：越亲近，刑罚越轻；越疏，刑罚相对加重。这中间"袒免、缌麻、小功、大功、期亲"的亲等，成了处置此类犯罪时对行为结果进行量化的档次依据。如《斗讼律》（总第315条）规定："诸皇家袒免亲而殴之者，徒一年……缌麻以上各递加一等。"在此条法律中，亲等与刑罚的参数是：

亲等：袒免　缌麻　小功　大功　期亲

刑罚：徒一年　徒一年半　徒二年　徒二年半　徒三年

6. 以"议贵→五品以上→六品以上"作为殴打官员犯罪行为性质量化的档次

唐朝官吏的品级为九品三十等，但是在刑法中，一般以"议贵"官（即爵一品、散官二品、职事官三品），"五品以上"（实际是指五品至四品）及"九品以上"（实际是指九品至六品）这三个大档次，作为行为性质量化的相应档次。官品的这种大档次划分，《斗讼律》（总第 318 条）也说："谓六品以下，九品以上，或五品以上非议贵者，议贵谓三品以上、一品以下。"《斗讼律》（总第 316 条）规定："流外官以下殴议贵者，徒二年……殴伤五品以上，减二等……殴伤九品以上，各加凡斗伤二等。"

7. 以"良人→部曲→奴婢"刑罚递相加减一等作为良贱相犯行为性质的量化档次

良贱相犯的基本规律是良犯贱，比凡犯减等；贱犯良，比凡犯加等。良人犯部曲，减凡人一等；良人犯奴婢，减凡人二等。但部曲与奴婢间，又有加减一个等级的关系。如《斗讼律》（总第 320 条）规定：部曲殴良人加凡人一等，奴婢又加一等；部曲与奴婢相殴伤杀者，各依部曲与良人相殴伤杀法（即比凡犯加减一等之法）。

8. 以"夫→妻→媵→妾"的尊卑次序作为行为性质量化的档次

如《斗讼律》（总第 325 条）规定：夫殴伤妻减凡人二等；殴妾折伤，减殴妻二等；妻殴伤杀妾，又与夫殴伤杀妻一样减等。《斗讼律》（总第 326 条）规定：妻殴夫重者，加凡斗伤三等，媵犯妻的，比妾犯妻减一等；妾犯媵的，比凡人加一等。

犯罪客观方面因素情状的认定，常常是在确定有罪后精确地判刑的主要根据。唐律中对侵犯行为程度作单位量化及级别档次上的划分，除了提高定罪判刑的准确率外，就是可让司法官用足够的时间与精力放到查清犯罪事实上去，而不必过多地在刑罚幅度的量裁上犹豫反复，争论不休。这样，既提高了办案的准确性，又缩短了审判的流程。①

① 本文第3、4两节是拙著《唐律立法量化技术运用初探》一文有关内容的概括。

二十八 《龙筋凤髓判》性质及 "引疏分析" 考

《律疏》于永徽四年制订完成颁布全国，《旧唐书·刑法志》特别交代说：

> 自是断狱者皆引疏分析之。

至此，从适应科举考试需要而启动制订，终于以落实到司法适用为终结的《律疏》，真正成为全国统一使用于定罪判刑的一部律典。关于《律疏》在唐代司法实践中的引用情况，在两唐书的"本纪"、"列传"及《唐会要》与其他有关唐代的史书中，不时有直接或间接反映的零星事例。然而《律疏》制订后能较集中地反映其引用情况的书证，最重要的、最早的就是张鷟的《龙筋凤髓判》一书。比《龙筋凤髓判》稍早的敦煌文书残卷《文明判集》，也较精确地反映了《律疏》当时被引用断罪的情况。刘俊文先生对该"判集"已作了很好的考证，并已收进了其所著《敦煌吐鲁番唐代法制文书考释》一书。其他比较集中地反映《律疏》引用情况的书籍，还有收入《白氏六帖事类集》中唐代白居易的《甲乙判》，但"白判"在时间上要比《龙筋凤髓判》迟一百多年。

张鷟的《龙筋凤髓判》，原本因其善用对仗之骈文写作判词而知名，并得汇集成书。而张鷟本人及汇集刊刻者，万万没有想到，其判词惠于后代法律制度的研究是其根本，而华丽奢侈的用典及骈文的欣赏，不过是枝叶而已。张鷟的《龙筋凤髓判》不但是《律疏》引用的可靠史料，而且还是唐代很多重要司法制度的真实反映。《龙筋凤髓判》一书①虽不是唐代大理、刑部断狱的判决书，但由于其为汇集张鷟之判词而集中了一批案例，这就不但为我们对《律疏》的引用情况提供了考证条件，同时也给我们对唐代吏治监察制度兼及张鷟本人情况作进一步的探索考证提供了条件。

（一）《龙筋凤髓判》之案判必出之于御史台之证

《龙筋凤髓判》一书，从其案件的性质、来源、内容及程序等各层面看，其判词的写作人，必身在御史台，而且亦必身为御史。

1. 纠弹官吏的违法犯罪是御史台的主要职能

《龙筋凤髓判》共 4 卷，集案例 78 件，涉及的官府有：中书省、门下省及尚书都省等宰相衙门；尚书省中的吏部、户部、礼部、兵部、工部及其属下的考功、司勋、主爵、仓部、祠部、主客等曹司；属于各监、寺、馆的有国子监、少府监、将作监、水衡监、沙苑监、苑总监、修史馆及大理寺；皇家直属或隶属于各部、寺、监的具体执事单位有太庙、郊社、太乐、鼓吹、太

---

① 本文所引（唐）张鷟撰《龙筋凤髓判》，以下简称《判书》。

卜、太医、太史、刻漏、良酝、太官、掌醢、珍羞、导官等；属于军警各卫府的有金吾卫、左右卫、左右羽林卫、左右千牛卫、左右监门卫、左右屯卫、左右武卫、左右军卫、左右骁卫及左右率府，此外还涉及御史台、各州和刺史。

　　案判主要的涉事方或被告方均是官府的官员及有爵位者，上至身为宰相的左仆射及御史大夫，还有六部的主要官员，各部中层的郎中，及许多有具体职掌的官员，甚至涉及命妇、公主。总之，案中的被告待处置者基本全是官吏，最低的也是有一定"功名"的参加省试的考生。这种明显的案件特征，从管辖职责来说，只能是御史台。《唐六典》记载御史台的职掌说（括号中为注文）：

　　　　御史大夫之职，掌邦国刑宪、典章之政令，以肃正朝列；中丞为之贰。（其百僚有奸非隐伏，得专推劾。若中书门下五品以上、尚书省四品以上、诸司三品以上，则书而进之，并送中书门下。）……凡中外百僚之事应弹劾者，御史言于大夫，大事则方幅奏弹，小事则署名而已。（旧：弹奏，皇帝视事日，御史奏之。自景龙三年已来，皆先进状，听进止。许则奏之，不许则止。）①

所以，御史台性质是维护吏治，弹劾官吏不法犯罪的专职衙门。身为御史的张鷟的判词，就是在"百僚之事应弹劾者，御史言于大夫"，"皇帝视事日，御史奏之"，"皆先进状，听进止"制度之下产生的法律文书。《龙筋凤髓判》中的刑案，有的出之于

---

① 《唐六典》卷一三，中华书局，1992，第378～379页。

有关犯官主管当局的告发而御史台受理，有的案件是御史台主动弹劾立案推审。78 件中大部分属于这种情况，而且有十几件的案由中都明写着"御史弹付法"或"御史弹付"。这里最需要说明的是，我们在阅读《龙筋凤髓判》时，一定要明确，张鷟涉及宰相、御史大夫等人的案判，绝不说明御史台尤其是张鷟本人权力的巨大，而是说明御史职权行使的特殊性，因为这些判词中的处置意见，都要呈送中书、门下，甚至由皇帝作最后批准的。

唐朝的御史台除御史大夫及御史中丞为正副长官外，台内的御史分为侍御史、殿中侍御史及监察御史三类。这三类御史都可以对不法官吏进行纠举弹劾并奉命推审，但是在管辖权限上则有所不同。《旧唐书·职官志》及《唐会要》记三类御史之主要职掌说：

> 侍御史掌纠举百僚，推鞫狱讼……凡有制敕付台推者，则按其实状以奏；若寻常之狱，推讫，断于大理。凡事非大夫、中丞所劾而合弹奏者，则具其事为状，大夫、中丞押奏。

> 殿中侍御史掌殿廷供奉之仪式……若皇帝郊祀、巡省，则具服从，于旌门往来检察，视其文物之有亏阙则纠之。凡两京城内则分知左、右巡，各察其所巡之内有不法之事。

> 监察御史掌分察百僚。巡按郡县，纠视刑狱，肃整朝仪。凡将帅战伐，大克杀获，数其俘馘，审其功赏，辨其真伪。若诸道屯田及铸钱，其审功纠过亦如之。……若在京都，则分察尚书六司，纠其过失，及知太府、司农出纳。……凡尚书省有会议，亦监其过谬。

从《龙筋凤髓判》案件的情节看，绝大部分是属于中央机关及京都百僚的罪案较多，地方官吏的案件则很少。

（1）官吏有罪御史弹劾交付大理寺审判。

如《判书》卷二第 83 页"沙苑监二条"之一，其案由说，朝廷宴请默啜汗国使节，原属太仆寺并负责筵席用品供给之沙苑监，因"供羊瘦小"，造成"边使咸怨"；此事由负责外事接待的鸿胪寺提出举告："鸿胪寺状称"；受理鸿胪寺举告的是御史台："御史弹付法"；但是案中犯官最后的定罪判刑职责属大理寺，御史台的判词说："宪司弹劾，允合公条，大理纠绳，固难私纵"。

御史弹劾后如大理判决违律，御史台可建议纠正。如《判书》卷二"太庙一条"中，太庙令犯"大祀散斋吊丧"之罪，先由"御史弹付法"，后经"大理断"，但大理在判断中作"征铜五斤"同时又"官减一等"之错判后，案件又回到御史台由张鷟写判词纠正就是实例。

不服大理判的覆核由御史台参与。《龙筋凤髓判》四卷 78 个案件的判词，其案由中记当事人"不伏"原判的多达 20 件，超过了四分之一。在许多不服原判的案件中，专门说"大理定罪不伏"的有 6 件。由此可见，官吏刑案中当事人不服大理处断而转由御史覆核，这也是唐代的司法制度。

从审判制度说，京都地区及中央机关百官的案件，由大理寺通过审判定罪判刑，不上诉的，徒以上由刑部审核后定案，死刑还要由皇帝批准。《唐六典》在御史台的"侍御史"条下也说："若寻常之狱，推讫，断由大理。"但是，官吏之案如"不伏"大理之判提出异议的，则有专门的审判组织进行处置，御史台的御史就是与中书省及门下省的官员一起处理此类案件的一方。

《旧唐书·职官三》在门下省"给事中"条下说：

> 凡天下冤滞未申及官吏刻害者，必听其讼，与御史、中书舍人同计其事宜，而申理之。①

《唐六典》卷一三《御史台》记三司受理的形式之一说："凡三司理事，则与给事中、中书舍人更直于朝堂受表。"注文说："三司更直，每日一司正受，两司副押，更递如此。其鞫听亦同。"②

（2）官吏不称职或品行恶劣也由御史台弹劾。

御史台对官吏的弹劾不限于触犯刑律要定罪判刑的案件，如果官吏虽未触犯刑律但表现不称职或有劣迹可由御史台直接弹劾。《判书》卷二第90页"内侍省二条"之二的案由中直接说："内侍元淹，心狠貌恭，善柔成性，两京来往，威福甚高，金帛祗承则妄于延誉，迎候失行，辄加鞭挞。"结果，张鹭的判词是："直可投诸四荒，以御魑魅。驰驿速发，无俾少留，各下所司，即宜催遣。"内侍元淹受到了除官远放之处置。

由御史弹劾贬官，还可见于《判书》卷三"修史馆二条"之二的例子。其案由说，"著作郎杨安期学艺浅钝，文词疏野，凡修书不堪行用，御史弹才不称职，官失其人。掌选侍郎崔彦，既亏清鉴，并请贬退"。其判词最后说："选曹简要，秘书清高，理须放还，以俟来哲。"两人都予以贬退。

官吏不称职也可由其所属主管部门呈告御史台请求处置意见。《判书》卷三第94页"修史馆二条"之一的案由说，"监修

---

① 《旧唐书》卷四三《职官二》，中华书局，1975，第1844页。
② 《唐六典》卷一三，中华书局，1992，第380页。

国史刘济状称"，即监修国史馆之长官写状呈请处置意见。所呈请的内容是："修史学士李吉甫多行虚饰，不据实状，有善不劝，有恶不惩，得财者入史，无财者删削，褒贬不实，非良史之体。"张鷟之判词是："有奸雄之性，无良史之才，徒紊国经，宜从屏退。"显然，修史学士李吉甫受到的是撤职"摈退"的处罚。

御史台对于主管部门对有关官吏的处置呈请可以驳回。如《判书》卷三第118页"左右屯卫二条"之二的案由说，"左右屯卫"认为飞骑将军刘恭"膂力强群，弓马超众"，但认为"眇其一目，恐不堪侍奉"即不适合侍奉在皇帝左右，所以"欲放归乡里，又惜其身材"。因一眼之瞎，就要被解职还乡，张鷟在判书中认为对人才应"用大掩小，弃短从长"，"大材可录，小疵何伤！"所以，主张"既要所须，宜从旧定"。

（3）官吏不应封赐之爵位也由御史台受理主管当局之呈请作出处置建议。

《判书》卷一第33页"主爵二条"之一的案由说，属吏部之主爵员外郎（也称"司封员外郎"、"掌邦之封爵"）梁瓒奏说，左仆射魏宰"无汗马劳"，御史大夫李嘉"伪佐命功，并妄爵也"，请求追夺二人之爵位。结果，张鷟受命查核，认为魏宰"智不动俗，曾无汗马之勋"，李嘉"谋不出凡，讵展饥鹰之效。无功而禄，不可励勋臣，无德而官，如何奖朝士。"这二人之性质"并为爵人失叙，锡土无纲"，要依照法律，不使滥封之弊端再现："宜遵操斧之柯，岂蹈覆车之辙。"

（4）官吏在政绩考核中未得公允之对待可向御史台呈报。

《判书》卷四第165页"掌醢一条"之案由说，"掌邦国酒醴膳羞之事"的光禄寺卿属下的"掌醢署"之长官吕建，在政绩考核中其等级应进未进，于是光禄卿杨裕写呈状报告，吕建"居官清整，不邀名誉，忠肃奉公"，但考核等级却"未蒙进考"。结果张鷟提出之处置建议是："理合甄拔，以劝朝班。"

2. 各官司的建议是否正当由御史台审定

御史审查不恰当之建言与呈请，如不属于触犯刑律的，只指斥其错误不当，不推审付法但记录在案。如《判书》卷三第116页"左右屯卫二条"之一的案由说，都留守屯卫将军王林上呈状认为皇帝驾幸西京，恐有警急，于是建议"请屯兵于宣仁门外"，以防备非常情况之发生。张鷟认为王林身为警卫将军，"岂有置兵城内，列骑街中"之论，如果"百贼叩门，万夫何用?"这种建议"五尺童子，尚以为愚，三事大夫，若为通计!"其最后的处置意见是："所请非理，告记为宜。"

《判书》卷二第90页"内侍省二条"之一的案由中说，属于内侍省的蒙天建，是"职参永巷，位典长门，出入后庭，驰驱卧内"的宦官，内侍省说此人"植性谨厚，荐达贤良，处事清勤"，因而竟推举此人担任监察官员，以能肃清吏治："惟知内外纠察，必望百司清肃。"内侍省的建议既非其职司所在，同时推举受阉的宦官任监察重任，又是违反举官制度的行为。因而张鷟的处置意见是："骨鲠之士，足以纠正朝仪，刑余之人岂可参谋国事。其言不次，无理告知。"如果官吏的建言，属于"不应奏而奏"之性质，则要依刑律治罪。

3. 不同职能官司之间的争议由御史台裁定

《判书》卷二第85页"沙苑监二条"之二的案由中可看出，隶属太仆寺的沙苑副监因"方今尊崇释教"，请求祭祀减少羊只的使用，目的是"庶望国家有福，庆祚绵长"。而掌管祭祀的太常寺不同意这建议："太常执奏，祭天事大，不宜降礼。"结果这件不同衙门之间对涉及礼制的争议，最后由御史台作裁处，支持太常寺的意见："并付所司各依前式。"类似例子《判书》卷四第 146 页"鼓吹一条"中说，隶属于太常寺的鼓吹令王乾，认为鼓吹器物是国家仪仗，因"器具滥恶"，故请求改换修制。而礼部员外郎崔嵩却以"府库尚虚，此非急务"为由而"判停"其请求。张鷟认为鼓吹仪具"既为滥恶，宜即修改。岂以藏虚，遂云非急！"应令立即集中修理置换，切莫犹豫："速令鸠集，请勿狐疑。"

4. 百姓与官府之间的诉讼纠纷御史台受理

《判书》卷一第 44 页"仓部二条"之二的案由说，沧州、瀛州等地方申称，神龙元年水灾，奉旨收半租，并允许以军役折租，第二年又遭涝，全免，"无租可折"。第三年，百姓诉请州府"以去年合折"，结果是州府"不许"，百姓"不伏事"。按《赋役令》，遇灾害，"十分损四分已上免租，损六已上免租、调，损七已上课役俱免。若桑麻损尽者各免调。若已役已输者，听折来年。经二年后不在折限。"[1]张鷟认为，"当时奉旨，令贷半租"，"明年复涝，乃是折空，后岁总征，元无折处"，"元贷未折，许折还征"，"四方取则，百姓何凭"。结论是："政在养民，理从矜折。"这场官民之争，民愿以御史台的支持而得允。

《判书》中还有官员因侵害民众利益被"削黜"的例子。卷一第 41 页"工部一条"之案由说，工部员外郎赵务，调配关中地区蒲州、陕州的布，去供渔阳地方的军需，而让北边近渔阳的幽州，把布换成绢输送到长安京城，百姓对此种调配诉呈"不便"。赵务说这样调配的理由是"布是粗物，将以供军，绢是细

---

① 《唐令拾遗》，长春出版社，1989，第 604 页。

物，合贮官库。"张鷟在判词中认为，赵务令"蒲陕之布，却入渔阳，幽易之缣，反归关陇。同北辕之适越，类东走之望秦"，"细绢称以纳库，粗布贮以充军，非直运者苦劳，抑亦兵家贾怨。"结论是贬降赵务，惩其固执愚蠢："宜从削黜，以肃愚顽。"

百姓告发官吏的案件也由御史台处置。如《判书》卷二第25页"将作监二条"之一的案由说，将作大匠吴淳，"掌造东都罗城"，"正属春时妨农作，百姓诉至秋收后"，而吴淳"自求功，抑而不许"，结果，御史弹劾吴淳"非时兴造"之罪。

5. 适用典章制度之请示案也由御史台审处

《龙筋凤髓判》中有一部分的判书不涉及刑事犯罪，是属对制度请示作答的文书。正如前文已引，御史台除掌邦国刑宪外，还有掌"典章之政令"的一面。如《判书》卷四第171页"藉田一条"，"禀牺令"王尧根据古代诸侯有藉田制度，认为当时的刺史也相当于古之"诸侯"，建议也应让刺史与皇帝一样举行藉田仪式。同时，《判书》卷四第173页"亲蚕一条"中，王尧根据古代称为"小君"的诸侯之妻有"亲蚕"仪式，故建议有相当于古诸侯之位的官爵之妻，也要如皇后一样举行"亲蚕"仪式。这两项建议，事关礼制典章，中书门下让掌典之御史提出拟议之见。张鷟在所拟之判词中，对以上两项建议都予以否决："更施别法，于是为烦"，"自我作古，何礼之拘"，"王尧所请，理未通方，如愚所裁，告记为允。"《判书》中除这些属于礼制的案件外，还有很多涉于官司在行政制度执行中有意见分歧而请示处置的案件。

(二)《龙筋凤髓判》是张鷟御史任上职务作品之证

张鷟的《龙筋凤髓判》是其职务作品。但不是他担任王府参军、长安尉、鸿胪丞及司门员外郎的职务作品,而只能是其御史任上的职务作品。

1. 张鷟所任御史外的职务都不可能写判书

据《旧唐书·张荐传》看,张鷟中进士后,先后担任过"王府参军"、"长安尉"、"鸿胪丞"及"司门员外郎"等职。但是,张鷟在这些岗位上都不可能写断罪的判词。

王府参军不可能参与司法审判之事。"参军"亦名"参军事",诸亲王府及都督府都有此编制,品位居"正八品下"。参军的职掌,按《唐六典》的记载是:

参军事掌出使及杂检校事。①

亲王府里只有品位居"正七品上"的"法曹参军"才"掌推按欺隐,决罚刑狱等事"。即使如此,他们也只能在亲王的领地内主理司法事务,而不能在京城内参与权属"三司"的事务。

县尉可以具体执掌县内之治安司法事务,但是,"长安尉"权力仅限于长安县境之内,而无权过问京城百官的审断事务。

鸿胪寺是"掌宾客及凶仪"之礼宾机构,其"丞""掌决寺事",根本无权涉于司法审判。

---

① 《唐六典》卷二九,中华书局,1992,第732页。

司门员外郎虽位为刑部中层官员，但其职司仅限于：

> 掌天下诸门及关出入往来之籍赋，而审其政。

用今天的话说，刑部的"司门员外郎"只是分掌了部分的司法行政事务，而基本不能参与司法审判。

总之，张鷟曾经担任过的写断罪判书的职司，决不可能发生在王府参军、县尉、鸿胪丞及司门郎中的任上。

2. 张鷟的主要官职是御史

张鷟除担任过王府参军、长安尉、鸿胪丞及司门员外郎外，还担任过御史，而且其官职历任最久的就是御史。

（1）史书对张鷟任御史的记载。

《唐书》为张鷟所写之传文，是写在其孙子张荐的传文之中。从其传记内容记述的水平说，《旧唐书》远逊于《新唐书》。关于张鷟担任御史官职的事，《新唐书》明书直说，而《旧唐书》则拐弯抹角只留了点儿让人捉摸不定的附笔。其实，张鷟在担任参军、县尉、鸿胪丞之后，于最后"终于""司门员外郎"之前，还担任过御史一职：

> 证圣中，天官侍郎刘奇以鷟及司马鍠为御史。①

所谓"天官侍郎"就是武则天改制后对原"吏部尚书"的称谓。"证圣"（公元 695 年）是武则天改"唐"为"周"的第六年，就是张鷟开始任职御史之年。

---

① 《新唐书》卷一六一《张荐传》，中华书局，1975，第 4979 页。

（2）张鷟担任御史历十八年之久。

张鷟从调露初（公元 679 年）中进士，到证圣前的延载元年（公元 694 年）的十五年中，曾先后历任王府参军、长安尉及鸿胪丞三项官职。担任御史后，最后还担任过刑部的司门员外郎。由于张鷟恃才不拘，讽刺朝政，因遭忌恨，在御史任上被贬徙官。两唐书一致地记载他：

> 性躁下，傥荡无检，罕为正人所遇，姚崇尤恶之。开元初御史李全交劾鷟多口语短时政。贬岭南，刑部尚书李日知讼斥太重，得内徙。①

刑部尚书李日知认为对张的处分太重而提出异议，最后改为"内徙"。内徙何职？书未明说，但应该就是张鷟最后的职司"司门员外郎"。

由于《旧唐书》未载张鷟于证圣年间被任命为御史的事，所以在接着写到开元初被"贬岭南"，很容易被人误解为张鷟是在"鸿胪丞"任上被贬岭南的。而其实张鷟"证圣"（公元 695 年）年间任御史，到"开元"（公元 713 年）初被贬，其间历经 18 年，就是张鷟任职御史的时间。这一点从李日知任"刑部尚书"的时间上，也可以推算出张鷟"贬岭南"御史卸任在"开元初"。《旧唐书》记载，李日知

> "天授中，累迁司刑丞"，"神龙初，为给事中"，"景云元年，同中书门下平章事，转御史大夫，知政事如故。明年

---

① 《新唐书》卷一六一《张荐传》，中华书局，1975，第 4979 页。

　　进拜侍中。先天元年，转刑部尚书，罢知政事。频乞骸骨，
　　请致仕，许之。""开元三年卒。"①

李日知担任"刑部尚书"的时间为"先天元年"（公元712年），
是"开元初"（公元713年）的前一年。李日知去世是开元三
年。所以张鷟"开元初"被贬时，正当李日知的"刑部尚书"
任上，《旧唐书》记载他以刑部尚书身份奏请把张鷟从"贬岭
南"改为"内徙"，也是合理可信的。

　　另外，在两唐书的《张荐传》上，都有张鷟曾经任御史的
间接记述。其记述说，朝廷"中使"马仙童曾被拘留在叛变朝
廷的默啜汗国。当默啜可汗问及张鷟的情况时，马回答说："近
自御史贬官。"两唐书都说其时间是在"天后朝"及"武后时"
（公元690～704年）。但是，武则天时期张鷟在御史任上被贬之
说，《龙筋凤髓判》本身的判事，就否定了这一点。因为，实际
上直到神龙三年（公元707年），张鷟仍在御史任上写判词。
《判书》卷一第44页"仓部二条"之二的案由说：

　　　沧、瀛等州申称：神龙元年百姓遭水，奉旨贷半租，供
　　渔阳军，许折。明年又遭涝，免，无租可折。至三年，百姓
　　诉州以去年合折，不许，百姓不伏事。

神龙元年到神龙三年，沧州、瀛州等地连年遭灾，在依情减免赋
役上，引起民不服官之诉。张鷟最后准百姓所诉："政在养民，
理从矜折。"说明神龙三年，张鷟在御史任上。这史料也足以证

---

① 《旧唐书》卷一八八《李日知传》，中华书局，1975，第4926～4927页。

明，两唐书中记"武后时""中使"在默啜言张鷟"近自御史贬官"之说，疑点太多，不足为信。

（三）《龙筋凤髓判》以《律疏》为准绳定罪判刑

《律疏》制订前，法司引《律》分析，《律疏》制订后，定罪判刑可以运用《律疏》，这是《唐律疏议》这部国家刑律及其官方有权解释编于一典皆具法律效力特点的表现。《龙筋凤髓判》是《律疏》被引用于司法实践的力证。虽然，从司法活动的性质来说，御史的判词属于刘官吏案件的监察性文书，是官员司法处置中官府对官府的文件，并不像大理、刑部及地方各级审判机关的判决书，"断罪皆须具引律、令、格、式正文"，即完整地抄录与案件有关的法律条文的文段句子。而张鷟的判词中几乎都不明示适用《律疏》的篇条，有时甚至连罪名也不直言。但是，从其二十多件刑案的判词看，御史对犯官进行弹劾或向有关当局提出处断之异议，根本的依据就是《律疏》，而且有些案件就是根据《疏》文中的"议"及"问答"之内容作判断依据。在对《律疏》的引用上，仅此列举的二十多例，已足以说明在司法实践中，法律适用上遇到的问题确实十分复杂。总之，解决固定的律疏条文与具体案件的同一性，是司法官面临的艰巨任务，这一点在唐代也不例外。以下就《判书》中的案例与《律疏》关系略作考证，以证实《律疏》在唐代刑案判断中的权威性与复杂性，以及法律适用人的主观能动方面。

1. 依据《律疏》的明确规定处置案件

这是指案件中的犯罪行为，《律疏》有处置的明确规定，应当照《律疏》的规定处置，即使当事人"不伏"，找借口推卸罪责，办案者也坚持以法办事。

《判书》卷一第26页"考功二条"之二的案由说："诸州贡举悉有保明，及其简试，芜滥极多，若不量殿举主，或恐奸源渐盛，并仰折中处分。"案由中的"量殿举主"，意为计算等第末尾的多少，举告推荐之主司，付法处置。此案中涉及的一批官吏，其罪名应是"贡举试不及第"之罪。《职制律》（总第92条）规定："贡举非其人"，"一人徒一年，二人加一等，罪止徒三年。"注文说所谓"非其人"有两种情况：一是"德行乖僻，不如举状者"；二是"试不及第"，其刑罚比上述幅度"减二等"。对于后者疏文具体举例解释说：

> 若贡五得二，科三人之罪；贡十得三，科七人之罪。

张鷟指出这类举荐官吏"岂得举不求才，惟力是荐，贡不求器，惟赇是闻。徒招画饼之讥，终致举肥之诮"。这种情节主要也是抨击贡举"试不及第"的情节。因此，张鷟最后的结论是：

> 贡人不充分数，举主自合征科。法有常刑，理难逃责。

张鷟欲追究举主之罪责，其根据就是"贡举非其人"中，注文及疏文都解释包括有"试不及第"对各州"举主"进行罪责追究之明确规定。

《判书》卷一第7页"门下省二条"之二的案由说："左补阙陈邃司制敕，知敕书有误，不奏辄改，所改之次与元敕同，①

付法不伏。"因为按唐制，制书经"御画"后，"留中书省为案，别写一通，印署，送门下省，覆奏画可讫，留门下省为案，更为一通，侍中注制可，印缝署，送尚书省施行。"① 陈邃改制书上的字，就发生在制书于门下省的流转过程中。"制书有误不奏辄改"之罪，适用《职制律》（总第 114 条），律文说：

> 诸制书有误，不即奏问，辄改定者，杖八十；官文书误，不请官司而改定者，笞四十。知误，不奏请而行者，亦如之。辄饰文者，各加二等。

此条法意之精髓在于，承认制敕文书可能有误，同时，也可以改动，但关键在于一定要奏明皇帝经同意之后，才能改正。这里覆奏的程序是决定性因素。疏文说：

> 制书有误，谓旨意参差，或脱剩文字，于理有失者。皆合覆奏，然后改正、施行。不即奏闻，辄自改定者，杖八十。

这里，《律疏》并没留下诸如"如果改得对就无罪"的灵活空间。左补阙陈邃在经手敕书时，擅自修改，自认为改得与原敕意思相同，所以对所犯之罪"不伏"。但是尽管如此陈邃并不能改变"不奏辄改"的犯罪构成。所以，张鷟对陈邃的不服案最后严格依《律疏》作判说：

---

① 开元"公式令"，见〔日〕仁井田陞、池田温《唐令拾遗补》，第 1236 页。

岂容斟酌圣意，加减繇言，用寸管以窥天，持小瓠而测
海。未经上白，辄敢雌黄。定字虽复无差，据罪终须结正，
八十之杖，自作难逃，三千之条，理宜明罚。

《判书》卷之一第16页"尚书省二条"之一的案由摘录说：
"左司郎中许鉴饮酒停制，依问，款遇霍乱不得判署，遂失机。"
按唐制，尚书省是宰相机构中专事贯彻执行制敕的中枢。其左司
郎中"掌付十有二司之事，以举正稽违，省署符目，都事兼而
受焉"。在专事贯彻执行制敕的尚书都省内，左司郎中处于进行
监督及统一指挥协调的重要地位。许鉴的犯罪适用于《职制律》
（总第112条）：

诸被制书，有所施行而违者，徒二年。失错者，杖一
百。（失错，谓失其旨。）

疏文说："被制书，谓奉制。"左司郎中正是处于"奉制"的地
位。因酒停制在性质上不属于对制书领会精神有错"失其旨"
的性质，是属于"自纵荒淫"而废事失机的犯罪行为。许鉴关
于遇霍乱病"不得判署"即不能签署执行命令，完全是编造的
借口，绝不能因此不追究罪责。张鷟的判词说：

绐云霍乱，未可依凭，滞失机宜，理从明宪。

张鷟的可取之处在于能坚守律义，排除藉口，依法治罪。

2. 既引用处罚条文又引用《名例》中的某项原则

这是指对某种犯罪之处置除了适用该罪名的具体律条外，还应引用适用于全律的由《名例》规定的某项刑法原则，如数罪并罚原则等等。

《判书》卷三第110页"左右千牛卫"条之案由说："杜俊对仗，遗箭于仗内，御史弹付法。"关于"对仗"，原是唐代的一项制度，《律疏》本无此罪名。《辞源》上解释说："唐制，皇帝御正殿，设仪仗，中书、门下及三品官奏事，御史弹劾百官，都是对着仪仗上奏，称对仗奏事。"这里的"对仗"，实际是指身为"左右千牛卫"的杜俊，在对仗中对皇帝的"不恭"行为。正如张鷟在《判书》中所指责，杜俊不但"不能翕肩敛气，对黼以兢魂，俯首曲躬，临玉阶而侧足"，而是有"钦承圣旨，曾无战灼之心，侍奉天威，敢纵卢胡之笑"的"不恭之罪"。同时，杜俊被发现还有"遗箭于仗内"的犯罪。按唐制，为了保证皇帝的安全，在皇帝所在的一定的地区内出尽闲杂人员并清除一切兵器，称为"辟仗"。辟仗的地区称辟仗内或仗内。《卫禁律》（总第65条）关于"遗兵仗内"的律文说：

> 若于辟仗内误遗兵仗者，杖一百。（弓、箭相须乃坐。）

疏文又说：

> 辟杖之内，人皆出尽，所有兵器，亦不合留。或有误遗兵仗者，合杖一百。兵仗之法，应须堪用。或遗弓无箭，或遗箭无弓，俱不得罪，故云"弓、箭相须，乃坐"。

《康熙字典》讲"须"："资也，用也"。所遗留在辟仗内的兵器，要能使用才具有危险性，如不能使用，就不具有伤害的危险性，就不为犯罪。如弓箭类的武器必须是弓与箭同时遗在仗内才处罪。张鷟在判词中对杜俊遗箭仗内，认为"虽仗内落箭，未见遗弓，律有正条，相须乃坐"，正是紧抠律条之注疏作出之正确判断。同时，他认为，对杜俊所谓"对仗"及"遗箭于仗内"也应贯彻"二罪俱发"之原则：

二罪俱发，自合从重而论一状，既轻，不可累成其过。

若杜俊诚如御史所弹犯"二罪"，则"二罪俱发，自合从重而论一状"而不是累罚，这有《名例》（总第45条）"诸二罪以上俱发，以重者论。等者，从一。若一罪先发，已经论决，余罪后发，其轻若等，勿论；重者更论之，通计前罪，以充后数"可证。对本案来说，杜俊只罚"对仗（不恭）"，而不应再有"遗箭仗内"之罪。

3. 紧抠疏文精微作公允处置

有时律条的规定主线过粗比较原则笼统，而注及疏文中"议"或"问答"部分具体详解之内容正适合案件处断之需要。这是"引疏分析"中非常宝贵的例子。

《判书》卷二第75页"将作监二条"之一的案由说："大匠吴淳尝造东都罗城，墙高九仞，隍深五丈，正属春时妨农作，百姓诉至秋收后，淳自求功抑而不许。"御史弹其"非时兴造"，但"付法不伏"。

"大匠"是指将作监的第一长官"将作大匠"。《唐六典》称："将作大匠之职，掌供邦国修建土木工匠之政令，总四署、三监、百工之官属，以供其职事。"修东都罗城正属国家"兴造"之范围。关于"兴造"，《擅兴律》（总240条）疏文说："修城郭，筑堤防，兴起人功，有所营造。"而关于"非法兴造"的法律概念，则全规定在《擅兴律》（总第241条）的疏文之中：

> 《疏》议曰："非法兴造"，谓法令无文；虽则有文，非时兴造亦是。

按疏文的解释，"非法兴造"包括了"法令无文"之兴造及"非时兴造"两个方面。而律文中只说："诸非法兴造及杂徭役，十庸以上，坐赃论。（谓为公事役使而非法令所听者。）"所以，此案中御史弹劾吴淳"非时兴造"，完全是引疏文而定的罪名。"适时"或称"从时"是实施兴造必须遵守之要求。张鷟在判词中作为下判的根据说，兴造之施工"理须候隙启闭，务在从时。下不夺于三农，上不亏于八部。"所以，最后他重申御史之弹劾，提出处置意见说：

> 宁有自求微效，广弃人功，既废春畴，宜从霜典。

所谓"宜从霜典"，就是依照御史所弹也即是《擅兴律》（总第241条）疏文中所说的"非时兴造"罪处罚。那就是计所费人工的工值，照"坐赃"罪的办法论处。

《判书》卷一第35页"主爵二条"之二摘案由说："羽林将军王畅薨，无嫡子，取侄男袭爵，庶子告不合承。"爵位的承袭是封建社会的重要制度之一。其承袭的次序《封爵令》

说："诸王公侯伯子男，皆子孙承嫡者传袭，若无嫡子及有罪疾，立嫡孙；无嫡孙，以次立嫡子同母弟，无母弟，立庶子；无庶子，立嫡孙同母弟；无母弟，立庶孙。曾、玄以下准此。无后者国除。"① 王畅死后其爵位的承袭，令文中十分明确，理应由其庶子（亦称"侧男"）承袭。总之在任何情况下其侄子（亦称"犹子"）都无资格袭位。现弃庶子而取侄子要有"诈承袭"之罪。《诈伪律》（总第 371 条）说：

> 诸非正嫡，不应袭爵，而诈承袭者，徒二年；非子孙而诈承袭者，从诈假官法。

律文中的"诈承袭"罪有两种情节：一是非正嫡，不应袭而诈承袭；二是非子孙而诈承袭。前者之罪是子孙中非正嫡之人及不依次序的"不合袭爵"之人的"诈承袭"。后者是子孙之外的人去"诈承袭"。疏文对此解释说：

> 非子孙，谓子孙之外，诈云是嫡而妄承袭者，从诈假官法，合流二千里。

从律疏的解释看，侄男取代庶子袭位，属"非子孙"袭位，按律依"诈假官"即《诈伪律》（总第 370 条）之规定，应处"流二千里"之刑。但是，从案由中叙述的具体情况看，其"子孙之外"的侄男所为，与疏文所说的"诈云是嫡而妄承袭"显然不是一回事。其庶子所告也只是"不合袭"而非"诈承袭"。

---

① 〔日〕仁井田陞著：《唐令拾遗》，长春出版社，1989，第 219 页。

所以，张鷟在最后的处断意见中并未依"诈假官法"处"流二千里"，而是参照"不应袭"实情建议处徒刑：

> 侧男自须绍允，犹子不合承宗。诈袭者处以徒刑，应续者宜从改正。

张鷟之处置，使我们看到，律疏的条文，与司法实践始终存在一定的距离。如本案中那非法袭爵之侄男，是否就是犯了"诈承袭"之罪，在张鷟的判词中也并不认为是同一回事。张鷟拟判之"徒刑"，与其紧抠疏文否认其是"诈云是嫡而妄承袭"绝对有关。

《判书》卷二第71页"少府监二条"之一的案由说："（少府）监贺敬盗御茵席三十事，大理断二千五百里，敬不伏，云其物虽部分，未进不得为御物。"少府监贺敬的辩词是说，那茵席虽然已分配备作御用之需，但是在送给皇帝之前，不可称作御物，也即是说，既不能称作"御物"，故也不能以"盗御物"罪处流二千五百里。按《律疏》，贺敬所犯，实为"盗乘舆服御物"之罪。《贼盗律》（总第271条）规定：

> 诸盗御宝者，绞；乘舆服御物者，流二千五百里。

首先，按律之注疏，贺敬所盗之"茵席"正在皇帝（乘舆）"服御物"的范围之内：

> 谓供奉乘舆之物。"服"通衾、茵之属，真、副等。

衾、茵等皇帝服御物，既指现在正使用的，也包括备用的在内。疏文说：

> 称"之属"者，毡、褥之类。"真"，谓见供服用之衣，"副"，谓副贰之服。

同时，贺敬所盗之物，在概念上完全符合"乘舆服御物"的要求。疏文说，所谓"乘舆服御物"：

> 皆须监当之官部分拟进，乃为御物。

这是说所谓"御物"，经过有管理权限的职司，作了准备供皇帝使用的分配处置后就成为"御物"。据案由，贺敬自己也承认已作"部分"，只是未给皇帝实际使用罢了。但是，从疏文规定的概念上说，只要进行了"部分"，实际就成了"拟进"之物，所以，贺敬的"未进不得为御物"之辩不能成立。张鷟针对贺敬此辩词说：

> 款称"物虽部分，未进御前"，执此曲途，深乖直道。……拟进便为御物，何必要须入内，方可为偷。法有正条，理须明典。

此案的关键在于什么是"御物"，张鷟以疏文中的"拟进"，完全否定了贺敬"未进"（不得为御物）的辩词。一词千斤，遂成铁案。

4. 以《律疏》为准绳严格划清罪与非罪的界线

有时，一件案子的双方，一些非法律的问题给人以假象，真正有罪的人正希望以此来否定自己的罪错。而张鷟依据《律疏》，果断地排除理念上的干扰因素，清晰地明断。

《判书》卷一第 13 页，"御史台二条"之二摘其案由说："御史严宣前任洪洞县尉日，被长史田顺鞭之。宣为御史，弹顺受赃二百贯，勘当是实。顺诉宣挟私弹事，勘问宣挟私有实，顺受赃不虚。"这是一件被纠举者进行反告的案件。田顺被弹劾"受赃"罪，严宣被反告以"挟私弹事"之罪。按唐制，各府、州的长史"掌贰府、州之事"。州的长史是"五品"，都督府的长史是"三品"，所以，田顺当年有可能鞭打属九品县尉的严宣。现在经查并据双方当事人招认，田顺所犯受赃二百贯确是事实，而严宣弹劾田顺受赃，也确有报复被田鞭打的心理，这就是案由中所介绍的"勘问宣挟私有实，顺受赃不虚"的情况。也正是这种似乎双方都"有问题"的情况，造成了处断的"困难"局面。但是，由于张鷟明确地以法律为衡量一切的准绳果断判处，使所谓疑难之案迎刃而解。首先，按唐律，坐赃虽不是"受财枉法、不枉法，受所监临，强盗，窃盗"。依《杂律》（总第 389 条）规定："诸坐赃致罪者，一尺笞二十，一匹加一等；十匹徒一年，十匹加一等，罪止徒三年。"田顺既受赃是实，就一定依法处置。他的罪并不因为弹劾者的喜怒而受影响。对严宣来说，存在的一个核心问题是其"挟私弹事"罪是否成立。其实，只要田顺的"受赃"确凿，严宣的"挟私"根本就不再能成立。张鷟从道义上认定，严宣的行为正如古代祁奚的"荐举不避亲仇"及鲍永的"绳愆宁论贵贱！"张鷟否决严宣"挟私弹事"，绝非只考虑道义的方面，而更重要的是依《律疏》对"挟私弹事"罪构成的要素要求。《斗讼律》（总第342条）对"诬告反坐"的有关规定说：

> 即纠弹之官，挟私弹事不实者，亦如之。

纠弹之官（如御史即是）依诬告反坐治罪，一是要"挟私"，一是要"弹事不实"。疏文具体解释说：

> 若有憎恶前人，或朋党亲戚，挟私饰诈，妄作纠弹者，并同"诬告"之律。

正因为从法律上说，所谓"不实"、"饰诈"及"妄作"的这些行为，严宣都不存在，田顺强加给他的"挟私弹事"理应推翻。所以，张鷟判词的最后结论是：

> （田顺）贪残有核，赃状非虚，（严宣）此乃为国除凶，岂是挟私弹事！（田顺）二百锒坐，法有常科，三千狱条，刑兹罔赦。

《判书》卷三第108页"左右卫一条"之案由说："右卫状称：驾幸西京，诉事人梁璈冲三卫仗，遂被翊卫张忠以刀斫折右臂，断璈徒，不伏。"皇帝出行，仪仗队后有武装的"三卫仗"队护卫。告御状人梁璈拦道冲入卫仗队中告状。不但被卫士斫断右臂而且还要判处徒刑，因此"不伏"。梁璈所犯，其罪名为"冲车驾队仗"之罪。《卫禁律》（总第74条）说：

> 诸车驾行，冲队者，徒一年，冲三卫仗者，徒二年。
> （谓入仗、队间者。）

疏文说：

> 车驾行事，皆作队仗。若有人冲入队间者，徒一年；冲
> 入仗间，徒二年。

按唐制，皇帝宫中及随驾卫士，基本都由高官贵族的子弟担任，在此案的判词中，张鷟是用肯定张忠的行为是为国效力尽责，来间接肯定左右卫呈请梁璥虽被斫断右臂仍须服徒刑之正确。一方面是说，"张忠家承积阀，业盛良弓，非无大树之荣，实有小棠之荫"，可以以特权减免刑罚。同时赞扬他的行为是"申御侮之劳"及"展干城之寄"。一个普通百姓为告御状冲仗，即使被砍断一臂，还照样要被判徒刑。而卫士为保护皇帝不受侵犯，即可砍去告状人手臂，这肯定太过。但法律有惩罚梁璥之条，则并无处罚张忠太过之文。梁璥二年徒刑并不因臂断而免，这就是谁立法，对谁有利。梁璥之"不伏"，被张鷟依法否决。

（四）根据《律疏》纠正错案及误判

1. 以《律疏》为准纠正无罪作有罪判决

此类案件往往从表面看似乎已涉嫌于某项罪名，实际是主体的行为与犯罪之间，与《律疏》真意存在鸿沟，不应作有罪论处。

《判书》卷一第 1 页"中书省二条"之一的案由说："中书

舍人王秀漏泄机密断绞，秀不伏，款于掌事张会处传得语，秀合是从，会款所传是实，亦非大事，不伏科。"本案"漏泄机密"罪，当适用《律疏》中《职制律》（总第 109 条）：

> 诸漏泄大事应密者，绞。非大事应密者，徒一年半；漏泄于蕃国使者，加一等。仍以初传者为首，传至者为从。即转传大事者，杖八十；非大事，勿论。

此案在法律上的要点，一是所泄之密是"大事"还是"非大事"；二是泄密者是"主犯"还是"从犯"？关于什么是"大事应密"疏文说：

> 其知谋反、大逆、谋叛，皆合密告，或掩袭寇贼，此等是"大事应密"，不合人知。辄漏泄者，绞。

关于"非大事应密"，疏文说：

> 谓依令"仰观见风云气色有异，密封奏闻"之类。有漏泄者，是"非大事应密"，合徒一年半。

关于泄密罪中主犯与从犯的区分，疏文说：

> 漏泄之事，"以初传者为首"，首为初漏泄者。"传至者为从"，谓传至罪人及蕃使者。其间展转相传大事者，杖八十。"非大事者，勿论"，非大事，虽应密，而转传之人并不坐。

此案中，中书舍人王秀被判绞罪不伏，有法律依据。其一，王秀所泄之密是从中书省的"掌事"张会那里听来而"转传"，王秀始终是"从犯"地位。其二，也是最重要的一点是，王秀从张会那里听来并转传的内容，依法衡量并非是"大事"。从犯，即使是传"大事应密"，处绞，减一等是徒三年。漏泄"非大事"之主犯，处一年半，从犯减一等，徒一年。同时，并未漏泄于外国使者，不在加刑之列。王秀所犯之性质只是"转传非大事应密"，理当勿论。所以，王秀在初审阶段被断绞，确实不当。张鷟的判词坚持以《律疏》行事，否定了初审意见，作结论说：

> 其密既非大事，法许准法勿论，待得指归，方可裁决。

首先依律疏明确重申，转传非大事应密者，勿论。然后交待进一步弄清来龙去脉后，再作最后裁决。

《判书》卷一第3页"中书省"条之二说："通事舍人崔暹奏事口误，御史弹付法，大理断笞三十，[①] 征铜四斤。暹款奏事虽误，不失事意，不伏征铜。"关于"奏事误"之罪，规定在《律疏》职制律（总第116条），其与此案有关的内容规定说：

> 诸上书若奏事而误，杖六十；口误减二等。（口误不失事者，勿论。）……若误可行，非上书、奏事者，勿论。

---

① 按唐律《名例》（总第1条）："笞三十。（赎铜三斤。）笞四十。（赎铜四斤。）"绝无"断笞三十，征铜四斤"之理。此案中，"口误"在"杖六十"上"减二等"，定是"笞四十，征铜四斤"。《判书》校注本1996年版第3页中之"笞三十"，显然为抄刻之误。

从案由看，崔暹被御史弹劾，"大理断笞四十，赎铜四斤"的情况看，所适用之罪名显然依"口误"定性。这一点被告崔暹自己也不能否定。故案情的关键，集中在当事人奏事的口误是否"失事意"。关于这一层，注文说："口误不失事者，勿论。"疏文又进一步具体解释说：

> 若口误，减二等，合笞四十。若口奏虽误，事意无失者，不坐。

通事舍人崔暹其所以对断不服，理由就是"奏事虽误，不失事意"，依律应该不受处罚。最后，张鷟在判词中依据《律疏》支持崔暹之要求：

> 过误被弹，止当笞罪，不失事意，自合无辜。虽触凝霜，理宜清雪。

虽然触犯法律，但是否判刑必须依法律规定行事。

《判书》卷四第 139 页"郊社一条"之案由说："二月有事于大社，太常博士冯敬有大功丧，隐而不论，遂以行事付法科罪。"郊社署属太常寺，以令："太常卿之职，掌邦国礼乐、郊庙、社稷之事，以八署分而理焉：一曰郊社、二曰太庙、三曰诸陵，四曰太乐，五曰鼓吹，六曰太医，七曰太卜，八曰廪牺，总其官属，行其政令。"① 太常寺下八署之一的"郊社令"是"掌五郊、社稷、明堂之位，祠祀、祈祷之礼。""大社"就是祭社

---

① 《唐六典》卷一四，中华书局，1992，第 394 页。

稷（土神、谷神）的地方。按唐制，官吏在祭祀时除在个人及
公务活动上有礼法限制外，对遭遇凶丧也有严格限制的规定。太
常博士冯敬家有大功亲之丧，也在不得参加祭礼的限制之内。
《职制律》（总第101条）说："诸庙享，知有缌麻以上丧，遣充
执事者，笞五十；陪从者，笞三十。主司不知勿论。有丧不自言
者，罪亦如之。"这是说，如举行皇家祖庙的祭祀，家有五服内
亲的丧事，在祭祀中有所"执事"或作"陪从"都为犯罪要受
罚。太常博士冯敬家遭大功以上丧，其在礼制级别上重于"缌
麻"，并且他自己也不说。御史就是以此罪名，呈请对他"付法
科罪"的。但是，张鷟却认为冯敬无罪，被御史弹劾，纯属冤
枉。为什么？因为起初受理之御史并未依《律疏》行事，《律
疏》说有缌麻以上丧不能参与祭祀，是仅指"庙享"即对皇家
宗庙之祭而言，而对于在大社祭天地及社稷，则并不忌讳家遭丧
事，《律疏》的最后一句说：

其祭天地社稷则不禁。

疏文说：

其祭天地社稷不禁者，《礼》云："唯祭天地社稷，为
越绋而行事"，不避有惨，故云"则不禁"。

"越绋"之"绋"是古代牵引柩车之绳索，也泛指丧凶之事。按
古礼凡祭天地社稷，可不拘凶丧而参与，称"越绋"之制。唐
《律疏》也依古礼，家有凶丧者参与大社祭天地社稷之礼，不为
犯罪。看起来太常寺主事者对冯敬"有大功丧隐而不论"，是熟

谙此中之道，原断御史把"行事"之人"付法科罪"，是不熟礼法与律义。故张鷟在判词中说，御史弹罪要依律条，冯敬不能参与庙享，却可参与社祭，对此弹劾之误虽不以弹事不实反坐论，但行事者之冤，必须平反：

> 御史奏弹，虽言奉法，详刑结罪，须按科条，庙享诚则有违，社稷元来不禁。弹无反坐，律许执文，枉被凝霜，理须清雪。

2. 依《律疏》否决适用法律错误之判决

属于此类情况的案件，在推审时往往是在行为性质、犯罪主体方面对法律的挂靠原就十分勉强，必须通过重审进一步弄清事实及性质后再定罪处刑。

有因主体及情节认定不依法退回重推之情况。

《判书》卷四第 151 页"太医一条"之案由说："太医令张仲善处方，进药加三味，与古方不同，断绞不服，云：病状合加此味，仰正处分。"从张仲善"进药加三味，与古方不同"，而被"断绞"的情形看，审断官员认为应适用《职制律》（总第102 条）"合和御药误不如本方"之条。该条律文规定："诸合和御药，误不如本方及封题误者，医绞。"疏文说："合和御药，须先处方，依方合和，不得差误。若有错误，'不如本方'，谓分两多少不如本方法之类，合成仍题封其上，注药迟驶冷热之类，并写本方俱进。若有误不如本方及封题有误等，但一事有误，医即合绞。医，谓当合和药者。"其实，审判官断张仲善以"合和御药不如本方"罪处绞，完全是适用法律有错。"合和御药"有错及处方用药有错，在律中根本不是一回事。"合和御药有错"是指配制御用药物的"合和药"者因误，在分两多少及书写煎法及用法上与处方不符的情况，在这些环节上只要一事有错，合和配制者就处绞。所以，很明显，这条律文从头到尾说的都是依处方合和的配制者，而根本不是"疗人疾病"开处方的"医师、医正"等人。合和御药者所依据的本方，即是医师、医正所开的处方。太医治疗疾病，对"古方"有所增减，那是决定于治病的需要。张鷟认为，不照"古方"，如合乎医药上"君臣相使"要求的就是"情理或通"。相反，若违反医药之理，用药"畏恶相刑"，即使"处方即依，诚为苦屈"，"进劾断绞，亦合甘从"。案件正确判断的关键，是要查明验正为古方加药三味是否属对症施治。所以，张鷟最后的处置意见是发回依法重审：

刑狱之重，人命所悬，宜更裁决，毋失权衡。

张鷟的判词，实际上是否决了依"合和御药误不如本方"之条的错判。

有因行为性质定性不准而退回重推之情况。

《判书》卷一第 18 页"尚书都省二条"之二摘录案由说："令史王隆，每受路州文书，皆纳贿钱，被御史弹，付法，计赃十五匹，断绞，不伏。"正如案由中所说，王隆在接受各路州文书时皆纳贿钱，已是事实，其具体情节判词中介绍是："每受一状，皆取百文。"王隆不服之处，集中在"计赃十五匹，断绞"这一点上。从"十五匹断绞"看，法官显然是使用《职制律》（总第 138 条）中"受财而枉法"的罪名处置王隆。该律条规定："诸监临主司受财而枉法者，一尺杖一百，一匹加一等，十五匹绞。"疏文说，监临主司"受财而枉法"是"受有事人财而为曲法处断者"。现在案中那些出一百钱者，并非是因自己有罪要行贿的"有事人"，而王隆纳赃钱之后也并没有任何"为曲法处断"之行为。因此，"计赃十五匹断绞"，在适用对象及罪名上都有错。正如张鷟在判词中指出的那样：

因事受财，实非理通，枉法科罪，颇涉深文。

全句的意思是认为其在公务中收受"有事人"的钱财，于理不通，以"枉法"赃去科罪，实太苛重。那末，案件怎么办？张鷟提出的处置意见是："宜据六赃，式明三典"，① 即根据刑律中官吏经济犯罪区分为"六赃"的条文，在性质上正确认定之后，处以合适的刑罚。唐律中区分"六赃"的条文是《杂律》（总第389 条）。那条律文是规定"六赃"之一"坐赃"的处罚专条。疏文中曾专门概括赃罪的六种性质："赃罪正名，其数有六，谓：受财枉法、不枉法、受所监临、强盗、窃盗并坐赃。"王隆的犯罪只可能在"坐赃"罪上去敲定，此外再无他择。张鷟对这一案的批覆，颇有类似"定性不准，适用法律有错，退回重审"的意味。总之，张鷟驳回对王隆"受财枉法"罪之认定，表现了他对《律疏》引用的精细认真态度。

3. 纠正不依《律疏》而法外加刑

官吏犯了某种罪，其刑罚应按《律疏》规定的刑种及幅度处罚，而不许法外加罚或一罪数罚等违法加刑。

《判书》卷三第 137 页"太庙一条"之案由说："太庙令朱景方行大祀，乃于散斋而吊丧，御史弹付法，大理断官减一等，

---

① "三典"：盖为借用西周"重典、中典、轻典"之典故，此处统指法典。

征铜五斤。"按唐制，官吏在皇家举行之祭祀，按所祭对象及神位级别的不同，分为大祀、中祀、小祀三个等级。祭天地宗庙的大祀，一般情况下皇帝亲自参与祭祀。大祀的慎重还表现在其七日的祭期中，按礼制要求的不同，分为前四天的"散斋期"和后三天的"致斋期"。依令："散斋之日，斋官昼理事如故，夜宿于家正寝，惟不得吊丧问疾，不判署刑杀文书，不决罚罪人，不作乐，不预秽恶之事。致斋惟祀事得行，其余悉断非应。"①

朱景方所犯"大祀散斋吊丧"罪，规定在《职制律》（总第99条）：

> 诸大祀在散斋而吊丧、问疾、判署刑杀文书及决罚
> 者，笞五十；奏闻者，杖六十。致斋者，各加一等。

疏文解释说：

> 大祀散斋四日，并不得吊丧，亦不得问疾。"刑"谓定
> 罪，"杀"谓杀戮罪人，此等文书不得判署，及不得决罚
> 杖、笞。

依律，太庙令朱景方犯"大祀散斋吊丧"之罪，理当处笞五十。他官居七品，对流刑以下罪有"赎"之特权，笞五十，赎铜五斤，正当其罪。可是同时大理寺还断"官减一等"，实是法外加刑。按唐律官减一等相当于"免所居官"之罚。而《名例》（总第20条）"免所居官"之下，只有"府号、官称犯父祖名而冒

---

① 〔日〕仁井田陞著：《唐令拾遗》，长春出版社，1989，第114页。

荣居之"、"父祖老疾无侍委亲之官"、"在父母丧生子及娶妾"、"兄弟别籍异财、冒哀求仕"、"奸监临内杂、官户、部曲妻及婢"之罪，并未有"大祀散斋吊丧"一条，大理之断，是律外妄加。所以，张鷟在判词的最后说，大祀散斋吊丧，

> 不恭之罪法有常科，失礼之愆，宜从明宪，官减一等，铜坐五斤，数外更求，未为通允。

既然通过征铜五斤已执行法定的"笞五十"，那末"官减一等"显然属法外更求之刑，这样判断，当然欠失公允。这事例说明，即使是在京都大理，有明文可鉴，仍有擅加刑罚之判断。

《判书》卷三第99页"金吾卫二条"之一的案由说："左金吾卫将军赵宜检校街时，大理丞徐逖鼓绝后于街中行，宜决二十，奏付法，逖有故，不伏科罪。"按唐制，昼夜以漏刻划分，入夜后击鼓为号不得于坊外夜行。否则，即为"犯夜"之罪。《杂律》（总406条）说：

> 诸犯夜者，笞二十；有故者，不坐。

疏文说：

> 故，谓公事急速。但公家之事须行，及私家吉、凶、疾病之类，皆须得本县或本坊文牒，然后合行，若不得公验，虽复无罪，街铺之人不合许过。

案件本来很简单，由于徐逖于鼓绝后夜行，"宜决二十"，不冤。

但是，张鷟在判词中说，据查"被捉之时，曾鞭二十"，依此分析，徐逖虽"有故"，但当时并无文牒可出示，所以当场被鞭20，而事情到此地步后，金吾卫还要"奏付法"，徐逖当然"不伏科罪"。张鷟对徐给予支持，认为不应再付法审判，应释放。其原因是：徐逖"有故"，只是当时无文牒，最关键的是，犯夜之罪，本罪原本就是笞20，而金吾卫在捉徐逖当时现场已经鞭了20，应该视为已经处罚完毕，如无特殊情况，不应再审判处罚：

> 付法将推，状称有故，且犯夜之罪，唯坐两条，① 被捉之时，曾鞭二十，元犯已从决讫，无故宜合停科，罪既总除，因宜从释。

《律疏》中对"犯夜"之罪，并无两罚之规定，既已鞭过20，不须再付法审判，理应放人。张鷟反对一罪多罚是严格遵守《律疏》。

4. 对《名例》制度适用之错误作纠正

《判书》卷一第29页"司勋二条"之一摘录的案由说：洛阳平民祁元泰贿赂吏部的司勋郎中徐整，徐整就制作"伪勋"使祁元泰"入甲"。大理寺以共犯论处祁元泰为首犯，徐整为从犯，祁元泰不服，状呈御史台。按《律疏》，祁、徐二人所犯为"诈假官"之罪。《诈伪律》卷第二十五（总第370条）说："诸诈假官，假与人官及受假者，流二千里。"疏文说："诈假官，谓虚伪诈假以得官，若虚假授与人官及受诈假官者，并流二

---

① "犯夜"罪中，一是处罚无故夜行；一是处罚"应听行而不听及不应听行而听者"。

千里。"从律文看，此诈假官罪并不依共同犯罪处罚。而且，如果作为百姓祁元泰与作为监临主司的徐整"共犯"，按《名例》卷第五（总第 42 条）之规定：

> 共监临主守为犯，虽造意，仍以监主为首，凡人以常从论。

即使以"共犯"论处，那么也始终要以司勋郎中徐整为首，而以祁元泰为从犯。祁元泰所以"不伏"，其"理"盖在于此。所以，张鷟对此案的分析与处断意见是："（徐）整行诈业，（祁元）泰授伪勋，两并日拙为非，一种雷同犯罪。执行故造，造者自合流刑，嘱请货求，求者元无首从。"即按律不作共犯处置，同罪同罚。

5. 对性质不明用法不准者建议重审

《判书》卷一第 22 页"吏部二条"之二摘案由说："王岘山有策略，解行兵选司，补拟神武军。御史弹不应置而置，选部①为首，岘山为从，并仰处分。"唐律中规定"不应置而置"罪的是《职制律》（总第 91 条）："诸官有员数，而署置过限及不应置而置，一人杖一百，三人加一等，十人徒二年。"疏文对"署置过限及不应置而置"的解释是："谓格、令无员，妄相署置。"当然，署置的一方是首犯无问题，而

> 规求者为从坐，被征须者勿论。即军务要速，量事权置者，不用此律。

---

① 选部，实指吏部。《通典》谓汉朝"灵帝以梁鹄为选部尚书。魏改选部为吏部，主选事。"见《通典》卷二三，中华书局，1984，第 135 页。

疏文对此解释说：

> "被征须者"，谓被征召而补者，勿论。"即军务要速，量事权置者"，谓行军之所，须置权官，不当署置之罪，故云"不用此律"。

张鷟在判词中认为，王岘山解旧职补拟新职属于"征虽要籍"之情况"理当勿论"。同时，"量事应机，据条不坐"。所以，最后的处置意见是："更宜审鞫，方可裁科"，即应重行谨慎审问清楚后再定罪处刑。王岘山被选部"补拟"新职，绝非本人"规求"，不能定为"从犯"，解旧职到神武军任新职，在性质上是不是"不应置而置"之罪？这些紧要问题，皆须从新审理清楚。张鷟适用法律坚持弄清事实，是正确地引用法律所必须具备的条件。

（五）引用《律疏》但适用中别作解释

有的案件虽有现成的《律疏》可以适用，但是在不与《律疏》抵触的前提下通过对案件作特别的解释来对所判之案作出灵活的处置。

1. 以律疏为依据对事实别作解释

《判书》卷一第 6 页"门下省二条"之一的案由说："给事中杨珍奏状错以'崔午'为'崔牛'，断笞四十，征铜四斤，不伏。"此案适用《职制律》（总第116条）"上书若奏事而误，杖六十"的律条。"奏状错"显然是"上书"而非"口误"之属。从本案中任"给事中"的杨珍被判"笞四十，征铜四斤"看，判官显然误以"口误"之性质，故在"杖六十"的基础上作"减二等"的误判。其实，对于奏状书写有误，此条之疏文解释说：

> "上书谓书奏特达，奏事，谓面陈。有误者，杖六十。""即误有害者，各加三等。""若误可行，非上书、奏事者，勿论。"

依律条论，杨珍"奏状错"属"上书"误，虽然未发生"有害者""加三等"的情节，但"误可行"一定要属"非上书、奏事"的情况才能"勿论"。如硬抠律条，杨珍不是笞四十，而是应受杖六十之刑。但是，最后张鷟不但不断其"杖六十"而且也未维持原断"笞四十"，而竟以情理可容，免予处罚。原因是张鷟从"宥过无大"的古理出发，比照律条注文提供的例子，判杨珍无罪。其实，律条关于"误可行"的注文说：

> "可行"，谓案省可知，不容有异议。当言"甲申"而言"甲由"之类。

其疏文也说：

> 可行者，谓案验其状，省察是非，不容更有别议。当言"甲申"之日，而言"甲由"之日，如此之类，是案省可知，虽误，皆不合罪。

其意是说，如所书之误，以事理推断，可不容置疑地判断是指另一正确之事，就可以作"误可行"对待而不予处罚，就如天干地支的时辰中，只有"甲申"，即使错写成"甲由"，别人也肯定知道是笔误的这种情况。张鷟从可宽大则一定宽大出发，把杨珍以"崔午"为"崔牛"同将"甲申"写成"甲由"之例一样对待。他在判书中说：

> 准犯既非切害，原情理或可容，何者？宁失不经，宥过无大。崔牛崔午，既欲论辜，甲申甲由，如何定罪？

张鷟判杨珍无罪的原因，是他认为把"崔午"错成"崔牛"与把"甲申"错写成"甲由"是一样的。其实，张鷟在此案的处置中虽注意并引证了《律疏》的内容，但在情节认定上却作了另外的解释。

2. 对《律疏》适用的主体作特殊的解释

《判书》卷四第154页"太史一条"之案由说："太史令杜淹教男私习天文，兼有元象器物，被刘建告，勘当并实。"按唐制，秘书省之太史令，"掌观天文，稽定历数。"① 按唐《令》，"诸玄象器物、天文图书、苟非其任不得与焉。"② 《律疏》上确有"私习天文"之罪名，《职制律》（总第110条）规定："诸玄象器物、天文图书、谶书、兵书、七曜历、《太一》、《雷公式》，私家不得有，违者徒二年。"疏文说："私习天文者亦同。"疏文说："玄象者，玄，天也，谓象天为器具，以经星之文及日月所行之道，转之以观时变。""天文者，《史记·天官书》云天文，日

---

① 《唐六典》卷一〇，中华书局，1992，第303页。
② 〔日〕仁井田陞著：《唐令拾遗》，长春出版社，1989，第783页。

月、五星、二十八宿等，故《易》曰：'仰则观于天文。'私家皆不得有，违者，徒二年。"太史令杜淹身为职掌天文历数之官，不但家有玄象器物，而且教儿子私习天文，所以刘建告他犯有"私家有玄象器物"及"私习天文"之罪。但是张鷟认为《律疏》对身为太史令职官的杜淹不适用，其理由是："淹之少子，雅爱其书，习张衡之浑仪，讨陆机之玄象。父为太史，子学天文，堂构无堕，家风不坠"，杜淹教儿子习天文正是传世家风之继承。至于其家有玄象器物，张鷟认为这些器物，虽"私家不容辄蓄"，但"史局何废流行"。对杜淹说来，其"私家"被等同于"史局"，成了一种职务需要。同时，疏文对"私习天文"之解释说：

> "私习天文者"，谓非自有书，转相习学者，亦得二年徒坐。

这里的"非自有书"，其意是"非私自应有之书"，也不容作别的任何解释。但是，张鷟既然认为太史令家有元象器物，教子习学天文，是职务需要，是优秀家风的传承，所以其最后对杜淹的处置结论是：

> 准法无辜，按宜从记。

张鷟关于刘建举告杜淹"教男私习天文"及"兼有元象器物"犯罪的解释及处置，无视杜淹之子"非其任"的情况，完全置令文"苟非其任不得与焉"及律注不得"私习天文"的规定于不顾，是《律疏》引用中针对特定的人和事的一种有待探讨的特殊解释。但从刘建的控告看，却是引用了《律疏》。

3. 情节重者于法外另加处罚

《判书》卷二第 88 页"苑总监二条"之二的案由说："上林监杨嗣，请增置宫馆于上林中，御幸游戏畋猎所诣即上下辇，咸宴暂劳永逸，永久安稳。"在《判书》中，此上林苑长官上林监违法事，列在"苑总监二条"之下，但是，在《唐六典》中，"上林署"（包括属下的"监事"）及"京都苑总监"被并列在"司农寺"之下。对于上林监杨嗣为了让皇帝去上林苑游戏畋猎时乘车来去之辛劳，得到一劳永逸的解决，而提出在上林苑建宫馆的奏请，张鷟在判词中为杨嗣拟定的罪名是"不应言上而言上"及"不应得为而为之"之罪。

首先，关于"不应言上而言上"罪，按唐制，官吏对上奏请及对下行令，都有法令规范，为了维护这项制度，《律疏》中设置了诸如"应奏不奏"、"不应奏而奏"、"应言上而不言上"、"不应言上而言上"、"不由所管而越言上"、"应行下而不行下"及"不应行下而行下"的一系列罪名。《职制律》（总第 117 条）中有"不应言上而言上及不由所管而越言上""各杖六十"之规定。兴建宫馆这类大事，理应由尚书省、中书省等宰相机构提出，作为上林署长官的上林令，只是"掌苑囿、园池之事"，"凡植果树蔬菜，以供朝会、祭祀"等事。杨嗣作为上林苑之长官，擅自呈请在上林苑中修宫馆，被定的"不应言上而言上"之罪，疏文对其的解释是：

> 不应言上者，依律、令及格式，不遣言上而辄言上。

案由中既然把杨的犯法之请，列于"苑总监"条下，可见，杨的请奏，肯定不是司农寺"遣"其"言上"的。何况司农寺长官司农卿本身也无建议兴建宫馆的职掌与权力。苑总监与上林监是平级，也不是它的上级可以"遣"其"言上"的。

同时，杨嗣的行为也被定为"不应得为而为之"之罪。《杂律》（总第 450 条）规定说："诸不应得为而为之者，笞四十，事理重者，杖八十。"其注文说："谓律令无条，理不可为者。"即所犯之事，在《律》、《令》两典都找不到适用之条文，但是依"理"而论又是不可以做的。立法者对设立此条的动机目的说："杂犯轻罪，触类弘多，金科玉条，包罗难尽。其有在律在令无有正条，若不轻重相明，无文可以比附。临时处断，量情为罪，庶补遗阙，故立此条。情轻者，笞四十，事理重者，杖八十。"而条中"理不可为"的"理"和所谓"事理"的轻重，有些《律疏》条文明说，很多则不明说，由掌事者考虑决定。像杨嗣这件事中，"理不可为"之"理"及"事理"就如张鷟所说："杨嗣谄谀佞人，轻薄邪人。矜奔竞之偏怀，昧公方之大体。"张鷟就是从"理不可为"上认定杨嗣有罪。

既然杨嗣之行为，与"不应言上而言上"及"不应得为而为之"二条都有关系，都可适用，那末倒底适用哪一条，张鷟最后的意见认为罪涉两条，应从贬官之罚：

> 不应言而上言，法有正条，不应为而有为，刑兹罔赦。宜从贬论，以肃朝章。

其实，此案虽然张鷟认为涉及二条罪名，但"不应言上而言上"刑罚是杖六十，"不应得为而为之"的刑罚，以情重论也只是杖八十。而对官吏来说，他们都有赎铜的特权。如数罪并罚从一重而断，也只应处"杖八十"之罪。现在杨嗣不但因杖八十而赎铜八斤，还外加"贬官"之行政处罚。这里，再次出现了御史台对官吏犯罪案，有在刑罚之外再加行政处罚的权力的问题。

（六）在法律适用上偏向最高当局的利益要求

张鷟身为御史必定熟谙律令格式，并高明于一般法官。但是，从其所作之案判看，某些案件，在法律适用及处断上，明显地有为巴结上方，压制小民，曲法处断以逃避自我风险的表现。

1. 事涉朝廷而违法维护枉断

《判书》卷四第 176 页"导官一条"之案由说："导官署令姚泰盗用进米二十石。上米估四十五价，次绢估三十价，断绞不伏。"导官署隶属于司农寺，《唐六典》记"导官署令掌供御导择米麦之事"。① 所以，姚泰盗专供御用之"进米"，是典型的"监临主守自盗"之罪。《贼盗律》（总第 283 条）说：

> 诸监临主守自盗及盗所监临财物者，加凡盗二等，三十
> 匹绞。

按《贼盗律》（总第 282 条），一般凡盗之刑罚是"一尺杖六十，一匹加一等；五匹徒一年，五匹加一等，五十匹加役流。"监临盗要比凡盗加重二等，就是如疏文所说：

> 一尺杖八十，一匹加一等，一匹一尺杖九十，五匹徒二

---

① 《唐六典》卷一九，中华书局，1992，第 528 页。

年，五匹加一等，是名"加凡盗二等，三十四绞"。

姚泰所犯的性质，正是监临自盗，自当适用此法。张鷟认为姚泰犯罪之性质极为严重："长安之米，窃留私室。刑名极峻，法焉可逃，情状难容，死有余谴。"按唐制，赃物折价由市场官吏依法评定，《杂律》（总第419条）规定，市司"其为罪人评赃不实，致罪有出入者，以出入人罪论"。关于赃值的评定与换算，法令规定，赃物分上、中、下三等，以所犯当地当月当旬（10天）的平均价格计算所盗之物的商品价格，然后再折成当地上等绢的匹数作为定罪的根据。《名例》（总第34条）所引《令》文说：

> 每月，旬别三等估。其赃平所犯旬估，定罪取所犯旬上
> 绢之价。①

姚泰之"不伏"在于按法律算出米的总价后，应依上等绢的单价作除数而得出赃之匹数，可当局却以"次绢"作为单价去折。在唐朝，以"上绢"折是法律常识，作为御吏的张鷟当然知道。但他为了可意会而颇难言明的原因，不但不纠正以"次绢"折算的错误作法，又把"进米"突破了"上、中、下"三等估的常制，标新立异地用"极价"计算，最终以比原判当局更加激烈地作了枉断：

> 但平赃定律，必依高估，供进所须，宜从极价。论次

---

① 《唐律疏议》卷四《名例》，第91页。

缣,① 则状当绞, 坐准。

2. 亏小民而求统治秩序之"安定"

两《唐书》上一致地记载张鷟"聪警绝伦","下笔敏速","天下知名","天下无双"等等。从其所作之案判看,有些案件,在法律适用上的确大有文章。如《判书》卷二第69页"国子监二条"之二对落第生申请重试案之判,就显然属以势压人不重视实情之例子。其案由说:太学生刘仁范等省试落第,挝登闻鼓申诉,理由是准《式》应卯时给试题付"问头",酉时收策试。但是,考场上却是"日晚付头不尽",故请求经业一科重考。结果,这些考生遭御史弹劾交付审判定罪,考生们对此"不伏"。这里,案情非常清楚,既然《式》规定了发题及收卷的时间,考生们说考场上"日晚付头不尽",法官应首先查实是否发生了这种情况,一切都要由此而判。但是,张鷟在感情上就与考生对立,责怪考生随便击鼓鸣冤:"岂得俯仰自强,肆情挝鼓。"还认为落第的人总是会找借口指责发题时间太迟:"铨退者即恨独迟","伏称问头付晚,策目难周"。不但如此,他还先入为主地判定,考官不会有偏向,而考生总是全凭个人的得失行事:"诉人之口,皆有爱憎,试官之情,终无向背。"当然,太学生们未在"日晚付头不尽"的当天申冤,而在"省试落第"后才"挝鼓申诉",在舆论上处于不利地位,要求"重试"在那种社会根本不可能。但张鷟从头到尾对问题的核心即"付头"发放时间是否违《式》,始终不置一词,偏袒当局之用心毕露无遗。所以,他认为御史的弹劾,应予支持,太学生们的申诉,只

---

① 缣,一种细绢。《康熙字典》引《汉书·外戚传》:"媪为翁须作单缣衣。"注曰:"缣,即今之绢也。"

是无理取闹的"游辞"。其最后的处置结论是：

> 豸冠奏劾，自合依从……宜从明典，勿信游辞。

张鷟之表现作为历史事实，再一次地提醒后人，知法通律的执法者，绝非必然地事事处处是一个护法者。张鷟所作判书中的一些事例，也使我们留下了对他的遗憾。当然，对张鷟所判的某些案件，见仁见智，自是难免。但有一点可以肯定，那就是张鷟判案的思路，即使有时违法作判，也总是围绕《律疏》在"作文章"。从《龙筋凤髓判》整体上反映的情况说，《律疏》始终是其判断案件的依据。

二十九　《唐六典》奉皇命官修
是否"法律"辨①

研究中国古代典章制度特别是唐代典章制度时，最重要的参考书当首推《唐六典》。《唐六典》之所以在古代典籍中有重要地位，一是这部典籍是奉皇帝之命而官撰，二是这部典籍确有来之于唐代当时在行的部分法律内容。

（一）《唐六典》是奉皇命官修

《唐六典》编撰之肇始确实是奉皇命而修。唐代刘肃所著《大唐新语》记载说：

> 开元十年玄宗诏书院撰六典以进。时张说为丽正学士，以其事委徐坚。②

唐代参与《唐六典》编写的韦述在其《集贤记注》中说：

---

①　此书最后 3 篇，系根据发表在《中国社会科学》1989 第 6 期、1996 年第 6 期两篇《唐六典》论文作补充修改而成，以便读者于此书中集中了解我涉唐研究之观点。

②　（唐）刘肃撰：《大唐新语》卷九《著述第十九》，中华书局，1984，第 136 页。

"开元十年起注舍人陆坚被旨修六典。"①《唐六典》于开元二十六年李林甫任宰相时编成，故其书题："御撰，李林甫等奉敕注。"

唐代的部分法律内容进入"六典"，是受命官吏执行皇命为把唐制去适应《周礼》中的"六官"，就把唐代有关的《令》和《式》依职官序列填进去：

> （张）说又令学士母煚等检前史职官，以今（令）式分入六司，以今朝六典，象《周官》之制。②

> 张说以其事委徐坚，思之历年，未知所适，又委母煚、余钦、韦述，始以令、式分入六司，象《周礼》六官之制。③

这样看来，《唐六典》确是奉敕而编撰，而且其中也确实有当时《令》、《式》的部分内容被收集进去。正因为如此，所以有许多研究《唐六典》的学者都认为《唐六典》是唐代的"法律"——"行政法典"。其实，《唐六典》连"法律"都不是，当然更不是当时的"行政法典"了。

判断一部典籍是否具有法律的属性，一个简单的办法是用当时法律具有的特征进行验证。这样，当用唐代法律的特征去检验《唐六典》时，我们便能得出令人信服的结论：《唐六典》是一

---

① 转引自陈寅恪《隋唐制度渊源略论稿》，上海古籍出版社，1982，第97页。同是"开元十年"，刘说"委徐坚"，韦说"陆坚被旨"，值得研究订正。

② （唐）刘肃撰：《大唐新语》卷九《著述第十九》，中华书局，1984，第136页。

③ （宋）陈振孙撰：《书录解题》卷六《职官类·唐六典三十卷》，转引自陈寅恪《隋唐制度渊源略论稿》，上海古籍出版社，1982，第97页。

部没有法律效力，因而在成书之后根本不作必要的修订、增补，行文上亦不便被贯彻执行的典籍。

（二）由皇帝下令编撰的图书绝不就成为法律或法典

以唐代来说，唐太宗因"欲见前代帝王事得失以为鉴戒"，于是魏征等编《群书理要》30 卷；永徽年间孔颖达奉诏疏注《五经》；开元时中书令萧嵩奏请注《文选》；唐玄宗因"儿子等学缀文，须检事及看文体"，于是令张说等"撰集要事并要文，以类相从"而编成《初学记》，这些奉皇命编撰的书都不是法律、法典，都不成为法律形式。

1. 奉命编撰《唐六典》的"书院"是皇家图书的编纂机构

唐代的史籍记载《唐六典》启动编制的情形说："开元十年，玄宗诏书院撰《六典》以进。"作为国家的图书编撰机构来受命制订"法律"（假设《六典》确属法律），这是一个非常特殊的情况。从唐史对唐代各朝受命立法或修订法律的情况看，基本是皇帝下令给以某一官员为首的一批官员专门组成班子去进行。下令给"书院"机构去草拟法律没有先例。开元时的"书院"，其正名是"集贤殿书院"，它的职司承袭前代的秘书省，从事国家的——主要是宫廷的图书整理编写事务。这个机构于开元十三年正式建立。书院为适应玄宗即位后"大收群书，以广儒术"的要求，开元五年曾经"于乾元殿东廊下写四部书，以充内库"。作为《唐六典》的编写机关，编写者自己在《唐六典》中记载书院的职掌说：

集贤殿学士掌刊缉古今之经籍，以辩明邦国之大典，而备顾问应对。凡天下图书之遗逸，贤才之隐滞，则承旨而征求焉。其有筹策之可施于时，著述之可行于代者，较其才艺，考其学术，而申表之。凡承旨撰集文章，校理经籍，月终则进课于内，岁终则考最于外。①

这段记载表明，"书院"的职责是古今经籍图书的整理校刊及奉帝命编撰图书："承旨撰集文章，校理经籍。"这样看来，如《唐六典》作为"文章"（义指书籍）让"书院"去"撰集"是顺理成章的，而作为法典则不然。皇帝处理《六典》的编制与处理律、令、格、式等法律的制订，在对象的选择上，考虑全然不同，这是十分清楚的。从刘肃在《大唐新语》中的记载看，由书院负责编写的书还有一部著名的类书《初学记》。玄宗对以张说为首的书院的人说："卿与诸学士撰集要事并要文，以类相从务取省便，令儿子等易见成就也。"于是张说与徐坚、韦述等"编此进上，诏以《初学记》为名"。这里要说明的是，唐代没有明文规定法律一定由谁编，当然更没有"书院"不能编法律的规定，但从《唐书》有关立法历史的记载看，从未有"书院"受命立法之事实，而《唐六典》本身却又有书院主要职责不是制订法律之可靠记载。研究者不能忽视这个基本情况。

2.《唐六典》编写过程中发生的事情在一般法律的制订过程中从未有过

第一个被书院主司张说委派主修的人是起居舍人徐坚，此人"已曾七度修书，有凭证，皆似不难"，但是唯编写《唐六典》却"历年措施，未知所从"，一年多以后，什么都没写出来。后来，

竟至互相推委，具体编写的人增至 12 个，历经四任书院"知院"，也仍是"用功艰难"。这是任何律、令、格、式等法律编制中从未发生过的。这些不寻常的情况，对其作为典籍编写来说，是允许的，对《唐六典》作为"法律"编写来说，是不正常的。

（三）唐代法律确认律令格式而不承认
《六典》有法律效力

法律一定有法律效力，《唐六典》不是法律，也自然无法律效力。

其一，《唐六典》即使有令、式的内容，则也不是有法律效力的令、式的"正文"，有法律效力的"正文"是在当时现行的令、式上，而不是在《唐六典》中。也就是说，《唐六典》收录的令、式含有法律效力，不是因为《唐六典》本身是法律，而是由于另有正式行用的《令》、《式》典册存在。《唐律疏议·断狱律》的疏文云：

> 断狱之法，须凭正文。

《唐六典》中抄录的法律内容没有法律"正文"的地位与效力。

其二，从法律的渊源来看，唐代违法与否的界限是律、令、格、式四种法律形式。《唐六典》虽是"以令式入六司"，但是唐代的法律形式，仍是律令格式，而不包括称为"六典"的"典"。《唐律疏议》（总第 484 条）规定：

> 诸断罪皆须具引律、令、格、式正文，违者笞三十。

如果《唐六典》是"法律形式",那末,《唐律疏议》(总第484条)最迟在开元二十六年后除律、令、格、式之外,还要加上"典",从而变成:"诸断罪皆须具引律、令、格、式、典正文,违者笞三十"这样的内容。事实上,在唐代一些行政活动违反了《唐六典》也根本无违反法律的后果。《唐会要》卷六六"东都国子监"下记文宗大和五年(831年),国子祭酒裴通奏请要求纠正在对学生的教学与考试中违反《六典》规定的行为,而皇帝的处置只是"敕旨:宜依"罢了,而根本不追究违"典"者的罪责。在唐代,曾有人提出过要修改《唐六典》使其具有法律强制力。这个人就是《唐六典》成书70年后唐宪宗时的宰相郑絪。郑絪曾写《请删定施行〈六典〉、〈开元礼〉状》,请求皇帝

> 特降德音,明下有司,著为恒式,使公私共守,贵贱遵行,苟有愆违,必正刑宪。①

郑絪说这样的话,说明他身为宰相确实了解唐代的立法程序。他呈《状》上这几句话明确无误地告诉我们三点:一是要成为让公众遵守的法律必须要有皇帝下诏颁行的程序;二是在当时,有法律效力的文书,若有违反,要受处置;三是《唐六典》要成为法律必须重新修删,使其成为"恒式"。

其三,《唐六典》在制订上的一个最大特点是体例上不是服从当时法律实际的需要,而是削足适履,恪守《周礼》中"六

①《吕和叔文集》卷五;另见《全唐文》卷六二七。

官"的形式。唐代的官制

> 近承杨隋，远祖（北）魏、（北）齐而祧北周者，与周
> 官绝无干涉。[①]

如《周礼》中有实行封建诸侯的内容，唐代根本没有，《周礼》官分六类，唐代根本不是如此。同时，《唐六典》中介绍官署设置历史渊源的文字，与典的正文比较，比重大得惊人，这种做法与作为当时贯彻执行的法律文书律、令、格、式的做法全相违背。《唐六典》如果作为法律就不会采取这种形式。透过这一点，我们清楚地看到，唐玄宗命令编写这部书，不是以国家实际的应用为主要目的，而是为了要编一部"像《周礼》"的圣贤书而下令编写，哪怕为此弄得当时的学者及法律专家几乎编不出来也在所不计。

---

① 陈寅恪著：《隋唐制度渊源略论稿》，上海古籍出版社，1982，第97页。

三十 《唐六典》有令式内容是否
"行政法典"辨

　　唐代起主要作用的在行的行政法规是《令》、《格》、《式》，而不是《唐六典》。在对待《唐六典》与唐代《令》、《格》、《式》的关系上，"行政法典"论者，始终有本末倒置的倾向。《唐六典》中的行政法规是哪里来的？明确这个问题对《唐六典》性质的判定是至关重要的。唐代记载《唐六典》编制情况的《大唐新语》及韦述的《集贤记注》，都一致地说《唐六典》的内容是来之于《令》、《式》。不但《唐六典》中国家机关职官职守下摘抄了《令》、《式》的内容，就是《唐六典》的骨架——国家机关的设置及职官的员数，也都是唐《令》中《官品令》与各种《职员令》的内容。在唐代的整个法律体系中，国家所有行政立法内容，都在"国家之政必从事于此三者"的《令》、《格》、《式》中。这些反映行政法规主要内容的立法，在《唐六典》于开元二十六年成书之前和成书之后，它们都作为在行的行政法规存在着。唐代于至德、乾元、大历、贞元、元和、大和、开成及大中年间，都曾修订过《令》、《格》、《式》，这说明《唐六典》成书后，它们的作用并未被"行政法典"所取代。在这种情况下，我们很难想象在既有行政法规《令》、

《格》、《式》典在行用，同时又有一部只源于《令》、《式》，又远不如《令》、《式》完备的"行政法典"也在行用。

《唐六典》所引入的当时在行的令、式，无论是从其引入的完整程度，还是从其排比的方式来看，都清楚说明它不可能成为一部在行的"行政法典"。

（一）《唐六典》的内容只是部分令式的摘要或概括

《唐六典》卷二《尚书吏部》"凡天下官吏各有常"条下注云：

> （诸司、监、署、府）其见在员数，已具此书，各冠列曹之首。或未该者，以其繁细亦存乎《令》、《式》。

可见，即使《唐六典》以之为纲目的职官的职责，亦只是举其大概，要而言之，而决不能取代规定职官及机构运作的正式法律规范——令和式。也就是说，离开了令、式，《唐六典》无法单独起作用。

又如关于地方乡、里的设置，唐代一直有令文，其中以开元二十五年的令文最为完整系统：

> 诸户以百户为里，五里为乡，四家为邻，五家为保。每里置正一人（若山谷阻险，地远人稀之处，听随便量置），掌按比户口，课植农桑，检察非违，催驱赋役。在邑居者为坊，另置正一人，掌坊门管钥，督察奸非，并免其课役。在

田野者为村，村别置村正一人，其村满百家增置一人，掌同坊正。其村居如不满十家者，隶入大村，不得别置村正。①

这条令文不但规定了设置的条件、地区及名称，吏员的署置、员额及其职责，同时还规定了允许灵活处置及不得擅自设置的情况。这条唐代关于乡、里、坊、村设置的最完整的令文，颁布时间在《唐六典》编成奏上之前。然而，在《唐六典·户部》中此令的内容只成了这样几句："百里为户，五里为乡。两京及州县之郭内分为坊，郊外为村，里及村、坊皆有正，以司督察。里正兼课植农桑，催驱赋役。四家为邻、五家为保，保有长以相禁约。"令文中很多重要内容被疏漏了。

再如《唐六典·工部》"水部郎中员外郎"条中明确地说：

水部郎中员外郎，掌天下川、渎、陂、池之政令，以导达沟、洫，堰决河、渠，凡舟楫溉灌之利，咸总而举之。

从文中可以看出，水部郎中所掌之天下川、渎、陂、池之"政令"，都另由有关令式规定，典内不可尽举。也就是说《唐六典》无法包括水部郎中所执掌的所有的行政法规，因此在典文中只是概括地提一句："掌天下川、渎、陂、池之政令。"

唐朝皇家的畜牧事务由太仆寺掌管。《唐律疏议·厩库律》之疏文说：

依《太仆式》："在牧马，二岁即令调习。每一尉配调

---

① 〔日〕仁井田陞著：《唐令拾遗》，长春出版社，1989，第124页。

习马人十人，分为五番上下，每年三月一日上，四月三十日下。"又《令》云："殿中省尚乘，每配习驭调马，其检行牧马之官，听乘官马，即令调习。"

而《唐六典》卷十七《太仆寺》中只有"凡辂车之马，率驭士预调习之，然后入辂及车，以牛驾者亦如之"的内容。

《唐六典》对在行的完整的令、式略作概括或仅提示，这种编写方法，不符合"行政法典"对收编法规内容具体化、条文化的要求。

（二）《唐六典》所收令式极不完备而且许多重要的在行法规并未收入

唐代的令是较为完备的行政法律规范之一，然而，有些极为重要的令文却被排斥于《唐六典》之外。如《唐六典·兵部》"职方郎中"条下关于边防烽候的令式，竟连《唐律疏议·卫禁律》之疏文所引《职方式》中"放烽讫而前烽不举者，即差脚力往告之"这样极为重要的内容也没有收录。《假宁令》中规定官吏因父母丧的解官制度是行政法令中极重要的内容，而永徽年间关于母嫁、出妻之子与继母改嫁，为长子并不解官的令文，[①]开元七年关于"诸丧斩衰三年，齐衰三年，齐衰杖期，为人后者，为其父母并解官"的令文，[②]《唐六典》都无载。

又如开元二十五年令：

① 〔日〕仁井田陞著：《唐令拾遗》，长春出版社，1989，第669页。
② 〔日〕仁井田陞著：《唐令拾遗》，长春出版社，1989，第671页。

诸职事官五品以上、散官二品以上，犯罪合禁，在京者皆先奏。若犯死罪及在外者，先禁后奏，其职事官及散官三品以上有罪，敕令禁推者，所推之司皆覆奏，然后禁推。①

此令《唐六典》"刑部"、"大理寺"同样无载。

再如开元二十五年令：

诸身丧户绝者，所有部曲、客女、奴婢、店宅、资财，并令近亲转移货卖，将营葬事及量营功德之外，余财并与女。无女均入以次近亲，无亲戚者，官为检校，若亡人存日，自有遗嘱处分，证验分明者，不用此令。

此令《白氏六帖事类集》卷二二有载，《宋刑统·户婚》"户绝资产"条下准引此令。如此重要的令文，《唐六典》也竟无载。

外事法规是唐代重要的行政法规之一。外事在唐代由鸿胪寺掌管，其有关的法规由《格》及《式》规定。如《唐律疏议·卫禁律》的疏文中说：

准别《格》："诸蕃人所娶得汉人妇女妻妾，并不得将还蕃内。"又准《主客式》："蕃客入朝，于在路不得与客交杂，亦不得令客与人言语。州、县官人若无事，亦不得与客相见。"

---

① 〔日〕仁井田陞著：《唐令拾遗》，长春出版社，1989，第718页。

这些极重要行政管理法规内容，《唐六典》"礼部"与"鸿胪寺"均无载。

(三)《唐六典》对无法列入某一曹司的令式往往付之阙如

《唐六典》中的《令》、《式》内容，都挂靠在衙门及职官之下，如无合适挂靠的衙门及职官，许多令、式就无法收录。如《唐律疏议》"擅兴律"及"职制律"疏文共引之《公式令》中规定各官府派"使人"传符的令文，《唐六典》就没有列入。该令文的内容是：

> 符付使人，若使人更往别处，未即还者，附余使传送。若州内有使次，诸府总付；五日内无使次，差专使送之。用符节，并由门下省，其符以铜为之，左符进内，右符在外，应执符人有事行勘，皆奏出左符，以合右符，所在承用。事讫，使人将左符还，其使若反他处，五日内无使次者，所在差专使，送门下省输纳。其节大使出，即执之，使还亦即送纳。

尽管此令文十分重要，可是大概因为涉及门下省及州府几个部门的相互关系，不好列入哪一个部门，因此只好舍弃。再如，唐代高品级的大臣亡故，皇帝为表示悼念要停止上朝，即实行"辍朝"制度，这种国家令文规定的重要行政制度《唐六典》竟也没有收入。

（四）《唐六典》对《格》的内容无所问津
使"行政法典"说难以自圆

前已述及，"格"是唐代的重要法律形式之一，为"百官有司之所常行之事"，它是由皇帝的制敕经过"编录"而来。它们有一个共性，即都具有皇帝制敕的严肃性。在唐代，作为"百官有司之所常行之事"的格，皇帝明敕："当司格令并书于厅事之壁"，让官吏们"俯仰观瞻，庶免遗忘。"① 这表明"格"能保障官府及官吏的公务活动服从制敕而不违反。如果唐代排除了"格"而制订"行政法典"，这是根本无法想象的。如对僧、道、尼的管理法规，其性质相当于宗教法规，这在唐代非常重要。而由于《唐六典》排斥了《格》，这类法规也基本排除在外。

被部分人称为"行政法典"的《唐六典》，其法律内容在分量及种类上也根本够不上作为"行政法典"所必须的要求。《旧唐书·刑法志》记载，开元二十二年《令》、《格》、《式》合计就有 3094 条，而《唐六典》的内容，距这个数字实在相差太远。把只选取当时全部行政立法中少量内容的这种书称为"行政法典"，从其事物赖以存在的量与质上看，都是不能成立的。一部所谓"行政法典"，如若它自身的实施，要参照（或简直离不开）它所不包括的其他许多行政法规的条文，那末，它也就不能成其为"行政法典"。如果把限于摘抄国家机关组织编制法规内容的典籍称为"行政法典"，这种作法比今天我们把中央和地方的国家机关组织法妄称是"行政法典"走得更远。

---

① 《唐会要》卷三九，上海古籍出版社，1991，第 824 页。

三十一 《唐六典》"行用"考

《唐六典》制定后有唐一代并未颁布行用，但后世的研究者却产生了截然不同的认识。对此，有必要通过考证解除人们对有关史籍记载所产生的种种误解，从而正确辨别其"行用"之性质。

（一）《唐六典》从未作为"法律"行用之判定

1.《唐六典》未有皇帝颁行之诏令

唐代每一部新制定或新删修的法律要正式行用，都由皇帝下达颁行的诏令。唐代第一部刑律《武德律》制订成功后，武德七年四月的诏令中说："迄兹历稔，撰次始毕，宜下四方，即令颁行。"①《旧唐书》卷五〇《刑法志》记载《贞观律》和令格式丁"贞观十一年正月，颁下之"。永徽二年，皇帝在颁行《永徽律》的诏令中说："方始勒成，宜颁下普天，垂之来叶，设而不犯。"②《旧唐书》卷五〇《刑法志》记载永徽四年在颁与《律》有同等效力的《律疏》的诏令中说："（义疏）成三十卷，

---

① （宋）宋敏求编：《唐大诏令集》，学林出版社，1992，第425页。
② （宋）宋敏求编：《唐大诏令集》，学林出版社，1992，第426页。

四年十月奏之，颁于天下。自是断狱者皆引疏分析之。"唐高宗仪凤元年二月五日颁行新令之诏书曰："可颁示普天，使知朕意。"① 唐玄宗李隆基于天宝年间颁新定律令格式时所下之制书也说："适时之方，斯其宜矣，可颁天下。"②

唐代凡有法律效力的律令格式，在制订之后，都要由皇帝专门发布颁行诏令。这一程序，是法律生效必不可少的条件。下诏令颁行，在法律上有两重含义：一是皇帝对法律内容的审核和批准；二是命令公布及予以执行。但是，《唐六典》从无这一程序之历史记载。宋人编写的新旧唐书上没有关于《唐六典》颁行的片言只字不说，唐代的史料更是明确地说《唐六典》未曾颁行。

2. 唐宋两代之权威皆言"六典"未曾"施行"

韦述是《唐六典》最重要的作者之一，他就是"摹周六官领其属，事归于职，规制遂定"③ 之人。他说《六典》

二十六年奏草上，至今在书院，亦不行用。④

《唐六典》编成约七十年后，唐宪宗的宰相郑絪于元和三年请吕温代写《请删定实行〈六典〉、〈开元礼〉状》。《状》中说：

（《唐六典》制成时）草奏三覆，只令宣示中外，星周

---

① （宋）宋敏求编：《唐大诏令集》，学林出版社，1992，第427页。
② （宋）宋敏求编：《唐大诏令集》，学林出版社，1992，第430页。
③ 《新唐书》卷一三二《韦述传》，中华书局，1975年，第4530页。
④ （唐）韦述撰：《集贤记注》，见《全唐文》卷三〇二。

> 六纪，未有明诏施行……《六典》先朝所制，郁而未行。

原因是"损益之间，讨论未尽，或弛张之际宜称不同"。于是建议"于常参官内选学艺优深，识理通明者三五人""量加删定"。① 郑纲所言意思清楚、主张明白。其一，既说"只令宣示中外"，又说"未有明诏施行"，是立法行家的话。一部官修典籍要成为有法律效力的文书，"宣示中外"，发出去让朝廷内外观读，并不等于正式颁行，只有"明诏施行"才是正式的公布程序。官修典籍之"宣示"不等于是"颁行"法律，这也是唐代立法与非立法的区别所在。其二，一《状》同言《六典》、《开元礼》，因为《开元礼》同《六典》一样，也未有正式颁行的程序，所以郑纲一《状》同言二书，都请求删定颁布。其三，《唐六典》修订的艰难，难在唐玄宗仿《周礼》的指令上，后来撰写人经变通才写成。成了的东西去修改，当然比制定时方便。在古代一个人修一部法律或注一部法律的事有的是，几个人制律之事更是不胜枚举，所以郑纲建议选"识理通明者三五人"去进行。

宋哲宗时的右谏议大夫范祖禹，是宋代有名的史学家。这位史学家治唐史最有修养，他曾协助司马光编写《资治通鉴》的唐代部分，并且还总结唐代统治的经验教训著《唐鉴》一书。元祐四年九月，他在就官制问题回答皇帝时直截了当地说，《唐六典》编撰后，唐代自己从未用过：

> 《大唐六典》虽修成书，然未尝行之一日。②

---

① 《吕和叔文集》卷五，另见《全唐文》卷六二七。
② （宋）李焘撰：《续资治通鉴长编》卷四三三"哲宗元祐四年九月乙酉"条。

3. 《唐六典》无"行用"法律之特征

《唐六典》不具有行用法律特征表现在以下两个方面。

（1）从法律要进行修改的特色看《唐六典》不具有行用法律的性质。

制订法律的目的就是为了通过法律规范去调整一定的社会关系。因此就必须使法律与社会关系之间保持同一性。而保持这种同一性的唯一途径就是法律应该随着社会生活的变化而变化。这一点反映在立法上就是任何有效的法律必须有其修改制度。封建法律于此也不能例外。

其一，修改法律有唐一代持续不断。从《旧唐书·刑法志》的记载看，唐代第一部刑律《武德律》事实上只行用了两年多，李世民即位后于贞观元年就"更加厘改"。修改制订历经 11 年。《贞观律》行用 12 年之后，唐高宗李治于永徽初又敕"旧制不便者，皆随删改"，而制成《永徽律》，永徽四年又制成"律疏"。开元时又有《开元律》，大中年间又有"刑统"。以"令"来说，《武德令》、《贞观令》、《永徽令》、《开元令》的制订，这本身就是修改的过程。以"格"来说，在制订《贞观律》的同时，"又删武德、贞观以来敕格三千余件，定留七百条，以为《格》十八卷"。永徽年间有长孙无忌等删定的格，永徽中又令"惟改易官号曹局之名，不易篇目"。以"式"来说，永徽时有《永徽式》14 卷，龙朔二年因"改易官号"，高宗因敕"重定格式"。到仪凤年间，"因官号复旧"，又敕"删辑格式"。武则天垂拱年间又"敕改格式"，律令也曾改 24 条。唐中宗李显复出后，于神龙元年因"时既改易"，于是又"制尽依贞观、永徽故事"。

其二，开元时期唐代法律的修改亦十分频繁。开元初，玄宗敕"删改格式令"，开元六年，又敕"删定律令格式"。开元十九年，又"令所司删撰《格后长行敕》六卷，颁于天下"。开元二十二年，李林甫"又奉诏改修格令"。开元之后，法律制度的局部修改历朝仍不断进行，《旧唐书·刑法志》记载，唐义宗大和年间，刑部认为前《新编格后敕》"前后差殊，或书写错误"，于是奏准"去繁举要，列司分门，都为五十卷"。开成四年，"二省详定《刑法格》一十卷"。唐宣宗大中五年，"敕修《大中刑法总要格后敕》六十卷"，大中七年，"张戣进《大中刑律统类》十二卷"。

总之，在唐代，属法律范畴的文献历史上都有修改的记录，而唯独《唐六典》史无修改的记载。这足以说明《唐六典》根本不具有法律应该具有的稳定与变动相统一的特点。如果《唐六典》真的是在行"法典"的话，那么在它制定之后，唐代某些制度的发展变化，也会要求它修改。例如有的学者早已指出，"建中元年正月颁行的两税法"，是继均田制的破坏而租庸调制也遭到破坏之后所产生的新税制。它与租庸调制的课税标准和原则有重大区别。但是，"《唐六典》卷三所记田制及其相关的税制，皆系从前的老办法。"[①] 这也证明《唐六典》不像别的在行法规那样，于制订之后随着制度的变化而修改。

（2）对成书以后的新制度不予增补也表明《唐六典》不具有行用法律的特征。

唐宪宗元和四年，由于司法机关"决断系囚，过为淹迟"，是年九月皇帝以敕令规定：

　　　自今以后，大理寺检断，不得过二十日，刑部覆下不得

[①] 韩长耕著：《关于〈大唐六典〉行用问题》，《中国史研究》1983 年第 1 期。

过十日。如刑部覆有异同，寺司重加不得过十五日，省司量覆不得过七日。如有牒外州府节目及于京城内勘，本推即日以报，牒到后计日数，被勘司却报不得过五日。[①]

这是司法行政上重大的程限规定，但《唐六典》卷六"刑部"、卷十八"大理寺"、卷一"尚书省"条下均无此文。

又《旧唐书·刑法志》记，穆宗长庆元年，因"天下刑狱，苦于淹滞"，御史中丞牛僧孺又"请立程限"。其内容是：

> 大事，大理寺限三十五日详断毕，申刑部，限三十日奏闻。中事，大理寺三十日，刑部二十五日；小事，大理寺二十五日，刑部二十日。一状所犯十人以上，所断罪二十件以上，为大；所犯六人以上，所断罪十件以上，为中；所犯五人以下，所断罪十件以下，为小。

《旧唐书·穆宗本纪》记载皇帝"从中丞牛僧孺奏"，"立程"。这种极为重要的行政程式，《唐六典》也不予增补。

（二）《唐六典》的行文体例不考虑行用的要求

从行文上说，《唐六典》主要追求对一代官员编制体系至善至美的记载。如事实上不是必须编制而纯属虚设的"三师三公"，赫然列在首位，就是摆西周《周官》的气派，以示堂皇正统。同时，《周礼》六官每篇开头以很长的篇幅专列官员编制的

---

① 《旧唐书》卷五〇《刑法志》，中华书局，1975，第2153页。

阵营,《唐六典》于各卷的开头也照例排比机构的阵营。只要对《周礼》及《唐六典》稍加注意就可发现,官吏员数阵营的排比全系形式主义的重复。

《唐六典》一书的注释是该书组成的极为重要的部分,除了公务制度下的那一小部分注文,有关于职权履行及制度实施的令、式引入外,余下写在编制员额、品秩下的注文全是关于历史沿革情况的说明。这些性质的文字虽然无司法实践意义可言,但篇幅却几乎占整部书的二分之一以上。如"左右丞相"员数及品秩下的注文长达 360 多字,其内容是追述其最早的源出,先引述《汉书·百官表》的记载,然后从秦朝讲到汉朝,下来是魏、晋,后又是宋、齐、梁、陈、后魏、北齐而至隋朝,最后再讲当朝的历史。除说"因隋"之外,讲到龙朔、咸亨、光宅、神龙直至开元各朝的变易情况。在"左右司郎中"下的注文竟长达 1800 多字。这种写法不是哪个编写人任意所为,而是根据皇帝的指令而行,所谓"李林甫等奉敕注"。早于《唐六典》很久的《永徽律疏》的注解则完全以法律贯彻适用为原则编写,是古代典型的所谓"法律解释"。这部《律疏》总共 12 篇,其中讲历史沿革的内容,合在一起也不比《唐六典》中一条的注文长。对比之下,《唐六典》的行文方式显然与在行法律之性质不符。

(三) 还"行用"论者根本性史料依据的本来面目

对《唐六典》作出"行用"判断的人首推刘肃,此人元和年间任江西浔阳主簿。他在《大唐新语》中说《唐六典》"至二十六年即奏上,百僚陈贺,迄今行之"。这就成了"行用"者找到的最有分量的史证。只是想不到他"行之"的这句话,使多少学者在"行用"问题上误入迷途。

1. 在《大唐新语》中《唐六典》只作为一般"著述"列举

刘肃所记《唐六典》写作过程的一段文字，列于《大唐新语》卷九"著述第十九"。此书在"著述"栏下共记述了13段有关图书典籍的事。第一段记的是《群书理要》，说魏征等"采经史百家之内嘉言善语、明王暗君之迹"所编成，此书皇帝给"太子诸王，各赐一本"；第二段记的是贞观中，纪国寺和尚慧静"撰《续英华诗》十卷"；第三段记贞观初，著名学者曹宪"撰《文选音义》十卷"；第四段记唐太宗认为杨雄、司马相如及班固的某些诗文"文体浮华，无益劝戒"；第五段记元和年间"相州僧昙刚"编制出《山东士大夫类例》3卷；第六段记开元初刘子玄建议停用《孝经》的郑玄注本、《老子》的河上公注本及子夏的《易传》；第七段是考证《孝经注》非郑玄所作；第八段记对《汉书》中颜师古等的一处注释提出质疑；第九段记刘子玄著《史通》20篇；第十段记《唐六典》的撰写经过；第十一段记开元十二年一行和尚"造黄道游仪以进"，"玄宗亲为之序"；第十二段记玄宗令张说、徐坚、韦述等编写《初学记》；第十三段记开元末"襄阳处士王源撰《亢仓子》二卷"。从刘肃的记述看，他饱览群书，学识广博，了解很多著述的内情轶事，因而不至于把属于朝廷的"法典"同一般文史书籍相类举。刘肃把《唐六典》与上述其他书同列，说明在他看来，《唐六典》在性质上不是国家的律、令、格、式等法律，充其量只是同奉御命官修的《群书理要》及《初学记》等供参考借鉴的汇编书一样。

2. "行用论"者的要害是把图书"行用"的记载当成为法律"行用"

其实，稍稍用心纵读一下刘肃《大唐新语》"著述"栏的全文，就可以解开关于《大唐六典》"迄今行之"之谜。

（1）唐代官方图书有"行停"制度。

原来，唐代的图书是否能藏于秘书省供官方阅读，是要经审查批准的，此即是包括教科书在内的官方图书的所谓"行废"制度，或称"行停"制度。允许列为官方阅读图书及官学使用的课本的，称为"行"，或称之为"依"，不允许则称为"废"或"停"。这里有刘肃第六段记述的用词为证："开元初，左庶子刘子玄奏议，请废郑子《孝经》，依孔注；《老子》请停河上公注，行王弼注；《易传》非子夏所造，请停。"

在唐代，学馆使用的图书版本由《学令》规定。如开元七年《令》曾规定："诸教授正业：《周易》，郑玄、王弼注；《尚书》，孔安国、郑玄注；《三礼》、《毛诗》，郑玄注；《左传》，服虔、杜预注；《公羊》，何休注；《谷梁》，范宁注；《论语》，郑玄、何晏注；《孝经》，孔安国、郑玄注；《老子》河上公注。"[1]刘肃《大唐新语》上所载刘子玄的建议，《册府元龟》的记载可为佐证。该书卷六百二十九"贡举部"曾记开元七年左庶子刘子玄奏：

> 《孝经注》请废郑依孔，《老子注》请停河上公行王辅嗣，《易传》非子夏所造，礼部奏议，请准令式，《孝经》郑注与孔传依旧俱行，子夏《易传》无益后学，不可将贴正经。

（2）《大唐新语》记载《唐六典》"行之"是指其作为官方图书"行用"。

刘肃说《六典》于开元二十六年奏上之后"迄今行之"，是

---

① 〔日〕仁井田陞著：《唐令拾遗》，长春出版社，1989，第273页。

说直到他写作《大唐新语》的元和年间，《六典》这部书仍列在秘书省国家图书馆作为官方图书阅读，而根本不是说《唐六典》直到元和年间都作为法律被执行。其实，只要把不到2000字的《大唐新语》"著述"栏的全文读完一遍，就不会认为刘肃所说的"迄今行之"是说《唐六典》作为法律在贯彻执行。因为刘肃在"著述"中还讲到另外三部书也在"行"。其中第二段说：

　　　　　贞观中，纪国寺僧慧静撰《续英华诗》十卷，行于代。

"行于代"即"行于世"，唐代避"世"字讳而言"代"。第十二段云：

　　　　　诏以《初学记》为名……其书行于代。

第十三段曰："襄阳处士王源撰《亢仓子》二卷"后，"更取诸子为相类者，合而成之"，这本书"亦行于代"。刘肃说的这些诗集、文史摘要汇编书及道家书都在"行"，难道也是说这些书作为法律在被贯彻执行吗？当然不是。

3.《唐六典》被征引类似征引《周礼》而不是引用"法典"

（1）"征引"不是"依法"。

古代人议论制度，好引古圣人为训，这是一种传统的文风。《唐六典》虽然其内容与《周礼》差别很大，但既然皇帝已定下了以"六典"象征"周官"的调子，所以客观上这部官修典籍在某种角度上说，有点唐代《周礼》的味道。所以，《唐六典》成书之后，唐代、宋代在议论典章时，常征引于它就不奇怪了。古人征引它不是执行"行政法典"，而是与征引《周礼》等书相仿。《周礼》的内容被征引，甚至被套用，历史上事例很多，情况也复杂。王莽新朝及北周都袭用过周制。武则天于"光宅元年九月五日，改为六官，准《周礼》分"。① 唐、宋人引用《唐六典》，也引用《周礼》。对《周礼》、《唐六典》某些句段的征引并非依法办事，违反也不引起法律后果。有人发现，很多引用《唐六典》的记载，"均将《唐六典》与《令》、《式》、《格》、《律》相提并论"，这种"相提并论"的情况正是《唐六典》不作为"行政法典"被引用的反映。因为如果它是一部"行政法典"，就不会发生既用《唐六典》又用《令》、《式》的情况。如果二者同时引用"相提并论"，就说明它离开了《令》、《式》就不起法律的作用。

《唐六典》作为唐代的一部重要典籍，陈寅恪曾指出：

> 开元时所修《六典》乃排比当时施行令式以合古书体裁，本为粉饰太平制礼作乐之一端，故其书在唐代行政上递成为一种便于征引之类书，并非依其所托之《周官》体裁，以设官分职实施政事也。②

陈寅恪关于《唐六典》的论断，可以看作是《唐六典》特点及所起实际作用的概括。所谓"征引"，是说可供自由地参考仿效，但无法律效力。参考仿效《唐六典》与参考仿效《周礼》的性质一样。《唐会要》上记载，官吏奏事有时有"准《六典》……"的提法，就属于这种性质。这些建议要被接受都得由皇帝批准。凡这种情况，史书都记载说："敕旨：宜依"，或

---

① 《唐会要》卷五七《尚书省诸司》，上海古籍出版社，1991，第 1159 页。
② 陈寅恪著：《隋唐制度渊源略论稿》，上海古籍出版社，1982，第 82 页。

者"敕旨，准《六典》"。这种作法的本身就说明《六典》不是颁行之成法。因为，执行常法无必要请示皇帝批准。南宋的程大昌以《唐会要》所记开元后一些同《六典》相合的事例来证明《六典》是颁行之法典，这种本末倒置的作法，是抹煞了《六典》抄摘当时在行令、式而编写的这一根本特点。

（2）《令》、《式》法典一直行用根本不是《唐六典》的影响。

前文已经指出，《唐六典》主要是摘截唐代部分在行令、式的内容编写而成。而《唐六典》编成后，在行令、式仍像以前一样作为法律继续生效。唐代贞元、元和、大和及开成年间仍修定格、式等就是明证。在评价《唐六典》的作用时，不能把《六典》编写前、编写当时及编写以后一直在生效的国家的令、式的效力，都说成是《六典》的作用。譬如，"三省"分工而又相互制约，确定这种制度的是属于各朝法律的"令"和"格"。唐代尚书、门下、中书三省分工制约，尚书省以左右仆射实际代替尚书令，同中书门下一起参与行使宰相职权，这种制度在贞观时期就确定了。《通典》卷二二"职官四""仆射"条下记载，唐太宗要求担任仆射的房玄龄及杜如晦要"为宰相弘益之道"；同时贞观末任命仆射时"必加同中书门下平章事及参知机务等名"，"然为仆射者亦无不加焉"，其职责是"统理众务，主持纲目，总判省事"。仍据《通典》记载，门下省"侍中"的职责是"按令文掌侍从，负宝，献替，赞相礼仪，审署奏抄，驳正违失，监封题，给驿券，监起居注，总判省事"；中书省的"中书令"是"按令文掌侍从，献替，制敕，册命，敷奏文表，授册，监起居注，总判省事"。所以，退一万步说，即使《唐六典》于开元二十六年草成奏上后，唐朝才实行"三省"制度，那也是根据令、格、式等法律，而与《唐六典》无直接关系。

　　唐以后《六典》都被作为历史典籍征引，宋朝与明朝刊刻《六典》，同清朝刊刻杜佑《通典》用意相似，所有这些，丝毫不能反证《唐六典》在唐代当时作为"行政法典"颁布行用。

附录

唐律与唐令部分内容对应表

说 明

1. 本表仅以对比说明律令的性质与关系，绝不以内容之齐全为目标。

2. 在本表中，唐律内容均录自中华书局 1983 年版《唐律疏议》（简称《律疏》），其条文均注明篇名及条数序号。唐令内容基本录自日本东京大学出版会 1997 年版仁井田陞、池田温等编著之《唐令拾遗补》（简称《令补》）以及这之前的《唐令拾遗》（简称《拾遗》），并都注明令名、年代及该书之页码。律、令之注文都以小号楷体字表示。

3. 与《名例》对应之令文，当为解释性的对应，因为《名例》本身是刑律中的原则制度性条文。与《律疏》对应之令文内容，也选取了少量的格、敕，格（《刑部格》除外）实际也是制度性规范。

律	令
《名例》（总第7条） 一曰议亲。谓皇帝袒免以上亲及太皇太后、皇太后缌麻以上亲，皇后小功以上亲	《选举令》〔开元七年〕 诸皇亲缌麻以上，及皇太后周亲，正六品上叙；皇太后大功亲，皇后周亲，从六品上；皇祖免亲，皇太后小功、缌麻，皇后大功亲，正七品上；皇后小功缌麻亲，皇太子妃周亲，从七品上；其外戚，各依本服降二等叙（《拾遗》，第212页）

续表

律	令
同上	**《封爵令》**〔开元七年、二十五年〕诸皇兄弟、皇子，为亲王。亲王之子，承嫡者，为嗣王。皇太子诸子，并为郡王。亲王之子，承恩泽者，亦封郡王，诸子封郡公。其嗣王、郡王，及特封王，子孙承袭者，降授国公（《令补》，第1081页）
《名例》（总第7条）　六曰议贵。谓职事官三品以上，散官二品以上及爵一品者	**《唐六典·吏部·司封郎中》**　凡内命妇之制：贵妃、淑妃、德妃、贤妃并为夫人，皆正一品；昭仪、昭容、昭媛、充仪、充容、充媛并为嫔，正二品；婕妤九品，正三品；美人九员，正四品；才人九员，正五品；宝林二十七员，正六品；御女二十七员，正七品；采女二十七员，正八品（中华书局1992，第38页） **《选举令》**〔开元七年〕　诸一品子，正七品上叙，至从三品子，递降一等。四品、五品有正、从之差，亦递降一等；从五品子，从八品下叙。国公子，亦从八品下。三品以上荫曾孙，五品以上荫孙；孙降子一等，曾孙降孙一等；赠官降正官一等，散官同职事。若三品带勋官者，即以勋官品同职事荫；四品降一等；五品降二等。郡、县公子，准从五品孙；县男以上子，降一等。勋官二品子，又降一等。二王后子孙，准正三品荫（《拾遗》，1989，长春版，第214页） **《公式令》**〔开元二十五年〕　诸内外诸司，有执掌者，为职事官。无执掌者，为散官（《令补》，第1287页）

律	令
《名例》（总第8条）　诸八议者，犯死罪，皆条所坐及应议之状，先奏请议，议定奏裁；议者，原情议罪，称定刑之律而不正决之。流罪以下减一等。其犯十恶者，不用此律	《狱官令》〔开元七年、二十五年〕诸狱囚应入议、请者，皆申刑部。集诸司七品已上，于都座议之。若有别议，所司科简，具状以闻。若众议异常，堪为典则者，录送史馆（《令补》，第1437页）
《名例》（总第15条）　诸以理去官，与见任同。解虽非理，告身应留者亦同。赠官及视品官，与正官同	《选举令》〔开元二十五年〕诸文武选人，六品以下，有老病不堪公务，有劳考及勋绩，情愿给阶授散官者，依。其五品以上，籍年虽少，形容衰老者，以听致仕（《令补》，第1072页） 《选举令》〔开元七年〕诸职事官，身有疾病满百日，若所亲疾病满二百日，及当侍者，并解官，申省以闻。其应侍人，才用灼然，要籍驱使者，令带官侍养（同上） 《封爵令》〔开元七年、二十五年〕诸皇姑封大长公主，皇姊妹封长公主，皇女封公主，皆视正一品。皇太子之女封郡主，视从一品。王之女封县主，视正二品。王母、妻为妃，一品及国公母、妻为国夫人，三品已上母、妻为郡夫人，四品若勋官二品有封母、妻为郡君，五品若勋官三品有封母、妻为县君。散官并同职事。勋官四品有封母、妻为乡君。其母邑号皆加太字，各视其夫及子之品。若两有官爵者皆从高。若内命妇一品之母为正四品郡君，二品母为从四品郡君，三品、四品母并为正五品郡君（《令补》，第1084页）

律	令
《名例》（总第 18 条）　诸犯十恶、故杀人、反逆缘坐，本应缘坐，老、疾免者，亦同。狱成者，虽会赦犹除名。狱成，谓赃、状露验及尚书省断讫未奏者。即监临主守，于所监守内犯奸、盗、略人若受财而枉法者，亦除名；奸，谓犯良人。盗及枉法，谓赃一匹者。狱成会赦者，免所居官。会降者，同免官法。其杂犯死罪，即在禁身死，若免死别配及背死逃亡者，并除名；皆谓本犯合死而狱成者。会降者，听从当、赎法	**《狱官令》**〔开元七年、二十五年〕诸犯流罪已下，应除免官当，未奏身死者，免其追夺。谓不夺告身。若奏时不知身死，奏后云先死者，依奏定。其常赦所不原者，不在免限。若杂犯死罪，狱成会赦，全原者，解见任职事（《令补》，第 1428 页）
《名例》（总第 21 条）　诸除名者，官爵悉除，课役从本色，六载之后听叙，依出身法	**《狱官令》**〔开元七年、二十五年〕诸流移人，至配所，六载以后听仕。其犯反逆缘坐流，及因反逆免死配流，不在此例。即本犯不应流，而特配流者，三载以后听仕。有资者，各依本犯收叙法。其解见仜，及非除名移乡者，年限叙法，皆准考解例（《令补》，第 1430 页） **《选举令》**〔开元七年、二十五年〕诸官人犯除名，限满应叙者，文武三品以上奏闻听敕。正四品于从七品下叙。从四品于正八品上叙。正五品于正八品下叙。从五品于从八品上叙。六品、七品并于从九品上叙。八品、九品并于从九品下叙。若有出身品高于此举者，仍从高。出身，谓藉荫及秀才、明经之类（《令补》，第 1067 页） **《军防令》**〔开元二十五年〕诸勋官犯除名，限满应叙者，二品于骁骑尉叙。三品于飞骑尉叙。四品于云骑尉叙。五品以下于武骑尉叙（《令补》，第 1161 页）

续表

律	令
《名例》（总第23条）　若诬告道士、女官应还俗者，比徒一年；其应苦使者，十日比笞十；官司出入者，罪亦如之	《敕》〔开元二十九年〕"其道士、僧尼、女冠等有犯，望准道格处分，所由州县官不得擅行决罚。如有违越，请依法科罪，仍书中下考。"（《唐会要·尊崇道教》卷五〇，上海古籍出版社，1991，第1013页） 《道僧格》有犯苦使者，三纲立案锁闭。放一空院内，令其写经。日课五纸。日满检纸数，足放出。若不解书者，遣执土木作，修营功德等使也。其老小临时量耳。不合赎也（《令补》，第1003页）
《名例》（总第24条）　诸犯流应配者，三流俱役一年。本条称加役流者，流三千里，役三年。役满及会赦免役者即于配处从户口例。妻妾从之。父祖子孙欲随者，听之。移乡人家口，亦准此。若流、移人身丧，家口虽经附籍，三年内愿还者，放还；即造畜蛊毒家口，不在听还之例。下条准此	《狱官令》〔开元二十五年〕诸流人应配者，各依所配里数。无要重城镇之处，仍逐要配之。惟得就远，不得就近（《令补》，第1429页） 《狱官令》〔开元七年、二十五年〕诸流人科断已定，及移乡人，皆不得弃放妻妾，及私遁远乡（《令补》，第1428页） 《狱官令》〔开元七年〕妻子在远，预为追唤，待至同发。配西州、伊州者，送凉府。江北人配岭南者，送桂、广府。非剑南人，配姚、巂州者，送付益府，取领即还。其凉府等，各差专使领送（《令补》，第1429页）
《名例》（总第25条）　诸流配人在道会赦，计行程过限者，不得以赦原。谓从上道日总计行程有违者。有故者，不用此律。若程内至配所者，亦从赦原。逃亡者虽在程内，亦不在免限。即逃者身死，所随家口仍准上法听还	《狱官令》（唐）流移人在道疾病，妇人娩乳。祖父母父母丧，男女奴婢死，皆给假，授程粮（《令补》，第1431页）

续表

律	令
同上	**《狱官令》**〔开元二十五年〕诸流移囚在途有妇人产者，并家口给暇二十日，家女及婢给暇七日。若身及家口遇患，或逢贼，津济水涨，不得行者，随近官每日验行。堪进即遣。若祖父母父母丧者，给暇十五日，家口有死者，七日（《令补》，第1431页） 依《令》："马，日七十里；驴及步人，五十里；车，三十里"（《律疏》自引）
《名例》（总第26条）　诸犯死罪非十恶，而祖父母、父母老疾应侍，家无期亲成丁者，上请	**《户令》**〔开元七年、二十五年〕诸年八十及笃疾，给侍一人。九十，二人。百岁，五人。皆先尽子孙，听取近亲。皆先轻色。无近亲外取白丁者，人取家内中男者并听（《令补》，第1019页）
《名例》（总第30条）诸年七十以上、十五以下及废疾，犯流以下，收赎。八十以上、十岁以下及笃疾，犯反、逆、杀人应死者，上请；九十以上、七岁以下，虽有死罪，不加刑	**《户令》**〔开元二十五年〕诸一目盲，两耳聋，手无二指，足无三指，手足无大拇指，秃疮无发，久漏，下重，大瘿肿，如此之类，皆为残疾，痴症，侏儒，腰脊折，一肢废，如此之类，皆为废疾。恶疾，癫狂，两肢废，两目盲，如此之类，皆为笃疾（《令补》，第1017页）
《名例》（总第32条）　诸彼此俱罪之赃谓计赃为罪者。及犯禁之物，则没官。若盗人所盗之物，倍赃亦没官	**《狱官令》**〔开元二十五年〕诸伤损于人，及诬告得罪，其人应合赎者，铜入被告及伤损之家。即两人相犯俱得罪，及同居相犯者，铜入官（《令补》，第1442页）
《名例》（总第33条）　诸以赃入罪，正赃见在者，还官、主；转易得他物，及生产蕃息，皆为见在。已费用者，死及配流勿征，别犯流及身死者，亦同。余皆征之。盗者，倍备。若计庸、赁为赃者，亦勿征。会赦及降者，盗、诈、枉法犹征正赃，余赃非见在及收赎之物，限内未送者，并从赦降原	**《捕亡令》**〔开元二十五年〕诸纠捉盗贼者，所征倍赃，皆赏纠捉之人。家贫无财可征，及依法不合征倍赃者，并计得正赃，准五分与二分，赏纠捉人。若正赃费尽者，官出一分，以赏捉人。即官人非因检校，而别纠捉，并共盗及知情主人首告者，亦依赏例（《令补》，第1401页）

续表

律	令
《名例》（总第37条） 诸犯罪未发而自首者，原其罪。正赃犹征如法。 《疏》"议曰"：若有文牒言告，官司判今三审，牒虽未入曹局，即是其事已彰，虽曰自新，不得成首	《狱官令》〔开元七年、二十五年〕诸告言人罪，非谋叛以上者，皆令三审。应受辞牒官司，并具晓示虚得反坐之状。每审皆别日受辞。若使人在路，不得留待别日受辞者，听当日三审。官人于审后判记。审讫，然后付司。若事有切害者，不在此例。切害，谓杀人，强盗，逃亡，若强奸良人，及更有急速之类。不解书者，典为书之（《令补》，第1434页）
《名例》（总第40条） "诸同职犯公坐者，长官为一等，通判官为一等，判官为一等，主典为一等，各以所由为首；若通判官以上异判有失者，止坐异判以上之官。其阙无所承之官，亦以此四等官为法。""应奏之事有失，勘读及省审之官不驳正者，减下从一等。若辞状隐伏，无以验知者，勿论"	《狱官令》〔开元二十五年〕官长者，依令，诸司尚书，同长官之例。○长官以外，皆为佐职（《令补》，第1432页） 《公式令》〔开元七年、二十五年〕门下录事勘，给事中读，黄门侍郎省，侍中审（《令补》，第1242页）
《名例》（总第41条） 诸公事失错，自觉举者，原其罪；应连坐者，一人自觉举，余人亦原之。其断罪失错，已行决者，不用此律	《公式令》〔开元二十五年〕官人判事，案成后，自觉不尽者，举牒追改（《令补》，第1294页）
《名例》（总第44条） 诸共犯罪而有逃亡，见获者称亡者为首，更无证徒，则决其从罪；后获亡者，称前人为首，鞫问是实，还以首论，通计前罪，以充后数	《狱官令》〔开元二十五年〕诸犯罪事发，有赃状露验者，虽徒伴未尽见获者，先依状断之。自后从后追究（《令补》，第1433页）
《名例》（总第49条） 诸本条别有制，与《例》不同者，依本条。即当条虽有罪名，所为重者自从重。其本应重而犯时不知者，依凡论；本应轻者，听从本	《狱官令》〔开元七年、二十五年〕诸犯罪未发，及已发未断决，逢格改者，若格重，听依犯时条，若格轻，听从轻法（《令补》，第1434页）

续表

律	令
《名例》（总第 51 条）　诸称"乘舆"、"车驾"及"御"者，太皇太后、皇太后、皇后并同。称"制"、"敕"者，太皇太后、皇太后、皇后、皇太子"令"减一等。若于东宫犯、失及宫卫有违，应坐者亦同减例。本应十恶者，虽得减罪，仍从本法	《仪制令》〔开元七年、二十五年〕皇帝、天子。夷夏通称之。陛下。对扬陛尺，上表通称之。至尊。臣下内外通称之。乘舆。服御所称。车驾。行幸所称（《令补》，第 1212 页） 《公式令》〔开元二十五年〕依《公式令》，三后及皇太子行令（《令补》，第 1250 页）
《名例》（总第 55 条）　称"年"者以三百六十日，称"人年"者，以籍为定	《户令》〔开元二十五年〕诸户，计年将入丁老疾，应征免课役，及给侍者，皆县令貌形状，以为定簿。一定以后，不须更貌。若疑有奸欺者，随事貌定，以附手实（《令补》，第 1026 页）
《卫禁律》（总第 58 条）　诸阑入太庙门及山陵兆域门者，徒二年；阑，谓不应入而入者。越垣者，徒三年。太社各减一等。守卫不觉，减二等；守卫，谓持时专当者。主帅又减一等。主帅，谓亲监当者。故纵者，各与同罪。余条守卫及监门各准此	《丧葬令》〔开元七年〕诸诸陵，皆置留守。领甲士，与陵令，相知巡警。左右兆域内，禁人无得葬埋。古坟则不毁（《令补》，第 1464 页）
《卫禁律》（总第 60 条）　诸阑入者，以逾阈为限。至阈未逾者，宫门杖八十，殿门以内递加一等。其越殿垣者，绞；宫垣，流三千里；皇城，减宫垣一等；京城，又减一等	《宫卫令》（唐）唐令云，顺天门为宫城门（《令补》，第 1128 页） 《宫卫令》〔开元七年〕诸明德等门为京城门，朱雀等门为皇城门，承天等门为宫城门，嘉德等门为宫门，太极等门为殿门，通内等门，并同上阁门。东都诸门准此（同上）
《卫禁律》（总第 63 条）　即将领人入宫殿内，有所迎输、造作，门司未受文牒而听入及人数有剩者，各以阑入论；至死者加役流。将领主司知者，各减阑入罪一等。人者知，又减五等；不知者，不坐	《宫卫令》〔开元七年〕凡财物器用，应入宫者，所由以籍牓取左监门将军判，门司检以入之。应出宫者，所由以籍牓取右监门将军判，门司检以出之。其籍月一换（《令补》，第 1139 页） 《宫卫令》（唐）兵器人者，皆籍其名数（《令补》，第 1136 页）

续表

律	令
《卫禁律》（总第64条） 诸应入宫殿，未著门籍而入，虽有长籍，但当下直而辄入者，各减阑入五等。即宿次未到而辄宿，及籍在东门而从西门入者，又减二等	《宫卫令》〔开元七年〕诸京司，应以籍入宫殿门者，皆本司具其官爵、姓名，以移牒其门。若流外官，承脚色，并具其年纪、颜状。以门司送于监门勘同，然后听入。○〔开元二十五年〕依令，非应从正门入者，各从便门著籍。○应出宫殿，谓改任、行使、假患、番下、事故等，依令，门籍当日即除（《令补》，第1129页） 《宫卫令》（唐）凡著籍，月一易之（同上）
《卫禁律》（总第71条） 诸奉敕以合符夜开宫殿门，符虽合，不勘而开者，徒三年；若勘符不合而为开者，流二千里；其不承敕而擅开闭者，绞；若错符、错下键及不由钥而开者，杖一百；即应闭忘误不下键，应开而毁管键而开者，徒一年。其皇城门，减宫门一等。京城门，又减一等。即宫殿门闭讫，而进钥违迟者，殿门，杖一百；经宿，加一等；每经一宿，又加一等；宫门以外递减一等。其开门出钥迟，又各递减进钥一等	《宫卫令》（唐）宫殿门夜漏尽，击漏鼓讫开。夜漏上水一刻，击漏鼓讫闭。五更三筹，顺天门击鼓，诸卫即递击小鼓，使声彻皇城、京城诸门。○城门皆击鼓七百槌讫，诸城门开。开后一刻，顺天门开。昼漏尽顺天门击鼓，诸卫依前击，诸城门皆击鼓至四百槌讫闭。○锸匙皆连铁，兼刻其门名，藏之于匣。其出纳时节，开门之法，从别式（《令补》，第1131页） 《宫卫令》〔开元七年〕诸承天门击晓鼓，听击钟后一刻鼓声绝，皇城门开。第一咚咚声绝，宫城门，及左右延明、乾化门开。第二咚咚声绝，宫殿门开。夜第一咚咚声绝，宫殿门闭。第二咚咚声绝，宫城门闭，及左右延明门、皇城门闭。其京城门开闭，与皇城门同刻。承天门击鼓，皆听漏刻契至乃击，待漏刻所牌到，鼓声乃绝。○凡皇城、宫城阖门之钥，先酉而出，后戌而入。开门之钥，后丑而出，夜尽而入。京城阖门之钥，后申而出，先子而入。开门之钥，后子而出，先卯而入（《令补》，第1131页） 《宫卫令》（唐）本云，每门有合符（《令补》，第1134页）

律	令
《卫禁律》（总第82条）　诸私度关者，徒一年，越度者，加一等；不由门为越。已至越所而未度者，减五等。谓已到官司应禁约之处。余条未度准此	《关市令》〔开元三年〕诸度关津，及乘船筏，上下经津者，皆当有过所（《令补》，第1393页）
《卫禁律》（总第83条）　诸不应度关而给过所，取而度者，亦同。若冒名请过所而度者，各徒一年。即以过所与人及受而度者，亦准此。若家人相冒，杖八十。主司及关司知情，各与同罪；不知情者，不坐。即将马越度、冒度及私度者，各减人二等；余畜，又减二等。家畜相冒者，不坐	《关市令》〔开元七年〕诸度关者，先经本部、本司请过所。在京则省给之。在外州给之。虽非所部，有来文者，所在给之（《令补》，第1393页）
《卫禁律》（总第84条）　诸关津度人无故留难者，一日，主司笞四十，一日加一等，罪止杖一百	《关市令》〔开元二十五年〕依令，各依先后而度（《令补》，第1393页）
《卫禁律》（总第86条）　诸领人兵度关而别人妄随度者，将领主司以关司论，关司不觉，减将领者罪一等；知情者，各依故纵法。有过所者，关司自依常律；将领主司知情，减关司故纵罪一等，不知情者不坐	《关市令》〔开元二十五年〕诸兵马出关者，依本司连写敕符勘度。入关者，据部领兵将文帐检入（《令补》，第1393页）
《卫禁律》（总第87条）　诸赍禁物私度关者，坐赃论；赃轻者，从私造、私有法。若私家之物，禁约不合度关而私度者，减三等	《关市令》〔开元二十五年〕诸锦、绫、罗、縠、紬、绵、绢、丝、布、牦牛尾、真珠、金、银、铁，并不得度西边北边诸关，及至缘边诸州兴易（《令补》，第1395页）

律	令
	《关市令》〔开元二十五年〕诸外蕃与缘边互市，皆令互市官司检校。其市四面穿堑，及立篱院，遣人守门。市易之日卯后，各将货物、畜产，俱赴市所。官司先与蕃人对定物价，然后交易（《令补》，第1395页） 《关市令》〔开元二十五年〕诸蕃客往来，阅其装重，入一关者，余关不讥（同上） 《户令》〔开元二十五年〕中国人不合私与外国人婚娶（《令补》，第1032页） 《杂令》（唐）诸蕃使往来道路，公私不得养雇本蕃人，及畜同色奴婢。亦不得充传马子及援夫等（《令补》，第1480页）
《卫禁律》（总第88条）　诸越度缘边关塞者，徒二年。共化外人私相交易，若取与者，一尺徒二年半，三匹加一等，十五匹加役流；私与禁兵器者，绞；共为婚姻者，流二千里。未入、未成者，各减三等。即因使私有交易者，准盗论	
《卫禁律》（总第90条）　诸烽候不警，令寇贼犯边，及应举烽燧而不举，应放多烽而放少烽，各徒三年；若放烽已讫，而前烽不举，不即往告者，罪亦如之。以故陷败户口、军人、城戍者，绞。即不应举烽燧而举，若应放少烽而放多烽，及绕烽二里内辄放烟火者，各徒一年	《军防令》〔开元七年〕诸其放烽，有一炬二炬三炬四炬者，随贼多少而为差。○烽数节级，并依别式（《令补》，第1176页） 《军防令》（唐）诸烽……取中男配烽子（《令补》，第1177页）
《职制律》（总第91条）　诸官有员数而署置过限及不应置而置，谓非奏授者。一人杖一百，三人加一等，十人徒二年；后人知而听者，减前人署置一等；规求者为从坐，被征须者勿论。即军务要速，量事权置者，不用此律	《唐六典·吏部》："凡天下官吏各有常员。……其见在员数，已具此书，各冠列曹之首；或未该者，以其繁细，亦存乎《令》、《式》。凡诸司置直，皆有定制"（中华书局，1992，第34～35页）

续表

律	令
《职制律》（总第92条） 诸贡举非其人及应贡举而不贡举者，一人徒一年，二人加一等，罪止徒三年。非其人，谓德行乖僻不如举状者。若试不及第，减二等。率五分得三分及第者，不坐。若考校、课试而不以实及选官乖于举状，以故不称职者，减一等。负殿应附而不附，及不应附而附，致考有升降者，罪亦同。失者，各减三等。余条失者准此。承言不觉，又减一等；知而听行，与同罪	《选举令》〔开元七年、二十五年〕诸贡人，上州岁贡三人，中州二人，下州一人，必有才堪者，不限其人数（《令补》，第1066页） 《选举令》〔永徽〕〔开元七年、二十五年〕铨拟之日，先乎德行。德行同，取才用高。才用同，取劳效多（《令补》，第1057页） 《唐六典·吏部》："凡选授之制……以四事择其良：一曰身，二曰言，三曰书，四曰判。以三类观其异：一曰德行，二曰才用，三曰劳效。德钧以才，才钧以劳。其优者擢而升之，否则量而退焉。所以正权衡，明与夺，抑贪冒，进贤能也。然后据其状而核之，量其资而拟之"（中华书局，1992，第27页） 《选举令》（唐）诸应选者，皆责状试练。曾有犯者，具注犯由。铨试讫，五品以上，及计阶至五品者，并引见（《令补》，第1057页） 《考课令》〔开元二十五年〕诸官人景迹功过，应附考者，皆须实录。其前任有犯私罪，断在今任者，同见任法。即改任，应计前任日为考者，功过并附。其状不得过两纸。州、县长官，须言户口、田地者，不得过三纸，注考正之最（《令补》，第1098页） 《考课令》〔开元七年、二十五年〕蒙别敕放免，或经恩降，公私负殿，并不在附限。若犯免官以上，及赃贿入己，恩前狱成，仍附景迹（《令补》，第1104页） 《考课令》〔开元七年、二十五年〕诸官人，犯罪负殿者，私坐计赎铜一斤为一负。公罪二斤为一负。各十负为一殿。当上上考者，虽有殿不降。此谓非私罪。自上中已下，率一殿降一等。即公坐殿失应降。若当年劳剧，有异于常者，听减一殿（《令补》，第1116页）

续表

律	令
《职制律》（总第 93 条）　诸刺史、县令、折冲、果毅，私自出界者，杖一百。经宿乃坐	**《假宁令》**〔开元七年〕五品以上，请假出境，皆吏部奏闻（《令补》，第 1420 页）
《职制》（总第 94 条）　诸在官应直不直，应宿不宿，各笞二十；通昼夜者，笞三十。若点不到者，一点笞十。一日之点，限取二点为坐	**《公式令》**〔开元二十五年〕依令，内外官应分番宿直（《令补》，第 1300 页） **《公式令》**（唐）尚书省官，每一日一人宿直。都司执直簿，转以为次。诸长官应通判者，及上佐、县令不直（同上） **《公式令》**〔开元七年〕凡内外官，日出亲事，午而退。有事则直官省之。务繁，不在此例（同上）
《职制律》（总第 95 条）　诸官人无故不上及当番不到，虽无官品，但分番上下，亦同。下条准此。若因暇而违者，一日笞二十，三日加一等；过杖一百，十日加一等，罪止徒一年半。边要之官加一等	**《唐六典·兵部郎中》**："凡应宿卫官各从番第。""凡勋官十有二等，皆量其远迩以定其番第"（中华书局，1992，第 153～154 页） **《假宁令》**（唐）诸元日、冬至，并休暇七日，前三日，后三日。玄元皇帝降诞二月十五日，今上降诞日，各休暇三日。寒食通清明，休暇七日。腊、夏至各休暇三日，前后各一日。正月七日、十五日、二月一日、春秋二社、二月八日、三月三日、四月八日、五月五日、六月三伏日、七月七日、十五日、九月九日、十月一日、立春、春分、立秋、秋分、立夏、立冬、每旬，并给休暇一日。内外官，五月给田假，九月给授衣假。分为两番，各十五日。其田假，若风土异宜，种收不得，随通便给之（《令补》，第 1416 页） **《假宁令》**〔开元七年、二十五年〕诸百官九品，私家祔庙，除程，给假五日。四时祭祀，各给假四日。并课主祭者。去任所三百里内，亦给程。若在京都除祭日，仍各依朝参（《令补》，第 1416 页）

律	令
同上	**《假宁令》**〔开元七年、二十五年〕诸文武官若流外已上者，父母在三千里外，三年一给定省假三十日。五百里五年一给拜墓假十五日。并除程。若已经还家者，计还后给。其五品已上，所司勘当，于事每阙者奏。不得辄自奏请（《令补》，第1417页） **《假宁令》**（唐）诸遭丧给假，以遭丧日为始。闻丧者，以闻丧日为始（《令补》，第1420页）
《职制律》（总第96条）　诸之官限满不赴者，一日笞十，十日加一等，罪止徒一年。即代到不还，减二等	**《假宁令》**〔开元二十五年〕诸外官授讫，给装束假。其一千里内者四十日，二千里内者五十日，三千里内者六十日，四千里内者七十日，过四千里者八十日。并除程。其假内欲赴任者听之。若有事须早遣者，不用此令。若京官身先在外者，装束假减外官之半。其有田苗者，听待收田讫发遣（《令补》，第1421页）
《职制律》（总第98条）　诸大祀不预申期及不颁所司者，杖六十；以故废事者，徒二年。牲牢、玉帛之属不如法，杖七十；阙数者，杖一百；全阙者，徒一年。全阙，谓一坐。即入散斋不宿正寝者，宿笞五十；致斋不宿本司者，一宿杖九十，一宿加一等。中、小祀递减二等，凡言祀者，祭、享同。余条中、小祀准此	**《祠令》**〔开元二十五年〕诸祭祀，二十日以前，所司预申祠部。祠部颁告诸司（《令补》，第989页） **《祠令》**〔开元二十五年〕礼令，祠祭皆卜日（《令补》，第972页） **《祠令》**〔开元二十五年〕诸馔供备祭，祀前一日，诸司官典送斋所。行事之官，并监检对受，省其美恶之义（《令补》，第989页） **《祠令》**〔开元七年〕凡祀神之物，当时所无者，则以时物代之（《令补》，第992页） **《祠令》**〔开元二十五年〕依祠令，在天称祀，在地为祭，宗庙名享。〔永〕昊天上帝、五方上帝、皇地祇、神州、宗庙等，为大祀。散斋四日，致斋三日。日月星辰、岳镇海渎、先农等，为中祀。散斋三日，致斋二日。司中司命、风师雨师、诸星、山林川泽之属，为小祀。州县之社稷、释奠，及诸神司，亦准小祀例。散斋二日，致斋一日（《令补》，第971页）

律	令
同上	《祠令》〔开元七年、二十五年〕诸大祀，散斋四日，致斋三日。中祀，散斋三日，致斋二日。小祀，散斋二日，致斋一日。散斋之日，斋官昼理事如故，夜宿于家正寝（《令补》，第989页）
《职制律》（总第99条） 诸大祀在散斋而吊丧、问疾、判署刑杀文书及决罚者，笞五十；奏闻者，杖六十。致斋者，各加一等	《祠令》〔永徽〕诸散斋之内，昼理事如旧，夜宿于家正寝。不得吊丧问疾，不判署刑杀文书，不决罚罪人，不作乐，不预秽恶之事。致斋，唯为祀事得行，其馀悉断。非应散斋致斋者，唯清斋一宿于本司及祠所（《令补》，第987页）
《职制律》（总第101条） 诸庙享，知有缌麻以上丧，遣充执事者，笞五十；陪从者，笞三十。主司不知，勿论。有丧不自言者，罪亦如之。其祭天地、社稷则不禁	《祠令》〔开元七年、二十七年〕诸散斋有大功以上丧，致斋有周以上丧，并听赴。即居缌麻以上丧者，不得预宗庙之祭。其在斋坊病者听还。若死于斋所，同房不得行事（《令补》，第988页） 《公式令》〔开元二十五年〕凡有惨服既葬公除，及闻哀假满者，许吉服赴宗庙之祭。其同宫未葬，虽公除者，禁之（《令补》，第1234页）
《职制律》（总第102条） 诸合和御药，误不如本方及封题误者，医绞。料理简择不精者，徒一年。未进御者，各减一等。监当官司，各减医一等。余条未进御及监当官司，并准此	《医疾令》〔开元七年〕诸合药供御，在内诸省，省别长官一人，并当上大将军、将军，卫别一人，与殿中监、尚药奉御等监视。药成，医佐以上，先尝，然后封印。写本方，方后具注年月日、监药者，遍署名，俱奏。饵药之日，尚药奉御先尝，次殿中监尝，次皇太子尝，然后进御。太子准此（《令补》，第1412页）

律	令
同上	《医疾令》〔开元七年〕诸（医、针生），博士月一试。太医令、丞季一试。太常丞年终总试。其考试，如国子监之法。若业术过于见任官者，即听补替。其在学九年无成者，退从本色（《令补》，第1408页）
《职制律》（总第110条）　诸玄象器物、天文、图书、谶书、兵书、七曜历、《太一》、《雷公式》，私家不得有，违者徒二年。私习天文者亦同。其纬、候及《论语谶》，不在禁限	《杂令》〔开元七年、二十五年〕诸玄象器物，天文图书，苟非其任，不得与焉。观生不得读占书，所见征祥灾异，密封奏闻。漏泄有刑。每季录所见灾祥，送门下中书省，入起居注。岁终总录，封送史馆（《令补》，第1468页）
《职制律》（总第111条）　诸稽缓制书者，一日笞五十，誊制、敕、符、移之类皆是。一日加一等，十日徒一年。其官文书稽程者，一日笞十，三日加　等，罪止杖八十	《公式令》〔开元七年、二十五年〕诸尚书省施行制敕，案成以后颁下。各给钞程。通计符、移、关、牒，满二百纸以下，限二日程。过之以外，每二百纸以上，加一日程。所加多者，总不得过五日。其赦书，计纸虽多，不得过三日。若军务急速，皆当日并了（《令补》，第1291页） 《公式令》〔开元七年、二十五年〕小事五日程。谓不须检覆者。中事十日程。谓须检覆前案，及有所勘问者。大事二十日程。谓计算大簿帐，及须咨询者。狱案三十日程。谓徒已上辨定须断结者。其通判及勾经三人已下者，给一日程，经四人已上给二日程。中事每经一人给二日。大事各加一日程。内外诸司咸率此。若有事速，及限内可了者，不在此例。其文书受付日，及讯囚徒，并不在程限（同上）

续表

律	令
《职制律》（总第 113 条） 诸受制忘误及写制书误者，事若未失，笞五十；已失，杖七十。转受者，减一等	《公式令》〔开元七年〕凡制敕施行，京师诸司有符、移、关、牒下诸州者，必由于都省以遣之。若在京差使者，令使人于都省受道次符、牒，然后发遣。若诸方使人欲还，亦令所由司先报尚书省，所有符、牒，并令受送（《令补》，第 1296 页） 《公式令》〔开元二十五年〕诸制书及重害文书，若祥瑞、解官、婚田、市估、狱案之类，长留。〇非应长留者，留拾年，每叁年壹检简，申监司，差官覆讫除之（《令补》，第 1298 页） 《公式令》〔开元七年、二十五年〕御画日者，留中书省为案。别写一通，印署，送门下省。覆奏画可讫，留门下省为案，更写一通，侍中注制可，印缝署，送尚书省施行（《令补》，第 1236 页）
《职制律》（总第 114 条） 诸制书有误，不即奏闻辄改定者，杖八十；官文书误，不请官司而改定者，笞四十。知误，不奏请而行者，亦如之。辄饰文者，各加二等	《公式令》〔开元二十五年〕诸制敕宣行，文字脱误，于事理无改动者，勘检本案，分明可知，即改从正。不须覆奏。其官文书脱误者，咨长官改正（《令补》，第 1295 页） 《公式令》〔开元七年〕凡文案既成，勾司行朱讫，皆书其上端，记年月日，纳诸库。凡施行公文应印者，监印之官，考其事目，无或差谬，然后印之。必书于历，每月终纳诸库（《令补》，第 1297 页）
《职制律》（总第 115 条） 诸上书若奏事，误犯宗庙讳者，杖八十。口误及余文书误犯者，笞五十。即为名字触犯者，徒三年。若嫌名及二名偏犯者，不坐。"嫌名"，谓若"禹"与"雨"、"丘"与"区"。"二名"，谓言"征"不言"在"，言"在"不言"征"之类	《公式令》〔开元七年、二十五年〕诸写经、史群书，及撰录旧事，其文有犯国讳者，皆为字不成（《令补》，第 1278 页）

律	令
《职制律》（总第 116 条）　诸上书若奏事而误，杖六十；口误，减二等。口误不失事者，勿论。上尚书省而误，笞四十。余文书误，笞三十。误，谓脱剩文字及错失者。即误有害者，各加三等。"有害"，谓当言"勿原"而言"原之"，当言"千匹"而言"十匹"之类。若误可行，非上书、奏事者，勿论。可行，谓案省可知，不容有异议，当言"甲申"而言"甲由"之类	**《公式令》**（唐）诸上书及官文书皆为真字。仍不得轻细书写。凡官文书有数者，借用大字。谓一作壹之类（《令补》，第 1292 页）
《职制律》（总第 118 条）　诸公文有本案，事直而代官司署者，杖八十；代判者，徒一年。亡失案而代者，各加一等	**《公式令》**〔永徽〕奏抄式，部覆断讫送都省。都省令以下侍郎以上，及刑部尚书以下侍郎以上，俱署申奏（《令补》，第 1242 页） **《公式令》**〔开元七年〕移式……右尚书省，与诸台省相移式。内外诸司，非相管隶者，皆为移。其长官署位准尚书。长官无，则次官通判者署。州别驾长史司马县丞署位，亦准尚书省，判官皆准郎中（《令补》，第 1255 页） **《公式令》**〔开元七年〕关式……右尚书省诸司，相关式。其内外诸司，同长官，而别职局者，皆准此，判官署位准郎中（《令补》，第 1259 页） **《公式令》**〔开元七年〕牒式……右尚书都省，牒省内诸司式。其应受判之司，于管内行牒，皆准此，判官署位，皆准左右司郎中（《令补》，第 1259 页） **《公式令》**〔开元七年〕符式……右尚书省下符式。凡应为解向上者，上官向下皆为符。首判之官署位，准郎中。其出符者，皆须案成，并案送都省捡勾。若事当计会者，仍别录会目，与符俱送都省。其余公文，及内外诸司应出文书者，皆准此（《令补》，第 1260 页）

律	令
《职制律》（总第 120 条）　诸闻父母若夫之丧，匿不举哀者，流二千里；丧制未终，释服从吉，若忘哀作乐，自作、遣人，等。徒三年；杂戏，徒一年；即遇乐而听及参预吉席者，各杖一百。闻期亲尊长丧，匿不举哀者，徒一年；丧制未终，释服从吉，杖一百。大功以下尊长，各递减二等。卑幼，各减一等	**《仪制令》**（唐）诸居五服之丧，受册及之职，仪卫依常式。唯鼓乐从而不作。若以戎事，不用此制（《令补》，第 1229 页） **《仪制令》**〔开元七年〕诸凶服不入公门。遭丧被起，在朝参处，各依品色，浅色而着本色之浅。周已下惨者，朝参起居，亦依品色，无金玉之饰。在家依其服制（同上）
《职制律》（总第 121 条）　诸府号、官称犯父祖名，而冒荣居之；祖父母、父母老疾无侍，委亲之官；即妄增年状，以求入侍及冒哀求仕者，徒一年。谓父母丧，禫制未除及在心丧内者。若祖父母、父母及夫犯死罪，被囚禁，而作乐者，徒一年半	**《疏》**："选司唯责三代官名，若犯高祖名者，非。"（《律疏》疏文，余窃谓此当系《选举令》内容。） **《疏》**："老"谓八十以上，"疾"谓笃疾，并依《令》合侍。（《律疏》自引） **《假宁令》**〔开元七年〕诸丧，斩衰三年，齐衰三年，齐衰杖期，为人后者，为其父母并解官。勋官不解。申其心丧。诸军校尉以下，卫士防人以上，及亲、勋、翊卫备身，假给一百日。父卒母嫁，及出妻之子，为父后者，虽不服，亦申心丧。其继母改嫁，及父为长子，夫为妻，并不解官。假同齐衰（《令补》，第 1418 页） **《假宁令》**〔永徽〕令文，三年齐斩，亦入心丧之例。杖期解官，又有妻服之舛。○令云，母嫁，又云出妻之子。○据令，继母改嫁，及为长子，并不解官（《令补》，第 1417 页）

律	令
《职制律》（总第 123 条） 诸驿使稽程者，一日杖八十，二日加一等，罪止徒二年。若军务要速，加三等；有所废阙者，违一日，加役流；以故陷败户口、军人、城戍者，绞	《公式令》〔开元七年、二十五年〕诸行程，马日七十里，步及驴五十里，车卅里。其水程重船溯流，河日卅里，江四十里，余水四十五里。空船河四十里，江五十里，余水六十里。重船空船顺流，河日一百五十里，江一百里，余水七十里。其三硖砥柱之类，不拘此限。若遇风水浅不得行者，即于随近官司申牒验记，听折半功（《令补》，第1303页） 《公式令》〔开元二十五年〕诸州使人，送解至京，二十条已上，二日付了。四十条已上，三日了。一百条已上，四日最。二百条已上，五日了（《令补》，第1285页） 《公式令》〔开元二十五年〕：诸给驿马，给铜龙传符，无传符处，为纸券。量事缓急，注驿数于符契上（《令补》，第1280页）
《职制律》（总第 125 条） 诸文书应遣驿而不遣驿，及不应遣驿而遣驿者，杖一百。若依式应须遣使诣阙而不遣者，罪亦如之	《仪制令》〔开元七年、二十五年〕皇帝践祚，及加元服，皇太后加号，皇后、皇太子立，及赦，元日，刺史若京官五品以上在外者，并奉表疏贺。州遣使，余附表。皆礼部整比，送中书总奏之（《令补》，第1217页） 《公式令》〔开元二十五年〕诸州有急速大事，皆合遣驿（《令补》，第1285页） 《公式令》〔开元二十五年〕诸在京诸司，有事须乘驿，皆合遣驿（同上）
《职制律》（总第 127 条） 诸增乘驿马者，一匹徒一年，一匹加一等。应乘驿驴而乘马者减一等。主司知情与同罪，不知情者勿论。余条驿司准此	《公式令》〔开元二十五年〕职事二品以上若王四匹，四品及国公以上三匹，五品及爵三品以上二匹，散官、前官，各递减职事官一匹。余官爵及无品人各一匹。皆数别给驿子。此外须将典吏者，临时量给。其铜龙传符，使事未毕之间，便纳所在官司（《令补》，第1280页） 《厩牧令》〔开元二十五年〕准令，驿马、驴一给以后死，即驿长陪填（《令补》，第1386页）

续表

律	令
《职制律》（总第128条） 诸乘驿马辄枉道者，一里杖一百，五里加一等，罪止徒二年。越至他所者，各加一等。谓越过所诣之处。经驿不换马者，杖八十。无马者，不坐	依《厩牧令》："乘官畜产，非理致死者，备偿"（《律疏》自引）
《职制律》（总第131条） 诸用符、节，事讫应输纳而稽留者，一日笞五十，二日加一等，十日徒一年	《公式令》〔开元二十五年〕用符节，并由门下省。其符以铜为之，左符进内，右符在外。应执符人，有事行勘，皆奏出左符，以合右符。所在承用，事讫，使人将左符还。其使若向他处，五日内无使次者，所在差专使，送门下省输纳。其节大使出，即执之，使还亦即送纳（《令补》，第1283页）
《职制律》（总第132条） 诸公事应行而稽留，及事有期会而违者，一日笞三十，三日加一等，过杖一百，十日加一等，罪止徒一年半。即公事有限，主司符下乖期者，罪亦如之。若误不依题署及题署误以致稽程者，各减二等	《公式令》〔开元七年、二十五年〕诸内外百司，所受之事，皆印其发日，为之程限。一日受，二日报。其事速及送囚徒，随至即付（《令补》，第1291页）
《职制律》（总第134条） 诸在官长吏实无政绩，辄立碑者，徒一年。若遣人妄称己善，申请于上者，杖一百；有赃重者，坐赃论。受遣者，各减一等。虽有政绩，而自遣者，亦同	《丧葬令》〔开元七年〕凡德政碑及生祠，皆取政绩可称。州为申省，省司勘覆定，奏闻乃立（《令补》，第1464页） 《丧葬令》〔开元七年、二十五年〕诸碑碣，其文须实录，不得滥有褒饰。五品以上立碑，螭首龟趺，趺上高不得过九尺。七品以上立碣，圭首方趺，趺上高四尺。若隐沦道素，孝义著闻，虽不仕亦立碣，石人石兽之类，三品以上六，五品以上四。诸赠官，得同正官之制（同上）

律	令
《职制律》（总第 142 条）　诸贷所监临财物者，坐赃论；授讫未上，亦同。余条取受及相犯，准此。若百日不还，以受所监临财物论。强者，各加二等。余条强者准此。若卖买有剩利者，计利，以乞取监临财物论	《杂令》〔开元二十五年〕诸诸王、公主及官人，不得遣亲事、帐内、邑司、奴客、部曲等，在市肆兴贩，及于邸店沽卖出举。其遣人于外处，卖买给家，非商利者，不在此例（《令补》，第 1479 页）
《职制律》（总第 143 条）　诸监临之官，私役使所监临，及借奴婢、牛、马、驼、骡、驴、车船、碾硙、邸店之类，各计庸、赁，以受所监临财物论。即役使非供己者，非供己，谓流外官及杂任应供官事者。计庸坐赃论，罪止杖一百。其应供己驱使而收庸值者，罪亦如之。供己求输庸直者，不坐	《军防令》〔开年七年、二十五年〕诸州县官，及在外监，皆有执衣。随身驱使，典执笔砚。其监官，于随近州县取充。二品十八人，三品十五人，四品十二人，五品九人，六品七品各六人，八品九品各三人。关津狱渎官，并不给。分为三番，每周而代。不愿代者听之。执衣并以中男充（《令补》，第 1170 页） 《军防令》（唐）周岁而代，皆取上等户内丁，并不合收庸（同上）
《职制律》（总第 149 条）　诸称律、令、式不使于事者，皆须申尚书省议定奏闻。若不申议，辄奏改行者，徒二年。即诣阙上表者，不坐	《公式令》〔贞观〕诸有令式不便者，奏闻（《令补》，第 1304 页）
《户婚律》（总第 150 条）　诸脱户者，家长徒三年；无课役者，减二等；女户，又减三等。谓一户俱不附贯。若不由家长，罪其所由。即见在役任者，虽脱户及计口多者，各从漏口法。脱口及增减年状，谓疾、老、中、小之类。以免课役者，一口徒一年，二口加一等，罪止徒三年。其增减非免课役及漏无课役口者，四口为一口，罪止徒一年半；即不满四口，杖六十。部曲、奴婢亦同	《户令》〔开元二十五年〕诸户主，皆以家长为之。户内有课口者为课户，无课口者为不课户（《令补》，第 1014 页） 《户令》〔开元二十五年〕诸视流内九品以上官，及男年二十以下，老男，废疾，笃疾，妻，妾，女，部曲，客女，奴婢，皆为不课（同上）

续表

律	令
同上	《户令》〔武德〕〔开元七年〕诸男女始生为黄，四岁为小，十六为中，二十一为丁，六十为老（《令补》，第1015页） 《户令》〔开元二十五年〕诸男女三岁以下为黄，十五以下为小，二十以下为中。其男年二十一为丁，六十为老。无夫者为寡妻妾（同上）
《户婚律》（总第151条）　诸里正不觉脱漏增减者，一口答四十，三口加一等；过杖一百，十口加一等，罪止徒三年。不觉脱户者，听从漏口法。州县脱户亦准此。若知情者，各同家长法	《户令》〔开元二十五年〕诸户以百户为里，五里为乡……每里置正一人。若山谷阻险地远人稀之处，听随便量置。掌按比户口，课植农桑，检察非违，催驱赋役（《令补》，第1010页） 《户令》〔武德〕〔开元七年〕诸造计帐，每年三月三十日以前，里正责所部手实。具注家口年纪。若全户不在乡者，即依旧籍转写。并显不在所由。收讫，依式造帐，连署，五月三十日以前，申送尚书省（《令补》，第1023页）
《户婚律》（总第152条）　诸州县不觉脱漏增减者，县内十口答三十，三十口加一等；过杖一百，五十口加一等。州随所管县多少，通计为罪。通计，谓管二县者，二十口答三十；管三县者，三十口答三十之类。计加亦准此，若脱漏增减并在一县者，得以诸县通之。若止管一县者，减县罪一等。余条通计准此。各罪止徒三年。知情者，各同里正法。不觉脱漏增减，无文簿者，官长为首；有文簿者，主典为首。佐职以下，节级连坐	《户令》〔武德〕三年一造户籍（《令补》，第1024页） 《户令》〔开元七年〕诸户籍三年一造。起正月上旬，县司责手实计帐，赴州依式勘造。乡别为卷。总写三通。其缝皆注某州某县某乡某年籍。州名用州印，县名用县印。三月三十日纳讫。并装潢一通，送尚书省，州县各留一通。所须纸笔装潢，并皆出当户内，口别一钱（《令补》，第1025页） 《户令》〔唐〕诸浮逃绝贯，及部曲客女奴婢被放为良者，附宽乡。若诉良得免，于所在附贯。若欲还本属者听（《令补》，第1023页）

续表

律	令
同上	《户令》〔开元七年、二十五年〕诸先有两贯者，从边州为定。次从关内为定。又复从军府州为定。即俱是边州关内，俱军府州，从先贯为定。其于法不合分析，而因失乡分贯，应合户者，亦如之（《令补》，第1021页）
《户婚律》（总第154条）　诸私入道及度之者，杖一百；若由家长，家长当罪。已除贯者，徒一年。本贯主司及观寺三纲知情者，与同罪。若犯法合出观寺，经判断不还俗者，从私度法。即监临之官，私辄度人者，一人杖一百，二人加一等	《制》〔会昌六年〕："僧尼依前令，两街功德使收管，不要更隶主客。所度僧、尼，令祠部给牒。"（《唐会要·僧尼所隶》卷四九，上海古籍出版社，1991，第1007页）○两京度僧、尼，御史一人莅之。每三岁，州县为籍，一以留州县，一以上祠部。"（《唐会要·僧籍》，卷四九，第1011页） 《祠部格》私家部曲、奴婢等，不得入道。如别敕许出家后，犯还俗者，追归旧主。各依本色（《令补》，第1008页）
《户婚律》（总第155条）　诸祖父母、父母在，而子孙别籍、异财者，徒三年。别籍、异财不相须，下条准此。若祖父母、父母令别籍及以子孙妄继人后者，徒二年；子孙不坐	《户令》〔开元二十五年〕诸以子孙继绝应析户者，非年十八已上，不得析。其年十七已下，命继者，但于本生籍内，注云年十八然听。即所继处，有母在者，虽小亦听析出（《令补》，第1020页）
《户婚律》（总第157条）　诸养子，所养父母无子而舍去者，徒二年。若自生子及本生无子，欲还者，听之。即养异姓男者，徒一年；与者，笞五十。其遗弃小儿年三岁以下，虽异姓，听收养，即从其姓	《户令》〔开元二十五年〕诸无子者，听养同宗丁昭穆相当者。……申官附籍（《令补》，第1020页） 《户令》〔开元二十五年〕诸鳏寡、孤独、贫穷、老疾，不能自存者，令近亲收养。若无近亲，付乡里安恤。如在路有疾患，不能自胜致者，当界官司，收付村坊安养。仍加医疗，并勘问所由。具注贯属。患损之日，移送前所（《令补》，第1034页）

续表

律	令
《户婚律》（总第158条）　诸立嫡违法者，徒一年。即嫡妻年五十以上无子者，得立嫡以长，不以长者亦如之	《封爵令》（唐）案封爵令，公、侯、伯、子、男，身存之日，不为立嫡，亡之后，嫡袭爵，庶子听任宿卫也。袭爵嫡子，无子孙，而身亡者除国，更不及兄弟（《令补》，第1081页） 《封爵令》〔开元七年、二十五年〕诸王、公、侯、伯、男，皆子孙承嫡者传袭。若无嫡子及有罪疾，立嫡孙。无嫡孙以次立嫡子同母弟。无母弟立庶子。无庶子立嫡孙同母弟。无母弟立庶孙。曾、玄以下准此。无后者国除（《令补》，第1082页） 《封爵令》〔开元二十五年〕诸王公以下，无子孙以兄弟子为后。生经侍养者，听承袭。赠爵者亦准此。若死王事，虽不生经侍养者，亦听承袭（《令补》，第1084页）
《户婚律》（总第159条）　诸养杂户男为子孙者，徒一年半；养女，杖一百。官户，各加一等。与者，亦如之。若养部曲及奴为子孙者，杖一百。各还正之。无主及主自养者，听从良	《户令》〔永徽〕诸部曲所生子孙，相承为部曲（《令补》，第1039页） 《户令》〔开元二十五年〕诸奴婢，诈称良人，而与良人及部曲客女为夫妻者，所生男女不知情者，并从良及部曲客女。知情者从贱。即部曲客女，诈称良人，而与良人为夫妻者，所生男女，亦从良。知情者，从部曲客女，皆离之。其良人及部曲客女，被诈为夫妻，所生男女，经一载以上不理者，后虽称不知情，各同知情法。如奴婢等逃亡，在别部诈称良人者，从上法（《令补》，第1039页）
《户婚律》（总第160条）　诸放部曲为良，已给放书而压为贱者，徒二年；若压为部曲，及放奴婢为良而压为贱者，各减一等；即压为部曲，及放为部曲而压为贱者，又各减一等。各还正之	《户令》〔开元二十五年〕诸放奴婢，为良及部曲客女者，并听之。皆由家长给手书，长子以下连署，仍经本属申牒除附（《令补》，第1038页） 据《户令》："自赎免贱，本主不留为部曲者，任其所乐"（《律疏》自引） 《户令》〔开元二十五年〕诸化外奴婢归朝者，悉放为良。本主虽先归朝，亦不得理认（《令补》，第1040页）

律	令
	依《赋役令》："文武职事官三品以上若郡王期亲及同居大功亲，五品以上及国公同居期亲，并免课役"（《律疏》自引）
《户婚律》（总第161条）　诸相冒合户者，徒二年；无课役者，减二等。谓以疏为亲及有所规避者。主司知情，与同罪。即于法应别立户而不听别，应合户而不听合者，主司杖一百	"应别"，谓父母终亡，服纪已阕，兄弟欲别者。"应合户"，谓流离失乡，父子异贯，依《令》合户（《律疏》自引）
	《户令》〔开元二十五年〕诸没落外蕃得还，及化外人归朝者，所在州镇，给衣食，具状送省奏闻。化外人，于宽乡附贯安置，落蕃人，依旧贯。无旧贯，任于近亲附贯（《令补》，第1022页）
《户婚律》（总第162条）　诸同居卑幼，私辄用财者，十匹笞十，十匹加一等，罪止杖一百。即同居应分，不均平者，计所侵，坐赃论减二等	《户令》〔开元七年、二十五年〕诸应分田宅及财物者，兄弟均分。其父祖亡后，各自异居，又不同爨，经三载以上，逃亡，经六载以上，若无父祖旧田宅、邸店、碾硙、部曲、奴婢，见在可分者，不得辄更论分。妻家所得之财，不在分限。妻虽亡没，所有资财，及奴婢，妻家并不得追理。兄弟亡者，子承父分。继绝亦同。兄弟俱亡，则诸子均分。其父祖永业田及赐田亦均分。口分田即准丁中老小法。若田少者，亦依此法为分。其未娶妻者，别与娉财。姑姊妹在室者，减男娉财之半。寡妻无男者，承夫分。若夫兄弟皆亡，同一子之分。有男者，不别得分。谓在夫家守志者。若改适，其见在部曲、奴婢、田宅，不得费用，皆应分人均分（《令补》，第1028页）

律	令
	《田令》〔开元二十五年〕诸庶人有身死家贫无以供葬者，听卖永业田。即流移者亦如之。乐迁就宽乡者，并听卖口分。卖充住宅、邸店、碾硙者，虽非乐迁，亦听私卖（《令补》，第1328页）
《户婚律》（总第163条）　诸卖口分田者，一亩笞十，二十亩加一等，罪至杖一百；地还本主，财没不追。即应合卖者，不用此律	《田令》〔开元二十五年〕诸买地者，不得过本制。虽居狭乡，亦听依宽制。其卖者不得更请（《令补》，第1329页）
	《田令》〔开元二十五年〕诸卖买田，皆须经所部官司申牒。年终彼此除附。若无文牒辄卖买，财没不追，地还本主（《令补》，第1329页）
	《田令》〔开元二十五年〕诸官人、百姓，不得将奴婢、田宅，舍施典卖与寺观。违者价钱没官，田宅、奴婢还主（《令补》，第1334页）
	《田令》〔武德〕诸丁男、中男给田一顷。笃疾、废疾给四十亩，寡妻、妾三十亩。若为户者加二十亩。所授之田，十分之二为世业，八为口分。世业之田，身死则承户者便授之。口分则收入官，更以给人。狭乡授田，减宽乡之半。其地有薄厚，岁一易者，倍授之。宽乡三易者，不倍授（《令补》，第1306页）
《职制律》（总第164条）　诸占田过限者，一亩笞十，十亩加一等；过杖六十，二十亩加一等，罪止徒一年。若于宽闲之处者，不坐	《田令》〔开元二十五年〕诸丁男给永业田二十亩，口分田八十亩。其中男年十八以上亦依丁男给。老男、笃疾、废疾，各给口分田四十亩，寡妻、妾各给口分田三十亩。先有永业者，通充口分之数。黄、小、中、丁男、女，及老男、笃疾、废疾，寡妻、妾，当户者，各给永业田二十亩，口分田三十亩。应给宽乡，并依所定数。若狭乡新受者，减宽乡口分之半。其给口分田者，易田则倍给。宽乡三易以上者，仍依乡法易给（《令补》，第1306页）

律	令
同上	《田令》〔开元七年、二十五年〕诸永业田，亲王百顷，职事官正一品六十顷，郡王及职事官从一品各五十顷，国公若职事官正二品各四十顷，郡公若职事官从二品各三十五顷，县公若职事官正三品各二十五顷，职事官从三品二十顷，侯若职事官正四品各十四顷，伯若职事官从四品各十一顷，子若职事官正五品各八顷，男若职事官从五品各五顷，上柱国三十顷，柱国二十五顷，上护军二十顷，护军十五顷，上轻车都尉十顷，轻车都尉七顷，上骑都尉六顷，骑都尉四顷，骁骑尉、飞骑尉各八十亩，云骑尉、武骑尉各六十亩。其散官五品以上，同职事给。兼有官爵及勋俱应给者，唯从多不并给。若当家口分之外，先有地，非狭乡者，并即回受。有剩追收，不足者更给（《令补》，第1308页） 《田令》〔开元二十五年〕诸京官文武职事职分田，一品十二顷，二品十顷，三品九顷，四品七顷，五品六顷，六品四顷，七品三顷五十亩，八品二顷五十亩，九品二顷。并去京城百里内给。其京兆、河南府及京县官人职分田，亦准此。即百里内地少，欲于百里外给者，亦听之（《令补》，第1323页） 《田令》〔开元七年、二十五年〕诸应给园宅地者，良口三口以下给一亩，每三口加一亩。贱口五口给一亩，每五口加一亩。并不入永业、口分之限。其京城及州县郭下园宅，不在此例（《令补》，第1322页） 《田令》〔开元七年、二十五年〕诸永业田，皆传子孙，不在收授之限。即子孙犯除名者，所承之地亦不追（《令补》，第1308页） 《田令》〔开元七年、二十五年〕诸袭爵者，唯得承父祖永业，不合别请。若父祖未请及未足，而身亡者，减始受封者之半给（《令补》，第1311页）

律	令
《户婚律》（总第165条）　诸盗耕种公私田者，一亩以下笞三十，五亩加一等，过杖一百，十亩加一等，罪止徒一年半。荒田，减一等。强者，各加一等。苗子归官、主。下条苗子准此	**《田令》**〔开元二十五年〕诸竞田，判得已耕种者，后虽改判，苗人种人。耕而未种者，酬其功力。未经断决，强耕种者，苗从地判（《令补》，第1341页） **《田令》**〔开元三年〕令其借而不耕，经二年者，任有力者借之（《令补》，第1336页）
《户婚律》（总第167条）　诸在官侵夺私田者，一亩以下杖六十，三亩加一等；过杖一百，五亩加一等，罪止徒二年半。园圃，加一等	**《杂令》**〔开元七年〕诸官人，不得于部内请射田地，及造碾硙，与人争利（《令补》，第1482页）
《户婚律》（总第169条）　诸部内有旱涝霜雹虫蝗为害之处，主司应言而不言及妄言者，杖七十。覆检不以实者，以同罪。若致枉有所征免，赃重者，坐赃论	**《赋役令》**〔武德〕〔开元七年、二十五年〕诸田，有水旱虫霜为灾处，据见营田州县检实，具帐申省。十分损四分已上免租。损六已上免租、调。损七已上课、役俱免。若桑、麻损尽者各免调。若已役已输者，听折来年。经二年后，不在折限。其应免者，通计麦田为分数（《令补》，第1355页）
《户婚律》（总第170条）　诸部内田畴荒芜者，以十分论，一分笞三十，一分加一等，罪止徒一年。州县各以长官为首，佐职为从。户主犯者，亦计所荒芜五分论，一分笞三十，一分加一等	**《户令》**〔唐〕其县界内，田畴辟，生业修，礼教设，禁令行者，为县令之能。人穷匮，农事荒，奸盗起，刑狱烦，下陵上替，礼仪不兴，为县令之不（《令补》，第1035页）
《户婚律》（总第171条）　诸里正依令授人田，课农桑，若应受而不授，应还而不收，应课而不课，如此事类违法者，失一事，笞四十；"一事"，谓失一事于一人。若于一人失数事及一事失之于数人，皆累为坐。三事，加一等	**《户令》**〔开元七年〕百户为里，五里为乡。……里……有正，以司督察。里正兼课植农桑，催驱赋役（《令补》，第1010页） **《田令》**〔开元七年、二十五年〕诸授田，先课役，后不课役。先无后少。先贫后富。其退田户内，有合进受者，虽不课役，先听自取，有余收授（《令补》，第1333页） **《田令》**〔开元七年、二十五年〕诸应收授之田，每年起十月一日，里正预校勘造簿。历十一月，县令总集应退应受之人，对共给授。十二月内毕（《令补》，第1332页）

律	令
同上	《田令》〔开元二十五年〕诸户内永业田，每亩课种桑五十根以上，榆枣各十根以上，三年种毕。乡土不宜者，任以所宜树充（《令补》，第1310页） 《田令》〔开元二十五年〕诸以工商为业者，永业、口分田，各减半给之。在狭乡者并不给（《令补》，第1330页） 《田令》〔开元二十五年〕杂户者，依令，老免、进丁受田，依百姓例。○〔开元7年〕官户受田，减百姓口分之半（《令补》，第1335页） 《田令》〔开元七年、二十五年〕诸道士受老子经以上，道士给田三十亩，女官二十亩。僧尼受具戒准此（同上）
《户婚律》（总第172条）　诸应受复除而不给，不应受而给者，徒二年。其小徭役者，笞五十	《赋役令》〔开元二十五年〕诸人居狭乡，乐迁就宽乡者，去本居千里外，复三年；五百里外，复二年；三百里外，复一年。一迁之后，不复更移（《令补》，第1356页） 《赋役令》〔开元二十五年〕诸没落外蕃得还者，一年以上复三年，二年以上复四年，三年以上复五年。外蕃人投化者复十年（《令补》，第1385页） 《赋役令》〔开元三年〕夷狄新招慰，附户贯者，复三年（同上） 《赋役令》〔开元二十五年〕诸部曲、奴，被放附户贯，复三年（同上） 《赋役令》〔开元七年、二十五年〕诸皇宗，籍属宗正者，及文武职事官三品以上，若郡王周亲，及同居大功亲五品以上，及国公同居周亲，职事勋官三品以上有封者，若县男父子，并免课、役（《令补》，第1360页） 《赋役令》〔开元七年、二十五年〕诸诸色杂有职掌人，及卫士并免课、役。其侍丁及残疾，并免役（《令补》，第1360页）

律	令
同上	《赋役令》〔开元七年〕诸岭南诸州，税米上户一石二斗，次户八斗，下户六斗。若夷獠之户，皆从半输。轻税诸州，高丽、百济应差征镇者，并令免课役（《令补》，第1354页） 《赋役令》〔开元二十五年〕诸边远州，有夷獠杂类之所，应输课役者，随事斟量，不必同之华夏（同上） 《赋役令》〔开元二十五年〕诸除名未叙人，免役输庸，并不在杂徭及点防之限（《令补》，第1362页） 《赋役令》〔开元七年、二十五年〕诸孝子、顺孙、义夫、节妇，志行闻于乡闾者，州县申尚书省奏闻。表其门闾，同籍悉免课、役，有精诚致应者，别加优赏（《令补》，第1385页） 《赋役令》（唐）诸遭父母丧，并免期年徭役（《令补》，第1362页） 《军防令》（唐）准贡人得第未叙，而免徭役耳。案见唐《军防令》（《令补》，第1178页）
《职制律》（总第173条）　诸差科赋役违法及不均平，杖六十。若非法而擅赋敛，及以法赋敛而擅加益，赃重入官者，计所擅坐赃论；入私者，以枉法论，至死者加役流	《赋役令》〔开元二十五年〕诸差科，先富强，后贫弱。先多丁，后少丁。其分番上役者，家有兼丁，要月；家贫单身，闲月（《令补》，第1363页） 《赋役令》（唐）诸税敛之数，书于县门、村坊，与众知之（《令补》，第1369页） 《赋役令》（唐）本司量校，录送度支。○收手实之际，作九等定簿。○（唐）其非年常支料，别有营作，卒须丁多者，并申度支处分（《令补》，第1363页） 《赋役令》〔开元二十五年〕诸课役，每年计帐至尚书省，度支配来年事，限十月三十日以前奏讫。若须折受馀物，亦先支料同时处分。若是军国所须，库藏见无者，录状奏闻，不得便即科下（《令补》，第1351页）

律	令
同上	《赋役令》〔武德〕〔开元七年、二十五年〕诸丁岁役二十日，有闰之年，加二日。若不役者，收庸。每日绝、绢各三尺，布三尺七寸五分。须留役者，满十五日免调。三十日租调俱免。役日少者，见役日折免。通正役并不得过五十日（《令补》，第1348页）
《户婚律》（总第178条）　诸以妻为妾，以婢为妻者，徒二年。以妾及客女为妻，以婢为妾者，徒一年半。各还正之。若婢有子及经放为良者，听为妾	《户令》〔开元二十五年〕以妾为媵，令既有制（《令补》，第1031页）
《户婚律》（总第179条）　诸居父母及夫丧而嫁娶者，徒三年；妾减三等。各离之。知而共为婚姻者，各减五等；不知者，不坐。若居期丧而嫁娶者，杖一百；卑幼，减二等；妾不坐	《仪制令》〔开元二十五年〕祖父母、父母有命令成礼，不得宴会（《令补》，第1226页）
《户婚律》（总第182条）　诸同姓为婚者，各徒二年。緦麻以上，以奸论。若外姻有服属而尊卑共为婚姻，及娶同母异父姊妹，若妻前夫之女者，谓妻所生者。余答称前妻夫之女者，准此。亦各以奸论。其父母之姑舅两姨姊妹及姨若堂姨，母之姑、堂姑，己之堂姨及再从姨，堂外甥女，女婿姊妹，并不得为婚姻，违者各杖一百，并离之	《户令》云："娶妾仍立婚契。"即验妻、妾，俱名"为婚"（《律疏》自引）
《户婚律》（总第186条）　诸监临之官，娶所监临女为妾者，杖一百；若为亲戚娶者，亦如之。其在官非监临者，减一等。女家不坐。即枉法娶人妻妾及女者，以奸论加二等；为亲属娶者，亦同。行求者各减二等。各离之	《户令》〔开元二十五年〕诸州县官人，在任之日，不得共部下百姓交婚。违者虽会赦，仍离之。其州上佐以上，及县令于所统属官亦同。其定婚在前任官居后，及三辅内官门阀相当情愿者，并不在禁限（《令补》，第1031页）

律	令
《户婚律》（总第189条）　诸妻无七出及义绝之状，而出之者，徒一年半；虽犯七出，有三不去而出之者，杖一百。追还合。若犯恶疾及奸者，不用此律	《户令》〔开元二十五年〕诸弃妻须有七出之状。一无子，二淫泆，三不事舅姑，四口舌，五盗窃，六妒忌，七恶疾。皆夫手书弃之。男及父母伯姨舅，并女父母及伯姨舅，东邻西邻，及见人皆署。若不解书，画指为记。虽有弃状，有三不去：一经持舅姑之丧，二娶时贱后贵，三有所受无所归。即犯义绝、淫泆、恶疾，不拘此令（《令补》，第1032页）
	《户令》〔开元二十五年〕诸嫁女弃妻，皆由所由。若不由所由，皆不成婚，亦不成弃。若所由后知，满三月不理者，不在告论之限（《令补》，第1033页）
《户婚律》（总第190条）　诸犯义绝者离之，违者，徒一年。若夫妻不相安谐而和离者，不坐。即妻妾擅去者，徒二年；因而改嫁者，加二等	《户令》〔开元二十五年〕诸殴妻之祖父母、父母，及杀妻外祖父母、伯叔父母、兄弟、姑、姊妹，若夫妻祖父母、父母、外祖父母、伯叔父母、兄弟、姑、姊妹自相杀，及妻殴詈夫之祖父母、父母，杀伤夫外祖父母、伯叔父母、兄弟、姑、姊妹，及与夫之缌麻以上亲，若妻母奸，及欲害夫者，虽会赦皆为义绝。妻虽未入门，亦从此令（《令补》，第1034页）
《户婚律》（总第191条）　诸与奴娶良人女为妻者，徒一年半；女家减一等。离之。其奴自娶者，亦如之。主知情者，杖一百；因而上籍为婢者，流三千里。即妄以奴婢为良人，而与良人为夫妻者，徒二年。奴婢自妄者，亦同。各还正之	《唐六典·刑部》："男、女既成，各从其类而配偶之。并不得养良人之子及以子继人。每岁孟春，本司以类相从而疏其籍以申。每岁仲冬之月，条其生息，阅其老幼而正簿焉"（中华书局，1992，第194页）
《户婚律》（总第192条）　诸杂户不得与良人为婚，违者，杖一百。官户娶良人女者，亦如之。良人娶官户女者，加二等。即奴婢私嫁女与良人为妻妾者，准盗论；知情娶者，与同罪。各还正之	《户令》〔开元二十五年〕诸工乐杂户官户，皆当色为婚（《令补》，第1037页）
	《户令》〔开元二十五年〕太常音声人，依令，婚同百姓（同上）

续表

律	令
《户婚律》（总第 194 条）　诸违律为婚，当条称"离之"、"正之"者，虽会赦，犹离之、正之。定而未成，亦是。聘财不追；女家妄冒者，追还	《户令》〔开元二十五年〕诸先奸后娶为妻者，离之（《令补》，第 1031 页）
《户婚律》（总第 195 条）　诸嫁娶违律，祖父母、父母主婚者，独坐主婚。本条称以奸论者，各从本法，至死者减一等。若期亲尊长主婚者，主婚为首，男女为从。余亲主婚者：事由主婚，主婚为首，男女为从；事由男女，男女为首，主婚为从。其男女被逼，若男年十八以下及在室之女，亦主婚独坐。未成者，各减已成五等。媒人，各减首罪二等	《户令》〔开元二十五年〕诸嫁女，皆由祖父母父母主婚。祖父母父母俱无者，从余亲主婚。若夫亡携女适人者，其女从母主婚（《令补》，第 1030 页） 《户令》〔永徽〕依令，婚先由伯叔，伯叔若无，始及兄弟（同上）
《厩库律》（总第 196 条）　诸牧畜产，准所除外，死、失及课不充者一，牧长及牧子笞三十，三加一等；过杖一百，十加一等，罪止徒三年。羊减三等。余条羊准此。新任不满一年，而有死、失者，总计一年之内月别应除多少，准折为罪；若课不充，游牝之时当其检校者，准数为罪；不当者，不坐。游牝之后，而致损落者，坐后人。系饲死者，各加一等；失者，又加二等。牧尉及监各随所管牧多少，通计为罪，仍以长官为首，佐职为从。余官有管牧者亦准此	《厩牧令》〔开元三年、七年、二十五年〕诸牧杂畜死耗者，每年率一百头论。驼除七头，骡除六头，马、牛、驴、羚羊除十，白羊除十五。从外蕃新来者，马、牛、驴、羚羊，皆听除二十，第二年除十五。驼除十四，第二年除十。骡除十二，第二年除九。白羊除二十五，第二年除二十。第三年皆与旧同。若岁疫，以私畜准同者，以疫除。准牧侧近私畜疫死数，同则听以疫除。马不在疫除之例。即马、牛二十一岁以上，不入耗除限。若缘非时霜雪，死多者录奏（《令补》，第 1382 页） 《厩牧令》〔开元三年、七年、二十五年〕诸牧马，每年三月游牝。牡马、牡牛，每三岁别群。准例置尉、长，给牧人。牝马一百匹，牝牛、驴各一百头，每年课驹、犊各六十。马二十岁以上不在课驹限。三岁游牝，而生驹者，仍别簿申。骡驹减半。马从外蕃新来者，课驹四十，第二年五十，第三年同旧课牝驼

续表

律	令
同上	一百头，三年内课驹七十。白羊一百口，每年课羔七十口。羚羊一百口，课羔八十口（《令补》，第 1381 页） **《厩牧令》**〔开元七年〕诸官畜在牧而亡失者，给访限百日。不获，准失处当时估价征纳。牧子及长，各知其半。若户奴无财者，准铜依加杖例。如有阙及身死，唯征见在人分。其在厩失者，主帅准牧长，饲丁准牧子。其非理死损，准本畜征纳（《令补》，第 1382 页） **依《令》：** "牧马、牛皆百二十为群，驼、骡、驴各以七十头为群；羊六百二十口为群。群别置牧长一人。率十五长，置尉一人。"（《律疏》自引）
《厩库律》（总第 197 条）　诸验畜产不以实者，一笞四十，三加一等，罪止杖一百。若以故价有增减，赃重者，计所增减坐赃论；入己者，以盗论	**《厩牧令》**〔开元二十五年〕诸府内官马，及传送马、驴，每年皆刺史、折冲、果毅等。检拣其有老病不堪乘用者。府内官马，更对州官拣定。京兆府管内，送尚书省拣。随便货卖（《令补》，第 1388 页）
《厩库律》（总第 198 条）　诸受官羸病畜产，养疗不如法，笞三十；以故致死者，一笞四十，三加一等，罪止杖一百	**《厩牧令》**〔开元二十五年〕诸官畜在道有羸病，不堪前进者，付随近州县，养饲疗救。粟、草及药，官给。差日，遣专使，送还所司。其死者，充当处公用（《令补》，第 1391 页）
《厩库律》（总第 200 条）　诸供大祀牺牲，养饲不如法，致有瘦损者，一杖六十，一加一等，罪止杖一百；以故致死者，加一等	**《祠令》**〔开元七年〕凡大祀养牲在涤九旬，中祀三旬，小祀一旬。其牲方色难备者，任以纯色代之。大小依礼。告祈之牲不养（《令补》，第 993 页） **《祠令》**〔开元七年、二十五年〕凡祭祀牺牲，不得捶扑损伤。死则埋之。有疮病者与替（同上）

律	令
《厩库律》（总第 201 条）　诸乘驾官畜产，而脊破领穿，疮三寸，笞二十；五寸以上，笞五十。谓围绕为寸者。若放饲瘦者，计十分为坐，一分笞二十，一分加一等；即不满十者，一笞三十，一加一等。各罪止杖一百	《厩牧令》（唐）官马，因公事死失者，官为立替。在家死失，卅日内备替（《令补》，第 1387 页） 《厩牧令》〔开元二十五年〕依厩牧令，乘官畜产，非理致死者备偿。○非理死者，准厩牧令，合偿减价（《令补》，第 1390 页）
《厩库律》（总第 202 条）　诸官马乘用不调习者，一匹笞二十，五匹加一等，罪止杖　百	《厩牧令》〔开元二十五年〕诸殿中省尚乘，每配习驭调马，东宫配翼驭调马。其检行牧马之官，听乘官马，即令调习（《令补》，第 1387 页）
《厩库律》（总第 207 条）　诸畜产及噬犬有牴、蹋、啮人，而标帜羁绊不如法，若狂犬不杀者，笞四十；以故杀伤人者，以过失论。若故放令杀伤人者，减斗杀伤一等。即被雇疗畜产被伤者，同过失法。及无故触之而被杀伤者，畜主不坐	《杂令》〔开元二十五年〕诸畜产牴人者，截两角。蹋人者绊足。啮人者，截两耳（《令补》，第 1479 页）
《厩库律》（总第 214 条）　诸仓库及积聚财物，安置不如法，若暴凉不以时，致有损败者，计所损败坐赃论。州、县以长官为首，监、署等亦准此	《仓库令》〔开元七年〕诸粟支九年。米及杂种三年。贮经三年，斛听耗一升。五年已上二升（《令补》，第 1375 页）
《厩库律》（总第 217 条）　诸应输课税及入官之物，而回避诈匿不输，或巧伪湿恶者，计所阙，准盗论。主司知情，与同罪；不知情，减四等	《赋役令》〔武德〕诸课户，每丁岁入租粟二石。调则随乡土所产。绫、绢、绝各二丈，布加五分之一。输绫、绢、绝者，兼调绵三两，输布者，麻三斤（《令补》，第 1344 页） 《赋役令》〔开元七年、二十五年〕诸春季附者，课、役并征。夏季附者，免课从役。秋季附者，课、役俱免。其诈冒隐避以免课、役，不限附之早晚，皆征当发年课、役。逃亡者附，亦同之（《令补》，第 1356 页）

律	令
《厩库律》（总第 218 条）　诸监临主守之官，皆不得于所部僦运租税、课物，违者，计所利坐赃论。其在官非监临，减一等。主司知情，各减一等	《赋役令》〔开元二十五年〕诸庸调物，每年八月上旬起输，三十日内毕。九月上旬各发本州。庸调车舟未发间，有身死者，其物却还。其运脚出庸调之家，任和顾送达。所须裹束调度，折庸调充随物输纳。皆州司领送，不得僦勾，随便籴输（《令补》，第 1352 页） 《户令》（唐）诸籍应送省者，附当州庸调车送。若庸调不入京，雇脚运送（《令补》，第 1026 页）
《厩库律》（总第 219 条）　诸有所输及出给，而受给之官无故留难，不受不给者，一日笞五十，三日加一等，罪止徒一年。门司留难者，亦准此。若请输后至，主司不依次第，先给先受者。笞四十	《仓库令》（唐）同时输者，先远民（《令补》，第 1373 页）
《厩库律》（总第 222 条）　诸出纳官物，给受有违者，计所欠剩，坐赃论。"违"，谓重受轻出，及当出陈而出新，应受上物而受下物之类。其物未应出给而出给者，罪亦如之。官物还充官用而违者，笞四十。其主司知有欠剩不言者，坐赃论减二等	《仓库令》〔开元七年〕诸受租，皆于输场，对仓官租纲。吏人执筹，数函（《令补》，第 1373 页）
《擅兴律》（总第 224 条）　诸擅发兵，十人以上徒一年，百人徒一年半，百人加一等，千人绞；谓无警急，又先言上而辄发兵者。虽即言上，而不待报，犹为擅发。文书施行即坐。给予者，随所给人数减擅发一等。亦谓不先言上、不待报者。告令发遣即坐。其寇贼卒来，欲有攻袭，即城屯反叛，若贼有内应，急须兵者，得便调发	《军防令》〔开元二十五年〕诸差兵十人以上，并须铜鱼敕书勘同，始合差发。若急须兵处，准程不得奏闻者，听便差发。即须言上（《令补》，第 1150 页） 《公式令》〔开元七年、二十五年〕车驾巡幸，皇太子监国，有兵马，受处分者，为木契。畿内左右各三，畿外左右各五。若王公以下，在京留守，及诸州有兵马，受处分，并行军所，及领兵五百人以上，马五百匹以上征讨，亦各给木契。左右各□。其在内在外及行用诸式，并准鱼符（《令补》，第 1284 页）

律	令
	《公式令》〔开元七年、二十五年〕诸下鱼符，畿内三左一右，畿外五左一右。左者在内，右者付外。行用之日，从第一为首，从事须用，以次发之。周而复始。○应有差科征发，皆并敕符与铜鱼同封而下，勘符合然后承用。○刺史停代，皆降鱼符，合之然后命（《令补》，第1281页）
《擅兴律》（总第226条）　诸应给发兵符而不给，应下发兵符而不下，若下符违式，谓违令、式，不得承用者。及不以符合从事，或符不合不速以闻，各徒二年，其违限不即还符者，徒一年。余符，各减二等。凡言余符者，契亦同。即契应发兵者，同发兵符法	《公式令》〔开元二十五年〕诸应给鱼符及传符，皆长官执。长官无，次官执（《令补》，第1283页） 《公式令》〔开元二十五年〕封符付使人。若使人更往别处，未即还者，附余使传送。若州内有使次，诸府总附。五日内无使次，差专使送之。（同上）
《擅兴律》（总第227条）　诸拣点卫士，征人亦同。取舍不平者，一人杖七十，三人加一等，罪止徒三年。不平，谓舍富取贫，舍强取弱，舍多丁而取少丁之类。若军名先定而差遣不平，减二等；即应差主帅而差卫士者，加一等。其有欠剩者，各加一等	《军防令》〔开元七年〕诸三年一简点，成丁而入，六十而免（《令补》，第1161页） 《军防令》〔开元七年〕诸若父兄子弟，不并遣之。若祖父母、父母老疾，家无兼丁，免征行及番上（《令补》，第1150页）
《擅兴律》（总第230条）　诸乏军兴者斩，故、失等。谓临军征讨，有所调发而稽废者。不忧军事者，杖一百。谓临军征讨，阙乏细小之物	《军防令》〔开元二十五年〕诸火，具乌布幕、铁马盂、布槽、锸、镢、凿、碓、筐、斧、钳、锯皆一。甲床二，镰二。队具火钻一，胸马绳一，首羁、足绊皆三。人具弓一、矢三十，胡禄、横刀、砺石、大觿、毡帽、毡装、行縢皆一（《令补》，第1146页）
《擅兴律》（总第233条）　诸主将守城，为贼所攻，不固守而弃去及守备不设，为贼所掩覆者，斩。若连接寇贼，被遣斥候，不觉贼来者，徒三年；以故致有覆败者，亦斩	《军防令》（唐）严兵守备，不出迎。发制书，勘合符，以法从事（《令补》，第1157页）

律	令
《擅兴律》（总第 234 条）　诸主将以下，临阵先退；若寇贼对阵，舍仗投军及弃贼来降而辄杀者，斩。即违犯军令，军还以后，在律有条者，以律断；无条者，勿论	《军防令》〔开元七年〕诸大将出征，临军对寇，士卒不用命，并得专行其罚（《令补》，第 1156 页） 《军防令》（唐）军不从令，大将专决。还日，具上其罪（同上）
《擅兴律》（总第 239 条）　诸镇、戍应遣番代，而违限不遣者，一日杖一百，三日加一等，罪止徒二年；即代到而不放者，减一等。若镇、戍官司役使防人不以理，致令逃走者，一人杖六十，五人加一等，罪止徒一年半	《军防令》〔开元二十五年〕防人番代，皆十月一日交代（《令补》，第 1173页） 《军防令》〔开元七年〕诸卫士，各立名簿，具三年已来征防，若差遣，仍定优劣为三等。每年正月十日，送本府印讫，仍录一通送本卫。若有差行上番，折冲府据簿而发之。○其戍边者，三年而代（《令补》，第 1150 页） 《军防令》〔开元七年〕诸卫士，上番者，五百里内五番，五百里外七番，一千里外八番，各一月上。二千里外九番，倍其月上。若征行之镇守者，免番而遣之（《令补》，第 1147 页） 《军防令》〔开元七年〕诸征行及使，经两番已上者，免两番。两番已上者，并二番。其不免番，还日即当番者，免上番（《令补》，第 1150 页） 《军防令》〔开元二十五年〕诸防人在防，守固之外，（维得修理军器、城隍、公廨、屋宇，）各量防人多少，于当处侧近，给空闲地，逐水陆所宜，斟酌营种，并杂蔬菜，以充粮贮，及充防人等食（《令补》，第 1174 页）

续表

律	令
《擅兴律》（总第240条） 诸有所兴造，应言上而不言上，应待报而不待报，各计庸坐赃论减一等。即料请财物及人功多少违实者，笞五十；若事已损费，各并计所违，赃庸重者，坐赃论减一等。本料不实，料者坐；请者不实，请者坐	《营缮令》（唐）诸别敕有所营造，计人功多少，申尚书省。听报始合役功（《令补》，第1446页） 《营缮令》〔开元七年〕凡营造修理土木、瓦石，不出于所司者，总料其数，上于尚书省（《令补》，第1448页） 《营缮令》〔开元七年〕诸两京城内诸桥，及当城门街者，并将作修营。余州县料理（《令补》，第1450页）
《擅兴律》（总第241条） 诸非法兴造及杂徭役，十庸以上，坐赃论。谓为公事役使，而非法令所听者。 《疏》“议曰”：“非法兴造”，谓法令无文；虽则有文，非时兴造亦是，若作池、亭、宾馆之属	《营缮令》〔开元七年〕诸修理宫庙，太常先择日以闻，然后兴作（《令补》，第1447页） 《营缮令》（唐）凡津梁道路，治以九月（《令补》，第1450页）
《擅兴律》（总第242条） 诸工作有不如法者，笞四十；不任用及应更作者，并计所不任赃、庸，坐赃论减一等。其供奉作者，加二等。工匠各以所由为罪。监当官司，各减三等	《营缮令》〔开元七年〕诸营军器，皆镌题年月及工人姓名。辨其名物，而阅其虚实（《令补》，第1447页）
《擅兴律》（总第243条） 诸私有禁兵器者，徒一年半；谓非弓、箭、刀、盾、短矛者。弩一张，加二等；甲一领及弩三张，流二千里；甲三领及弩五张，绞。私造者，各加一等；甲，谓皮、铁等。具装与甲同。即得阑遗，过三十日不送官者，同私有法。未造成者，减二等。即私有甲、弩，非全成者，杖一百；余非全成者，勿论	《军防令》〔开元二十五年〕诸私家，不合有甲、弩、矛、矟、具装、旌旗、幡帜（《令补》，第1165页） 《营缮令》〔开元二十五年〕诸私家不得有战舰等舡（《令补》，第1454页） 《营缮令》〔开元二十五年〕诸私家不得有蒙冲等舡（同上）
《擅兴律》（总第244条） 诸役功力，有所采取而不任用者，计所欠庸，坐赃论减一等。若有所造作及有所毁坏，备虑不谨而误杀人者，徒一年半；工匠、主司各依所由为罪	《杂令》（唐）凡采捕畋猎，必以其时（《令补》，第1484页）

续表

律	令
《贼盗律》（总第274条）　诸盗宫殿门符、发兵符、传符者，流二千里；使节及皇城、京城门符，徒三年；余符，徒一年。门钥，各减三等。盗州、镇及仓厨、厩库、关门等钥，杖一百。县、戍等诸门钥，杖六十	《公式令》〔开元二十五年〕下诸方传符，两京及北都留守为麟符，东方青龙，西方驺虞，南方朱雀，北方玄武，两京留守二十，左十九右一，余皆四，左三右一。左者进内，右者付外州府、监应执符人。其两京及北都留守符，并进内。须遣使向四方，皆给所诣处左符，书于骨帖上，内著符，里用泥封，以门下省印印之。所至之处，以右符勘合，然后承用（《令补》，第1283页）
《贼盗律》（总第293条）　诸略奴婢者，以强盗论；和诱者以窃盗论。各罪止流三千里。虽监临主守，亦同。即奴婢别赍财物者，自从强、窃法，不得累而科之。若得逃亡奴婢，不送官而卖者，以和诱论；藏隐者，减一等坐之。即私从奴婢买子孙及乞取者，准盗论；乞卖者，与同罪。虽以为良，亦同	（凡捉得逃亡奴婢，）依《令》"五日内合送官司。"（《律疏》自引）
《斗讼律》（总第326条）　诸妻殴夫，徒一年；若殴伤重者，加凡斗伤三等；须夫告乃坐。死者，斩。媵及妾犯者，各加一等。加者，加入于死。过失杀伤者，各减二等。即媵及妾詈夫者，杖八十。若妾犯妻者，与夫同。媵犯妻者，减妾一等。妾犯媵者，加凡人一等。杀者，各斩。余条媵无文者，与妾同	依《令》："五品以上有媵，庶人以上有妾"（《律疏》自引）
《斗讼律》（总第340条）　诸知谋反及大逆者，密告随近官司，不告者，绞。知谋大逆、谋叛不告者，流二千里。知指斥乘舆及妖言不告者，各减本罪五等。官司承告不即掩捕，经半日者，各与不告罪同；若事须经略而违时限者，不坐	《狱官令》〔开元七年〕诸告密人，皆经当处长官告。长官有事，经佐官告。长官佐官俱有密者，经比界论告。若须有掩捕，应与余州相知者，所在准状收捕。事当谋叛已上，驰驿奏闻。且称告谋叛已上，不肯言事意者，给驿部领送京。其犯死罪囚，及缘边诸州镇防人等，若犯流人告密，并不在送限（《令补》，第1434页）

律	令
《斗讼律》（总第342条） 诸诬告人者，各反坐。即纠弹之官，挟私弹事不实者，亦如之。反坐致罪，准前人入罪法。至死，而前人未决者，听减一等。其本应加杖及赎者，止依杖、赎法。即诬官人及有荫者，依常律	《公式令》〔开元七年〕奏弹。谓御史纠劾百司不法之事（《令补》，第1246页） （唐）流内九品以上官，有犯应纠劾，而未知审实者，并据状勘问，不须推拷。○（唐）御注者，留台为案，更写一通，移送大理寺（同上）
《斗讼律》（总第352条） 诸被囚禁，不得告举他事。其为狱官酷己者，听之。……官司受而为理者，各减所理罪三等	准《狱官令》："囚告密者，禁身领送"（《律疏》自引）
《斗讼律》（总第359条） 诸越诉及受者，各笞四十。若应合为受，推抑而不受者笞五十，三条加一等，十条杖九十。即邀车驾及挝登闻鼓，若上表诉，而主司不即受者，加罪一等。其邀车驾诉而入部伍内，杖六十。部伍，谓入导驾仪仗中者	《狱官令》〔开元七年〕诸有犯罪者，皆从所发州县，推而断之。在京诸司，则徒以上，送大理。杖以下当司断之。若金吾纠获，亦送大理（《令补》，第1423页） 《公式令》〔开元七年、二十五年〕诸诸辞诉，皆从下始。先由本司本贯，或路远而蹟碍者，随近官司断决之。即不伏，当请给不理状，经三司陈诉，又不伏者上表。受表者又不达，听挝登闻鼓。若茕独老幼，不能自申者，乃立肺石之下。若身在禁系者，亲识代立焉。立于石者，左监门卫奏闻。挝于鼓者，右监门卫奏闻（《令补》，第1301页） 《狱官令》〔开元七年、二十五年〕诸犯罪者，杖罪以下县决之。徒以上县断定送州。覆审讫，徒罪及流应决杖，若应赎者，即决配征赎。其大理寺及京兆、河南府，断徒及官人罪，并后有雪减，并申省。省司覆审无失，速即下知。如有不当者，亦随事驳正。若大理寺及诸州，断流以上，若除免官当者，皆连写案状，申省。大理寺及京兆、河南府，即封案送。若驾行幸，即准诸州例，案

律	令
同上	覆理尽申奏。若按覆事有不尽，在外者遣使就覆。在京者追就刑部，覆以定之（《令补》，第 1424 页） 依《卤簿令》："驾行，导驾者，万年县令引，次京兆尹，总有六引。"注云："驾从余州、县出者，所在刺史、县令导驾，并准此"（《律疏》自引） 依《令》："尚书省诉不得理者，听上表"（《律疏》自引）
《斗讼律》（总第 361 条）　诸监临主司知所部有犯法，不举劾者，减罪人罪三等。纠弹之官，减二等。即同伍保内，在家有犯，知而不纠者：死罪，徒一年；流罪，杖一百；徒罪，杖七十。其家唯有妇女及男年十五以下者，皆勿论	《户令》〔开元七年〕四家为邻，五家为保。保有长，以相禁约（《令补》，第 1018 页） 《户令》〔开元二十五年〕诸户，皆五家相保，以相检察。勿造非违。如有远客，来过止宿，及保内之人，有所行诣，并语同保知（同上） 《户令》（唐）诸户逃走者，令五保追访。三年不获除帐，其地还公。未还之间，邻保近亲或四邻五保及三等以上亲、均分佃食，租庸代输。户内口逃走者，同户代输。三年或六年不获，亦除帐，地准上法（同上）
《诈伪律》（总第 362 条）　诸伪造皇帝八宝者，斩。太皇太后、皇太后、皇后、皇太子宝者，绞。皇太子妃宝者，流三千里。伪造不录所用，但造即坐	《公式令》〔开元七年、二十五年〕神宝，宝而不用。受命宝，封禅则用之。皇帝行宝，报王公以下书则用之。皇帝之宝，慰劳王公以下书则用之。皇帝信宝，征召王公以下书则用之。天子行宝，报蕃国书则用之。天子之宝，慰劳蕃国书则用之。天子信宝，征召蕃国兵马则用之。皆以白玉为之（《令补》，第 1278 页） 《公式令》〔开元二十五年〕太皇太后、皇太后、皇后、皇太子、皇太子妃宝，皆以金为之。并不行用。其封令书，太皇太后、皇太后各用宫官印。余条不言太皇太后者，与皇太后同。皇后用内侍省印，皇太子用左春坊印，太子妃用内坊印（《令补》，第 1279 页）

律	令
《诈伪律》（总第363条）　诸伪写官文书印者，流二千里。余印，徒一年。写，谓仿效而作，亦不录所用。即伪写前代官文书印，有所规求封用者，徒二年。因之得成官者，从诈假法	《公式令》〔开元七年〕凡内外百司，皆给铜印一钮。其吏部、司勋各置二印。兵部置一印。考功、驾部、金部、尚食、尚乘局，各别置一印。其文曰某司之印。东都即云东都某司之印。内外诸司有传符铜符之处，各给封符印一枚。发驿封符及封鱼函，则用之。诸司从行者，各给行从印。其文曰某司行从之印。驾还则封纳本司（《令补》，第1279页）　《公式令》〔开元二十五年〕印，谓诸州等封函印。释曰，封函印，具在公式令。（同上）
《诈伪律》（总第370条）　诸诈假官、假与人官及受假者，流二千里。谓伪奏拟及诈为省司判补，或得他人告身施用之类。其于法不应为官，谓有罪谴，未合仕之类。而诈求得官者，徒二年。若诈增减功过、年限而预选举，因之以得官者，徒一年；流外官，各减一等；求而未得者，又各减二等。下条准此	《唐六典·吏部》："凡叙阶之法，有以封爵，有以亲戚，有以勋庸，有以资荫，有以秀、孝，有以劳考，有除免而复叙者，皆循法以申之，或无枉冒。"（中华书局，1992，第31~32页） 《选举令》〔开元七年〕诸应入三品五品者，皆待别制而进之。不然则否。谓应入三品者，皆须先在四品已上官。仍限三十考已上，本阶正四品上，无痕累者，奏听进止。应入五品者，皆须先在六品已上官，及左右补阙、殿中侍御史、太常博士、詹事司直，京兆、河南、太原府判司，皆限十六考已上，本阶正六品上，伎术官本司无六品官，频任三政七品者，仍限二十考已上，并所司勘责讫上，中书门下重勘讫，然后奏闻，别制以授（《令补》，第1067页） 依《选举令》："官人身及同居大功以上亲，自执工商，家专其业者，不得仕。其旧经职任，因此解黜，后能修改，必有事业者，三年以后听仕。其三年外仍不修改者，追毁告身，即依庶人例"（《律疏》自引）

律	令
《诈伪律》（总第371条）　诸非正嫡，不应袭爵而诈承袭者，徒二年；非子孙而诈承袭者，从诈假官法。若无官荫，诈承他荫而得官者，徒三年。非流内及求赎杖罪以下，各杖一百；徒罪以上，各加一等	依《令》："王、公、侯、伯、子、男，皆子孙承嫡者传袭。无嫡子立嫡孙；无嫡孙，以次立嫡子同母弟；无母弟，立庶子；无庶子，立嫡孙同母弟；无母弟，立庶孙。曾、玄以下准此"（《律疏》自引）
《诈伪律》（总第377条）　诸诈为瑞应者，徒二年。若灾祥之类，而史官不以实对者，加二等	《唐六典·礼部》："丹祥瑞应见，皆辨其物名。若大瑞、上瑞、中瑞、下瑞，皆有等差。若大瑞，随即表奏，文武百僚诣阙奉贺。其他并年终员外郎具表以闻，有司告庙，百僚诣阙奉贺。（中华书局，1992，第114～115页） 《仪制令》〔开元七年、二十五年〕诸祥瑞应见，若麟、凤、龟、龙之类，依图书合大瑞者，随即表奏。其表惟言瑞物色目及出处，不得苟陈虚饰。告庙颁下后，百官表贺。其诸瑞并申所司，元日以闻。其鸟兽之类，有生获者，各随其性，放之山野。余送太常。若不可获，及木连理之类，不可送者，所在官司，案验非虚，具图画上（《令补》，第1220页）
《杂律》（总第390条）　诸国忌废务日作乐者，杖一百；私忌，减二等	《仪制令》〔开元二十五年〕国忌日，禁饮酒、举乐（《令补》，第1219页）
《杂律》（总第394条）　诸施机枪、作坑阱者，杖一百，以故杀伤人者，减斗杀伤一等；若有标识者，又减一等。其深山、迥泽及有猛兽犯暴之处而施作者，听。仍立标识，不立者，笞四十；以故杀伤人者，减斗杀伤罪三等	《杂令》〔开元七年、二十五年〕诸有猛兽之处，听作槛阱、射窝等。得即送官。每一头赏绢四疋。捕杀豹及狼，每一头赏绢一疋。若在监牧内获者，各加一匹。其牧监内获犳，亦每一头，赏得绢一疋。子各半之（《令补》，第1482页）

律	令
《杂律》（总第395条）　诸医为人合药及题疏、针刺，误不如本方，杀人者，徒二年半。其故不如本方，杀伤人者，以故杀伤论；虽不伤人，杖六十。即卖药不如本方，杀伤人者，亦如之	《医疾令》〔开元七年〕诸医、针生，读本草者，即令识药形而知药性。读明堂者，即令验图识其孔穴。读脉诀者，即令递相诊候，使知四时浮沈涩滑之状。读素问、黄帝针经、甲乙、脉经，皆使精熟（《令补》，第1408页） 《医疾令》〔开元七年、二十五年〕诸太医署，每岁，常合伤寒、时气、疟痢、伤中、金疮之药，以备人之疾病者。诸州准之（《令补》，第1414页） 《医疾令》（唐）诸行军及作役之处，五百人以上，太常给医师一人（《令补》，第1412页）
《杂律》（总第399条）　诸负债不告官司，而强牵财物，过本契者，坐赃论	《杂令》〔开元二十五年〕诸出举，两情和同，私契取利过正条者，任人纠告。本及利物，并入纠人（《令补》，第1478页）
《杂律》（总第403条）　诸营造舍宅、车服、器物及坟茔、石兽之属于令有违者，杖一百。虽会赦，皆令改去之；坟则不改。其物可卖者，听卖。若经赦后百日，不改去及不卖者，论如律	依《营缮令》："王公已下，凡有室屋，不得施重拱、藻井。"车者，《仪制令》："一品青油繖，通幰，虚偃。"服者 《衣服令》："一品衮冕，二品鷩冕。"器物者，"一品以下，食器不得用纯金、纯玉。"坟茔者，"一品方九十步，坟高一丈八尺。"石兽者，"三品以上，六；五品以上，四。"此等之类，俱在《令》文（《律疏》自引）
《杂律》（总第405条）　诸占固山野陂湖之利者，杖六十	《杂令》〔开元七年〕诸州界内，有出铜铁处，官未采者，听百姓私采。若铸得铜及白蜡，官为市取。如欲折充课役，亦听之。其四边无问公私，不得置铁冶及采铜。自余山川薮泽之利，公私共之（《令补》，第1472页） 《杂令》〔开元七年〕诸知山泽有异宝、异木，及金玉、铜铁，彩色、杂物处，堪供国用者，奏闻（同上） 《关市令》〔开元七年〕诸西边、北边诸州，禁人无置铁冶及采矿（《令补》，第1395页）

律	令
《杂律》（总第 406 条）　诸犯夜者，笞二十；有故者，不坐。闭门鼓后、开门鼓前行者，皆为犯夜。故，谓公事急速及吉、凶、疾病之类。其直宿坊街，若应听行而不听及不应听行而听者，笞三十；即所直时，有贼盗经过而不觉者，笞五十	《户令》〔开元三年〕诸两京城及州县郭下，坊别置正一人。掌坊门管钥，督察奸非（《令补》，第 1013 页） 《户令》〔开元二十五年〕在邑居者为坊，别置正一人。掌坊门管钥，督察奸非，并免其课役。在田野者为村，村别置村正一人。其村满百家，增置一人。掌同坊正。其村居如不满十家者，隶入大村，不得别置村正（《令补》，第 1013 页） 《宫卫令》〔开元二十五年〕五更三筹，顺天门击鼓，听人行。昼漏尽，顺天门击鼓四百槌讫闭门。后更击六百槌，坊门皆闭，禁人行（《令补》，第 1138 页）
《杂律》（总第 407 条）　诸从征及从行、公使，于所在身死，依令应送还本乡，违而不送者，杖一百。若伤病而医食有阙者，杖六十；因而致死者，徒一年。即卒官，家无手力不能胜致者，仰部送还乡，违而不送者，亦杖一百	《军防令》："征行卫士以上，身死行军，具录随身资财及尸，付本府人将还。无本府人者，付随近州县递送"（《律疏》自引） 《丧葬令》〔开元二十五年〕诸从征及从行、使人所在身丧，皆给殡殓调度，递送至家（《令补》，第 1459 页）
《杂律》（总第 408 条）　诸应给传送，而限外剩取者，笞四十；计庸重者，坐赃论，罪止徒二年。若不应给而取者，加罪二等；强取者，各加一等。主司给与者，各与同罪	《厩牧令》〔开元二十五年〕应给传送，依厩牧令，官爵一品给马八匹，嗣王、郡王及二品以上给马六匹，三品以下，各有等差（《令补》，第 1387 页）
《杂律》（总第 409 条）　诸不应入驿而入者，笞四十。辄受供给者，杖一百；计赃重者，准盗论。虽应入驿，不合受供给而受者，罪亦如之	《杂令》〔开元二十五年〕诸私行人，职事五品以上，散官二品以上，爵国公以上，欲投驿止宿者听之。若边远及无村店之处，九品以上，勋官五品以上及爵，遇屯驿止宿亦听。并不得辄受供给（《令补》，第 1479 页）

续表

律	令
《杂律》（总第 410 条）　诸奸者，徒一年半；有夫者，徒二年。部曲、杂户、官户奸良人者，各加一等。即奸官私婢者，杖九十，奴奸婢，亦同。奸他人部曲妻、杂户、官户妇女者，杖一百。强者，各加一等。折伤者，各加斗折伤罪一等	**《户令》**〔开元二十五年〕诸良人相奸，所生男女随父。若奸杂户官户，他人部曲妻客女，及官私婢，并同类相奸，所生男女，并随母。即杂户官户部曲，奸良人者，所生男女，各听为良。其部曲及奴，奸主缌麻以上亲之妻者，若奴奸良人者，所生男女，各合没官（《令补》，第 1040 页）
《杂律》（总第 417 条）　诸校斛、斗、秤、度不平，杖七十。监校者不觉，减一等；知情，与同罪	**《关市令》**〔开元七年、二十五年〕诸官私斛斗、秤、度，每年八月，诣金部、太府寺平校。不在京者，诣所在州县平校。并印署，然后听用（《令补》，第 1396 页） **《杂令》**〔开元七年〕诸在京诸司及诸州，各给秤尺及五尺度、斗、升、合等样，皆以铜为之（《令补》，第 1468 页） **《关市令》**〔开元七年〕秤以格，斗以概（《令补》，第 1397 页） **《杂令》**〔开元七年、二十五年〕诸积秬黍为度量权衡者，调钟律，测晷景，合汤药，及冠冕服制则用之。此外官私悉用大者（《令补》，第 1468 页） **《杂令》**〔开元七年、二十五年〕诸度，以北方秬黍中者，一黍之广为分。十分为寸。十寸为尺。一尺二寸为大尺一尺。十尺为丈（《令补》，第 1468 页） **《杂令》**〔开元七年、二十五年〕诸量，以北方秬黍中者，容一千二百黍为龠。十龠仑为合。十合为升。十升为斗。三升为大升一升，三斗为大斗一半。十斗为斛（《令补》，第 1468 页） **《杂令》**〔开元七年、二十五年〕诸权衡，以秬黍中者，百黍之重为铢。二十四铢为两。三两为大两一两。十六两为斤（同上）

律	令
《杂律》（总第 418 条）　诸造器用之物及绢布之属，有行滥、短狭而卖者，各杖六十；不牢谓之行，不真谓之滥。即造横刀及箭镞用柔铁者，亦为滥。得利赃重者，计利准盗论。贩卖者，亦如之。市及州县官司知情，各与同罪；不觉者，减二等	《关市令》〔开元七年〕诸其造弓、矢、长刀，官为立样。仍题工人姓名，然后听鬻之。诸器物亦如之（《令补》，第 1397 页） 《营缮令》〔开元三年、七年、二十五年〕诸罗、锦、绫、绢、纱、縠、绝、紬、絟之属，皆阔尺八寸、长四丈为匹。布五丈为端。绵六两为屯。丝五两为絇。麻三斤为綟（《令补》，第 1447 页） 《关市令》〔开元七年〕诸以伪滥之物交易者没官。短狭不中量者还主（《令补》，第 1398 页）
《杂律》（总第 419 条）　诸市司评物价不平者，计所贵贱，坐赃论；入己者，以盗论。其为罪人评赃不实，致罪有出入者，以出入人罪论	依《令》："每月，旬别三等估，其赃平所犯旬估，定罪取所犯旬上绢之价"（《律疏》自引） 《关市令》〔开元三年、七年、二十五年〕诸市每肆，立标题行名。○依令，每月旬别，三等估（同上） 《关市令》〔开元七年、二十五年〕诸官与私交关，以物为价者，准中估价。即悬平赃物者亦如之（《令补》，第 1396 页）
《杂律》（总第 420 条）　诸私作斛、斗、秤、度不平，而在市执用者，笞五十；因有增减者，计所增减，准盗论。即用斛、斗、秤、度出入官物而不平，令有增减者，坐赃论；入己者，以盗论。其在市用斛、斗、秤、度虽平，而不经官司印者，笞四十	依《令》："斛、斗、秤、度等，所司每年量校，所署充用"（《律疏》自引） 《仓库令》〔开元七年〕诸量函，所在官造。大者五斛，中者三斛，小者一斛，以铁为缘，勘平印书，然后给用（《令补》，第 1373 页）
《杂律》（总第 422 条）　诸买奴婢、马、牛、驼、骡、驴，已过价，不立市券，过三日笞三十；卖者，减一等。立券之后，有旧病者，三日内听悔；无病欺者，市如法，违者，笞四十。即卖买已讫，而市司不时过券者，一日笞三十，一日加一等，罪止杖一百	《关市令》〔开元七年、二十五年〕诸卖买奴婢、牛、马、驼、骡、驴等，用本司本部公验，以立券（《令补》，第 1397 页） 《关市令》〔开元〕不得赊悬（《令补》，第 1398 页） 《关市令》〔开元二十五年〕其商贾，准令，所在收税（同上）

律	令
《杂律》（总第424条）　诸不修堤防及修而失时者，主司杖七十；毁害人家、漂失财物者，坐赃论减五等；以故杀伤人者，减斗杀伤罪三等。谓水流漂害于人。即人自涉而死者，非。即水雨过常，非人力所防者，勿论	《营缮令》〔开元二十五年〕诸近河及大水，有堤防之处，刺史、县令以时检校。若须修理，每秋收讫，量功多少，差人夫修理。若暴水泛溢，损坏堤防，交为人患者，先即修营，不拘时限（《令补》，第1452页） 《营缮令》〔开元二十五年〕诸候水堤内，不得造小堤及人居。其堤内外各五步，并堤上，种榆、柳、杂树。若堤内窄狭地种，拟充堤堰之用（《令补》，第1454页）
《杂律》（总第429条）　诸库藏及仓内皆不得燃火，违者，徒一年	《宫卫令》〔开元七年〕诸藏院之内，禁人然火，及无故而入者（《令补》，第1133页）
《杂律》（总第430条）　诸失火及非时烧田野者，笞五十；非时，谓二月一日以后、十月三十日以前。若乡土异宜者，依乡法。延烧人舍宅及财物者，杖八十；赃重者，坐赃论减三等；杀伤人者，减斗杀伤二等。其行道燃火不灭，而致延烧者，各减一等	《田令》〔开元二十五年〕失火。谓失火有所烧，及不依令文节制，而非时烧田野者。……注云：非时。二月一日以后，十月三十日以前。若乡土异宜者，依乡法。谓北地霜早，南地晚寒，风土亦既异宜，各须收获总了，放火，时节不可一准令文。故云，各依乡法（《令补》，第1343页）
《杂律》（总第431条）　诸于官府廨院及仓库内失火者，徒二年；在宫内，加二等。庙、社内亦同。损害赃重者，坐赃论；杀伤人者，减斗杀伤一等。延烧庙及宫阙者，绞；社，减一等	《宫卫令》〔开元七年〕诸院内，常四面持仗为之防守。夜则击柝，分更以巡警（《令补》，第1133页）
《杂律》（总第443条）　诸毁人碑碣及石兽者，徒一年；即毁人庙主者，加一等。其有用功修造之物，而故损毁者，计庸，坐赃论。各令修立。误损毁者，但令修立，不坐	《丧葬令》："五品以上听立碑，七品以上立碣。茔域之内，亦有石兽"（《律疏》自引）

律	令
《杂律》（总第 444 条） 诸请受军器，事讫停留不输者，十日杖六十，十日加一等，百日徒一年；过百日不送者，减私有罪二等。其弃毁者，准盗论。若亡失及误毁伤者，以十分论：亡失一分，毁伤二分，杖六十；亡失二分，毁伤四分，杖八十；亡失三分，毁伤六分，杖一百；即不满十分者，一当一分论。其经战阵而损失者，不坐。仪仗，各减二等	《军防令》〔开元二十五年〕诸从军甲仗、不经战阵损失者，三分理二分。经战阵而损失者不偿。损者官修（《令补》，第 1164 页） 《军防令》〔开元二十五年〕诸军器在库，皆造棚阁安置。色别异所，以时曝凉（《令补》，第 1165 页）
《杂律》（总第 445 条） 诸弃毁、亡失及误毁官私器物者，各备偿。谓非在仓库而别持守者。若被强盗者，各不坐、不偿。即虽在仓库，故弃毁者，征偿如法。其非可偿者，坐而不备。谓符、印、门钥、官文书之类	《营缮令》（唐）诸经用瓦器破损者，除岁二分，以外征填（《令补》，第 1450 页）
《杂律》（总第 447 条） 诸于他人地内得宿藏物，隐而不送者，计合还主之分，坐赃论减三等。若得古器形制异，而不送官者，罪亦如之	《杂令》〔开元二十五年〕诸官地内，得宿藏物者，听收。佗人地内得者，与地主中分之。即古器形制异者，悉送官酬其直（《令补》，第 1479 页）
《杂律》（总第 448 条） 诸得阑遗物，满五日不送官者，各以亡失罪论；赃重者，坐赃论。私物，坐赃论减二等	《捕亡令》〔开元二十五年〕诸得阑遗物，皆送随近县。在市得者，送市司。其金吾各在两京巡察得者，送金吾卫。所得之物，皆悬于门外。有主识认者，检验记，责保还之。虽未有案记，但证据灼然可验者，亦准此。其经三十日，无主识认者，收掌。仍录物色目，榜村坊门，经一周年，无人认者没官。录帐申省听处分。没入之后，物犹见在，主来识认，证据分明者还之（《令补》，第 1403 页） 《厩牧令》〔开元二十五年〕诸官私阑遗马、驼、骡、牛、驴、羊等，直有官印，更无私记者，送官牧。若无官印，及虽有官印，复有私记者，经一年无主

律	令
同上	识认，即印入官，勿破本印。并送随近牧，别群牧放。若有失杂畜者，令赴牧识认，检实印作还字，付主。其诸州镇等，所得阑遗畜，亦仰当界内访主。若经二季，无主识认者，并当处出卖。先卖充传驿，得价入官。后有主识认，勘当知实，还其价（《令补》，第1389页） 《军防令》〔开元二十五年〕诸得阑遗甲仗，皆即输官（《令补》，第1166页） 《杂令》〔开元二十五年〕诸公私竹木，为暴水漂失，有能接得者，并积于岸上，明立标榜，于随近官司申牒。有主识认者，江河五分赏二，余水五分赏一。限三十日，无主认者，入所得人（《令补》，第1472页） 《厩牧令》（唐）杂律义云，"五日内未送官者，科违令"者，即知唐令意。得即送所司，不得经日（《令补》，第1390页）
《杂律》（总第449条）　诸违令者，笞五十，谓令有禁制而律无罪名者。别式，减一等	《唐六典·刑部郎中》："令以设范立制"，"式以轨物程事"。（中华书局，1992，第185页） 《仪制令》〔开元七年、二十五年〕诸官人，在路相遇者，四品已下遇正一品，东宫四品已下遇三师，诸司郎中遇丞相，皆下马。以外准拜礼。其不下者，皆敛马侧立待（《令补》，第1222页） 《衣服令》〔永徽〕六品七品着绿，八品九品着青。○〔乾封〕九品以上朝参及视事，听服黄（《令补》，第1206页）

续表

律	令
同上	《衣服令》〔贞观〕诸三品以上服紫，四品五品服绯，六品七品服绿，八品九品服青（《令补》，第 1206 页） 谓《仪制令》"行路，贱避贵，去避来"之类。《礼部式》"五品以上服紫，六品以下服朱"之类（《律疏》自引式例） 《衣服令》〔开元七年〕诸王公以下，及妇人服饰等级，上得兼下，下不得僭上（《令补》，第 1211 页）
《捕亡律》（总第 451 条）　诸罪人逃亡，将吏已受使追捕而不行及逗留；谓故方便之者。虽行，与亡者相遇，人仗足敌：不斗而退者，各减罪人罪一等；斗而退者，减二等。即人仗不敌：不斗而退者，减三等；斗而退者，不坐	《捕亡令》〔开元二十五年〕诸囚及征人、防人、流人、移乡人逃亡，及欲入寇贼者，经随近官司申牒，即移亡者之家居所属及亡处比州、比县追捕。承告之处，下其乡里、村保，令加访捉。若未即擒获者，仰本属录亡者年纪、形貌可验之状，更移比部切访捉。得之日，移送本司科断。其失处、得处，并申尚书省。若追捕经三年，不获者停（《令补》，第 1399 页）
《捕亡律》（总第 456 条）　诸邻里被强盗及杀人，告而不救助者，杖一百；闻而不救助者，减一等；力势不能赴救者，速告随近官司，若不告者，亦以不救助论。其官司不即救助者，徒一年。窃盗者，各减二等	《捕亡令》〔开元二十五年〕诸有盗贼及被伤杀者，即告随近官司、村坊、屯驿。闻告之处，率随近军人及夫，从发处追捕（《令补》，第 1399 页）
《捕亡律》（总第 463 条）　诸官户、官奴婢亡者，一日杖六十，三日加一等。部曲、私奴婢亦同。主司不觉亡者，一口笞三十，五口加一等，罪止杖一百。故纵官户亡者，与同罪；奴婢，准盗论。即诱导官私奴婢亡者，准盗论，仍令备偿	《捕亡令》〔开元二十五年〕诸捉得逃亡奴婢，五日内，合送官司（《令补》，第 1402 页） 《捕亡令》（唐）诸捉逃亡奴婢，未及送官，限内致死失者，免罪不赏。其已入官司，未付本主，而更逃亡，重被执送者，从远处征赏。若后捉者远，三分以一分赏前捉人，二分赏后捉人。若前捉者远，中分。若走归主家，犹征半赏（《令补》，第 1403 页）

律	令
《捕亡律》（总第 466 条）　诸主守不觉失囚者，减囚罪二等；若囚拒捍而走者，又减二等。皆听一百日追捕。限内能自捕得及他人捕得，若囚已死及自首，除其罪；即限外捕得，及囚已死若自首者，各又追减一等。监当之官，各减主守三等	《狱官令》〔开元二十五年〕监当之官，谓检校专知囚者。即当直官人在直时，其判官准令合还而失囚者，罪在当直之官（《令补》，第 1443 页）
《断狱律》（总第 469 条）　诸囚应禁而不禁，应枷、锁、杻而不枷、锁、杻及脱去者，杖罪，笞三十；徒罪以上，递加一等。回易所著者，各减一等。即囚自脱去及回易所著者，罪亦如之。若不应禁而禁及不应枷、锁、杻而枷、锁、杻者，杖六十	《狱官令》〔开元七年、二十五年〕诸禁囚死罪枷杻。妇人及流罪以下去杻。其杖罪散禁。年八十及十岁，并废疾、怀孕、侏儒之类，虽犯死罪，亦散禁（《令补》，第 1436 页） 《狱官令》〔开元七年、二十五年〕诸应议、请、减者，犯流以上，若除免官当者并锁禁。公坐流、私罪徒，并谓非官当者。责保参对。其九品以上，及无官应赎者，犯徒以上，若除免官当者杻禁。公罪徒并散禁，不脱巾带款定，皆听在外参对（《令补》，第 1437 页） 《狱官令》〔开元二十五年〕诸妇人在禁，皆与男夫别所（《令补》，第 1438 页） 《狱官令》〔开元二十五年〕诸犯死罪在禁，非恶逆以上，遭父母丧、夫丧、祖父母丧承重者，给暇七日发哀；流徒罪，三十日。责保乃出（《令补》，第 1438 页）
《断狱律》（总第 470 条）　诸以金刃及他物可以自杀及解脱，而与囚者，杖一百；若囚以故逃亡及自伤、伤人者，徒一年；自杀、杀人者，徒二年……即子孙以可解脱之物与祖父母、父母……者，罪亦同	《狱官令》〔开元二十五年〕诸狱皆厚铺席。夏月置浆水。其囚每月一沐。其纸笔及酒、金刃、钱物、杵棒之类，并不得入（《令补》，第 1440 页）

律	令
《断狱律》（总第473条） 诸囚应请给衣食医药而不请给，及应听家人入视而不听，应脱去枷、锁、杻而不脱去者，杖六十；以故致死者，徒一年。即减窃囚食，笞五十；以故致死者，绞	**《狱官令》**〔开元二十五年〕诸狱囚有疾病，主司陈牒，长官亲验知实，给医药救疗。病重者，脱去枷、锁、杻。仍听家内一人，入禁看侍。其有死者，若有他故，随状推断（《令补》，第1440页） **《狱官令》**〔开元二十五年〕囚去家悬远绝饷者，官给衣粮。家人至日，依数征纳（《令补》，第1440页） **《狱官令》**〔开元七年〕诸覆囚使人至日，先检行狱囚枷锁铺席，及疾病粮饷之事。有不如法者，皆以状申。若巡察使、按察使、廉察使、采访使，皆待制命而行（《令补》，第1425页）
《断狱律》（总第476条） 诸应讯囚者，必先以情，审察辞理，反复参验。犹未能决，事须讯问者，立案同判，然后拷讯。违者杖六十。若赃状露验，理不可疑，虽不承引，即据状断之。若事已经赦，虽须追究，并不合拷。谓会赦移乡及除、免之类	**《狱官令》**〔开元七年、二十五年〕诸察狱之官，先备五听，又验诸证信，事状疑似，犹不首实，然后拷掠（《令补》，第1435页） **《狱官令》**〔开元七年、二十五年〕诸讯囚，非亲典主司，皆不得至囚所听闻消息。其拷囚及行决罚者，皆不得中易人（《令补》，第1436页） **《狱官令》**〔开元二十五年〕诸问囚，皆判官亲问。辞定令自书款。若不解书，主典依口写，讫对判官读示（同上） **《狱官令》**〔开元七年〕诸若禁囚有推决未尽，留系未结者，五日一虑。若淹延久系，不被推诘，或其状可知，而推证未尽，或讼一人数事，及被讼人有数事，重事实而轻事未决者，咸虑而决之（《令补》，第1438页）
《断狱律》（总第477条） 诸拷囚不得过三度，数总不得过二百，杖罪以下不得过所犯之数。拷满不承，取保放之。若拷过三度及杖外以他法拷掠者，杖一百；杖数过者，反坐所剩；以故致死者，徒二年	**《狱官令》**〔开元七年、二十五年〕每讯相去二十日。若讯未毕，更移他司，仍须拷鞫者，囚移他司者，连写本案俱移。则通计前讯，以充三度。即罪非重害，及疑似处少，不必皆须满三。若囚因讯致死者，皆俱申牒当处长官，与纠弹官对验（《令补》，第1435页）

律	令
《断狱律》（总第482条）　诸决罚不如法者，笞三十；以故致死者，徒一年。即杖粗细长短不依法者，罪亦如之	《狱官令》〔贞观〕〔开元三年、七年〕诸杖皆削去节目，长三尺五寸。讯囚杖，大头径三分二厘，小头二分二厘。常行杖，大头二分七厘，小头一分七厘。笞杖，大头二分，小头一分半。其决笞者，腿、臀分受。决杖者，背、腿、臀分受。须数等。拷讯者亦同。笞以下，愿背、腿均受者听。即殿庭决者，皆背受（《令补》，第1442页）
《断狱律》（总第484条）　诸断罪皆须具引律、令、格、式正文，违者笞三十。若数事共条，止引所犯罪者，听	《狱官令》〔开元七年〕凡断狱之官，皆举律令格式正条以结之（《令补》，第1437页）
《断狱律》（总第485条）　诸断罪应言上而不言上，应待报而不待报，辄自决断者，各减故失三等	依《狱官令》："杖罪以下，县决之。徒以上，县断定，送州覆审讫，徒罪及流应决杖、笞若应赎者，即决配征赎。其大理寺及京兆、河南府断徒及官人罪，并后有雪减，并申省，省司覆审无失，速即下知；如有不当者，随事驳正。若大理寺及诸州断流以上，若除、免、官当者，皆连写案状申省，大理寺及京兆、河南府即封案送。若驾行幸，即准诸州例，案覆理尽申奏"（《律疏》自引） 《狱官令》〔开元二十五年〕诸职事官五品以上，散官二品以上，犯罪合禁，在京者皆先奏。若犯死罪，及在外者，先禁后奏。其职事官及散官三品以上有罪，敕令禁推者，所推之司，皆覆奏，然后禁推（《令补》，第1437页） 《军防令》〔开元二十五年〕诸州府有疑狱不决者，谳大理寺。若大理仍疑，申尚书省（《令补》，第1439页）

律	令
	《狱官令》〔开元七年〕诸天下诸州断罪应申覆者，每年正月，与吏部择使。取历任清勤，明识法理者，仍过中书门下，定讫以闻。乃令分道巡覆。若应句会官物者，加判官及典。刑部录囚徒所犯，以授使。岭南使，以九月上旬，先发遣。使牒与州案同，然后复送刑部。若州司枉断，使推无罪，州司款伏，灼然无罪，州司疑伏，灼然无罪者，任使判放。其降入流徒者，亦从流徒法。若使人与州执见有别者，各以状申。若理状已尽可断决，而使人妄生节目盘退者，州司录申辨。及赃状露验者即决，不得待使覆。其余罪皆待覆定（《令补》，第1425页）
《断狱律》（总第487条）　即别使推事，通状失情者，各又减二等；所司已承误断讫者，即从失出入法。虽有出入，于决罚不异者，勿论	
《断狱律》（总第491条）　诸缘坐应没官而放之，及非应没官而没之者，各以流罪故、失论	**《户令》**〔开元七年〕凡反逆相坐，没其家为官奴婢。反逆家男女及奴婢没官。皆谓之官奴婢。男年十四以下者，配司农。十五巳上者，以其年长命远京邑，配岭南为城奴（《令补》，第1038页）
《断狱律》（总第492条）　诸徒、流应送配所，而稽留不送者，一日笞三十，三日加一等；过杖一百，十日加一等，罪止徒二年。不得过罪人之罪	**《狱官令》**〔开元七年〕所领送人，皆有程限，不得稽留迟缓（《令补》，第1430页） **《狱官令》**〔开元七年、二十五年〕诸流人季别一遣。若符在季末三十日内至者，听与后季人同遣（《令补》，第1429页）
《断狱律》（总第493条）　诸应输备、赎、没、入之物，及欠负应征，违限不送者，一日笞十，五日加一等，罪止杖一百。若除、免、官当应追告身，违限不送者，亦如之	**《狱官令》**〔开元二十五年〕诸赎死刑限八十日，流六十日，徒五十日，杖四十日，笞三十日。若无故过限不输者，会赦不免。虽有被诉，据理不移前断者，若应征官物者，准直五十匹以上一百日，三十匹以上五十日，二十匹以上三十日。不满二十匹以下二十日。若负欠官物，应征正赃及赎物，无财以备，官役折庸，其物虽多，止限三年。一人一日，折绢四尺（《令补》，第1439页） **《狱官令》**〔永徽〕案本令……奏报之日，刑部径报吏部，令进位案，注毁字，并造簿。○依本**《狱令》**，刑部申都省日，位记俱副进耳（《令补》，第1433页）

律	令
《断狱律》（总第 494 条）　诸妇人犯死罪，怀孕，当决者，听产后一百日乃行刑。若未产而决者，徒二年；产讫，限未满而决者，徒一年。失者，各减二等。其过限不决者，依奏报不决法	**《狱官令》**〔开元二十五年〕诸妇人在禁，临产月者，责保听出。死罪产后满二十日，流罪以下满三十日（《令补》，第 1432 页）
《断狱律》（总第 496 条）　诸立春以后、秋分以前决死刑者，徒一年。其所犯虽不待时，若于断屠月及禁杀日而决者，各杖六十。待时而违者，加二等	**《狱官令》**〔贞观〕从立春至秋分，不得奏决死刑。其大祭祀及致斋，朔望、上下弦、二十四气、雨未晴、夜未明、断屠门月及假日。并不得奏决死刑（《令补》，第 1427 页） **《杂令》**（唐）诸每年正月、五月、九月及每月十直日，并不得行刑。所在公私，宜断屠杀（《令补》，第 1468 页） **《狱官令》**〔开元七年、二十五年〕诸决大辟罪，官爵五品以上，在京者大理正监决，在外者上佐监决，余并判官监决。从立春至秋分，不得奏决死刑。若犯恶逆以上，及奴婢部曲杀主者，不拘此令。其大祭祀及致斋、朔望、上下弦、二十四气、雨未晴、夜未明、断屠月日及假日，并不得奏决死刑，在京决死囚皆令御史、金吾监决。若囚有冤枉灼然者，停决奏闻（《令补》，第 1427 页）
《断狱律》（总第 497 条）　诸死罪囚，不待覆奏报下而决者，流二千里。即奏报应决者，听三日乃行刑，若限未满而行刑者，徒一年；即过限，违一日杖一百，二日加一等	**《狱官令》**〔开元七年、二十五年〕诸决大辟罪，在京者，行决之司五覆奏。在外者，刑部三覆奏。在京者，决前一日二覆奏，决日三覆奏。在外者，初日一覆奏，后日再覆奏。纵临时有敕，不许覆奏，亦准此覆奏。若犯恶逆以上，及部曲奴婢杀主者，唯一覆奏。其京城及驾在所，决囚日，尚食进蔬食，内教坊及太常寺，并停音乐（《令补》，第 1426 页）

续表

律	令
同上	《狱官令》〔开元七年、二十五年〕诸决大辟罪,皆防援至刑所。囚一人防援二十人,每一囚加五人。五品以上听乘车,并官给酒食,听亲故辞诀。宣告犯状,仍日未后乃行刑。犯恶逆以上,不在乘车之限。决之经宿,所司即为埋瘗。若有亲故,亦任收葬。即囚身在外者,奏报之日,不得驿驰行下(《令补》,第1426页)
《断狱律》(总第499条) 诸断罪应绞而斩,应斩而绞,徒一年;自尽亦如之。失者减二等。即绞讫,别加害者,杖一百	《狱官令》〔开元七年、二十五年〕诸决大辟罪,皆于市。五品已上,犯非恶逆已上,听自尽于家。七品已上及皇族若妇人,犯非斩者,皆绞于隐处(《令补》,第1427页)
《断狱律》(总第500条) 诸领徒应役而不役,及徒因病愈不计日令陪役者,过三日笞三十,三日加一等;过杖一百,十日加一等,罪止徒二年。不得过罪人之罪	《狱官令》〔开元七年、二十五年〕诸犯徒应配居作者,在京送将作监,妇人送少府监缝作。在外州者,供当处官役。当处无官作者,听留当州,修理城隍、仓库,及公廨杂使。犯流应任居作者亦准此。妇人亦留当州,缝作及配舂(《令补》,第1430页) 《狱官令》〔开元三年、七年、二十五年〕诸流徒罪居作者,皆著钳。若无钳者,著盘枷。病及有保者听脱。不得著巾带。每旬给假一日,腊、寒食各给二日,不得出所役之院。患假者陪日。役满递送本属(同上)

作者简介

钱大群　男，1935年10月生，江苏张家港人，南京大学教授。1950～1954年，从事军内文教工作。1955～1959年在复旦大学及上海社会科学院法律系学习。1959～1981年，先后在西北师范大学（中文系）等校任教。1981年调南京大学法律系教学中国法律史。主撰、主编的《中国法制史教程》（南京大学出版社，1987），获国家教委优秀教材二等奖。带头申报建立了法律史硕士点。1985年开始开设"唐律讲座"课程。先后撰写或主撰唐代法律研究著作9部：《唐律与唐代法制考辨》、《唐律研究》、《唐律译注》、《唐律疏义新注》、《唐律与唐代法律体系研究》、《唐律与唐代吏治》、《唐律与中国现行刑法比较论》、《唐律论析》、《唐代行政法律研究》。在《中国社会科学》、《历史研究》等杂志发表论文多篇，汇有论文集《中国法律史论考》（南京师范大学出版社，2001）。先后5次获江苏省优秀社会科学成果奖。曾被选为中国法律史学会执行会长，被聘为江苏省人民政府参事，终身领取国家有贡献者特殊津贴。

中国法制史考证续编·第七册（全十三册）

唐律与唐代法制考辨

主　　编／杨一凡
著　　者／钱大群

出 版 人／谢寿光
总 编 辑／邹东涛
出 版 者／社会科学文献出版社
地　　址／北京市西城区北三环中路甲 29 号院 3 号楼华龙大厦
邮政编码／100029
网　　址／http：//www. ssap. com. cn
网站支持／（010）59367077
责任部门／人文科学图书事业部（010）59367215
电子信箱／bianjibu@ ssap. cn
项目经理／宋月华
责任编辑／魏小薇
责任校对／吴小云

总 经 销／社会科学文献出版社发行部
　　　　　（010）59367080　59367097
经　　销／各地书店
读者服务／市场部（010）59367028
印　　刷／三河市文通印刷包装有限公司

开　　本／787mm×1092mm　1/16
印　　张／31. 75（全十三册共 365 印张）
字　　数／382 千字（全十三册共 4351 千字）
版　　次／2009 年 8 月第 1 版
印　　次／2009 年 8 月第 1 次印刷

书　　号／ISBN 978 -7 -5097 -0821 -7
定　　价／4600. 00 元（全十三册）

本书如有破损、缺页、装订错误，
请与本社市场部联系更换